한국인의 정치의식과 도덕교육

The Awareness of Korean People and Moral Education

지은이 **이강빈**

서울대학교 교육학 박사(윤리교육 전공)
현 배재중학교 교사
논문: 「도덕교과의 명칭 변경의 필요성에 관한 견해」(2001)
　　　「후삼국 시대의 한국인의 정치의식에 관한 연구」(2008)
　　　「민주시민의식으로서의 공정성에 관한 도덕교육적 의의」(2009)
　　　「키에르케고어의 '단독자'에서 나타나는 시민성 연구」(2012)
저서: 『출항을 준비하는 배』(출간 예정)
　　　『도덕·인성 붙잡기』(출간 예정)

한국인의 정치의식과 도덕교육
The Awareness of Korean People and Moral Education

© 이강빈, 2014

1판 1쇄 인쇄__2014년 03월 01일
1판 1쇄 발행__2014년 03월 10일

지은이__이강빈
펴낸이__홍정표

펴낸곳__글로벌콘텐츠
　　　　　등　록__제25100-2008-24호

공급처__(주)글로벌콘텐츠출판그룹
　　　　　대　표__홍정표
　　　　　편　집__최민지 노경민 김현열　**디자인**__김미미　**경영지원**__안선영　**기획·마케팅**__이용기
　　　　　주　소__서울특별시 강동구 천중로 196 정일빌딩 401호
　　　　　전　화__02-488-3280
　　　　　팩　스__02-488-3281
　　　　　홈페이지__www.gcbook.co.kr
　　　　　이메일__edit@gcbook.co.kr

값 21,000원
ISBN 978-89-93908-98-5 93370

한국인의
정치의식과
도덕교육

The Awareness of Korean People and Moral Education

이강빈 지음

글로벌콘텐츠

억눌러진 우리의 얼을 찾아서

어느 나라사람들에게도 마찬가지이겠지만 한 나라사람들에게는 오랫동안 이어져온 전통적인 정치의식이라든가 시민성이 있기 마련이다. 이러한 날줄의 바탕 위에 시대적·역사적인 경향, 정신, 제도, 사고방식, 생활방식 등인 씨줄이 엮어져서 그 나라사람들의 삶의 모습이 형성된다. 문제는 그와 같은 날줄과 씨줄이 어떻게 엮어지느냐에 따라서 그 나라사람들의 명운이 좌우된다는 데에 있다.

저자는 우리나라의 현대사에서 나타난 바 있는 본원적인 우리나라 사람들의 정치의식과 이를 바탕으로 한 한국적 시민성을 밝혀 봄으로써 오늘날 우리나라에서 실시되고 있는 시민교육을 포함하고 있는 도덕교육의 개선점과 발전방향을 찾고자 했다.

우리나라 헌법 전문에 나와 있는 대한민국임시정부의 법통의 근원인 3·1운동에서 보여주고 있는 본원적인 우리나라 사람들의 정치의식과 이에 따른 시민성은 민주주의를 수용할 만큼 매우 높은 수준에 있음은 자타가 공인하는 바이다. 그럼에도 우리나라 사람들의 정치의식과 시민성을 권위적이라거나 배타적이라고 하여 사계의 상당수의 연구자들과 정치·사회 지도층에 속해 있는 사람들은 낮게 평가하고 있음이 현실이다. 그 이유는 무엇인가?

종래의 우리나라 사람들의 정치의식이라든가 정치문화에 관한 연구는 주로 서구에서 성립된 이론에 따른 이른바 '서구인의 시각'이 길잡이가 되어 주로 이루어져 왔음이 사실이다. 그러므로 우리나라의 역사, 정치, 대외관계, 문화, 종교 등에 대한 연구가 충분히 되어 있지 않은 데에서 연구된 우리나라 사람들의 정치의식이라든가 정치문화는, 외래적인 성격을 지닌 '민주주의'라는 제도, 이념, 생활방식 등을 토대로 연구하다 보면 수준 면에서 뒤떨어져 있는 것처럼 보일 소지가 있게 된다. 또한 특정한 시기에 일종의 여론조사 방식으로 실시된 조사연구 결과를 마치 우리나라 사람들의 내면에 이어져 오고 있는 정치의식과 시민성으로 규정하다 보면, 우리나라 사람들의 의식수준이 낮은 것처럼 보일 수 있기도 하다.

이렇게 되면, 시민성을 중심으로 하여 이루어지는 도덕교육의 일환인 시민교육도 자연히 수준 면에서 앞서는 것으로 보이는 서구식 시민교육을 맹목적으로 따르는 교육만으로 자리 잡게 된다. 따라서 이러한 방식으로 연구되거나 실시된 정치의식, 정치문화, 시민성, 시민교육 등은 우리나라 사람들의 근원적인 정신과 의식세계에 어울리지 못하게 되어 사실을 왜곡해서 보게 하거나 교육적 의의를 크게 잃게 하여 넓게 보아서 국가·사회적으로 인적·물적 손실을 양산하는 결과를 낳음을 피할 수 없게 한다.

그러므로 저자는 우리나라의 역사, 정치, 문화, 종교, 대외관계 등의 측면에서 내재적인 연구가 이루어진다면, 우리나라 헌법에서 명시된 3·1운동 정신이 함유하고 있는 우리나라 사람들의 본원적인 정치의식이라든가 시민성은 되살려질 수 있다고 판단하였다. 따라서 저자는 8·15광복 시기를 포함해서 우리나라 사람들이 끊임없이 추구해온 민주주의, 남북통일, 시민공동체 형성 등을 표출한 바 있는 전환기적인 사건들과 우리나라 사람들의 정서와 의식을 대표적으로 상징하는 문화와 종교 등의 일부분을 탐구함으로써 본원적인 우리나라 사람들의 정치의식과 시민성을 규명하고자 했다. 왜냐하면 저자는 이러한 탐구를 통해 우리나라 사람들에게 어울리는 민주주의를 정치, 경제, 사회, 문화 등에 적용 및 운용하게 되어, 정상적인 민주주의 국가라든가 민주사회가 형성됨은 물론 내실 있는 도덕교육과 시민교육이 실시될 수 있다고 보았기 때문이다.

본 논의가 부족하나마 이렇게 책자로 결실을 맺기까지는 서울대학교 윤리교육과 정창우 교수님, 박효종 교수님, 박찬구 교수님과 박성춘 교수님, 서울대학교 정치학과 이정복 교수님, 연세대학교 철학과 박순영 교수님으로부터의 지도와 조언, 그리고 격려에 힘입은 바가 크다. 이 자리를 빌어서 아낌없는 지도와 격려를 해 주신 교수님들께 진심으로 감사를 드리는 바이다.

그리고 이 책의 출판을 쾌히 승낙해 주신 글로벌콘텐츠의 홍정표 대표님과 양정섭 이사님, 아울러 편집과 교정을 맡아 주신 편집부 여러분께도 깊은 감사를 드린다.

2014. 2.

저자

| 4부 | **한국적 시민성과 도덕교육**

1부

정치의식과 시민성

1장 본원적인 정치의식과 시민성

　21세기는 가히 '민주주의 시대'라고 할 만하다. 왜냐하면 21세기에 세계적으로 추구되는 가치들인 인권, 평화, 정의, 소수자의 보호, 환경보전 등은 민주주의적인 방식과 이념, 원칙 등에 의하지 않고는 이룩되기 어려운 속성을 지니고 있기 때문이다.

　민주주의는 사람이란 '자치능력을 충분히 갖춘 존재'이며, 그러므로 사람은 존엄한 존재임을 바탕으로 해서 이루어진 제도요 이념이다. 그뿐만 아니라 민주주의는 경우에 따라서는 그와 같은 인간의 존엄성을 구현하기 위한 삶의 방식이자 삶의 양태이며, 사고방식을 가리키기도 한다. 따라서 민주주의를 표방하는 대부분의 나라나 사회에서 삶을 영위하는 사람들에게 있어서 '도덕적으로 혹은 윤리적[1]

---

[1] 본서에서는 '도덕'과 '윤리'를 동의어로 사용하기로 하되 윤리보다는 도덕을 주로 활용하여 논의를 전개하도록 한다. 그러므로 '도덕교육'이 경우에 따라서는 '윤리교육'이라는 별칭으로 사용될 수도 있겠으나, 윤리교육 역시 도덕교육과 동일한 교육으로 간주하기로 한다. 한자로 풀이되는 경우로써, 도덕의 '덕(德)'은 선(善)을 향한 의지의 항상적 지향성이며, '도(道)'는 인간이 집단적으로 옳은 것으로 인정하며 보편적으로 따르고 밟는 인간행위의 기준 및 원칙을 의미하고, '윤리(倫理)'는 사람(人) 모인(侖) 곳에 있는 질서(冊: 책)와 올바른 이치라는 뜻을 갖고 있다(배해수 외, 「한국인의 도덕성」, 『아산재단

으로 산다'고 함은 곧 그 나라와 그 사회의 구성원으로서 스스로 갖추어야 할 일종의 책무, 권리 등에 대해서 분명한 태도와 의식을 지니고 이를 실천해 나가며 살아간다는 것을 의미한다. 이러한 점에서 정치의식 혹은 정치문화, 그리고 시민성 등은 민주주의 국가 혹은 민주사회를 살아가는 사람들의 정신, 생활방식, 사고방식 등과 밀접히 관련됨과 아울러 도덕교육과도 불가분의 관련성이 있기도 하다.

1. 올바른 민주주의 운용

보통 우리나라에서 민주주의가 정치, 경제, 사회, 문화 등에 있어서 두루 내용을 갖춰 정착·발전되지 못하고 있는 원인들 중의 한 가지를 우리나라 사람들의 이른바 '민주주의에 대한 의식수준' 혹은 '정치의식'의 수준이 낮은 데에서 찾으려는 경향2)이 있음은 알려진 사실이다.

그러나 민주주의가 더디게 발전하는 보다 근본적인 원인을 우리나

연구보고서』제1집, 아산사회복지사업재단, 1994, 188~191쪽 참조)는 면에서도 '도덕'과 '윤리'는 동의어로 사용해도 무방하다.

2) 대체로 민주주의 발전에 장애가 되는 요인들 중의 한 가지를 민주주의에 대한 우리나라 사람들의 뒤떨어진 정치의식 혹은 정치의식과 불가분의 관계에 있는 정치문화로 꼽고 있는 연구결과물들이 있는 바, 몇 가지 경우를 간략히 인용하면 다음과 같다. 즉, 민주주의가 우리나라의 문화풍토와 현실생활 속에 뿌리를 내리지 못한 원인 중에 일반 국민의 정치의식과 정치적 생활이 성숙하지 못한 데에서 찾는 경우(김충남, 「한국인의 정치의식과 교육」, 『교육월보』133, 교육부, 1993. 1, 63쪽), 정치제도에 의한 민주화가 이루어지지 않는 요인으로 민주화된 우리나라 사람들의 정치문화가 뒤쳐져 있다고 인식하는 경우(손병선, 「한국 정치문화의 민주화와 정치교육」, 『정치·정보연구』제11권 1호, 한국정치·정보학회, 1998. 6, 170쪽), 한국 정치문화의 전통적 요소가 민주적인 정치발전에 저해요인으로 기능하고 있다고 규정한 경우(신경애, 「한국의 정치문화와 정치발전」, 『공안연구』48, 공안문제연구소, 1997. 8, 76쪽), 그리고 통치자들 모두와 국민 모두에게 책임이 있다고 보는 경우(한배호, 『한국의 정치문화와 민주정치』, 법문사, 2003, 14쪽)도 이에 해당된다고 볼 수 있다.

라 사람들의 민주주의에 대한 의식수준이라든가 정치의식이 낮다는 데에서 찾기보다 대다수의 우리나라 사람들의 본원적인 정치의식의 수준에 '민주주의'라는 제도·이념·생활방식이 결합·조합 내지는 융합되지 못한 데에서 찾아보는 것이 보다 적절할 수 있다. 왜냐하면 대체로 우리나라의 정치계라든가 지도계층에 속해 있는 사람들의 행태에서 나타나는 현상3)을 통해 볼 때, 이들의 민주주의에 대한 정치의식의 수준이 낮을 개연성이 큰 것이지 대다수의 우리나라 사람들의 본원적인 의식수준 혹은 정치의식의 수준은 결코 낮은 것으로 평가되는 것은 아니기 때문이다. 이와 관련한 사례로 국권을 강제적으로 침탈하여 우리나라를 식민지로 만든 일본제국주의 세력에 맞서 1919년에 전국적으로 우리나라 사람들이 자주독립국가 수립을 부르짖은 바 있는 3·1운동을 들 수 있다. 3·1운동 정신의 계승이 1987년에 확정된 대한민국헌법 '전문'에 명시되어 있는바, 1920년대에 '아시아의 시성(詩聖)'이라고 불리는 인도의 시인 타고르가 우리나라를 '동방의 밝은 빛'4)으로 평가하게 된 데는 이와 같은 3·1운동에서 표

---

3) 예컨대 우리나라의 정치엘리트들의 부정적인 정치문화로 "독선적 획일주의, 정당의 분파주의, 목적을 위해 수단을 가리지 않는 사고방식, 극한대립과 흑백논리" 등을 꼽고 있는 비교적 최근의 연구를 싣고 있는 저서(민준기 외, 『한국의 정치』, 나남, 2008, 494쪽)가 있다. 이러한 부정적인 정치문화는 "지도급에 있는 인사일수록 가장 서양적인 냄새를 풍기고 또 한국적인 것을 탈피했다는 것을 억지로라도 보이려고 하는 것 같다"(이홍구, 『시민정신과 역사의식』(이홍구문집 Ⅳ), 나남, 1996, 312쪽에서 재인용)는 1970년대의 한국인의 가치관에 대한 당시의 한국정책개발원장의 견해에서 추론할 수 있는 바와 같이 대다수의 우리나라 사람들의 정치의식 혹은 정치문화를 수렴하지 못하는 우리나라 정치인들의 고질적인 정치역량의 한계를 재차 확인해 볼 수 있다. 이와 관련된 최근의 실례들을 더 들어보면 다음과 같다. 2011년은 우리나라에 '풀뿌리 민주주의'라고 일컫는 지방자치제가 실시된 지 20년이 경과된 해이다. 그러나 "2011년 3월 현재 수천억, 수조 원 단위의 국책사업유치를 위해 지자체들은 '사생결단'식으로 경쟁을 벌이면서 갈등을 조장하고 있는가 하면, 광역의원 및 기초의원들의 폭력, 욕설, 불성실, 이권 개입, 권위주의 등 끊이지 않는 추태가 드러나고 있는 실정(≪동아일보≫, 2011. 3. 26. A14)"이라고 함은 2010년대로 접어든 오늘날에도 우리나라의 민주주의의 발전이 더디게 이루어지고 있음을 뚜렷하게 보여주는 경우라고 할 수 있다.

4) ≪동아일보≫, 1929. 4. 2, 2면. 번역된 전문은 "일즉이 아세아의 황금시기에 빛나든 등촉의 하나인 조선 그 등불 한번 다시 켜지는 날에 너는 동방의 밝은 비치되리라"이다.

출된 우리나라 사람들의 수준 높은 정치의식[5]이 있었다는 점과 결코 무관하지 않다고 볼 수 있다. 또한 1945년의 8·15광복 당시에 우리나라 사람들이 실현하고자 했던 새로운 국가건설을 위한 개방적 접근 방식이라든가 남북분단 상황에서의 남북통합을 위한 꾸준한 열망과 노력, 민주주의를 회복하고 확립하기 위한 1970~1980년대의 민주화 운동 등에 나타난 우리나라 사람들의 동향이라든가 대응자세는 우리나라 사람들의 정치의식의 수준이 낮다면 결코 가능하지 않은 성격을 지니고 있다. 이와 마찬가지로 정치의식 혹은 정치문화와 관련해서 공동체의 구성원으로서의 권리와 책무에 비중이 두어져 논의될 수 있는 시민성의 측면에서 보건대 우리나라 사람들의 본원적인 시민성의 수준 역시 결코 낮지 않음을 뜻한다고도 볼 수 있다.

정치의식 혹은 정치문화[6]에 관한 종래의 우리나라에서의 제반 연구는 대체로 우리나라 사람들의 전통적인 정치적 성향 혹은 정치관을 권위주의,[7] 묵종성[8] 등으로 규정하는 데에 크게 이의가 없음을

---

[5] 3·1운동을 "조선사람이 '네이션(nation: 국민-민족)'이 된 것이다. 조선사람들은 3·1만세 속에서 근대가 말하는 네이션으로 다시 태어났다(허문도, 「현해탄을 넘어 세계로 미래로(3)」, 『월간조선』, 조선뉴스프레스, 2010. 3, 276쪽)"라고 평가한 데에 비추어 보더라도 3·1운동을 일으킨 우리나라 사람들의 정치의식은 근대적 의미의 정치의식이라고 볼 수 있으며, 따라서 이러한 정치의식은 민주적이고 자주적인 독립국가 수립정신과 결코 무관할 수 없다는 점에서 수준 높은 정치의식이라고 할 수 있다.

[6] '정치문화'를 '정치의식'과 동일한 개념으로 사용하는 경우(천대승, 「정치의식의 기초로서의 인간성」, 경북대학교 박사논문, 1991, 46쪽), 정치의식으로 인식하는 경우(김달용, 「라틴아메리카의 정치문화와 민족주의」, 『조선대 인문과학연구』 제21집, 조선대학교 인문학연구소, 1999. 8, 269쪽 참조), 정치적인 것에 관한 인식, 신념, 가치 등의 체계를 지칭하는 경우(신경애, 「한국의 정치문화와 정치발전」, 『공안연구』 48, 공안문제연구소, 1997. 8, 60쪽) 등이 있다. 본서에서는 정치문화를 정치의식을 포함시키는 보다 광범위한 정치현상과 관련된 일체의 유·무형의 상황 및 사태, 사실 등을 아우르는 개념으로 설정하되, 경우에 따라서는 정치의식을 정치문화적인 의미의 성격이 강한 측면으로 보려는 "권위에 대한 태도, 국가에 대한 태고, 집단의 참여에 대한 태도(정치학 사전 편찬위원회, 『21세기 정치학 대사전』 하, 아카데미아리서치, 2002, 2122쪽)"를 지칭하는 개념으로 삼아서도 논의를 전개시키기로 한다. 이러한 점에서 본서에서 사용되는 정치의식과 정치문화는 동의어적인 의미가 매우 강한 측면이 있음을 밝혀둔다.

[7] 한국정치문화의 기본적인 구성적 요인으로 이 분야의 연구를 실행한 대부분의 연구자들이 일치하여 지적하고 있는 것으로 '권위주의'를 들고 있다(이지훈, 「한국정치문화의

전제로 해서 논의가 이루어져 왔다. 이러한 권위주의, 묵종성 등의 정치의식 혹은 정치문화와 관련된 인식은 첫째, 지배집단이라든가 정치세력 등에 치중하게 됨으로써 말미암은 연구대상의 협소함에서 추론되었을 가능성이 높으며, 둘째, 외래적이고 외재적인 방식9)에 따른 정치의식 혹은 정치문화 등의 연구에 치우쳐 있었던 데에서 비롯된 경향성으로 말미암은 것일 수도 있다. 따라서 이와 같은 인식과 불가분의 관계에 있는 우리나라 사람들의 시민의식 혹은 시민성 역시 부정적으로 규정되어 타파되어야 할 것으로 인식되어 왔음10)을 부인할 수 없다. 따라서 바람직한 시민교육은 물론, 더 나아가서 실질적인 도덕교육에 있어서도 명실상부한 시민성을 밝혀보기 위해 우리나라 사람들의 본원적인 정치의식의 실체를 우선적으로 밝혀보는

기본요인」, 고려대학교 박사논문, 1982, 4쪽에서 재인용). 이 밖에도 이들 연구자들은 공동체성, 시민성, 분파성, 저항성, 소외성, 민족적 주체성 등을 구성적 요인들(이지훈, 위의 논문, 48쪽에서 재인용)로 꼽고 있기는 하지만 권위주의를 대표적인 한국정치문화의 기본적인 구성적 요인으로 꼽고 있다는 것은 그 만큼 우리나라 사람들의 정치의식이 권위주의적인 색채가 진하다는 것인데, 우리나라 사람들에게 있어서의 정치의식에서 권위주의적인 측면을 전적으로 배제할 수는 없겠지만, 거듭 확인하건대 본서에서는 이를테면 3·1운동정신을 우리나라 사람들의 정신이라고 하는 이상, 권위주의를 우리나라 사람들에게서 나타나는 대표적인 정치문화의 기본적인 구성 요인 혹은 정치의식이라고 함은 적절하지 못하며, 왜곡될 소지가 크다는 견해를 견지하는 것으로 한다.

8) '묵종성' 역시 권위주의적 지배요소로 규정되고(한배호, 앞의 책, 2003, 42쪽) 있어 권위주의와 같은 계열에 놓여 논의되는 개념적 의의를 지니고 있다.

9) 일반적으로 알몬드와 버바의 정치문화의 개념을 이용해서 우리나라의 정치문화가 어떻게 변화해 왔는가를 추적하는 접근법을 '외재적 접근법'이라고 규정하고(이정복, 「한국의 정치문화: 전통성, 현대성 및 탈현대성」, 『한국정치연구』 제12집 제1호, 서울대학교 한국정치연구소, 2003, 7쪽) 있으며, 본서에서는 이러한 접근법에 추가하여 "유교의 철저한 상하 위계질서 유지와 권위에 대한 공경이나 무조건적인 복종을 강조하는 규범적인 원칙으로부터 얻을 수 있는 시사점은 현대 한국의 정치문화가 매우 '권위주의적'인 정치문화일 수 있겠다는 점이다"(한배호, 위의 책, 12쪽)는 인식 역시 외재적인 접근법에 따른 인식으로 분류하고자 한다.

10) 1945년 8·15광복 이후 2000년대에 이르기까지 자주 지적되고 있는 시민성과 관련되기 마련인 '우리 민족'의 부정적 특성으로서 사대주의, 자기 비하(엽전사상, 민족열등의식), 정실주의, 연고주의, 가문주의, 숙명주의, 배타주의, 공공의식 결여, 형식주의, 명분주의, 적당주의, 요령주의, 기회주의 등이 있다(박용헌, 『가치교육의 변천과 가치의식』, 서울대학교출판부, 2002, 13쪽).

것은 합당한 일이기도 하다.

이러한 점들을 고려해 볼 때 종래의 연구 성과는 특히 전통적인 측면에서의 우리나라 사람들의 정치의식 혹은 정치문화를 우리나라의 지배집단이라든가 권력세력들에게서 주로 나타나는 경향성과 관련지어 나타난 성격이 강하므로 일정한 한계가 있다고 할 수 있다.[11] 즉, 지배집단, 권력세력 등의 성향이라든가 이들의 동태, 추이 등은 그 나라 혹은 그 사회의 전통적인 측면에서의 정치의식 혹은 정치문화, 시민성 등을 이해하고 규명하는 데에는 중요한 연구대상이 될 수는 있지만, 어디까지나 한 부분적 요소 내지는 요인일 가능성이 높다고 할 수 있다. 그러므로 종래의 제반 연구에서 전통적인 우리나라 사람들의 정치의식 혹은 정치문화, 시민성 등을 대표하는 특성으로 제시하고 있는 권위주의, 묵종성 등은 재검토될 필요성이 있다.

또한 특정한 시기에 걸친 경험적인 연구 성과에 근거하여 우리나라 사람들의 정치성향이라든가 정치의식 내지는 시민의식 혹은 시민성을 분석·종합하는 등의 연구방법은 그 나름대로 의의가 있지만 우리나라의 민주주의 발전을 가져오는 데에 이바지할 수 있는 정치의식 혹은 정치문화, 시민성 등의 지속적이고 본원적인 측면을 올바르게 파악하는 데는 일정한 제한점이 있을 수밖에 없다. 따라서 우리나라의 역사와 문화, 종교, 정치적 사건, 대외관계 등에 관해 분석·종합하는 연구방법은 우리나라의 민주주의 발전을 위해서 요청되는 본원적인 우리나라 사람들의 정치의식 혹은 정치문화, 시민성 등을 파악하는 데에 의미 있는 연구방법이 될 수 있다.

그러므로 거듭 강조하건대 2010년대를 맞이하고 있는 우리나라에

---

11) 우리나라에 있어서 "권위주의 통치시기의 정치문화 연구는 군부와 관료엘리트에 집중된 취약한 것이었다(김세균 외 편, 『정치학의 방법과 대상』, 박영사, 2005, 379쪽)"는 지적 역시 종래의 연구 성과의 협소함을 확인시켜주는 지적이라고 볼 수 있다.

있어서 세계적인 추세로 나아가고 있는 민주주의가 제자리를 잡아 가도록 하기 위해서는 우리나라 사람들의 본래적이고 본원적인 정치 의식에 바탕을 둔 시민성에 입각하여 민주주의가 논의되어져야 함을 필요로 한다는 점이다. 아울러 그와 같은 우리나라 사람들의 정치의 식에 따른 시민성은 지배층 혹은 권력세력 등에게서만이 아니라 다 수의 피지배계층과 권력세력에 속해 있지 않은 대다수의 우리나라 사람들에게서 받아들여지고, 이어져 오며, 지켜져 온 데에서 찾아져 야 한다는 점을 지적하고자 한다.

그리고 민주주의를 정착시킴에 있어서 중요한 여건을 마련하는 데 에 빼놓을 수 없는 도덕교육의 일종인 시민교육(혹은 민주시민교육)에 서 필요로 하는 우리나라 사람들의 본래적인 정치의식에 바탕을 둔 시민성의 규명은 그 의의가 매우 크다고 할 수 있다. 왜냐하면 도덕 교육으로서의 시민교육은 정치의식·시민성과 더불어 민주주의라는 수레를 나아가게 하는 수레의 두 바퀴를 이루고 있다고 볼 수 있기 때문이다. 그뿐만이 아니라 시민교육은 건전한 시민으로서의 일종의 인지적·정의적·행동적 자질인 시민성을 증진·함양하는 교육이며, 그러므로 정치·집단·삶에 관한 인지적·정의적·평가적·행동적 정향 성을 지닌 정치의식과도 불가분의 관계를 맺고 있는 교육이라고 볼 수 있다는 점에서 그러하다.

통상적으로 시민교육은 민주시민 혹은 바람직한 시민의 자질을 향 상시키는 데에 중점을 두어 실시되고 있는 교육으로 분류되고 있다. 그리고 대체로 '민주시민의 자질' 혹은 바람직한 '시민의 자질'과 연 관성이 매우 깊은 '시민성'이라는 개념은 "반드시 도덕발달을 수반해 야 하고, 그러므로 도덕교육을 필요로 한다"[12]는 의미규정이 주어질

---

12) 정창우, 「도덕과 교육에서 시민교육 영역의 교육내용과 지도 방법」, 『도덕윤리과교육』 제26호, 한국도덕윤리과교육학회, 2008, 2쪽 참조.

수 있다. 이러한 점에서 민주주의 발전을 위한 도덕교육으로서의 시민교육이 그 의의를 발휘하기 위해서는 우리나라 사람들의 본원적인 정치의식 혹은 정치문화에 바탕을 두어 형성되었거나 형성되어야 할 우리나라 사람들의 시민성을 감안하는 시민교육13)이 요청된다고 할 수 있다. 그러므로 이상의 문제인식과 착안점 등을 감안하여 다음의 네 가지로 앞으로의 논의를 전개하기로 한다.

첫째, 정치의식과 시민성에 관한 기존의 이론을 민주주의와 도덕교육적 측면과 상호 연관성을 중심으로 해서 살펴봄으로써 정치의식과 시민성에 관한 기본 개념적 측면을 밝혀본다.

둘째, 8·15광복 시기, 남북통합의 추진 과정, 1970~1980년대의 민주화운동 시기 등에서 나타나는 우리나라 사람들의 정치의식의 특성을 구성해 본다.

셋째, 이상의 논의과정에서 밝혀진 정치의식의 제반 특성을 바탕으로 해서 본원적인 한국적 시민성의 특성과 그에 따른 구성요소들과 사례들을 밝혀본다.

끝으로, 이상의 논의과정에서 밝혀진 한국적 시민성을 바탕으로 해서 도덕교육의 이념과 목표, 내용 등을 논의해 봄으로써 특히 시민교육으로서의 도덕교육의 개선점과 발전방향을 모색해 본다.

---

13) 민주시민교육과 시민교육 간에는 대체로 민주시민교육이 민주주의적인 측면을 좀 더 강조하는 시민교육이라는 점에서 일반적인 의미에서의 시민교육과 다소의 차이가 있다고 볼 수 있겠으나, 본서에서는 민주시민교육과 시민교육을 동의어로 취급하여 혼용하기로 한다. 한편 시민교육은 정치교육과 성격 면에서는 차이가 있을 수 있지만, 크게 보아서 양자는 공통되는 측면이 많다고 볼 수 있어서 본서에서는 정치교육 역시 시민교육의 일환으로 삼아 논의를 개진시키기로 하므로 정치교육에 대해서는 논급을 하지 않는 것으로 한다.

2. 내재적 연구방법과 체험을 통한 설명과 해석

본서에서는 역사적 전환기의 상황을 중심으로 우리나라의 전통적인 문화와 역사 속에서 표출된 피지배계층 혹은 집권세력에 속하지 않은 대다수의 우리나라 사람들의 본원적인 정치의식과 이에 기초한 시민성을 준거로 삼고자 했다. 그리고 우리나라 사람들의 본원적인 정치의식에 관한 연구방법 면에 있어서는 이를테면 내부적이거나 내재적인 요인을 탐구하는 접근법을 주로 본서에서는 채택하고자 했다. 왜냐하면 종래의 연구는 우리나라 사람들의 정치의식이라든가 정치문화와 관련해서 객관적이고, 경험적이며, 정합적인 측면에서 요구되는 연구방법이 적용되어 일정한 성과[14]를 나타내었다고 볼 수는 있지만, 우리나라의 역사, 문화, 종교 등의 내적이며 본원적인 측면에 비추어진 연구방법이 적용되는 데에는 다소 소홀히 취급되는 경향이 있었음을 부인할 수 없기 때문이다. 이러한 정치의식이라든가 정치문화에 관한 본서에서의 연구방법은 우리나라의 종교, 역사, 지리, 사회구조, 경제적 발전단계, 정치구조, 정치적 사건, 대외관계 등이 어떠한 정치문화를 형성시켰는가에 대한 추론,[15] 즉 내재적 특성의 포착을 하는 연구방법과 대체로 합치하고 있다.

그러나 본서에서는 우리나라 사람들의 정치의식이라든가 정치문

---

14) 일례를 들면, 조사연구의 특성상 우리나라 사람들의 정치의식 혹은 정치문화를 대표하는 연구결과는 아니라고 하더라도 1995년에 실시된 우리나라의 정치학자들인 어수영·한배호 교수의 조사연구는 우리 사회의 정치의식 혹은 정치문화의 현실성 있는 단면을 밝혀주고 있다고 할 수 있다. 이 연구결과에 따르면 우리나라 사람들에게 있어서 권위주의적인 정치와 관련이 많다고 생각되는 가치정향인 묵종형이 현저히 줄어든 반면, 민주적인 정치적 가치와 관련이 깊은 관용성, 평등, 동료시민에 대한 신뢰라는 가치정향이 보다 두드러지게 나타나고 있다고 한다.(한배호, 앞의 책, 2003, 42쪽 참조) 그러나 본서에서는 이 조사연구가 현실성을 갖춘 경험적 연구가 된다고 하더라도 '묵종성'이라는 일종의 권위주의적인 태도, 행동 등의 변형적인 개념설정은 우리나라 사람들의 본래적이고 본원적인 정치의식 내지는 정치문화적 성향을 파악하는 데는 한계가 있다고 보는 관점을 견지하기로 한다.
15) 이정복, 앞의 논문, 2003, 8쪽 참조.

화를 연구함에 있어서 이상의 내재적 접근법과 대비된다고 볼 수 있는, 이를테면 권위주의, 묵종성 등을 전제로 하여 연구되는 경향성을 지닌 외재적 접근법을 전적으로 배제하는 입장만을 취하지는 않는다. 왜냐하면 비록 내재적 연구를 진행한다고 하더라도 외재적인 연구가 비교적 강하게 함유하고 있는 일종의 객관적인 시각을 경우에 따라서는 활용하는 것도 필요하기 때문이며, 또한 본서의 방법 면에 있어서도 외재적인 시각을 완전히 탈피할 수만은 없기 때문이다.

이러한 점에서 본서에서는 서구의 정치문화 연구에 관한 한 선구자들이라고 할 수 있는 알몬드(G. Almond)와 버바(S. Verba)가 주로 탐구하였던 정치적 과정문화, 즉 향리형, 신민형, 참여형16) 등으로 분류되는 "정치과정에서의 자신의 태도", 그리고 "관용, 신뢰 등으로 분류되는 다른 정치행위자들에 대한 태도"17) 등에서 논의의 초점을 삼았던 역사적이고 지역적이며, 국가·사회적인 토대에서 탐구되어진 정치의식라든가 정치문화의 실체적 성향에 관한 연구방식에 근접한 방식을 따르기로 한다. 다만, "알몬드와 버바의 정치문화 개념을 이용해서 한국의 정치문화가 어떻게 변화해 왔는가를 추적하는 방식"18)인 외재적인 연구방식이 아니라, 앞에서도 소개한 바와 같이, 우리나라의 종교, 역사, 지리, 사회구조, 경제적 발전단계, 정치구조, 정치적 사건, 대외관계 등에 입각한 내재적인 연구방식과 유사한 연구방식을 따른다는 점을 거듭 밝혀두기로 한다.

특히 본서에서는 현대사적 의의를 지니고 있으며, 우리나라 사람들의 본원적인 정치의식의 특성과 이에 따른 시민성이 매우 뚜렷하

---

16) Almond, Gabriel A. and Verba, Sidney, *The Civic Culture*, Princeton: Princeton University Press, 1963, pp. 12~26 참조.
17) 이정복, 앞의 논문, 2003, 4~5쪽 참조.
18) 이정복, 위의 논문, 6쪽.

게 나타난 대표적인 경우들로서 8·15광복 시기, 남북통합 추진 과정, 1970~1980년대의 민주화운동 시기를 선정하여 이를 분석대상으로 삼아 한국적 시민성에 관한 논의를 전개하기로 한다.

　본서에서는 주로 우리나라의 역사, 정치적 사건, 종교, 문화 등과 관련된 각종 자료 분석 및 해석[19]에 바탕을 두어 우리나라 사람들의 본원적인 정치의식과 이에 따른 시민성을 논의하는 방식을 취하고 있다. 이러한 연구방법은 "현상학적·해석학적 인간 이해를 바탕으로 일반화된 설명의 구조가 포착하지 못하는 개별성, 구체성, 차이를 통해 인간 행위의 본질적 의미와 이유를 이해하고자 시도"[20]하는 해석학적(현상학적) 연구방법의 측면이 강하다고 할 수 있다. 따라서 본서의 제한점이라고 한다면 본서에서 논의된 우리나라 사람들의 정치의식에 바탕을 둔 시민성을 일정한 분석적 방식에 따라 실제적인 조사에 따라 설명하고 예측해 보는 연구[21]가 이루어지지 못한 점을 들 수 있다. 이러한 점에서 본서에서 논의되는 본원적인 한국적 시민성의 제반 특성과 구성요소 등이 우리나라 사람들의 시민성을 현실적

---

19) 본서에서의 자료해석 방법은 일종의 질적 연구의 일환이라고 할 수 있으며, 이를테면 "사례의 독특성과 개별성에 초점을 두거나, 개인들이 주어진 상황에서 일상적으로 겪는 경험의 의미를 이해하는 데 초점을 두는 자료해석 방법(이종승, 『교육·심리·사회 연구방법론』, 교육과학사, 2009, 423쪽)"이라고 할 수 있다. 또한 이러한 해석방법은 "사회현상학은 나 자신과 타인의 경험의 과학이다. 그 대상영역은 상호주관성, 즉, 주관적 경험 간의 관계이다. 그 과제는 타인의 행동에 대한 나의 경험을 나의 행동에 대한 타인의 경험과 연결시키는 일이다(김경동, 『현대의 사회학』, 박영사, 1999, 619쪽)"에서 제시된 일종의 사회현상학적 방법과 유사하다고도 볼 수 있다,

20) 김애령, 「현상학과 해석학의 방법론적 적용의 문제」, 『탈경계 인문학』 제2권 1호, 이화여자대학교 이화인문과학원, 2009, 234쪽. 이러한 해석학적 접근방식은 "사회과학의 많은 것은 인간 생활의 생생한 의미를 고정시켜 버리는 과학적 이론화 형식들의 용어와 문법에 삶을 고정시켜 버리는 지식형태들을 만들어 낸다(Manen·Max van, *Researching Lived Experience*, Canada: The University of Western Ontario, 1990; 신경림·안규남 옮김, 『체험연구』, 동녘, 1994, 34쪽)"는 문제점을 해결할 수 있는 장점을 지니고 있기도 하다.

21) 예컨대 특정한 시기의 우리나라 사람들의 정치의식, 정치문화, 시민성 등을 조사하기 위해서 조사 도구를 결정하고, 표집대상을 선정하며, 질문지법, 면접법, 관찰법 등을 활용하는 방법에 따른 결과를 추출해내는 연구 등을 가리킨다.

으로 모두 대표한다고 볼 수는 없다. 다시 말하면, 한국적 시민성에 관해서 본원적인 측면에 중점이 두어지고 해석학적(현상학적)인 방법이 덧붙여져 연구가 수행되기 때문에 외적으로 드러날 수 있는 우리나라 사람들의 시민의식이라든가 정치적 성향 등은 본서에서 제시하고 있는 시민성의 특성이라든가 시민성의 구성요소들과는 경우에 따라서는 불일치될 수 있는 개연성은 충분히 있다고 할 수 있다.

아울러 본서는 우리나라 사람들의 본원적인 정치의식을 통한 시민성을 탐구하는 데에 중점을 두고 논의가 진행되며, 대체로 현대사적으로 주요한 전환기적인 국면이라든가 민주화운동 등에서 나타나는 제반 양상과 이에 따른 진행상황 등에 중점이 두어져 수행된다. 그러므로 예컨대 제도·구조적인 측면에서의 정치의식을 통한 시민성의 탐구에까지는 충분히 미치지 못 함을 본서의 또 다른 제한점으로 들 수 있다.

끝으로 민주주의, 정치의식, 시민성, 도덕교육 등의 상호 관계를 〈그림 1〉로 나타내 보고, 아울러 우리나라 사람들의 본원적인 정치의식과 이에 바탕을 둔 한국적 시민성에 관한 논의를 전개함에 있어서 적용되거나 활용되고 참고가 되는 연구방법들인 외재적 방법과 내재적 방법 등의 특징과 사례를 〈표 1〉로 정리해 보면 다음과 같다.

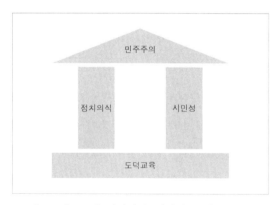

〈그림 1〉 민주주의, 정치의식, 시민성, 도덕교육의 관계

<표 1> 외재적 방법과 내재적 방법의 비교

	외재적 방법	내재적 방법
특 징	• 서양의 기존의 이론적 분석방법을 도입하여 우리나라 사람들의 정치의식(정치문화)을 논의함. • 일반화된 개념(근대화론, 발전론, 엘리트론 등)에 의해서 우리나라 사람들의 정치의식(정치문화)을 논의함. • 양적이며, 형식적인 방법을 채택함. • 실증적인 성향이 강함.	• 우리나라의 정치, 역사, 경제, 종교, 문화, 대외관계 등과 관련해서 우리나라 사람들의 입장과 처지를 해석하거나 이해해 보는 데에서 정치의식(정치문화)을 논의함. • 질적이며, 체험적인 방법을 채택함. • 해석학적(현상학적) 성향이 포함됨.
사 례	• 알몬드와 버바 등이 정치과정 연구에서 설정하였던 향리형, 신민형, 참여형 등의 개념(발전론)을 적용하거나 응용하여 우리나라 사람들의 정치의식(정치문화)을 연구함.	• 우리나라의 역사적 전환기 중에 작성된 시국성명서에서 나타난 우리나라 사람들의 인식, 의지, 행위, 체험 등을 해석하여 정치의식(정치문화)을 연구함.

2장 정치의식과 시민성의 의미

일반적으로 사람은 대체로 다른 사람들에게 무엇인가를 표현하고
싶은 욕구나 바람을 지닌 존재라고도 볼 수 있다. 이때 "무엇인가를
표현한다"는 것은 곧 "사람들과 관계된 일을 짜보고 조정해보며, 합
쳐본다"는 것을 의미한다. 여기에서 "일을 짜보고 조정해보며, 합쳐
본다"는 것은 곧 어떠한 식으로든지 다른 사람들을 대표해서 사람들
간의 관계 맺기를 조정 및 통합해 본다는 것이나 마찬가지이다. 이는
곧 인간은 정치하는 것을 본능적으로 좋아한다는 것과 연관된다고도
볼 수 있다. 왜냐하면 정치는 "권력을 둘러싼 인간의 행동이며, 인간
상호간에 전개되는 사회현상"[1]이라고 함에 그와 같은 사람의 표현
하려는 욕구와 바람은 관련되어 있기 마련이기 때문이다. 이에 따라
이 장에서는 정치의식과 시민성을 선행연구 문헌에서 제시된 이론적
측면을 바탕으로 해서 개괄적으로 살펴봄으로써 각각의 기본 개념을

---

1) 이성구·연명모, 『21세기 정치학』, 대경, 2009, 93쪽. 또한 정치를 권력과 관련하여 '대립
   의 조정과 통합'이라는 데에는 어떠한 학설도 부정하고 있지 않음이 확인되고 있다(정
   인홍 외 대표편집, 『정치학대사전』, 박영사, 1980, 1322쪽).

정립해 본다. 그리고 이 과정에서 나타난 정치의식과 시민성의 상호 관련성을 밝혀 봄으로써 정치의식과 시민성은 넓게 보아 도덕교육과 더불어서 민주주의를 견인해 나가는 불가분의 관계에 있음을 확인해 보도록 한다.

1. 정치와 집단에 대한 의식과 행위

정치의식을 정치의식과 일정한 관계를 맺고 있는 일정한 역사의식, 정치사회화, 민중의식 등과 비교함으로써 그 의미를 밝혀보고, 아울러 여론, 시대정신, 도덕 등의 측면에서 살펴봄으로써 기본 개념을 세워본다.

1.1. 정치의식의 개념 정의

사람은 '정치적인 존재'라고 일컬을 수 있다. 이러한 뜻매김은 다음의 정치적인 존재로서의 인간에 관한 언급[2]에서도 확인할 수 있다.

'정치적'이라는 말은 단순히 윤리적인 의미로만 이해되는 것은 아니다. '정치적'이라는 말은 일정한 동물종(Tierarten)에게서 관찰할 수 있는 행동유형인 공동의 일과 공동의 목표에 참여한다는 의미에서의 공생함(Zusammenleben)을 포괄하고 있는 말이다. 그와 같은 의미와 '인간은 천성적으로 정치적인 존재'라는 진술(Aussage)의 근거는 이러한 이유에서도 확실해지는 것이다.

---

2) Höffe, In Otfried ed., *Der Mensch-ein politisches Tier?*, Stuttgart: Philipp Reclam jun. Gmb H. & Co., Stuttgart, 1992, pp. 15~16.

이와 같이 사람은 넓게 보면 동물종의 한 부류로서 동물종에 있어서 공통적으로 나타나는 공존을 위한 삶의 양식을 기본적으로 지니고 있는 존재이다. 이런 점에서 '정치적'이라는 말은 좀 더 근본적으로 인간의 삶의 양식을 아우르는 폭넓은 개념적 의의를 지니고 있다. 그러므로 '정치적'이라는 말의 의미는 이를테면 정치제도, 정치과정 등은 물론 이와 관련된 일체의 인간의 사고·행동 양식에서 나타나는 상황, 사실, 사태 등을 포괄적으로 표현하고 있는 말이다. 따라서 '정치의식'이라 함은 정치와 관련된 대상, 사건, 사태, 행위, 사고, 감정, 의향 등과 관련된 일체의 의식일 뿐만 아니라 권위와 집단에 대한 태도 등의 의식이라고도 폭넓게 정의를 내려 볼 수 있다.

'의식'이라 함은 일반적으로 사람이 자신을 포함한 외부의 대상, 현상 등에 대해 갖는 인식에 의한 의지적이며, 감정적인 정신·심리적 경향성을 띤 상태라고 할 수 있다. 낫솔라스(T. Nasoulas)는 의식에 관한 개념정리를 첫째, 대상세계나 사물에 대한 단순한 감각의 수준에서부터 이를 지각하는 인지작용이며, 둘째 개인의 인상과 감정의 종합이고, 셋째 대상에 대한 인간의 가치판단과 신념체계를 총칭하는 것 등으로 하고 있다.3) 특히 그는 "인간의 의식을 이루는 근거 중에는 개개인의 지적·도덕적·종교적 차원에서의 일종의 개인적 특성을 포함하고 있다"4)고 하여 의식은 "인간의 가치판단과 신념체계를 총칭하는 것"임을 뒷받침해 주고 있다.

그러므로 '의식한다'는 것은 사람들 개개인이 자신은 물론 자신을 둘러싸고 있는 환경과 여건 등을 자신의 정신적이고 심리적이며, 의지적이고 감성적인 측면에서 받아들이고, 해석하며, 평가하고, 또한

---

3) 박동서·김광웅, 『한국인의 민주정치의식』, 서울대학교출판부, 1987, 48쪽에서 재인용.
4) Nasoulas, T., "The Concept of Conciousness: The Unitive Meaning", *Journal for the Theory of Social Behaviour*, vol. 24, 1994, p. 380.

느낀다는 것 등을 뜻한다. 이러한 의미에서의 의식은 자연히 인간의 행동이라든가 태도 등과 밀접하게 연관되게 마련이다. 다시 말하면 사람의 어떠한 태도나 행동은 이와 관련된 대상, 상황, 분위기, 여건 등에 대한 자신의 심적이고 정신적이며, 마음과 기분인 자신의 의식과 불가분의 관계에 의해서 갖추어지고 이루어진다. 이러한 측면에서 사카노(坂野登)는 의식을 대상의식과 반성의식으로 구분하고 대상의식을 대상을 인지하고 있는 행위를 일컫는 것5)으로 규정하고 있다. 이처럼 '의식'에 포함되어 있는 구성요소적인 측면을 고려해 본다면 '정치의식'6)이라고 함은 넓은 의미로 규정7)될 경우 인간의 삶 전반에 걸쳐 논의될 수 있는 그러한 특성을 지니고 있다. 좀 더 덧붙여 말하면, 공자(孔子)도 정치를 "예로부터 부모님께 효도하고 형제 간에 우애 있게 지내는 것 역시 정치하는 것을 일컫는 것이나 다름 없다"8)라고 의미부여를 함으로써 일상생활 전반에 걸친 정치의식의 영역확장의 가능성을 확인시켜 주고 있다.

한편 정치의식은 개인으로부터 출발하는 의식이다. 그러기에 정치 의식은 개인의 주체적 판단을 바탕으로 형성된 의식이라고 할 수 있

---

5) 천대승, 「정치의식의 기초로서의 인간성」, 경북대학교 박사논문, 1991, 36쪽에서 재인용.

6) 본서에서는 '정치의식'을 영어로 표기함에 있어서 통상적인 의미에서의 '의식'인 'consciousness' 보다는 좀 더 자각적이고 능동적인 인간적 특성을 반영하는 의미를 지닌 'awareness'를 채택하기로 하며, 따라서 '정치의식'을 'political awareness'로 하기로 한다.

7) 이러한 넓은 의미에서의 정치의식에 관한 뜻매김은 일종의 과도기에 처해 있는 오늘날 의 우리나라의 경우는 크게 보아서 제3세계권에 포함되는 나라 혹은 사회에 해당되는 경우라고 할 수도 있다는 점에서 보다 더 적합성을 지닌다고 하겠다. 즉, "우리의 현 상황은 정치제도가 사회에 있어 대립과 갈등, 분열과 통합 등 역동적인 사회현상을 제대로 수렴·반영하지 못하고 정치과정이 파행적으로 이루어지고 있는 제3세계의 정치상황과 같으므로 정치를 더욱 넓은 범위에서 보지 않으면 안 된다(김재영 외, 『새로운 정치학의 이해』, 삼우사, 2000, 208·209쪽 참조)"는 점에서 그러하며 본서에서 일차적으로 구명하려는 정치의식의 의의를 보다 분명히 해주고 있다. 이러한 취지에서 본서에서는 3장에서 우리나라와 유사한 사례로서 중·남미의 여러 나라의 일반적인 역사적·정치적 상황도 개괄적으로 살펴볼 것이다.

8) 이동술 현토방점, 『논어 부언해』 1, 학민문화사, 2009, 187쪽. 원문을 소개하면 다음과 같다. "子曰書云孝乎惟孝友于兄弟施於有政是亦爲政奚其爲爲政."

다. 그러나 개인의 주체적 판단은 일반적이거나 외적인 인식적·정서적·평가적 기준에 따라 생겨나는 경우가 적지 않다. 그렇기에 경우에 따라서는 1장에서 부분적으로 문제 삼은 바와 같이 지배집단이라든가 정치세력에 의한 정치의식만이거나 외부의 시각에 의해서 주입 내지는 조작되거나 왜곡되는 모양새의 정치의식으로 나타날 수 있는 속성을 지니고 있음에 유의할 필요가 있다. 이와 관련된 이론을 소개하고 있는 다음의 글9)을 살펴보기로 한다.

파레토와 시대를 거의 같이 하는 모스카는 대중의 정치의식이 엘리트의 정치의식에서 유래한다는 사실을 더욱 명료하게 소개하고 있다. 모스카에 의하면, 사회구성원은 어느 사회, 어느 시대에나, 그리고 어떤 정부의 형태(민주주의의 체제도 포함)를 가진 사회에서도, 지배계급(ruling class)과 피지배계급(ruled class) 두 가지로 대별된다는 것이다. 물론 여기서도 전자(前者)는 소수이고, 후자는 대다수이다. 그런데 극소수가 대다수를 지배할 수 있는 것은 크게 두 가지 사실 때문이라는 것이다. 하나는 지배계급에게는 동일한 목표가 있고 또 동일한 목표 하에 상호간에 결속할 수 있는 조직력이 있는 데 반하여, 피지배계급에게는 공통적 목표, 조직력이 없다는 것이다. 모스카는 지배계급의 이상과 같은 동일한 목표, 조직력을 '권력의 내적 원천(de facto source of power)'이라고 부르고 있다. 다른 하나는 '권력의 외적 원천(de jure source of power)'이다. 모스카에 의하면, 지배계급이 권력의 안정적 유지를 위해서는 권력의 내적 원천은 외적 원천에 의해서 미화되어야 권력의 합법성, 정당성이 생긴다는 것이다. 모스카는 권력의 외적 원천을 '정치적 이념(political formula)'이라고 부르고, 여기에 지배계급이 가지고 있는 이데올로기, 가치체계, 신

9) 길승흠, 「한국인의 정치의식의 변화: 1945년과 1985년」, 『사회과학과 정책연구』 제7집 제3호, 서울대학교 사회과학연구원, 1985, 34~35쪽에서 재인용.

념체계, 또 지배계급이 자기의 권력기반을 미화하고 정당화하기 위해서
조작해 내는 각종의 이데올로기, 가치체계, 신념체계 등을 포함시키고
있다. 물론 모스카가 말하는 '정치적 이념'은 피지배계급에게 그대로 먹
혀 들어가 정치의식으로 화(化)하는 것이다.

이러한 정치의식에 있어서의 조작과 왜곡 가능성은 때와 곳을 가리
지 않고 인간의 삶에 있어서 상존하기 마련이다. 이 때문에 지배계층
혹은 지도층의 정치의식 혹은 정치문화임에도 대다수 사람들에게서
나타나는 것으로 비추어질 수 있어 결과적으로 개개인의 결단과 실천
에 의해서 표출되는 본원적인 정치의식을 간과할 가능성이 높다. 따
라서 정치의식 혹은 정치문화를 논의함에 있어서 외재적인 시각이라
든가 일과성을 지닌 여론조사식의 시각은 본원적인 정치의식 혹은
정치문화를 올바르게 밝히는 데에 한계가 있음을 부인할 수 없다.
  그리고 역시 1장에서 언급한 바와 같이 정치의식은 정치문화에 포
함되어 설명될 수 있는 성질을 지니고 있으므로 다음의 정치문화의
세 가지 구성요소10)를 통해서 정치의식의 성격을 재확인할 수 있다.

첫째, 경험적 신념이며, 이것은 인지적 정향(認知的 定向; cognitive orientation)
    이라고 할 수 있다.
둘째, 가치의 선호(value preference)이다. 이것은 평가적 정향이라고 할 수
    있다. 이것은 추구되어야 하는 공공(公共)의 목표와 정부의 행동에
    의하여 최대화되어야 하는 개인적인 이득에 대한 신념이다.
셋째, 감정적 반응 혹은 감정적 정향이다. 이것은 감지된 정치적 대상에
    대한 호의의 감정적 반응으로 나타난다.

---

10) 김영국 외, 『정치학개론』, 박영사, 2001, 179~180쪽 요약.

다시 말하면, 이러한 세 가지 정치문화의 구성요소가 의미하는 바는 곧, 지금까지 논의한 바와 같이 정치의식 역시 정치 혹은 정치현상, 집단 등에 대한 개인의 인지적·정의적 태도 및 행동 등의 측면을 지니고 있음을 확인시켜주고 있다. 그러므로 정치의식과 정치문화는 경우에 따라서는 동의어로 보아도 무방하다고 볼 수 있다.

이제 정치의식 혹은 정치문화에 관한 연구방법인 외재적 연구방법의 일부 문제점을 비롯하여 정치의식에 인접해 있는 역사의식, 정치사회화, 민중의식 등과 관련한 정치의식의 의미를 논의하기로 한다.

1.1.1. 외재적 연구방법의 문제점

다음은 정치의식 혹은 정치문화에 관한 외재적인 방법에 따른 우리나라 사람들의 정치의식 내지는 정치문화에 관한 과거의 연구의 일례[11]이다.

　　불인(佛人) 모리스 꾸랑 씨는 일찍이 조선을 논평한 그 일절에 가로되

---

11) 문일평, 『한국과 한국인』, 자이언트문고, 1982, 15쪽. 1901년 우리나라를 방문하여 금강산, 강원도 금광, 제주도 등지를 돌아다니며 직접 취재했던 독일기자 지그프리트 겐테가 저술한 『신선한 나라 한국』(1901)에서 개항 이전까지 해외에 알려진 저서 중에 『한국교회사서론』(1874)은 "한국에 와본 적도 없는 달레 신부가 파리에 앉아 선교사들이 보내준 편지만을 모아 엮은 것에 불과하다"고 평가하였으며, 우리나라 사람들을 "매우 선량하고 관대하며 손님을 후대하는 민족이다"라고 하여 당시에 서구에 알려진 우리나라 사람들에 대한 편견을 시정하고자 했던 것으로 밝혀졌다.(《동아일보》, 2011. 8. 20, B7에서 재인용) 지그프리트 겐테의 이와 같은 의견은 모리스 꾸랑의 견해가 우리나라와 우리나라 사람들에 대한 '한국교회사서론'적인 시각에서 생겨났을 가능성이 있음을 시사해 주고 있음을 부인할 수 없다. 또한 "권위주의적인 사고방식이 독일 사회 전역에 널리 퍼져 있었기 때문에 절망과 불안정한 상황에 처해진 독일인들은 자유선거에서 히틀러에게 권좌에 오르게 했다(Inglehart, R., *Modernation and Postmodernization*, Princeton: Princeton University Press, 1997, pp. 171~172)"는 견해 역시 엄밀하게 보아서 독일인들이 처한 상황을 체험적으로 이해하는 인식의 필요성이 요청되는 바와 거리가 멀다는 점에서 일종의 외재적 연구방법의 한계를 보여주는 견해라고 볼 수 있다.

"조선은 극동문명의 존중할 지보(地步)를 차지하였다. 그 사상과 그 창견(創見)이 근방(近傍) 제국을 진감(震撼)함에 족한 바 있다. … 그러나 고립의 결과로 창조의 재능도 국내에 잦아지고 말았으며 고상한 사상도 한 우리 속에 갇히게 되어 불화 내분의 효모로 변성하여 당쟁을 일으켜 사회적 진보를 정체하였음은 현금 적막한 상태가 스스로 설명하는 바이다"라고 탄식하였다. 조선사는 일면으로 보면 거의 내분의 연속이다. 그 가장 현저한 것만을 들지라도 60년에 뻗은 신라왕위의 쟁(爭)과 1백년에 뻗은 고려 무신의 난과 3백 년에 뻗은 이조 붕당의 화(禍)와 같은 것은 각 시대 내분의 중심 골자를 지은 자로서, 이를 빌미삼아 일어난 크고 작은 파란은 직접 간접으로 삼왕조의 붕괴를 촉진한 것이다.

이 글에서는 한 프랑스인 연구가의 문화적이고, 제도적인 인식적 접근에 의한 우리나라 사람들의 정치의식에 관해 이와 같이 규정한 바에 근거하여 이를 우리나라의 역사에 일률적으로 적용하여 우리나라 사람들의 정치의식을 '당파싸움을 일삼는 문화'로 규정하고 있다. 이러한 인식은 단순히 외래적인 사상에 의존하는 바를 넘어서는 일종의 외재적인 접근법에 의한 것이다. 또한 이러한 접근법은 경우에 따라서는 본래의 우리나라 사람들의 정치의식을 뒤틀어 보거나 잘못된 방향으로 위치시킬 가능성이 크다. 이와 관련해서 국내의 연구자들에 의해서 우리나라 사람들의 정치의식에 관한 외재적 접근법을 적용하려는 경우의 일례[12]를 들어보기로 한다.

이지훈에 따르면 한국정치문화는 거의 40가지의 기본특성으로 분류될 수 있으며, 이들 중 다음의 7가지가 가장 전형적인 것들이다. 즉, 권위주

---

12) Kim, Sung-Soo, "The Evolution of Korean Political Culture: Is it compatible with the virtues of democracy?", 『한·독사회과학논총』 제2호, 한독사회과학회, 2003, 98쪽.

의, 시민적 정향성(civic orientation), 집단주의(개개인보다는 집단성을 강조하는 가족주의와 같은 정향성), 소외성(고립성; alienation), 분파주의, 저항성, 민족적 정체성 등이다. 이러한 특성들의 일부는 상호간 모순되거나 배척적일 수 있다. 왜냐하면 그러한 특성들은 유교, 기독교, 포스트모더니즘 등과 같은 서로 다른 근거와 원천에서 비롯되는 것들이기 때문이다. 그럼에도 이 모든 것들은 오늘날의 한국의 보편적인 정치문화의 핵심이 되는 요소들이다. 한국 정치문화의 뿌리는 무엇인가? 오늘날의 한국은 불교, 개신교, 천주교, 무속신앙, 유교 등의 사회로서 이 중 어느 한 가지가 인구상으로나 사회정치적 영향 면에 있어서 가장 우월하다고 말할 수 없을 만큼 혼재, 혼합되어 있는 그러한 사회인 것이다.

우리나라의 정치문화의 뿌리를 종교에 두고, 이에 근거하여 우리나라 사람들의 정치의식의 양태를 추출해 내려고 하고 있음이 이 글에서 드러나고 있어, 전형적인 외재적인 접근법임을 보여주고 있다. 또한 이 글의 서두에서 인용된 대로 종래의 우리나라의 정치문화에 관한 연구에서 드러난 우리나라의 정치문화의 특성 40가지 중에서 여타의 것들보다 상징하는 바가 보다 큰 7가지 특성들인 권위주의, 시민적 정향성, 집단주의, 소외성, 분파주의, 저항성, 민족적 정체성 등은 시대적이고 제도적인 측면에서 일반화된 가치라든가 이념적인 특성을 다층적으로 혼합하여 일종의 해석학적[13]으로 추출한 성격을 지닌 개념들이기도 하다. 그러므로 이러한 특성들은 대체로 외재적 접근법에 따른 연구결과물들을 구성하는 데에서 나타난 개념들임을 부인할 수 없으며, 크게 보아 외재적 접근법에 따랐다고 볼 수 있다. 이러한 외재적 접근법에 의한 정치의식의 탐구는 대체로 입증이

---

13) 이지훈, 「한국 정치문화의 기본요인」, 고려대학교 박사논문, 1982, '논문개요' 참조.

된 일반적인 개념에 입각하여 이루어지기 때문에 오류를 낳을 가능성이 그만큼 작으므로 연구자들에 의해서 선호되고 있는 접근법임을 부인할 수 없다. 그러나 이러한 외재적 접근법은 실질적인 면에서의 본원적인 문제인식을 하는 데에 있어서 지장을 초래할 수 있는 약점을 지니고 있기도 하다. 이와 관련된 다음의 글14)을 살펴보도록 한다.

> … 한국인의 정치의식이라는 것을 파악하는 데 있어서도 마찬가지다. 한국인이 정치적으로 무관심하다든가 한국인의 정치의식이 덜 발달됐다거나 하는 판정을 내릴 때에도 어떠한 행위의 양태를 기준으로 삼아서 그러한 판단을 내리느냐 하는 것에 유의해야 한다. 서양의 것을 기준으로 삼아서 한국의 것을 평가할 때 누구에게 불리하고 누구에게 유리하고는 고사하고 그러한 평가가 인류의 지식을 증진하는 데 별로 도움이 되지 못한다는 것을 우리는 기억할 필요가 있다.

즉, 이 글은 외재적 접근에 의한 우리나라 사람들의 정치의식 내지는 정치문화의 연구는 본원적인 우리나라 사람들의 삶을 바탕으로 한 연구가 되지 못할 가능성이 있어, '실체 없는' 실체연구가 될 수 있는 약점을 지니고 있음을 시사해 주고 있는 것이다.

한편 내재적 접근법은 예컨대 "서양의 역사학자나 사회학자들의 개념유형에다가 조선조의 사실(史實)들을 그대로 두드려 맞추어서는 안 되며, '전제'니 '권위주의'니 '인간성'이니 '본능'이니 운운 해서는 별로 도움이 안 되고, 그렇다고 해서 현대의 사회과학 등의 방법론이나 이론을 버려야 한다는 것은 아니지만 조선조의 정치생활을 이해하는 데 있어서 조선조의 치자들의 입장에서 그들이 원했던 바나 이

---

14) 함병춘, 『한국의 문화전통과 법』, 한국학술연구원, 1993, 326쪽.

루고자 하던 바를 이해해 보는 방법"15)으로 볼 수도 있다.

이와 같이 정치의식을 구명하는 데에 있어서 원용되는 접근법은 크게 보아 외재적 접근법과 내재적 접근법 등이 있는 바, 어느 한 쪽의 방법만이 전적으로 옳다고는 할 수 없겠으나, 특히 외재적 접근법의 문제점을 충분히 감안할 것이 요청된다.

1.1.2. 정치의식과 역사의식

정치의식은 내·외적으로 역사와 관련이 있는 특성을 지니고 있다고 할 수 있다. 왜냐하면 "좁은 의미에서의 정치"라고 볼 수 있는 정치과정의 경우에 과거와 관련된 현재에 있어서의 현상적 사태를 바탕으로 논의된다고 할 수 있으며, "넓은 의미에서의 정치"라고 볼 수 있는 개인과 집단의 실패와 성공 등을 가져온 상황의 경우도 역시 이 개인이 살아온 환경이라든가 여건에 대하여 논의되기 때문이다. 다시 말하면, 정치과정은 과거와 현재 간의 연속적인 사건 속에서 진행되며, 개인과 집단이 직면한 환경과 여건 역시 과거와 현재의 연속적인 성과라든가 결과에 따라 설명될 수 있다는 점에서 그러하다. 이러한 측면에서 본다면, 정치의식과 마찬가지로 역사에 관해서 갖게 되는 인간의 제반 의식작용이 생겨나게 마련이다. 그렇다면 정치의식과 역사의식 간의 차이점을 확인해 볼 필요가 있다. 다음의 역사의식에 관한 이해를 돕는 설명16)을 살펴보기로 한다.

역사의식은 지식에 앞서고 인식에 앞서는 인간의 심리작용이므로 누구에게나 있으면서도 잘 나타나는 사람이 있는가 하면 역사의식을 거의

---

15) 함병춘, 위의 책, 344~345쪽.
16) 강우철, 『역사는 왜 배우는가?』, 교학사, 1992, 180쪽.

발동시키지 않는 사람도 있다. 적극적인 역사의식의 소유자는 항상 새로워지고자 하며 재래적인 역사관이나 역사가의 해석에 대하여 회의를 느끼며, 역사 속의 여러 형태의 특질을 선명하게 파악하려 한다. 역사의식은 역사인식과 서로 내왕할 때 더욱 강해진다. 그러나 역사의식은 역사의 객관성이나 정당한 방법론이 결여되었을 경우 비타협적인 내재적 성격으로 변하여 비약이 심한 비논리성으로 치닫는 위험성을 내포하고 있다. 이 점에서 역사의식은 정치의식이나 도덕의식과 같이 눈에 보이는 행동으로 나타나는 의식구조와는 다른 속성을 지니고 있다.

이 설명에서 잘 나타나 있는 것처럼 역사의식은 정치의식에 비하여 행동적인 측면을 비교적 약하게 지니고 있는 의식일 수 있다. 즉, 역사의식이라고 해서 사람의 행동이나 행위와는 무관한 것은 아니지만 정치의식처럼 실제적인 강렬한 행동적 실행의 계기를 부여하는 성격을 지니고 있다고 규정할 수는 없는 것으로 여겨진다. 그러나 역사의식은 충분한 인식적 모색과 객관성 있는 탐구적인 바탕이 갖추어지지 않을 경우 왜곡된 정치의식을 갖게 하는 데에 일정한 영향을 끼칠 수 있는 개연성을 지니고 있음을 부인할 수 없다. 이를테면 일종의 민주주의에 관한 고정관념에 근거한 역사인식의 성격을 보이고 있다고 할 수 있는 1960년대의 다음과 같은 우리나라의 지식인의 견해17)를 들어볼 수 있다.

---

17) 현대인강좌편찬회 편, 『한국의 발견』(현대인강좌 별책), 박우사, 1964, 215쪽. 이 지식인의 민주주의에 대한 편향된 인식에 단서를 주었다고 볼 수 있는 견해로서 다음과 같은 서구의 학자들의 견해를 지적할 수 있다. 즉, 이들 서구의 학자들로 M. 립셋 등을 중심으로 한 정치사회학자들이 제시한 "경제성장이 문맹이 퇴치되고, 확보된 중산층이 형성되며, 세계 시민으로서의 태도가 육성됨으로써 민주주의의 필수적인 전제조건들을 창출시킨다"는 등의 상식적인 관념에 근거한 발전치중 신화(development-first myth)와 관련된 이론에 이 지식인의 인식이 형성되었을 가능성이 높다. 그러나 이들 서구의 학자들은 그러한 조건들이 없이도 민주국가들이 된 인도, 코스타리카, 콜롬비아 등의 경우에 대해서는 설명할 수 없는 오류를 범하고 있음이 지적되고 있다. (Siegle, J. T., et al., "Why Democracies Excel",

  … 이처럼 빈곤이 오랫동안 지속해 왔고 또 앞으로도 오랫동안 지속할 것이라면 한국에서의 민주주의 성장도 그만큼 비관적이다. 왜냐? 민주주의는 가난으로 말미암아 표를 팔아먹는 사람이 없고, 무식으로 말미암아 표를 사기당하는 사람이 없다는 조건 하에서만 충분히 개화할 수 있다는 의미에서 일종의 '경제적 사치품'이기 때문이다. 5·16 이후 우리나라 사람들의 일부가 민주주의야 실천되건 말건 간에 우선 먹고사는 문제를 해결하여 주는 정부라면 환영한다는 생각을 갖게 된 것은 주로 이러한 사정을 반영하는 것이라고 할 수 있다.

이 글에서 나타난 민주주의에 대한 한 지식인의 인식은 단적으로 말해서 서구에서 발생하여 우리나라에 8·15광복 이후 들어온 민주주의에 대한 외적인 역사적 사실의 편린에 입각하고 있다. 민주주의를 '일종의 경제적 사치품'으로 바라보는 피상적인 역사인식은 우리나라 사람들에게 본원적으로 갖추어져 있는 수준 있는 민주주의적 사고와 행위 등에 대한 몰이해로 나아가게 마련이다. 그러므로 이러한 데에서 형성된 역사의식은 건전한 정치의식과는 거리가 있게 된다. 다시 말하면, 역사에 대한 객관성이나 정당한 방법론이 갖추어지지 못한 역사의식은 독선적이고 편협한 것이 될 위험성을 안고 있어 건전한 정치의식을 갖게 하는 데에 지장이 되기 마련이다.
  아무튼 정치의식의 강한 실천적 측면으로 본다면, 정치의식의 형성에 역사의식은 비중 있는 매개적 역할을 하고 있으므로 정치의식과 역사의식은 밀접한 관계를 맺고 있음에 틀림이 없다.

Foreign Affairs 9·10, 2004, p. 58 참조)

1.1.3. 정치의식과 정치사회화

정치의식은 정치사회화와 관련되는 바가 매우 크다고 할 수 있다. 정치사회화는 통상적으로 사람이 자신이 살아가는 정치사회에 적응해 나가는 과정에서 갖추어지게 되는 인지적이고 정의적이며 행동적인 면에서의 일정한 능력을 습득한 상태, 혹은 습득하는 도중에 있는 상태를 뜻하는 개념이라고 정의를 내릴 수 있다. 이러한 점에서도 정치의식은 상당한 부분을 정치사회화와 공유하고 있다고 봄이 타당하다. 정치사회화에 대한 개념정의를 관련 학계에서는 다음의 3가지로 제시[18]하고 있다.

첫째, 어떤 결과나 적응에 비중을 두는 정의로서 관습이나 환경에 순응하거나 적응하는 측면을 강조하여 다분히 어떤 체제의 우위성과 함께 정치사회화의 대상으로서 어린이들의 수동적인 역할과 적응 면에 비중을 두는 것이다.

둘째, 가장 빈번하게 사용되는 과정이나 동화에 보다 역점을 두는 정의로서 여기에서는 정치사회화를 사람들이 정치정향을 습득하는 발전적 과정으로 보는 것이다.

셋째, 정치사회화를 정치체계와 연관시켜 체계유지나 발전의 측면에서 정의하고 있다.

이처럼 정치사회화는 크게 보아 교육학 영역에서 주로 논의되는 개념적 특성을 지니고 있다. 중국의 유학자인 순자(荀子)가 제시한 '예론(禮論)'도 넓은 의미에서 일종의 정치사회화 교육의 일환에 해당

---

18) 김재영 외, 『정치문화와 정치사회화』, 형설출판사, 1990, 211~215쪽 요약.

된다. 순자는 인간의 본성은 조야하므로 예절을 가르치지 않으면 "정상적인 삶을 영위한다는 것"은 불가능에 가깝기 때문에 마땅히 예절을 가르쳐야 한다고 주장한 바 있다. 따라서 '예'는 사회규범이 되며, 국가질서를 유지하기 위한 규범이기도 하다. 이런 뜻에서 정치 사회화는 도덕교육과 연관을 맺고 있으며, 더 가깝게는 도덕교육 중에서도 시민교육 혹은 민주시민교육과 관련되어 있기도 하다. 다만 유의할 점이 있다고 한다면 정치사회화는 "교육을 받는다"는 측면이 강하므로 당사자들에게 있어서는 수동적이 되며, 경우에 따라서는 도구적인 존재로 전락하는 결과를 낳을 수도 있으므로 당사자들의 적극적인 참여와 실천이 요청되는 교육적 효과를 낳도록 해야 한다는 것을 들 수 있다. 이렇게 함으로써 훌륭한 시민을 육성하는 시민교육 혹은 민주시민교육의 근본목적에 부합되는 것임은 두말할 것도 없다.

정치사회화에서 논의되는 주요 개념, 예컨대 민주주의, 평등, 자유 등은 다가치적인 측면을 배태하고 있기 때문에 다양한 정치관의 편차가 있을 수 있으며, 정치의식 역시 다층적인 측면을 지니고 있다고 할 수 있다. 따라서 정치사회화와 정치의식의 조화적 상관성의 측면에서 본다면 양자는 최소한의 약속이 요청되는 지점을 포함할 필요가 있다고 하겠다. 이와 관련한 일례를 들면 영국의 대표적인 공리주의자였던 벤담(J. Bentham)은 자신의 공리주의적 규범의 출발점으로 그와 같은 약속의 지점을 쾌(快)・불쾌(不快)라는 감각적 속성을 지니는 경험적 감정에 두고자 했다. 이러한 벤담의 규범형성의 기본원리로서의 경험적 감정은 나름대로의 보편성을 함축하는 의미를 가질 수 있음이 분명하다.

이러한 측면에서 정치사회화는 인간의 기본적인 욕구, 감정 등의 경험적 보편성에서 그 출발점을 삼게 되는 특성이 있다고 할 수 있다. 이 점에 있어서 정치사회화는 정치의식과 공통되는 성질을 지니고 있다고 보아도 무방하다.

1.1.4. 정치의식과 민중의식

민중의식은 사학사적(史學史的)인 개념이라고 볼 수 있다. 민중의식은 대체로 피지배계층의 존재의식·정체감 등에 바탕을 두고 있다고 한다면, 정치의식은 인간의 심리·사회·문화적 여건에서의 정치와 관련된 제반 현상들을 바라보고, 해석하며, 행동 혹은 행위에 옮기려는 의식이라고 할 수 있다. 따라서 정치의식은 계층적 차원을 초월한 본원적 인간성을 전제로 하는 포괄적인 의식을 말하기도 한다. 민중의식이란 사학사적으로 보았을 때 역사의 추동력은 소수의 지배계층에서 찾아지는 것이 아니고, 다수의 피지배계층에서 찾아져야 한다는 의식이라고 할 수 있다. 이러한 민중의식은 다음에서의 '민중 중심의 가치관'[19]에 관한 뜻매김과 무관하지 않다고 볼 수 있다.

… 여기서 민중 중심의 가치관이라 함은, 종래의 왕자나 특정 계층의 이익을 옹호하기 위한 가치관을 의미하는 것이 아니고, 전 민중의 자기 존재의 의미와 가치를 인정하고 더 나아가 지배층과 피지배층의 대립된 이해관계에서는 피지배층인 민중의 유익을 보장하는 제반 이념과 제도를 뜻하는 것이다.

역사에 관한 인식의 지평이 넓어졌다는 것은 곧 민중에 관한 재

---

19) 이만열, 『한국 근현대 역사학의 흐름』, 푸른역사, 2007, 43쪽.

인식이 형성되었음을 의미한다고 볼 수 있으며, 더 나아가서 이 글에서 제시된 '민중 중심의 가치관'은 민중의식과 부합되는 바가 크다고 할 수 있다. 다만 이 경우 민중 중심의 가치관이 민중적 개념의 모호함 혹은 다의성으로 인한 비현실적이고 실질적이지 못한 논의의 편리함에 의탁하여 이데올로기적인 또 다른 편향성으로 치우칠 수 있는 오류의 가능성이 상존하고 있음을 지적할 필요성은 있다.

이와 같이 민중의식은 크게 보아 역사적 측면에서의 일종의 '주인의식'이라고 할 수 있다. 단지 이 경우의 주인의식은 민주주의 시대 이전과 이후를 포괄하는 주인의식을 지칭하고 있으므로 민주주의에서 요청되어지는 정치의식으로서의 주인의식과 구별된다. 왜냐하면 민주주의에 있어서의 주인의식은 예를 들어 민주주의 제도의 구성과 운영 면에서 다수의 참여에 따라야 한다는 의식을 뜻하게 되어 민주주의 이전 시대의 주인의식과 차이가 나기 때문이다. 이러한 점을 감안한다면 정치의식 속에 민중의식이 포함된다고 할 수 있다. 또한 민중의식이란 동적(動的)인 개념에 더 비중이 두어진 개념이라고 할 수 있으며, 대체로 역사적 사건의 역동성에 초점을 맞춘 개념이라고 평가해 볼 만하다. 따라서 민중의식과 정치의식의 차이점이라고 한다면 정적(靜的)인 영역을 조화롭게 아우르는 데에 정치의식이 좀 더 폭이 넓은 것으로 이해할 수 있다.

한편 정치·사회학적 관점에서 민중의식은 일종의 체제적·시대적 문제의식이라고 볼 수 있으며, 이러한 의미에서의 '문제의식'에 관한 다음의 개념 정의[20]를 음미해 볼 필요가 있다.

---

20) 한완상, 『민중과 사회』, 종로서적, 1984, 174~192쪽 요약.

첫째, 문제의식은 어떤 사건의 문제성에 대한 날카로운 통찰이요 의식
이다.

둘째, 문제의식은 곧 일상성의 세계를 꿰뚫어 보는 의식이다.

셋째, 문제의식은 문제의 뿌리를 보는 의식이다.

넷째, 문제의식은 전체를 볼 줄 아는 마음이다.

이러한 문제의식은 부당한 양극화 상황에서는 항상 약자와 피해자의 편을 들게 된다. 이런 뜻에서 문제의식은 곧 민중을 위한 의식임과 동시에 민중의 의식이다. 특히 대자적(對自的) 민중의 성숙하고 날카로운 의식이다.

이와 같은 정치·사회학적 관점에서 민중의식은 앞에서 지적된 바와 같이 역사적 측면에서의 민중의식이 범하기 쉬운 비현실적이고 실질적이지 못한 데로 빠질 수 있는 논의의 가능성에 일종의 경종을 울릴 수 있는 보다 현실적이고 일종의 참여지향적인 성질을 지닌 민중의식이라고 볼 수 있다.

이상에서 정치의식과 관련하여 개괄적으로 살펴본 역사의식, 정치사회화, 민중의식을 간략히 요약해 보면 다음과 같다. 먼저 역사의식은 역사적 인식과 연계되어 역사를 새롭게 해석해 보려고 한다거나 역사 속에서 나타나는 어떤 특질을 추출해 보고, 이와 더불어 기존의 역사가의 역사관에 대해 비판적으로 탐구하려는 특성을 지닌 의식이라고 할 수 있다. 따라서 역사의식은 정치의식의 형성과 현실적 상황에의 대응 면에 있어서 비중 있는 매개역할을 할 수 있는 개념으로서 일면적으로는 정치의식을 보조하고 있는 것으로 평가될 수 있다. 다음으로 정치사회화는 정치사회에 적응할 수 있도록 정신적·심적·의지적·행동적 자질을 습득한 상태이거나 습득해 나가는 상태라고 규

정해 볼 수 있으므로 정치문화 혹은 정치의식을 이루는 중요한 영역을 차지하고 있는 개념이라고 평가된다. 끝으로 민중의식은 역사의식과 더불어 역사적 배경을 딛고서 정치적 성향을 강력하게 드러내는 피지배계층 중심의 상황인식에 바탕을 두고 있는 개념이므로 정치의식의 틀에 미루어 보면 넓게 보아 정치의식에 포함될 수 있는 역동적인 성향의 개념으로서의 특성을 지니고 있다고 하겠다.

요컨대 정치의식은 넓은 뜻으로 보아 역사의식과 보완관계에 있으며, 중요한 영역으로서 정치사회화와 관련되고, 민중의식의 역동적 성향을 아우르는 복합적인 의미를 지니고 있음이 분명하다.

1.1.5. 정치의식과 여론·시대정신

정치의식은 한 시대의 공론화된 여론과 불가분의 관계에 있으며, 그 시대의 대다수 사람들의 과제라든가 목표, 혹은 염원이 반영된 시대정신에도 부분적으로 반영되는 성질을 지니고 있다. 이제 정치의식과 여론 및 시대정신 간의 연관성을 밝혀보기로 한다.

집단 내에서 사람들은 외양으로 나타난 태도로 다른 사람을 평가한다. 그것이 각자의 관계맺음을 풀어내거나 얽히게 하는 기준이 될 수 있는 것이기 때문이다. 사람들은 그와 같은 외양을 보고 이에 미달하는 사람을 비난하기 시작하여 이러한 비난을 받는 사람들을 더욱 곤경에 빠트리게도 한다. 이에 따라 이들이 자신들을 곤경에 빠트리게 한 데에 대하여 반발하거나 저항하게 된다면, 사람들은 드디어는 이들을 일종의 정신병이 있는 사람으로 치부하여 이들의 반발과 저항에 따른 불편함을 정당화하려고 하며 자신들로 인하여 더욱 고통받는 사람들의 안위가 어떻게 되든지 관심을 두지 않는다. 한 집단 내에서 비난하거나 비난을 받는 사람들 모두는 그 집단을 존속시키고 개선하거나 발전시키는 데에 요구되는 건전한 정치의식을 가지고 있다고 할 수는 없을 것이다. 왜냐하면 건전한 정치의식이 작용하고 있는 집단이라고 한다면 결코 집단 내에서 소외당하여 고통을 겪고 있는 사람들이 생겨날 수 없고, 자신이 비난받는 이유를 대부분 자기 외적인 데에서 찾으려는 사람들로 만드는 그러한 비인간적인 사태를 만들지 않을 것이기 때문이다.

한 사회, 한 나라, 한 단체 등에서의 여론도 이와 마찬가지로 건전한 정치의식이 뒷받침되어야 그 의의를 확보할 수 있다. 왜냐하면 여론은 그 속성상 정치라든가 정치현상에 대한 시류적 관심대상의 외양적인 측면에 대한 사람들의 의견 내지는 감정, 평가 등이라고 볼 수 있기 때문이다. 따라서 한시성을 지닌 여론조사는 인간의 의식 저변에 자리 잡고 있는 정치의식과 연관된 측면을 반영하기에는 시기적·관찰범위적 한계를 지니고 있으므로 더욱 세밀한 주의를 요하는 조사이다.

특정한 시기에 보통의 국민들 혹은 시민들을 대상으로 하는 각종 여론조사 중에는 선거를 앞두고 입후보자들이라든가 그들의 소속정당에 대한 유권자들의 선호도 혹은 지지도를 알아보기 위한 조사가 있다. 보통의 여론조사기관에서 실시하는 여론조사의 목적은 어느 후보가 선거에서 당선되며, 어떤 정당이 선호되고 있고, 유권자들에게 있어서 연령, 지역, 학력, 소득수준, 성별 등에 따라 어떠한 분포도를 나타내는가 하는 지표를 산출함으로써 정확한 선거예측을 하여 대부분의 조사의뢰자들에게 이른바 '필승의 선거전략'을 짜도록 하는 데에 있음은 널리 알려진 사실이다. 이러한 조사자료에는 물론 국민 혹은 시민들의 정치적 성향이라든가 태도, 선호도, 관심도 등등이 나타나 있게 마련이어서 피조사자들의 정치의식의 일면을 읽어볼 수 있다.

그러나 본원적인 측면에서의 정치의식은 어떤 특정한 시기에 일시적으로 형성되거나 나타나는 여론으로서는 이해·설명하기에는 부족함이 많다. 다시 말하면 대체로 여론은 사람들의 요동치는 즉흥적 판단 위주의 일시적 포착에 불과할 가능성21)이 매우 크므로 그와 같은 일과성적(一過性的)인 판단 이면에 자리 잡고 있는 본래의 정치의식과는 거리감이 적지 않을 가능성이 크다. 이를테면 한국갤럽에서 발간한 2011년 판 여론조사결과22) 중에서 '정치의식' 항목에는 정치에 대한 관심이 있는가의 여부를 묻는 조사문항이 있는데, 이의 결과로서 "한국인의 68%, 정치에 관심이 없다"고 하는 규정과 함께 1981년의 동연구소 조사결과인 "관심이 없다"의 52%에 비해 높게 나왔다고 분석하고 있는데 이러한 조사로는 본원적인 우리나라 사람들의 정치의식을 좀처럼 확인 내지는 유추해 낼 수 없다. 이러한 점에서 이 연구조사 분석에서 사용된 '정치의식'의 의미는 본원적인 측면에서의 정치의식과는 대단히 거리가 멀다.

이와 같이 우리나라의 경우 종래의 우리나라 사람들의 정치의식에 관한 연구 중에는 대체로 일과성의 성격이 짙은 여론조사의 외적이고 표피적인 결과만으로 정치의식의 실체를 규명하려는 경향이 강한 연구가 적지 않았다. 이러한 점에서 본원적인 측면에서의 정치의식을 그만큼 소홀할 가능성이 큰 문제점을 안고 있기도 하다. 표피적인 여론조사를 통한 우리나라 사람들의 정치의식의 부상(浮上)은 외적인 후각이 예민하다고 할 수 있는 정치인들에게 권력획득으로 접근하는

---

21) "여론이 때론 변덕스럽게 변하는 것은 사실이다. 정책에 대한 선호가 짧은 시간에 자주 예측하기 어렵게 변하기도 한다(한국정치학회 편, 『정치과정』, 법문사, 2008, 44쪽)"는 견해도 이러한 가능성을 상정하고 있다.
22) 한국갤럽조사연구소, 『한국인의 철학』, 한국갤럽조사연구소, 2011, 127~128쪽 참조. 이 연구소에서 밝힌 조사기간은 2009년 12월 15일부터 2010년 1월 5일이며, 조사대상자는 제주도를 제외한 전국의 만 19세 이상 남녀 1,503명이었다고 한다.

데에 긴요한 활용가치를 숙성시키게 되는 것이다. 이러한 우리나라 사람들의 외적인 정치의식의 부상은 언론까지 이에 개입하게 되어 더욱 확대·증폭되어서 특히 정치인들과 언론 종사자들에게 득표와 인기상승 및 수입증대를 가져오는, 우리나라 사람들의 정치의식 면에서 일종의 거품현상 효과를 낳는 데까지 급진전하게 된다. 따라서 정치인들이 보통 말하는 "국민들이 원한다"는 것은 외적으로 드러난 우리나라 사람들의 표면적인 정치의식을 교묘하게 활용하여 자신들의 정치권력의 획득을 목표로 안출된 구호일 가능성을 배제할 수는 없다. 따라서 선거는 자칫하면 정치인들에는 당선을 위해서 국민들의 뒤틀려진 정치의식을 자극하는 선거운동을 진행시키는 것을 당연시하거나 정당화하는 이벤트성 행사가 되고 마는데, 이는 건전한 정치의식의 형성에 부정적으로 작용할 공산이 큼은 두말할 것도 없다.

요컨대 정치의식과 여론은 상호 공통되는 바가 있기는 하지만 정치의식은 항상성, 근본성 등을 지닌 특성을 지니고 있는 반면, 여론은 정치의식이기는 하되, 단발성, 한시성, 표피성 등을 지닌 특성을 지니고 있다는 점에서 본원적인 정치의식을 왜곡시켜 정치와 사회 등의 건전성이라든가 발전성에 장애가 될 가능성이 있음을 지적할 수 있다. 다음으로 정치의식과 시대정신의 상관성을 논의해 보기로 한다.

어느 시대나 그 시대에 사람들이 따라야 하고 지향해야 할 가치라든가 이념, 혹은 바람직하다고 하는 정신이 논의되기 마련인 바, 이러한 가치, 이념, 정신 등을 합쳐서 '시대정신'으로 통칭할 수 있다. 이러한 시대정신은 그 시대의 환경 혹은 제반 여건에 따라 형성되어 있는 정치·사회·경제·문화 체제에 걸맞는 의식이며, 이념적 지향정신을 가리킨다.

시대정신은 그 시대에서 필요로 하는 인간다운 삶이라든가 안정되고, 희망적인 체제의 구축 등을 위해서 우선적으로 요청되는 규범적 정신자세를 구현하는 데에 갖추어지는 정신이기도 하다. 시대정신이 바르게 정립된다는 것은 그 만큼 그 시대 사람들의 삶을 행복하게 하거나 원활하게 영위해 나갈 수 있는 든든한 버팀목이 될 수 있다. 그러나 시대정신이 바름은 고사하고, 혼란을 초래하거나 그 시대를 아우르지 못하는 부분적 규범의 외양만으로 되어 있을 경우, 그만큼 당대를 살아가는 사람들의 삶을 고달프게 하거나 어지럽게 하는 데로 나아갈 개연성을 함축하고 있음이 시대정신의 또 다른 특징이다. 이런 까닭에 그 성격상 시대정신의 중요한 부분을 차지한다고 볼 수 있는 정치의식과 시대정신이 적절하게 조응을 한다는 것은 의의 있는 일이다.

다음[23]은 16세기의 서구사회에서 일종의 정치의식이라고 할 수 있는 '휴머니즘'과 조응하여 시대적으로 요청되는 정신인 중세교회로부터의 인간의 해방을 실행에 옮기려고 한 경우이다.

중세교회로부터 인간을 해방시키려는 움직임은 교회 안에서도 일어났다. 그 운동은 1517년 루터(Martin Luther, 1483~1546)가 비텐베르크의 한 교회의 대문에 95개조의 반박문을 게시함으로써 개시되었다. 그로부터 이 개혁의 물결은 유럽 각지에 파급되어 불과 1세대도 지나기 전에 로마 가톨릭 교회는 그 절반의 교세를 프로테스탄트에게 내어 주어야만 했다. 이처럼 급격하게 교회개혁의 물결이 파급될 수 있었던 것은 르네상스에 의해서 널리 퍼진 휴머니즘과 일치하는 점이 있었기 때문이다. 가령 사제는 업적에 의해서가 아니라 신앙에 의해서 주어지는 것이며 모든 신도가 성직자이기도 하고(기독교 신자는 기독교 교리를 독자적으로

---

23) 강재륜, 『서양윤리사상사』, 일신사, 1990, 108~109쪽.

해석할 수 있다는 뜻), 종교적 의식이나 교회보다 성경이 더 중요하다고
했던 루터의 입장은 신앙의 내면화를 통해서 교회의 권위를 배제하고 인
간과 신이 내면적으로 직접 만나는 휴머니즘을 포함하고 있다.

　인간존중의 정신은 개개인의 문제와 불가분의 관계를 맺고 있는
정치의식에서 핵심적인 위치를 차지하고 있음은 자명한 일이다. 이
글에 언급되어 있는 바와 같이 "모든 신도가 성직자다"라는 루터의
견해는 당시에 교회의 권위와 지배로부터 소외되어 왔음에도 생활인
이요 신앙인으로 살아가고자 했던 대다수 사람들이 내면적으로 갈구
해 왔던 소중한 인간존중 정신을 구현하는 신앙정신이면서 나아가
개개인으로서의 만민의 평등성을 포용하는 이념적 지향점을 갖는 정
치의식으로 발전했다고 해도 과언은 아니다. 따라서 이러한 의의를
지닌 시대정신으로서의 교회개혁정신은 중세를 새 시대로 탈바꿈하
게 하는 주요한 계기를 마련했음은 주지하는 바와 같다. 이와 같이
시대정신은 정치의식을 필요로 하며, 또한 정치의식 역시 그 발양됨
에 있어서 시대정신을 요청하고 있다.

　사람은 행복을 원하는 존재이다. 이는 지위, 직업, 지역, 연령 등과
는 관계없이 누구나 사람이라고 하면 행복한 삶을 바라며 살아가고
자 함을 뜻한다. 이러한 행복은 최고의 선(善)이라고도 말할 수 있으
며, "최고의 선은 정치학(political science)과 관련되어 있는 바, 정치학
은 도시공동체(cities)에서 학습되어야 할 학문들과 각 계층에게 어떠
한 학문이 익혀져야 하며, 또한 제반 학문 영역 역시 정치학에 의거
해야 하고, 정치학은 행위와 관련된 여타의 학문을 활용함과 더불어
어떤 것을 따르고 피해야 하는지를 입법화시키도록 한다(legislates)"24)

---

24) Aristotle, *Nicomachean Ethics*, trans. Irwin, T., Indianapolis: Hackett Publishing Company,
　　1985, pp. 2~3 일부 내용 요약.

는 고대 그리스에서의 정치학에 관한 인식의 맥락은 기본적으로 오늘날의 정치학적 지향점이라든가 정치의 영역에 있어서의 최고선으로서의 행복과 연관된다는 맥락과 대체로 일치한다. 이와 같이 정치학은 대단히 광범위한 영역을 아우르는 성격을 지니고 있는 학문적 의미를 지니고 있기도 하며, 이러한 점에서 넓은 의미에 있어서의 정치의식은 한 시대의 근본문제의 핵심을 차지하는 정신이기도 하며, 행동원칙이 될 수 있다. 그러므로 정치의식은 시대정신과 더불어 논의되는 성질을 지니고 있다. 이제 시대정신을 구현하는 사례들로서 우리나라 사람들에게 행복 혹은 복지를 가져오게 하는 시대정신은 무엇인가를 간략하게 논의해 보기로 한다.

먼저 1988년 5월에 '조국 통일'을 외치며 명동성당(서울 소재)에서 투신하여 유명을 달리한 조성만[25]의 어머니의 글[26]을 살펴보도록 한다.

오십이 가깝도록 살며 나는 많은 삶과 죽음을 보아 왔습니다. 그러나 어느 누구의 죽음이든 그것은 생명의 마지막 숨 꺼짐, 심장의 고동이 멎는 것으로 끝을 맺습니다. 그러나 아들애는 결코 꺼지지 않는 숨, 심장으로 살아날 거라고 믿습니다.

"내 새끼, 성만아, 자냐! 엄마가 왔다.
장하다 성만아, 눈 떠봐라.
눈물 흘리지 말아요.

---

25) 1964년 전북 김제 출생, 1983년 전북 해성고 졸업, 1984년 서울대학교 화학과 입학, 1985년 2월 군 입대, 1985년 구로구청항쟁 시 구류 10일(민주화운동기념사업회, http://www.kdemocracy.or.kr/민주주의/(열사/희생자)/조성만 참조)판결을 받음.
26) 통일열사 조성만 10주기 추모사업위원회, 『누군들 죽음이 두렵지 않으랴』, 공동선, 1998, 160쪽.

눈물이 성만이 얼굴에 떨어지면 어쩌나!
엄마 왔다. 성만아!"

이 땅에 나 같은 어머니가, 종철이와 세진이… 기억 못할 만큼 많은 젊은이들의 어머니가 다시는 없도록 빌고 또 빕니다.

1980년대 후반에 이르러 생겨난 우리나라와 우리 사회의 시대적 요청사항[27]은 크게 보아서 민주주의의 회복과 남북통합의 추진에 있다. 이러한 점에서 조성만은 우리나라 사람들의 간절한 염원 중의 하나였던 남북통합을 외치며 스스로 목숨을 끊은 바 있으며, 두 번 다시 그러한 자기희생의 슬픔이 없기를 바라는 그의 어머니의 간절한 기도는 당시의 우리나라 사람들이 행복과 복지를 위해 추구하고자 했던 보다 포괄적인 의미의 시대정신과도 통하는 것이다.

그리고 6월민주화항쟁의 기폭제가 된 것으로 알려진 바 있는 1987년 1월에 발생한 '박종철 고문치사 사건'의 진상을 의사로서의 양심과 직분에 따라 경찰의 협박과 회유를 물리치고 증언한 부검의사와 현장목격 상황을 사실대로 증언한 의사[28] 역시 민주주의의 회복이라는 시대정신에 따른 경우에 해당되는 사람들임에 틀림이 없다.

요컨대 시대정신은 당대를 살아가는 사람들의 정치의식을 반영하고 있는 정신이기도 하며, 정치의식 또한 시대정신과 더불어서 그 본원적인 측면이 드러날 수 있는 것이기도 하다.

---

27) 1980년대의 시대정신을 대변하는 6월민주화항쟁 정신은 민주주의의 회복과 남북통합의 추진 등임은 널리 알려진 사실이다.
28) 박정기, 「길을 찾아서(13)」, 《한겨레》, 2011. 12. 22. 28면.

1.2. 정치의식과 도덕

정치의식은 개인의 정신, 이념, 감정 및 행동양식과 밀접한 관련을 맺고 있지만, 개인은 어디까지나 공동체 속에서 존재하는 공동체의 구성원으로서의 역할을 전적으로 외면할 수 없는 그러한 개체성을 지니고 있음이 분명하다. 이는 곧 정치의식이 도덕 혹은 윤리에 바탕을 두는 그러한 사람의 정신이요 이념이며 감정이고 행동임을 뜻한다. 이제 정치의식과 도덕의 상관성과 정치의식의 도덕적 특성을 개괄적으로 논의해 보기로 한다.

1.2.1. 정치의식과 도덕의 상관성

일반적으로 정치 세계에서는 도덕 혹은 윤리의 개념이 어울리지 않는다든가 권력의 논리에는 도덕의 논리가 개입되지 않는다고 하는 등의 일견 정치 세계에 대한 허무주의, 냉소주의 등이 깔려 있는 선입견과 편향된 견해가 형성되어 있는 것처럼 감지되는 경우가 있다. 대체로 이에 대한 외적인 근거로서 이른바 '마키아벨리'식의 "반도덕적일수록 권력을 쟁취하는 데에 유리하다"는 다소 모호한 정치적 방책이 제시되기도 한다.

그러나 정치 세계 역시 도덕적 원칙과 도덕법칙적 규율성이 매우 강하게 요구되는 영역임에 틀림이 없다. 왜냐하면 정치 세계에서 도덕적이지 못한 방책이 효력을 발휘하게 된다면 정치의 최종목적으로 되어 있는 이른바 '국리민복(國利民福)'은 달성될 수 없음을 추정해 본다는 것은 그렇게 어려운 일이 아니기 때문이다. "생활의 당위성만을 강조하고 현실성을 무시해서는 안 된다. 오히려 도덕적 선이라는 것은 악의적 목적에 이용당할 수 있다는 마키아벨리의 준엄한 경고는 그 이면에 도덕적 선에 대한 안타까움이 깔려 있다고 보아야 한다. 그의 학설은 때로 오해도 받고 있으나 크리스천의 정의가 승리하기 위해서는 현세적 생활의 난맥상을 차분하게 파악하고 이를 역이용할 필요성을 강조한 것이라고 해야 한다"[29]는 입장에서 말해 본다면 마키아벨리식의 정치적 방책은 표면적으로는 도덕적인 원칙에 어긋나는 것처럼 나타나지만, 이면적으로는 분명한 도덕적 기준에 의해서 정치인들의 정치목적이 달성되어야 함을 강조하기 위해서 제안된 것으로 평가된다.

도덕은 인간의 행복을 실현해 나가는 데에 정치체제, 사회제도와 불가분의 관계에 있는 규범의 실천을 언제나 요청하고 있는 엄숙하고 일상적인 행위의 근본원칙이다. 그럼에도 경우에 따라서는 정치의 영역과 보통 논의되는 도덕의 영역을 구분할 성질의 것들이 있게 마련이다. 그런데 이러한 구분을 한다는 것은 앞에서 살펴본 바와 같이 결코 쉬운 일이 아니다. 따라서 정치의 세계와 도덕의 세계는 별개의 세계, 심지어 상호 배척적인 관계로 인식하려는 경향이 있다. 그러면 이처럼 어려움이 수반되는 정치와 도덕의 구별법을 다음의 개인윤리와 사회윤리에 관한 의견[30]을 통해서 유추해 보도록 한다.

혼히 개인윤리와 사회윤리는 서로 다르다. 개인적으로 가지고 있는 윤리적 가치가 그대로 집단간 또는 국가간에 통용되지 않음을 처음으로 깨달은 사람이 마키아벨리였다고 할 수 있다. 그는 군주 개인의 윤리를 문제삼은 것이 아니라 국가의 통치자로서의 군주의 윤리를 문제삼은 것이며, 군주 개인의 윤리적 가치가 중요하다는 것을 인정하면서도 국가의 통치자로서의 군주는 개인윤리에 얽매여 있을 수 없다는 점을 냉혹하게

---

29) 강재륜, 앞의 책, 1990, 106쪽 참조.
30) 강재륜, 위의 책, 108쪽.

적시했다. 고대 그리스에 있어서 개인윤리와 사회윤리가 조화를 이루고 동질적인 것이 될 수밖에 없다고 본 견해는, 마키아벨리에 와서 완전히 부정되고 윤리는 이제부터 이중성을 가지고 나타나게 된다. 즉 윤리학과 정치학은 크게 그 기본원리를 달리하며 별개의 학문으로 분화되어 나가는 것이다.

사회윤리와 개인윤리는 구분된다는 이 의견에서 유추해 본다면, 지배자의 세계는 사회윤리적인 테두리 내에 위치하고 있고, 피지배자 개개인의 도덕의 세계는 개인윤리적인 테두리 내에 위치하고 있다고 일단 가정해 볼 수 있다. 이러한 인식은 대체로 실제적인 정치의 세계에서는 도덕 혹은 윤리가 무의미해지는 측면이 있음을 수용하고 있다. 여기에서 덧붙여서 마키아벨리의 입장에 관한 다음의 설명[31]을 살펴보도록 한다.

마키아벨리는 사생활과 사적 관계, 즉 우정이라든가 의로움(justice)의 기준들에 적합한 도덕적 기준들을 정치적 행위에 적용하는 것은 무책임하며 부도덕한 일이라고 주장한 바 있다. 만약에 지도자가 공공정책에 있어서의 목표추구에 단호한 바를 거부하거나 정책수단으로서의 위선적임과 교활함을 거부한다면 그는 대표자로서 자신에 대한 믿음을 보낸 사람들을 배신하는 것이나 다름없다.

이처럼 비록 개인윤리나 사회윤리가 별개의 차원에서 성립된다고 하더라고 정치의 영역에서는 상식적인 윤리 혹은 도덕이 실종된 듯이 보이고 있다. 이렇게 되면 정치학과 윤리학의 영역은 별개인 것으

---

31) Hampshire, Stuart ed., *Public and Private Morality*, Cambridge: Cambridge University Press, 1980, p. 49.

로 여겨질 수 있으며, 개인윤리와 사회윤리를 상호 구분하는 기준 역시 애매해지게 된다.

그러나 정치학과 윤리학은 명확히 구분되지 않는 특징을 지니고 있음 또한 부인할 수 없다. 즉, 윤리학이 없는 정치학을 생각할 수 없으며, 정치학이 없는 윤리학도 생각할 수 없다는 점에서 그러하다. 이와 관련하여 정치학과 윤리학의 불가분성을 주장하는 다음의 의견[32]을 참조해보도록 한다.

> 윤리학은 개인뿐만이 아니라 사회와 정치에 관한 것이다. 그리고 자유주의 윤리학은 사람들이 어디에서 자유로운가 하는 등에 있어서의 거짓된 것(phoney)뿐만이 아니라 사회적인 관계 면에서 어디에 도덕이 적용되어야 하는가 하는 등에 있어서의 참된 것(real) 등에 관한 학문이다. 윤리학을 어느 한두 가지 측면으로 규정하는 데에 근거를 두고 있는 개인영역과 사회영역 간의 구별은 그릇된 것이다. 윤리학은 사회적인 여건에서 개인의 자유를 어떻게 어디에서 구별하며 정치는 이를 어떻게 달성할 수 있는가에 관한 학문이다.

이 의견에서는 윤리학은 개인과 사회, 나아가서는 정치를 별개로 해서 논의되는 학문이 아님을 분명히 하고 있다. 다시 말하면, 윤리학은 "정치와 관련해서 개인의 자유의 성립의 기준을 다루는 학문"이라고 함은 어떠한 정치 분야도 도덕과 관련되지 않는 분야가 없음을 시사해 주고 있다. 그러므로 그 성격 면에서 도덕 혹은 윤리와 정치를 구분한다는 것은 어느 정도의 문제이지 완전한 구분은 불가능하다고 볼 수 있다. 이러한 의미에서 정치의식과 도덕과의 관계는

---

32) Paton, Calum R., *Ethics and Politics*, Newcastle upon Tyne: Athenaeum Press Ltd., 1992, pp. 2~3.

상호 보완적이며, 불가분의 관계를 맺고 있다고 해도 무방하다.

1.2.2. 정치의식의 도덕적 특성

정치와 도덕 혹은 윤리 등이 상호 구분의 모호함이 있는 것과 마찬가지로 사회정의 문제가 도덕 혹은 윤리의 문제로 귀결될 수 있음에 따라 빚어지는 혼란이 발생할 수 있다. 흔히 집단 내의 인간관계에서의 태도, 예의 등이라고 할 수 있는 '매너'와 인권은 별개의 것이라고 할지라도 양자는 같은 뿌리에서 나온 민주주의의 근본이념·기본제도(양식)임이 이해되지 못하고 있다. 즉, 매너의 문제는 인권의 문제와 별개의 영역에서 받아들여져야 할 것으로 흔히 오해되고 인권은 따지되 매너가 무시되는 불완전한 인권의식 혹은 정치의식이 나타나기도 한다. 이는 우리나라의 경우 민주화과정에서 민주주의에 관한 일반적인 인식부족이 곳곳에서 노정되었음에도 불구하고 이에 대한 각성이 미미함으로 인해서 시정되지 않았기 때문이라고 해석된다.

또한 개인의 권리와 공동의 약속 혹은 공동의 규범 등과의 관계가 잘못 이해되는 경우도 있다. 즉, 공동의 규범을 지키는 것과 개인의 권리를 확보하는 것은 상호간에 무관하지 않으며, 우선순위와 최소한의 권리확보 면에서 일정한 관계가 있음에도 별개의 것들로 이해되는 경우가 이에 해당된다. 다시 말하면, 공동의 규범을 지키는 것이 개인의 권리 확보보다 우선되는 바이지만, 이 경우에도 최소한의 개인의 권리 확보는 지켜져야 함을 전제로 하고 있다. 따라서 개인의 자유와 권리의 훼손에만 중점을 두어서 공동의 규범을 지키는 것을 경시하는 태도가 고수되는 결핍된 정치의식도 매너와 인권의 관계를 혼동하는 경우와 마찬가지로 오해의 소산일 수 있다.

이와 같은 매너, 인권, 개인의 권리, 공동의 규범 등의 이해 면에 있어서의 혼동 역시 앞의 사회정의와 도덕의 혼동만큼이나 빈발하는 경우라고 할 수 있다. 그러나 인권, 공동의 규범 등은 넓은 의미로 본다면 결국 도덕 혹은 윤리의 문제로 귀결됨을 부인할 수 없다. 다시 말하면, 바름을 추구한다든지 인간의 존엄성에 근거를 둔다거나, 공동의 약속을 준수한다거나, 다름을 받아들이는 것 등은 일정한 단계에서는 정치 내지는 정치적 신념 등으로 보일 수 있어 그에 따른 절차 혹은 과정이 뒤따른다고 하더라도 도덕에 귀결되는 것이다. 이와 관련한 일례로서 넓은 의미에서의 정치의식의 일환이라고 할 수 있는 경제적 측면에서 생산과 분배의 우선순위를 결정하는 데에 요청되는 원칙을 윤리 혹은 도덕이 제시[33]하고 있다는 점을 들어볼 수 있다.

이와 같이 도덕 혹은 윤리는 정치의식의 공통적인 바탕을 마련해 주는 역할을 맡는다고 할 수 있다. 이에 덧붙여서 도덕판단에 관한 다음의 글[34]을 좀 더 살펴보도록 한다.

1. 도덕판단은 판단을 하는 사람에게 있어서는 하나의 결단(결정)인 바, 자기만이 몰두하게 되는 원칙의 문제이거나 타인들에게 그러한 원칙을 적극 권장하는 그러한 결정(결단)이다.
2. 도덕적 원리(원칙)과 결정(결단)들은, 즉 이것들과 관련된 결정(결단)들은 여타의 동기라든가 행위의 이유들보다 우선성이 있는 것이다.
3. 도덕원리(원칙)들은 보편적이며 모든 것에 공정(불편부당)하게 적용되는 것이다.
4. 도덕적 전망은 자신의 삶의 전체적인 관점 등을 형성하는 개인적·

---

33) 이종은, 『정치와 윤리』, 책세상, 2010, 84~85쪽.
34) Hall, Robert T. and Davis, John U., *Moral Education in Theory and Practice*, Buffalo: Promethus Books, 1975, p. 59.

사회적 이념(관념)들에 기본적인 틀(체제, 구조)로 채택되는 것으로 받아들여질 수 있을 것이다.

즉, 도덕판단은 도덕원리에 따른 판단이라고 할 수 있으며, 도덕원리(도덕원칙)는 인간에 관한 한 보편적이고 공정하게 적용될 수 있는 것이기 때문에 결국 인간의 문제와 관련된 정치의식을 포함하여 매너, 인권, 개인의 권리, 공동의 약속, 경제규범 등도 도덕적인 바탕을 필요로 한다고 볼 수 있다.

따라서 가령 넓은 의미로 보았을 때 도덕을 잘 터득하고 있는 사람이 정치에 잘 적응할 수 있는 것이며, 반대로 정치에 잘 숙련이 되었다고 해서 도덕에 관한 조예가 깊다고 말할 수는 없다. 다만 도덕을 바탕으로 하여 건전한 정치의식을 회복시킬 수 있는 가능성이 있음 또한 관심 있게 살펴보아야 할 사항이다. 왜냐하면 정치의식은 현실의 문제를 올바르게 인식하고, 바람직하게 대처해 나갈 수 있는 인지·정의·행동적 능력을 발휘함에 있어서 보다 강화된 도덕적인 기준이라는 바탕을 필요로 한다고 볼 수 있기 때문이다.

이상의 논의사항을 정치의식은 도덕과 불가분의 관계를 맺고 있으며, 나아가서는 도덕과 윤리에 바탕을 두는 데에 그 존립의의가 있는 것으로 간략하게 요약해 볼 수 있다.

2. 공평한 참여와 존중 및 자율성

사람의 정신, 얼, 마음 등은 실로 복합적인 요소와 속성을 지니고 있으며, 외면적으로도 다양하게 나타나고 있다. 시민성 역시 사람에게 있어서의 내·외적인 다면적 측면을 포괄하고 있는 정신이자 얼이

요 마음에서 비롯되는 특성을 포괄하고 있다. 시민성은 '시민성'이라는 말 자체에서 드러나는 바와 같이 시민사회 혹은 시민공동체의 일원으로서 갖게 되는 모종의 성질과 같은 특성을 함유하고 있다. 따라서 정치의식과 더불어서 민주주의라는 수레를 이끌어가는 수레바퀴인 시민성의 의미와 시민성과 민주주의 정신 및 도덕교육과의 관계 등을 논의한다는 것은 의의 있는 일이다.

2.1. 평등과 개방적 자율성

시민성은 복합적인 개념적 의의를 지니고 있다. 따라서 시민성에 관한 여러 가지 개념정의와 시민의 자질이라든가 시민성에 대한 범위 설정을 살펴볼 필요성이 있다.

2.1.1. 시민성의 다의적 특성

오늘날 '시민'은 "크게 자기의 권리를 행사하는 '자율적 개인(autonomous individual)'을 뜻하기도 하며, 공동체 내에서 일정한 지위와 역할을 수행하는 '공동체의 구성원(member of community)'을 뜻하기도 한다"[35]는 것으로 이해된다. 이러한 의미에서 대체로 시민성은 "한 나라의 모든 구성원으로서의 성(性), 인종, 사상, 종교, 직업 등에 관계없이 정치적·경제적·사회적·문화적 제 활동에 자유로이 참여하고 모든 지위나 명예를 포함하는 사회적 혜택에도 접근할 수 있는 평등한 조건과 기회를 향유하여 구성원 각자의 고유한 방법으로 공동생활의 원활한 유지와 번영에 기여할 수 있도록 하는 권리와 책임을 지는 것"[36]으로 규정된다.

---

35) 조일수, 「디지털 민주주의 형성을 위한 민주 시민성 연구」, 서울대학교 박사논문, 2002, 120쪽.

한편 사전적으로 정의내려진 '시민적 자유(civil liberties)'와 '시민의 권리(civil rights)'는 법에 의해서 개개인에게 보장된 자유를 말하고, '시민적(civil)'이라고 함은 군사적이거나 종교적인 바와 연관되지 않음을 뜻하는가 하면, 역시 '시민적(civic)'이라고 함은 도시적·시민적 의미를 지니고 있고, '시민적 불복종(civil disobedience)'은 자신의 양심에 비추어 법에 복종하는 것을 비폭력적으로 거부함을 뜻한다.37) '시민'과 관련한 몇몇 단어의 이와 같은 사전에서의 뜻풀이는 시민성의 기본적인 개념의 방향성을 함의하고 있는 측면이 있기도 하다. 이를테면 '시민'이라고 함은 적어도 법 체제를 갖춘 모종의 집단 혹은 공동체의 한 구성원이라는 점이라든가, 그럼에도 그러한 법 체제에 대해서 경우에 따라서는 시정을 요구할 수 있는 정의의 문제라든가 참여의 문제를 암묵적으로 갖추고 있는 법률적이며 인본적인 존재 의의를 지니고 있음을 지적해 볼 수 있다.

또한 철학백과사전적 의미의 정치철학적 측면38)으로 보면 시민성은 법적인 자격뿐이 아니라 규범적인 이념성, 즉 피통치자는 정치과정에 있어서 충분하게 동등한 참여자가 되어야 한다는 그러한 특성을 지니고 있으므로, 왕정이나 군사독재자들에 의해 통치되고 있는 체제 하의 사람들은 시민들이 아니라 신민들(subjects)이다. 그러므로 대부분의 철학자들은 시민성 이론(citizenship theory)을 민주주의의 확장으로 보고 있으며, 민주주의 이론은 정치적 제도라든가 절차에, 시민성 이론은 개개인의 참여자로서의 자세 등에 각각 초점을 맞추고 있는 것으로 본다.

---

36) 박용헌, 「시민성의 의미」, ≪국회보≫ 296, 국회사무처, 1991. 6, 55쪽.

37) *Webster's New World Dictionary*, New York: The World Publishing Co., 1980, pp. 113~114 참조.

38) *Concise Routledge Encyclopedia of Philosophy*, New York: Routledge Publishing Co., 2000, p. 142.

이처럼 시민성은 다양한 의미를 지니고 있으며, 시민성의 의미를 정의(定義) 면에서 다음의 3가지 유형39)으로 나누어 볼 수 있다.

첫째, 법적 정의, 즉 국민국가(nation-state)의 시민으로서의 의무와 권리에 관한 정의의 유형

둘째, 철학적 정의, 즉 정의로운 사회를 가장 잘 구현하는 시민의 모델과 같은 규범적 문제와 관련된 정의의 유형

셋째, 사회 구성원으로서의 지위를 지향하는 시민을 강조한 사회-정치적 정의의 유형

시민성에 관한 정의의 이와 같은 유형들은 그만큼 시민성에 있어서의 개념적 이해가 다양할 수 있음을 보여주고 있으며, 경우에 따라서는 복합적이고 중첩적인 의미로 시민성이 논의될 수 있음을 함축해 주고 있다. 또한 이러한 시민성의 다의성은 시민사회의 특성에서 비롯된다고도 볼 수 있다. 이러한 점에서 오늘날에 있어서의 시민사회의 의미를 다음40)과 같이 살펴볼 수 있다.

시민사회는 국가가 아닌 모든 영역을 포괄하는 개념이되 동일한 조직원리에 따라서 형성된 단일체도 아니다. 시민사회는 지배계급의 영역도, 기층 민중의 요구가 표출되는 여론형성의 장도 아니며 그렇다고 중간계급의 활동공간만도 아니다. 오히려 시민사회는 여러 계층, 계급간의 이해가 교차하는 복합적 대립공간이며, 다원적인 사회세력들이 스스로 내

---

39) Dwyer, P., *Understanding Social Citizenship*, Bristol: The Policy Press University of Bristol, 2010, p. 3.

40) 한국교육연구소 시민교육분과 편, 「'시민성'의 이념과 시민교육의 과제」, 『한국교육연구』 제3집 1호, 한국교육연구소, 1996, 189쪽.

적 욕구에 의해 아래로부터 표출되어 자율적으로 운동해 가는 과정을 갖는다. 그러므로 시민사회의 '공적 이해관계'는 국가가 애용하는 지시와 통제와는 다른 과정, 즉 다양한 시민들의 이해가 자율적인 의사교환의 과정을 거치면서 자발적인 참여와 연대를 보장하는 형태로 진행되어야 한다.

이와 같이 오늘날에는 시민사회의 개방적이고 자발적이며, 역동적인 측면이 있음으로 말미암아 다의성을 지닌 시민성에 대한 논의는 좀 더 적극적이고 능동적인 시각에서 이루어지는 경향이 있다. 이제 철학적 의미가 강한 측면이 있는 시민의 자질을 살펴보고, 아울러 개념적인 면에서의 시민의 범위를 분류해 봄으로써 시민성에 관한 논의를 좀 더 진행해 보기로 한다.

2.1.2. 시민의 자질로서의 시민성

보통 시민의 자질이라고 함은 시민으로서 갖추어야 할 정신적·심리적·도덕적·정치적·사회적·문화적 역량에서 필요로 하는 태도라든가 마음가짐, 행동 혹은 행위 등의 사고방식이라든가 생활방식을 가리킨다고 볼 수 있다. 오늘날의 시민사회에서 강조되는 시민의 자질에 대한 외국의 학자들의 견해[41]를 다음과 같이 간략히 살펴보기로 한다.

---

41) 전숙자, 「민주시민성 구성요소의 두 가지 차원」, 『시민교육연구』 제29집, 한국사회과교육학회, 1999, 138쪽 요약. 이러한 시민 혹은 민주시민의 자질들은 대체로 "민주적 가치와 태도, 도덕적 행위, 합리적 의사결정, 사회참여, 정의, 평등, 공공선" 등으로 정리(이강빈, 「민주시민의식으로서의 공정성에 관한 도덕교육적 의의」, 『도덕윤리과교육』 제29호, 한국도덕윤리과교육학회, 2009, 352쪽에서 재인용)된 바와 맥락을 같이 한다.

첫째, 여러 사회문제 해결능력에 따른 민주시민이 갖추어야 할 자질로서 대화능력, 자료처리능력, 법적 의사결정 과정의 묘사, 정의의 원칙을 적용할 수 있는 능력, 협동할 수 있는 능력, 사회참여 능력 등을 들 수 있다.

둘째, 훌륭한 시민적 자질로서 현 시대적 문제에 대한 인식, 학교나 지역사회에의 참여, 주어진 책임의 수용, 타인의 복지에 대한 고려, 도덕적·윤리적 행동, 사회 제반의 권위 인정, 비판적 사고능력, 합리적 결정능력, 경제에 대한 지식, 애국심 등을 들 수 있다.

시민의 자질을 적극적인 사회 구성원으로서의 실천적 측면과 훌륭한 사회 구성원으로서의 인성·인격적 측면으로 나누어서 이와 같이 살펴볼 수 있다. 실천적 측면에서 요구되어지는 대화능력이라고 함은 대화의 특성상 열린 마음과 자세로 대인관계를 맺어나가는 능력을 가리킨다고 할 수 있어 대체로 개방적인 사회 구성원으로서의 역량을 발휘하는 능력을 의미한다. 또한 정의의 원칙을 적용할 수 있는 능력이라고 함은 시민사회를 지탱하는 원리와 원칙에 따라서 실행해 나갈 수 있는 일종의 정의에 입각한 실천능력을 의미한다. 그리고 인성·인격적 측면에서 요구되는 도덕적·윤리적 행동이라든가 애국심, 합리적 결정 능력 등은 크게 보아 시민으로서 갖추어야 한 덕목이라든가 책임, 의무감 등을 총칭한다고 해도 무방하다. 다음은 최근의 시민의 자질과 관련된 이론으로서 히터(D. Heater)가 제안한 빈곤층과 여성의 입장을 고려한 다음의 시민성의 여섯 가지 유형[42]을 살펴보도록 한다.

---

42) 전현심, 「능동적 시민성의 사회학적 고찰」, 성신여자대학교 박사논문, 2000, 73쪽에서 재인용.

권리 체계를 지니고 있고, 그리고 그들의 시민적 의무를 이행하는 능동적인 시민, 충분한 권리를 지니고 있지만 그들의 시민적 의무를 이행하는 데 무관심한 시민, 지위를 갖고 있지만 차별로 인해 그들의 법적 권리가 거부되는 이등급 시민, 법적 권리를 지니고 있지만 가난 때문에 정례적인 사회적 및 정치적 활동으로부터 배제되는 하류층 시민, 시민은 아니지만 주민이고, 그리고 시민성과 연관된 많은 다른 권리들을 누리지만 정치적 권리는 거부되는 거류민, 그리고 시민성 역할의 창안 이후 내내 시민적 평등을 거부당해온 여성들이다.

통상적인 의미의 시민성은 대체로 첫 번째와 두 번째의 유형인 '능동적인 시민'과 '무관심한 시민'에 국한해서 논의되는 시민성이라고 할 수 있다. 이 점에서 히터가 제안한 빈곤층, 소수자들과 여성들을 고려하는 시각에서 논의되는 시민성은 실질적인 민주주의의 발전에 이바지하는 21세기형 시민성이 될 수 있다. 다시 말하면 '21세기형 시민성'을 논의한다고 함은 국가·사회·문화 영역에서 외면당해왔던 여성들과 소수자, 그리고 빈곤층의 입장을 항시 감안하는 시민의 자질에 관해서 논의하는 것을 뜻한다.

2.1.3. 시민의 범주로서의 시민성

'시민'이라는 말의 역사적 배경을 다음의 글[43]을 통해서 살펴보기로 한다.

우선 조선시대부터 사용되던 어휘로서 '시민'이 있다.『조선왕조실록』

---

43) 박명규,『국민·인민·시민』, 소화, 2009, 178~179쪽.

을 검색해 보면 '시민'이라는 단어가 수백 회 발견된다. 물론 그 의미를 현재 우리가 사용하는 개념과는 사뭇 다를 뿐만 아니라 거의 사라진 것이라 할 수 있다.

두 번째로는 20세기에 접어들어 소개된 새로운 의미의 시민 개념이다. 이것은 일본이 수용한 근대 서구의 한 단면을 번역어를 통해 받아들인 것이라 할 수 있다. 일본에서 시민이라는 번역어로 자리 잡은 것은 프랑스의 'citoyen' 영어의 'citizen'인데, 주로 서구의 근대와 역사적 변화를 설명하려는 노력과 어우러져 다양한 근대사상과 학문체계, 개념어군이 유입되는 과정에서 수용된 것이다. 장사나 시장과 직접적인 관계를 갖지 않으면서, 오히려 정치공동체의 자율적인 구성원 자격을 의미하는 정치적 개념이라 할 수 있지만 초기에는 '(市)'라는 근대적 행정단위의 성립을 근거로 사회적인 내용을 얻게 되었다. 시에 속한 주민을 시민이라 부르게 되었기 때문이다.

마지막으로 한국 역시, 사회운동, 정치변화와 맞물려 적극적인 사회집단, 범주, 계층의 차원에서 언급되는 '시민'이 있다. 이 경우 시민개념은 그 어원은 서구적이라는 점에서 두 번째 함의와 같으나 일본식 번역을 통하지 않고 직접 한국적 맥락을 반영한다는 점에서 구별된다. 1980년대 이래 한국의 현실, 시민계층의 등장이 반영되면서 서구의 학문체계에서 직접 시민개념이 수용, 재인식, 재적용되는 과정이다. 일본이라는 다른 매개자 없이, 또 서구의 시민개념을 이상화하거나 낭만화하지 않고 역사적 조건 속에서 개념의 실체성을 찾아보려던 시기로 규정할 수 있다. 1990년대는 한국사회에서 시민사회, 시민운동과 같은 다양한 시민담론의 최대 융성기라 할 수 있다.

'시민'의 역사적 배경에 대해서 그 나름대로 균형 있게 정리하고 있어 시민성을 이해해 보고, 특히 우리나라 사람들의 시민성의 본원적인 측면을 밝혀보는 데에 이 글에서 나타난 견해는 그 의의가 있다. 말하자면 서양과 동양, 그리고 우리나라에서 통용되는 '시민'이라는 개념이 동일하지만은 않은 역사적 배경을 지니고 있음을 밝히고자 했다는 점이라든가 독자성을 지닌 우리나라 사람들의 시민성의 측면을 찾고자 했다는 점 등에서 그러하다고 할 수 있다. 이러한 점들은 시민성을 논의함에 있어서 발생할 수 있는 개념의 다의성에 따른 혼란을 줄이고, 나아가서는 민주주의의 발전을 가져오는 데에 일정한 촉매역할을 할 수 있을 것임이 분명하다. 그뿐만 아니라 이와 같은 견해는 우리나라 사람들에게서 독특하게 찾아지는 시민성의 특성을 밝혀보는 데에 있어서 실마리가 될 수도 있다. 다만 이 견해에 다음의 두 가지는 보완되어야 할 사항이라고 본다.

첫째, 우리나라에 있어서 조선시대에 사용된 '시민'이라는 개념은 공동체와 불가분의 관계를 맺고 있는 시민성의 측면에서 본다면 위의 견해에서처럼 오늘날에 거론되는 '시민'의 개념과 전혀 무관하다고는 볼 수 없다는 점이다. 이러한 공동체성에 따른 시민성의 기준은 이를테면 왕조체제라든가 군사독재체제 하에서도 시민성의 요소가 있을 가능성을 폭넓게 바라보도록 적용할 수 있기도 하다. 왜냐하면 공동체라고 함은 보통 거론되는 고대 그리스의 도시공동체를 비롯하여 중세 유럽의 도시공동체와 통상적으로 지칭되는 동양의 왕조체제 혹은 전제체제 하에서의 지역공동체 등을 포함하여 논의되어질 수 있기 때문이다.

다시 말하면 유사 이래 동·서양 사람들에게 있어서 공동체를 이루고 있는 어느 곳에서든지, 예컨대 공동체의 구성원들이 외부의 침략에 맞서 자신들의 공동체를 지켜냈다고 한다면 이는 공동체를 지킨 시민성의 측면이 있음을 부인할 수 없는 것이다. 물론 그렇다고 해서 일례를 들어서 위법적인 군사정권이라든가 비민주주의적 정권이 철권이나 강권을 휘두르는 나라들이라든가 포악한 왕조체제에 있는 나라들에서 그러한 정권이라든가 왕권에 공동체의식적인 충성을 맹세하고 적극적인 동조와 참여를 한 사람들의 경우를 시민성을 훌륭하게 발휘했다고 볼 수는 없음에 유의할 필요는 있다. 이러한 측면에서 중국 고대(古代)의 유명한 충신들로 알려진 백이(伯夷)와 숙제(叔齊)의 고사의 경우 은조(殷朝)의 주왕(紂王)이 아무리 포악하다고 하더라도 천자이므로 제후인 무왕이 주군(主君)에게 반기를 드는 것은 인도(人道)에 어긋난다고 간하고 무왕이 주는 곡식을 먹지 않고 은조가 망하기 전에 굶어죽었다는 내용44)을 담고 있는데 여기에서의 백이와 숙제의 행위는 엄정하게 본다면 시민성을 발휘한 사례로 삼기에는 미흡함을 지적해 볼 수 있다. 다만 정당성이라든가 합법성, 선정(善政) 등이 부재한 나라들이라고 할지라도 그 나라들에 살면서 의로운 일을 행한 경우45)라든가 인간존중정신을 발휘한 사람들의 경우는 의당 시민성을 구현한 사람들로 받아들여도 무방하다.

둘째, 우리나라, 우리 사회에서의 독자적인 '시민' 개념이 등장한 시기를 1980년대 이래로 한정한 점은 나름대로 의의가 있지만, 시기적인 면에서 우리나라 사람들에게 있어서 서구적인 위상에 버금가는

---

44) 이종은, 『정치와 윤리』, 책세상, 2010, 17~18쪽.
45) 그러나 경우에 따라서는 "나쁜 정체 하에서 좋은 시민이 되기 위해서는 나쁜 사람이 되는 것을 요구받을 수도 있다. 자신의 정체 안에서 자신의 맡은 바 업무를 잘 수행하는 것이 무고한 타인에게 해를 끼치는 결과로 이어질 수 있기 때문이다(장의관, 「좋은 사람과 좋은 시민의 긴장」, 『한국정치학회보』 45집 2호, 한국정치학회, 2011, 16쪽)"는 견해가 있을 수 있겠지만, '좋은 시민'은 시대와 장소라든가 정치체제와 관계없이 불의하고 부도덕한 일을 하지 않는 시민으로서의 기본적인 의미를 지니고 있다. 따라서 "나쁜 정체 하에서의 좋은 시민이 되기 위해서 나쁜 사람이 된다"는 인식은 적절한 인식이라고 보기에는 미흡한 데가 있음을 부인할 수 없다. 물론 "때때로 잘못될 수 있는 민주 공동체에 대하여도 헌신과 복종의 행위를 할 수 있다면, 시민으로서의 '내'가 비겁하거나 정의롭지 못해서가 아니다(박효종, 『국가와 권위』, 박영사, 2001, 628쪽)"라는 측면을 감안한다고 하더라도 좋은 시민은 어디까지나 불의하게 되거나 부도덕하게 되는 것에 결코 발을 담그고 있지 않으려는 사람에 한정된다고 봄이 타당하다.

시민성의 특성이 나타난 때는 적어도 1919년에 전국적으로 우리나라 사람들에 의해서 이룩된 3·1운동 시기로 소급시켜서 논의해 볼 필요가 있다는 점이다. 왜냐하면 널리 알려진 바와 같이 3·1운동에서 표출된 이념과 정신에서 자주독립국가 수립과 그에 따른 자유, 평등 등의 추구를 결코 빼놓을 수 없기 때문이다. 물론 시민계층의 형성 여부라는 측면에서 본다면 시민계층을 어떻게 규정하느냐에 따라 의견이 달라질 수 있기는 하지만 넓게 본다면 3·1운동 당시에 거족적으로 참여한 대부분의 우리나라 사람들의 의사표현은 현대적 의미의 시민성의 특성을 뚜렷하게 지니고 있음을 부인할 수 없다.

이와 같은 점들을 고려한다면, "시민성의 모습은 비록 시대와 장소에 따라 서로 다르게 그려질 수 있을지 모르지만, 그럼에도 특정한 시대와 특정한 사회에서 형성된 사회적 관계에 근거해서 요청된 자질이라는 공통점을 지니고 있으며, 곧 '관계'에서 요구되는 행위의 표준, 즉 '관계'의 맥락에 비추어 요구되는 행동방식"[46]으로 시민성을 재정리해 볼 수 있다. 그러므로 시민의 범위는 현대적인 의미인 민주시민적인 특성이 강한 측면을 부인할 수 없지만, 경우에 따라서는 시대적인 제한을 벗어나서 공동체 혹은 사회 구성원으로서의 요청되는 기본적인 원칙을 지켜나가고 인간존중 정신을 실천하고자 하는 그러한 요건을 갖춘 존재적 의의를 포함하는 좀 더 광범위한 의의[47]를 나타내고 있는 것이다.

---

46) 김왕근, 「시민성의 내용과 형식으로서의 덕목과 합리성의 관계에 관한 연구」, 서울대학교 박사논문, 13쪽.

47) 막스 베버의 견해에 따르면 "서양 이외의 지역에서는 '시민'이라는 개념은 존재하지 않는다(Weber Max, *The Protestant Ehic and the Spirit of Capitalism*, trans. Parsons, T., New York: George Allen & Unwin Ltd., 1976, p. 23)"는 것이지만, 좀 더 일반화시킨 의미에서 본다면 이러한 견해는 시민성의 개념을 근대 문명적 테두리에 한정하는 데에 근거를 두고 있어 좁은 의미의 시민성의 개념화에 따른 것이라고 할 수 있다. 본서에서는 그러한 근대 문명적 안목을 뛰어넘어 좀 더 포괄적인 의미에서의 시민성을 해석하려는 입장에 따르고자 했음을 밝혀둔다.

2.2. 시민성과 민주주의 정신

지금까지 논의한 바와 같이 시민성은 경우에 따라서는 민주주의라
는 제도, 이념, 생활방식, 신념, 태도 등과 관련성을 갖지 않고도 상정
해 볼 수 있는 특성을 의미상으로 지니고 있다. 그러나 시민성에 관
한 대부분의 논의는 민주주의와 밀접하게 연관되어 이루어져 온 경
향이 있음은 알려진 사실이다. 또한 1장에서 간략히 언급한 바 있듯
이 금세기의 시대적 대세이기도 한 민주주의의 정착과 발전을 대부
분의 나라에서도 지향한다는 측면에서 오늘날 시민성 논의에 민주주
의는 중요한 영역을 차지하고 있다. 이런 점에서 자치능력을 가진
사람들을 전제로 하여 성립되는 민주주의 정신48)을 시민성과 관련
지어 살펴본다는 것은 필요한 일이다. 다음의 민주주의에 관한 견
해49)를 살펴보도록 한다.

민주주의는 인간의 존엄성에 대한 신념으로 출발한다. 그리하여 민주
주의는 인간의 존엄성에 최고의 가치를 부여하고 개인 각자의 자아실현

---

48) 물론 "자치능력을 가진 사람들의 민주주의정신"에 대해서 회의적인 견해도 있음을 부인할
수 없다. 그러나 "자치능력을 갖도록 노력하는 사람들의 민주주의정신"라는 관점을 희망적
으로 견지해야 할 필요가 있다는 입장에서 민주주의 혹은 민주주의정신은 논의되는 것이
보다 더 적절할 수 있다. 또한 민주주의정신이란 "선출된 자가 선출한 자들을 지배하고,
위임받은 자가 위임한 자들을 지배하며, 대의원이 유권자들을 지배한다. 다양한 형태의
민주주의의 품안에서 과두정이 발전하는 것은, 사회주의 조직이건 아니키즘 조직이건 조
직에는 필연적으로 나타나는 유기적 경향이다(Michels, Robert, *Zur Soziologie des
Parteiwesens in der modernen Demokratie*, Stuttgart: Kröner, 1989; 김학이 옮김, 『정당사회
학』, 한길사, 2002, 15쪽)"라고 설파한 로베르트 미헬스의 예리한 견해로 본다면, 허위적이
고 위선적인 암울한 측면을 지니고 있음을 부인할 수 없다. 그러나 그러한 로버트 미헬스의
견해는 "광범위한 참정권이 보장된 나라들에서의 정당간의 경쟁체제를 경험하지 못한
데에서 비롯되었음(Dahl, Robert A., *Democracy And Its Critics*, New York: Yale University
Press, 1999, p. 276)"이 지적되고 있음에 유의할 필요가 있다. 따라서 민주주의 정신을
추구해야만 한다는 것은 사람으로서, 시민으로서, 사회구성원으로서 최선의 선택이 될
수 있다는 점에서는 여전히 그 유효성이 있음 또한 부인할 수 없다.
49) 박용헌, 『가치교육의 변천과 가치의식』, 서울대학교출판부, 2002, 34쪽.

을 이념적 목표로 삼는다. 따라서 여기서는 인간의 존엄성과 자아실현의 가치를 민주주의의 기본적 가치라고 규정하기로 한다. 이같은 기본적 가치의 구현을 위해서는 인간존중, 자유와 권리, 평등과 정의 등이 필수적으로 요구된다.

이 글에서 제시된 민주주의의 기본가치인 인간의 존엄성과 자아실현을 구현하는 인간존중, 자유와 권리, 평등과 정의 등은 민주주의의 원리 혹은 이념이라든가 민주주의 정신이라고 간주할 수 있다. 이러한 점에서 민주주의 정신은 전술한 바 있는 시민의 자질로서 민주적 태도, 사회참여, 정의, 공공선 등과 맥락을 같이 하고 있으며, 아울러 그와 같은 시민의 자질과 불가분의 관계를 맺고 있는 시민성을 이루는 속성이 된다. 다음으로 민주주의의 핵심 원리로 통용이 되는 자유와 평등에 관해서 서양 역사의 일부분을 토대로 하여 간략히 살펴보기로 한다.50)

민주주의 국가는 국민의 기본적인 인권을 수호하는 것을 그 목적으로 삼고 있는데, 자유는 이 기본권의 핵심이 된다. 현대 민주주의 국가에 있어서 국민의 자유는 침범할 수 없는 권리로 자리 잡고 있으며, 인간이 사회생활의 모든 영역에서 개인적으로나 집단적으로 자유를 추구하고 이를 실현하는 것이야말로 인간다운 삶을 영위하는 데에 가장 기본적인 과제이다. 자유는 "인간은 태어나면서부터 자유"라는 주장처럼 단순한 자연 상태를 의미하는 것만은 아니다. 자유란 가치판단을 내려 가치 있는 행위를 하게 하는 잠재적인 자질을 뜻하는 것으로서, 인간사회가 발전되어 오는 과정에서 인민들의 오랜 열망과 투쟁을 통해 획득된 것이다.

---

50) 나종만 외, 『현대민주주의의 이해』, 세종출판사, 2000, 16~19쪽 일부 내용 발췌.

한편 평등사상이 하나의 보편적인 이념으로 나타난 것은 고대 로마시대부터이다. 고대 로마는 정복을 통한 여러 종족의 혼합이 이루어졌고 국가의 기반이 광범위하게 확대되었기 때문에 보편적인 이념으로의 평등사상으로써 세계 국가적 성격을 지닌 로마제국의 체제를 유지할 수 있었기 때문이다. 또한 기독교의 국교화도 이러한 평등사상의 확립에 크게 기여했다. 기독교에서는 인간은 그 한 사람 한 사람이 다 신을 모방해서 만들어졌기 때문에 인간은 누구나가 신과 마주해 있고, 따라서 신 앞에서는 모든 사람은 평등하다고 함이 주장된다. 근대적 평등이념은 법률에 의한 기회의 균등을 중요한 내용으로 삼았지만, 현대적 의미에서의 평등은 사회의 구성원들이 인간으로서 최소한의 생활을 유지해야 한다는 경제적이고 사회적인 의미로 확대되었다.

이와 같은 민주주의의 원리로서의 자유와 평등이 안고 있는 역사적 의의는 민주주의 정신, 나아가서는 시민성의 다양한 성격을 형성하게 되는 요인이 된다고 볼 수 있다. 그러므로 단적으로 말해서 자유와 평등의 경우와 마찬가지로 시민성은 시대와 장소 등에 영향을 받아서 형성되는 개념적 특성을 지니고 있다고 해도 큰 지장은 없을 것이다. 이러한 의미에서 앞서 논의한 바 있듯이 시민성의 범위 와 관련지어서 비민주주의 체제의 구성원들 중에게서도 나타날 수 있는 성질을 시민성이 지니고 있음을 감안해 볼 수 있다. 따라서 시민성은 자유와 평등의 발전적 측면에서 유추될 수 있으며, 서구적인 바탕에서만 논의되는 것을 넘어서 비서구적인 여건에서도 합당하게 논의될 수 있다.

다음은 실질적인 측면에서 민주주의가 바탕으로 삼고 있는 핵심 이념들51)을 좀 더 밝혀보도록 한다.

- 모든 구성원들은 집단적 결정에 의해서 영향을 받고 있는 관심사를 소유한다.
- 성인(adult)인 사람들은 그들 자신이라든가 소속 단체에서 최선의 결정이라든가 최대한 잘못됨을 줄이는 결정에 대한 의견에 도달할 수 있어야 한다.
- 결국 최선의 결정은 모든 그와 같은 의견들이 공개적으로 제안되고 토론되어진 곳에서 성립된다.
- 토의와 토론이 일치된 하나의 결과를 낳는 데에 실패할 경우에는 참여자들 모두의 투표에 의해서 결정이 이루어져야 한다.
- '1인, 1표, 하나의 가치'의 원리는 모든 사람들은 동등한 가치를 지니고 있다고 하는 더 넓은 개념을 반영하고 있다.

이 핵심 이념들은 실질적인 측면에서의 민주주의의 면모를 보여주고 있다. 즉, 그와 같은 이념들은 평등한 개개인의 존중, 의사표현의 자유, 공개적인 결정, 개개인의 의견의 수렴 및 다수의 의견 존중 등으로 민주주의의 모습을 좀 더 구체화하고 있다. 이러한 점에서 민주주의의 중심이 되는 정신은 공동체를 이루는 구성원들 개개인의 의견을 최대한 존중하려는 정신이며, 이 정신을 바탕으로 민주주의의 제도, 정책 등이 형성된다고 볼 수 있다. 결국 자유와 평등도 개인의 권리와 의견 등을 존중하는 데에서 그 의미를 부여받을 수 있으며, 정의(正義)와 참여 역시 바로 이와 같은 존중받는 인간으로서의 개인에 바탕을 둠으로써 그 근본이 되는 의미를 찾아볼 수 있을 것임에 틀림이 없다. 다시 말해서 민주주의에서 필연적으로 논의되는 정의라든가 참여는 개인, 즉 공동체의 한 사람으로서의 존엄성을 존중하

---

51) Beetham, David, *Democracy*, Oxford: Oneworld Publications, 2005, p. 3.

는 것을 소홀히 하게 된다면, 결코 그 정당성이라든가 합당성을 확보할 수 없을 것임이 분명하다.

이처럼 민주주의 정신이라고 함은 인간존중 정신이며, 실제에 있어서 개개인들의 의견을 최대한 존중하여 집단적 의사결정을 이끌어내려는 철저한 개인존중 정신이라고 해도 과언이 아니다. 이러한 개인존중 정신은 다음52)의 국민 혹은 시민에 의한 정치인 민주정치로 나아간다고 볼 수 있다.

국민을 위한다는 목적과 이상만으로 민주주의가 가능하다면, 독재자가 자기 기준에 의해 국민을 위한 정치를 해도 민주주의라고 볼 수 있을 것인가? 그것은 결코 아닐 것이다. 그러므로 무엇이 국민을 위한 것인가도 국민 스스로가 결정하는 국민에 의한 정치라야 민주주의인 것이다. 비록 국민의 결정이 국민을 위한 것이 아닐지라도 국민 스스로의 결정이라면 민주주의가 되는 것이다. 반대로 국민을 위한 정치라도 국민에 의해서 결정된 것이 아니고 독재자나 소수의 결정이라면 그것은 소수정치혹은 독재정치이지 결코 민주정치는 아니다.

이러한 민주주의 내지는 민주정치에 있어서의 상징하는 바는 그만큼 국민 혹은 시민 개개인은 어떠한 상황에 처해 있다고 하더라도 그 존엄성, 말하자면 자치능력을 지니고 있는 존재로서의 존엄성을 손상시켜서는 안 된다는 강렬한 정신이 작용하고 있다는 것으로 추정된다. 이러한 의미에서 개인존중 정신은 국민 혹은 시민에 의한 민주주의 정신과 같은 의미를 지니고 있다. 그러므로 민주주의 내지는 민주주의 정신과 관련이 깊은 시민성이라고 함은 시민 개개인의

---

52) 강석찬, 『민주주의의 이상과 현실』, 건국대학교출판부, 2008, 36쪽.

태도와 의지, 의견, 행위 등에 바탕을 두어서 형성되는 이념이요 정신이다. 이러한 점에서 가령 공동체의 유지와 번영을 위주로 한 개개인의 협력과 몰입의 지나친 강조는 시민성의 본원적인 의의를 퇴색시키는 경우가 될 수도 있다.

종합적인 측면에서 민주주의의 이념적 원리와 절차적 원리[53]를 다음과 같이 재확인해 보도록 한다. 즉, 민주주의의 이념적 원리로는 인간존엄의 원리, 자유의 원리, 평등의 원리, 개인주의의 원리, 국민주권의 원리 등이며, 민주주의의 절차적 원리는 토론절차의 인정, 관용의 태도, 비판과 타협의 수용, 다수결의 원리와 소수자의 권리 등으로 집약될 수 있겠다. 이러한 민주주의의 이념과 절차에 따른 원리들에 입각하여 이끌어낼 수 있는 정신은 지금까지 논의해 온 민주주의 정신과 크게 보아서 상통하는 바가 있다. 특히 절차적 원리에서 유추할 수 있는 토론에 있어서의 상호 존중, 개방적인 토론의제의 제시와 전달, 개개인의 의견의 자유로운 발표 등과 이상의 조건들이 핵심적으로 충족되었을 때 그에 따른 토론 결과에 대한 인정 및 승복 등은 시민성과 부합되는 바가 된다고 해도 과언이 아니다. 다시 말하면 "시민성은 사회현상에 대한 기본적 지식, 민주주의의 이상과 가치에 대한 신념과 헌신, 기본적인 지적 기능, 그리고 정치과정에 능동적으로 책임성 있게 참여하고 시민으로서의 의무를 다하는 정치적·사회적 기능 등이다"[54]는 측면에서도 민주주의 정신과 부합되고 있다.

그러나 유의점으로 거듭 지적되어야 할 사항은 민주주의 정신의 이상과 같은 특성으로 인하여 시민성이 민주주의 정신과 부합되는

---

53) 박동서·김광웅, 『한국의 민주정치의식』, 서울대학교출판부, 1987, 58쪽 도표 참조.
54) 서울대학교 교육연구소 편, 『교육학대백과사전』 2, 하우, 1998, 1743쪽에서 재인용.

바가 있기도 하지만, 경우에 따라서는 민주주의적인 측면에서 수용되지 않는 점이 있을 수 있다. 즉, 시민성은 오늘날의 기준에서 보았을 때 인정될 수 있는 민주주의 체제에서만 찾아지지는 않는 특성을 지니고 있다는 점이다. 물론 시민성을 어떠한 역사적인 기준에 맞추어서 발현된 것인가 하는 데에서 보려는 입장에서는 민주주의 정신이 곧 시민성이며, 따라서 민주주의 정신에 위배된다고 하면 그러한 태도, 정신, 행동 등을 시민성으로 인정하지 않을 수도 있다. 그러나 고대 그리스의 아테네 시민으로 일생을 마치고자 했던 것으로 알려진 소크라테스가 남긴 "악법도 법이다"라는 말에 담긴 정신은 전체주의적인 발상과 유사한 데에서 비롯된 정신일 수도 있지만, 그러한 소크라테스의 정신은 적어도 전체주의적인 체제에 순종하는 불의한 정신에 해당된다고는 볼 수 없는 공동체성에 따른 시민성과 관련된 발상으로 분류하는 데에는 지장은 없다. 이러한 점이 시민성과 민주주의 정신의 관계를 올바르게 이해해 보는 중요한 유의점이 되는 것이다.

2.3. 시민성과 도덕교육

도덕교육은 인격과 품성을 도야시키고 발양시키는 데에 그 목표를 둔 교육이다. 그뿐만 아니라 도덕교육은 사회구성원으로서의 책임과 의무, 권리 등을 올바르게 수행, 실천해 나갈 수 있도록 하는 판단력, 사고력을 함양하는 교육이기도 하다.

도덕교육은 이와 같이 인간으로서 예의범절, 인성 등을 갖추게 하고 기르게 하는 것뿐이 아니라 사회구성원으로서의 역할과 책임을 수행해 나갈 수 있도록 하는 교육이기 때문에 민주시민, 혹은 시민으로서의 권리와 의무를 갖추게 하고 길러나가도록 하는 데에 소홀히 해도 되는 교육이 아니다. 더욱이 오늘날은 인권, 평화, 정의, 자유, 소수자의 보호 등의 민주주의적인 가치가 범세계적으로 채택 및 실행되어가는 추세에 있기 때문에 도덕교육은 특히 민주주의와 관련된 시민성교육에 대해 중점이 두어지는 측면이 있는 교육이라고 봄이 타당하다. 다음은 크게 보아 주로 초·중등학교에서 실시되는 도덕교육의 기본원리에 관한 논의55)를 통해서 도덕교육에 있어서의 시민성의 위치를 가늠해 보도록 한다.

첫째, 도덕교육은 인간으로서 마땅히 지녀야 할 기본적이면서도 중핵적인 인격 특성 혹은 덕을 함양하도록 하는 데 초점을 맞추어야만 한다.
둘째, 도덕교육은 사고와 감정 그리고 행동을 포괄하는 통합적인 방식 속에서 실행되어야만 한다.
셋째, 도덕교육은 학교생활의 모든 측면에서 실행되어야만 한다.
넷째, 학급 혹은 학교는 학생들의 도덕성 발달에 실질적인 도움을 줄 수 있는 응집력 있는 도덕공동체가 되어야 한다.
다섯째, 학생들에게 올바른 인격 특성을 행동으로 옮겨 볼 수 있는 다양한 실천 기회들을 부여해 주어야 한다.
여섯째, 도덕교육의 성패는 교사의 확고한 소신과 열정에 달려 있다.
일곱째, 도덕교육이 성과를 거두기 위해서는 학부모 및 지역사회를 도덕교육의 협력자로 활용해야 한다.

도덕교육 전반에 걸쳐 있는 이와 같은 기본원리는 시민성이 공동체와 관련되어 그 의미를 나타낼 수 있는 특성이 있다는 점에서 시민성과 직·간접적으로 연관성이 있다. 이를테면 "도덕교육이 학교생활

---

55) 추병완, 『도덕교육의 이해』, 백의, 2004, 17~19쪽 요약.

의 모든 측면에서 실행되어야만 한다"라든가 "학생들에게 다양한 실천기회들을 부여해 주어야 한다"는 등의 원리적 측면은 학교라는 공동생활을 하는 공공의 장소에서 필요로 하는 공동체 구성원으로서의 태도, 사고, 행위 등을 포함하고 있다는 점에서 시민성에서 추구되는 공공선, 평등, 정의, 사회참여 등의 특성과 같은 가치라든가 생활방식을 실행해 나가야 함을 뜻한다. 이러한 의미에서 도덕교육은 인지·정의·행동적 측면에서 이루어지는 교육이기도 하며, 지금까지 논의해 온 바와 같이 시민성 역시 인지·정의·행동적 측면에서의 판단·정서·행위 등과 관련이 깊은 특성을 지니는 개념적 의의를 지니고 있다. 이를테면 정의라든지 사회참여 등의 측면을 지닌 시민성은 이와 관련된 도덕교육에 있어서의 인지적이며 행동적인 측면과 연관되어 있다.

또한 도덕교육의 성패는 교사, 학생, 학교행정가, 학부모와 지역주민의 합심협력 여부에 달려 있다고 함은, 곧 도덕교육이 시민성을 얼마만큼 잘 구현하였는가 하는 점과 불가분의 관계를 맺고 있는 교육이라는 의미이다. 다시 말하면 시민성은 공동체의 구성원들이 공동체의 이상을 실현하기 위해서 주어진 여건에서 상호간의 교섭과 소통을 통하여 적극적이고 우호적인 균형과 조화를 이루는 가운데 획득되고 발전되는 특성을 지니고 있다는 점에서 도덕교육 역시 크게 보면 시민성과 같은 차원에서 논의되는 측면을 포함하는 교육이다. 더욱이 앞에서 논의한 바 있는 시민성과 민주주의 정신과의 밀접한 관련성이 있다는 점에서 보건대 결국 학교생활 전반에서 학교 밖의 사회생활과의 연관성을 맺으며 도덕교육이 실시되는 것이라고 한다면 도덕교육의 적지 않은 영역 역시 민주주의적인 요소를 감안하지 않으면 그 존재의의를 확보하기가 용이치 않음을 보여주고 있다고 해도 과언이 아니다.

또한 시민성에 대한 개념이 포함하고 있는 네 가지 범주56) 중에서 "가치, 태도, 그리고 동기화(motivation)의 힘을 가진 성향으로서 ① 사회적이고 정치적인 문제 사태에 대한 관심, ② 책임감, ③ 인내심 및 자신의 편견에 대한 인식, ④ 민주주의, 사회정의 및 인권 등과 같이 민주 사회를 지탱하고 있는 가치에 대한 존중 등"의 범주는 도덕교육의 목적인 훌륭한 인격 형성과 긴밀하게 연관된다. 일례를 들면 인격을 갖추기 위해서는 기본적으로 사회라든가 정치와 관련된 문제 사태에 대해서 보편적인 측면을 견지하는 데에서의 관심을 가져야 하는 것과 무관하지 않은 것이다. 이러한 점들을 감안해 볼 때 도덕교육은 시민성과 긴밀한 관계를 맺고 있음은 물론 시민성을 갖추고 키워나가는 데에 중점을 두는 시민교육과도 불가분의 관계에 있음이 분명하다.

다음은 민주시민교육의 기본원칙으로서 제시된 7가지 사항57)이다.

첫째, 민주시민교육은 헌법이 보장하고 있는 민주주의의 기본정신과 민주적 국가의 정체에 관한 사항, 시민의 권리와 의무 등 민주주의의 기본개념과 가치, 그리고 민주적 생활방식을 영위할 수 있는 태도 등을 그 교육의 주된 목표와 내용으로 삼는 교육이다.

둘째, 민주시민교육은 교사와 학생이 존엄한 인간으로 존중받을 수 있는 조건을 갖추어 나가는 교육이다.

셋째, 민주시민교육은 학생들이 그들의 삶과 직결된 문제의 해결에 있어서, 그 해결의 주체자로서 자율적으로 결정할 수 있는 능력을 신장시키

---

56) 정창우, 「도덕과 교육에서 시민교육 영역의 교육내용과 방법」, 『도덕윤리과교육』 제26호, 한국도덕윤리과교육학회, 2008, 6쪽에서 재인용.
57) 한국도덕윤리과교육연구회, 「민주시민교육을 위한 교육 프로그램 개발」, 『교과교육연구회 지정과제 연구결과 보고서』, 한국도덕윤리과교육학회, 2001, 10~11쪽 요약.

는 학습경험을 많이 제공하는 교육이다.

넷째, 민주시민교육은 다양성을 존중해야 한다. 다양성은 사회 조직의 모든 구성원들이 각자 자기 위치에서 주체적인 소임을 다하게 하는 것이며, 이를 통하여 개개인의 자아실현을 도모하고, 나아가 인간가치의 실현에 보다 이바지할 수 있는 전체 사회의 공동체 건설을 촉진할 수 있는 민주주의의 원리이다.

다섯째, 민주시민교육은 소외를 당하는 학생, 교사, 학교가 생기지 않도록 하는 교육이어야 한다.

여섯째, 민주시민교육은 창의성, 비판적 사고, 합리적 의사결정 능력 등 당면하고 있는 문제를 현명하게 해결할 수 있는 정신력을 계발하는 교육이다.

일곱째, 민주시민교육은 어느 특정 교과분야의 노력만으로는 그 성과를 거둘 수 없다. 전체 학교교육의 과정이 민주시민교육의 장이어야 하며, 모든 교과가 함께 협력하여야 한다.

이상에서 제시한 민주시민교육의 원리들은 앞에서 논의한 도덕교육의 기본원리들과 비교했을 때 큰 차이를 보이고 있지는 않다. 물론 이러한 민주시민교육의 원리들은 도덕·윤리교과교육적인 입장에서 제시되어진 원리들이기 때문에 도덕·윤리교과교육이 아닌 여타의 교육에서 강조하여 제시되는 원리들과 다소의 차이가 있을 수 있다. 이를테면 민주주의의 제도, 이념, 운영 원리 등의 측면에 더 중점을 두어서 제시되는 경우라든가, 학교 밖의 사회구성원들을 대상으로 한 민주시민교육에서 제시되는 경우 등과는 다소의 차이점이 발견될 수 있다. 다음은 시민교육의 내용과 목표 등에 대한 견해[58]로서 도

---

58) 전득주 외, 『정치문화와 민주시민교육』, 유풍출판사, 1999, 81~82쪽에서 재인용.

덕·윤리교과교육에서 제시하는 원리들과 부분적으로 구별되는 바가 있는 원리들을 내포하고 있음을 확인해 볼 수 있다.

시민교육은 일반적으로 정치나 경제문제뿐만 아니라 헌법상의 권리와 자유, 환경, 원리적 가치, 인간의 상호관계, 그리고 인권과 책임 등에 관한 문제들에 이르기까지도 그 내용에 포함시켜야 한다. 시민교육은 정치체제의 기능수행에 대한 지식의 보급, 시민들의 정치참여를 위한 적절한 기술의 개발, 민주적 제도의 기반을 이루고 있는 원칙들과 양립할 수 있는 가치들의 추구, 그리고 그러한 가치들의 실현결과를 분석할 수 있는 능력개발 및 자존의식의 고양을 그 목표로 삼는다. 시민교육과정은 분명하게 명시된 목적들을 갖고 있어야 한다. 시민적 자질을 육성하기 위해서는 공동체의 가치들을 보편적으로 반영하는 법과 이와 관련된 자료들 그리고 공동체에 기반을 둔 경험들과 도덕교육의 개념들이 충분히 검토되고 그 결과가 교육과정에서 가르쳐야 한다.

물론 이 글에서 제시된 시민교육의 내용, 목표 등에서 추론되는 교육원리는 보통의 청소년을 대상으로 한 학교교육을 포함하여 성인들을 대상으로 한 사회교육 등을 아우르는 성격을 지니고 있기는 하다. 그러나 대체로 민주주의와 관련된 지적 측면에 중점을 두어 논의될 수 있는 원리들을 좀 더 포함시키고 있다는 데에서 이 글에서 나타난 견해는 도덕·윤리교과교육이라든가 나아가서 도덕교육 이외의 교육에서 논의되는 시민교육의 원리들의 특성을 추정해 볼 수 있다. 이를테면 정치나 경제문제, 헌법상의 권리와 자유, 정치체제의 기능수행에 대한 지식의 보급, 시민들의 정치참여를 위한 적절한 기술의 개발 등은 도덕·윤리교과교육 외적인 교육에서 좀 더 비중을 두어서 추구되어야 할 특성을 지닌 교육원리에 해당될 수 있는 개념들이기도 하다.

이와 같은 점들을 고려해 본다면 시민성은 도덕교육에 있어서 빼놓을 수 없는 교육내용이 되기도 하지만, 동시에 도덕교육 외의 교육에서 다루어지는 교육요소이자 교육원리 등으로 자리 잡을 수 있는 특성이 있음이 분명해진다. 이는 제도, 이념, 정신, 생활방식, 행동양식 등으로 나타나기도 하고 구현되기도 하는 민주주의라는 수레를 지탱하고 이끌어가는 두 바퀴의 일부로서 시민교육으로서의 도덕교육과 시민성이 불가분의 관계를 맺고 있음을 확인해 주는 것이기도 하다.

3. 정치의식과 시민성의 관계

정치의식은 시민성에 비해 역사의식이라든가 민중의식 등의 측면에서 좀 더 강한 결단과 실천력을 지향하는 성향을 지니고 있다. 그리고 시민성은 정치의식에 비해 공동체적인 측면에서의 삶의 태도와 결단을 보다 강하게 요청하는 성향을 지니고 있다. 또한 정치의식과 시민성은 모두 도덕 혹은 윤리에 근거를 두고 있는 개념들이기도 하다. 이제 지금까지 살펴본 정치의식과 시민성에 관한 기본 개념을 특성별로 요약·정리해 보고, 이에 입각해서 상호간의 관계를 확인해 보기로 한다.

3.1. 정치의식과 시민성의 특성

정치의식은 정치와 관련된 제반 사항에 대해 갖게 되는 인식, 감정, 평가 등을 아우르는 태도·신념·의지 및 행위 혹은 행동 등이다. 또한 정치의식은 권위에 대한 태도, 국가에 대한 태도, 집단으로의 참여에 대한 태도 등도 포괄하는 광범위한 개념적 의의를 지니고 있다. 이러한 정치의식의 의미에 비추어 보았을 때 인지적·평가적·감정적 정향성을 지닌 정치문화에 대해서 정치의식 역시 유사한 정향성을 내포하고 있다는 점에서 상호 공통되는 바가 크기 때문에 정치의식과 정치문화는 경우에 따라서는 동의어로도 사용되기도 하는 것이다.

한편 정치의식은 역사의식과 보완관계에 있으며, 정치사회화와도 관련되며, 민중의식과도 공유하고 있는 복합적인 의미를 나타내는 개념적 의의를 지니고 있기도 하다. 이러한 점에서 정치의식은 역사성이라든가 교육적 측면, 민중성을 내재시키고 있는 특성을 지니고 있다. 그리고 시대정신은 당대를 살아가는 사람들의 정치의식을 반영하고 있는 정신이며, 정치의식 또한 시대정신과 더불어서 그 본원적인 측면이 드러날 수 있다. 아울러 정치의식의 기준은 대부분 도덕적인 귀착점을 지니고 있다는 점에서 정치의식은 근본적으로 도덕문제라든가 윤리문제가 해결되는 지점에서 그 성숙됨이 이루어진다. 다시 말하면 정치의식은 도덕과 불가분의 관계를 맺고 있으며, 나아가서는 도덕 혹은 윤리에 바탕을 두게 되는 데에 그 존립의의가 있는 것이다. 다음으로 지금까지 논의해 온 시민성에 대해서도 정리해 보도록 한다.

시민성이 뜻하는 바는 시민으로서의 권리와 의무에서 좀 더 나아가 시민공동체의 유지와 발전, 시민 개개인의 자유와 권리 등을 증진, 심화시키는 성격을 내포하고 있다. 그리고 시민성과 유사한 개념적 의의를 지니고 있는 것으로 알려진 시민의 자질로는 민주적 가치와 태도, 도덕적 행위, 합리적 의사결정, 사회참여, 정의, 평등, 공공선 등을 대표적으로 들어볼 수 있으며, 따라서 이러한 시민적 자질은 시민성의 요인 내지는 요소로도 이해해 볼 수 있다.

정치철학적 관점으로 보면, 시민성은 법적인 자격뿐이 아니라 규범적인 이념성, 즉 피통치자는 정치과정에 있어서 충분하게 동등한 참여자가 되어야 한다는 특성을 지니고 있다. 따라서 이러한 관점에 의하면, 왕정이나 군사독재자들에 의해 통치되고 있는 체제 하의 사람들은 시민들이 아니라 신민들(subjects)이다. 그러므로 대부분의 서양 철학자들은 시민성 이론(citizenship theory)을 민주주의의 확장으로 보고 있는가 하면, 민주주의 이론은 정치적 제도라든가 절차에, 시민성 이론은 개개인의 참여자로서의 자세 등에 각각 초점을 맞추고 있다.

　시민성은 시민 개개인의 시민사회에서의 존재의의를 찾아나가는 노력이며, 참여라는 바탕에서 형성되는 특성을 지니고 있다. 이러한 점에서 '시민'이라고 함은 적어도 법 체제를 갖춘 모종의 집단 혹은 공동체의 한 성원이라는 점이라든가, 그럼에도 그러한 법 체제에 대해서 경우에 따라서는 시정을 요구할 수 있는 정의의 문제라든가 참여의 문제를 암묵적으로 갖추고 있는 법률적이며, 인권적인 의의를 지니고 있다.

　한편 시민성의 모습은 비록 시대와 장소에 따라 서로 다르게 그려질 수 있지만, 시민성은 특정한 시대와 특정한 사회에서 형성된 사회적 관계에 근거해서 요청된 자질이라는 공통점을 지니고 있다. 즉, 시민성은 '관계'에서 요구되는 행위의 표준, 즉 '관계'의 맥락에 비추어 요구되는 행동방식이라고도 할 수 있다. 이러한 의미에서 시민성은 공동체와 불가분의 관계에서 논의되는 특성을 지니고 있으며, 이는 공동체의식과 관련되는 성격을 지니고 있으며, 민주사회라는 측면에서 보았을 때 공동체 구성원들의 제반 자질과 더불어서 참여성도 포괄하고 있다.

　그리고 민주주의의 원리로서의 자유와 평등이 안고 있는 역사적 의의는 민주주의 정신, 나아가서는 시민성의 다의적 측면을 형성하게 되는 요인이 된다. 그러므로 단적으로 말해서 자유와 평등의 경우와 마찬가지로 시민성은 시대와 장소 등에 영향을 받아서 형성되는 개념적 특성을 지니고 있다고 해도 큰 지장은 없을 것이다. 이러한 의미에서 시민성의 범위 면과 관련지어서 비민주주의 체제에서도 체제 구성원들 중에게서 나타날 수 있는 성질을 시민성이 지니고 있는 특성임을 감안해 볼 수 있다. 다만 그와 같은 비민주주의 체제에 있어서 부정의하고 반인간적이며, 배타적인 사고와 행위를 하는 구성원들의 경우에까지 시민성의 범주에 넣을 수는 없음에 유의해 볼 필요가 있다. 이런 점에서 훌륭한 시민은 비민주주의 체제 하에서의 비민주주의적인 사고와 행위, 절차 등에 따르는 그러한 부류의 시민상과는 무관하다고 할 수 있다. 따라서 민주주의 내지는 민주주의 정신과 관련이 깊은 시민성이라고 함은 의롭고 인간존중적이며, 개방적인 측면에서의 시민 개개인의 태도와 의지, 의견, 행위 등에 바탕을 두어서 형성되는 이념이요 정신이다. 또한 시민성은 이등 시민, 하류층 시민, 거류민, 시민적 평등을 거부당해온 여성 등을 망라하는 개방성을 포괄하고 있는 정신이기도 하다.

한편 도덕교육은 사회구성원으로서의 역할과 책임을 수행해 나갈 수 있도록 하는 교육이기도 하기 때문에 시민으로서의 권리와 의무를 키워나가도록 하는 데에 소홀히 해도 되는 교육이 아님이 분명하다. 다시 말하면 시민성은 공동체의 구성원들이 공동체의 이상을 실현하기 위해서 주어진 여건에서 상호간의 교섭과 소통을 통해서 적극적이고 우호적인 균형과 조화를 이루어 나가는 가운데 획득되고 발전되는 특성을 지니고 있다는 점에서 도덕교육 역시 크게 보면 시민성과 같은 차원에서 논의되는 교육이다. 결국 도덕교육은 사람이자 공동체의 구성원으로서 요청되는 인격적이고, 역할지향적인 제반 규범을 인지·정의·행동적 측면에서 함양하는 데에서 이루어지는 교육이기도 하며, 시민성 역시 시민으로서 요청되는 틀로서의 제반 규범과 관련된 인지·정의·행동적 측면에서의 판단·정서·행위 등에 따른 특성을 지니는 개념적 의의를 지니고 있다.

3.2. 시민성의 성격을 지닌 정치의식

정치의식과 시민성에 관해서 정리된 이상의 논의사항을 살펴볼 때, 정치의식이 개인으로서 혹은 사람으로서 정치라든가 정치현상, 집단 혹은 공동체 등에 관한 태도, 감정, 평가, 행위 등을 의미한다고 볼 수 있다면, 시민성은 시민으로서의 권리, 의무, 책임, 역할 등을 수행해 나갈 때 요청되는 공동선, 정의, 참여, 민주적 가치와 태도 등을 아우르고 있는 성질을 지니고 있다. 이러한 점에서 정치의식의 주체로서의 개인 혹은 사람은 시민과 구별되는 바가 없을 수 없기는 하지만, 경우에 따라서는 정치의식적인 사태가 곧 시민성의 사태로 여겨질 수 있는 측면이 있기 마련이다. 이를테면 어떤 한 사람이 자신이 속한 집단 혹은 단체, 내지는 공동체 내에서 정치의식적인 측면에서 자신이 구성원으로서 옳다고 여기는 공적인 행동을 실행에 옮기게 되었을 때 이러한 공적인 행동이 시민사회의 구성원으로서의 역할을 올바르게 수행한 경우가 될 수 있기 때문에 당연히 시민성의 측면에서도 올바르게 공적인 행동을 했다고 볼 수 있는 것이다. 이는 곧 정치의식과 연관된 사태가 곧 시민성과 유관한 사태로 동일시될 수도 있음을 의미한다.

정치의식은 넓게 보아서 삶과 관련되어 집단과 현상에 대해서 개인 혹은 인간이 갖게 되는 인지적·정의적·행동적 측면을 지니고 있는 이념이요, 정신이며, 태도 등이기도 하다. 시민성 역시 시민이 공동체와 관련되어서 갖게 되는 인지적·정의적·행동적 측면에서의 사고방식이며 행동방식이기도 하다. 그러므로 정치의식은 시민성의 측면을 포함하고 있다. 이와 같은 정치의식과 시민성의 공통되는 특성은 도덕교육 혹은 시민교육과 더불어서 민주주의를 발전시키는 중요한 동인이 된다. 왜냐하면 도덕교육은 사고와 감정, 행동을 포괄하는 정치의식과 무관하지 않은 통합적인 방식으로 수행되는 교육이며, 시민성에 비중을 두어 수행되는 시민교육 역시 민주적인 지식, 태도, 사고, 행위 등이 통합적으로 수행되는 교육이기 때문이다. 이를테면 한 사람이 자신이 속한 나라의 어떠한 정치현상에 대해서 매우 부정적인 평가를 하는 정치의식을 가지고 있다면, 그 사람은 그러한 정치현상을 일으키는 배경을 나름대로의 기준으로 판별하고 있는 인식적 능력이 있다고 할 수 있으며, 아울러 자신의 정치에 있어서의 신념에 따른 의지와 행동방식을 지니고 있다고 할 수 있다. 그뿐만이 아니라 이 사람은 상황에 따라서는 자신의 신념을 행동에 옮길 태세가 되어 있다고 말할 수 있다. 따라서 이 사람은 자신의 그와 같은 정치적 정서와 입장에 입각하여 일상생활이라든가 정치생활을 영위해 나간다고 볼 수도 있다. 이 사람의 이와 같은 일련의 태도 및 행태는 정치의식이 인지적·정의적·행동적 측면을 내포하고 있음을 말해주는 것이기도 하다.

또한 가령 어느 지역에서 사는 한 시민이 자신의 시민으로서의 권리에 해당되는 부분이 부당하게 공공기관으로부터 침해받았다고 여길 때, 그는 분노가 치밀어 오르게 되어 이에 대한 권리회복을 추진하는 일련의 행위에 나서게 되었다면, 이 역시 정치의식과 마찬가지로 감정, 이성, 행위 등이 복합적으로 작용하여 나타나는 시민성의 구현에 해당되는 경우라고 할 수 있다. 시민교육에 있어서도 동일한 원칙이 적용함에 있어서는 예외가 아니다. 말하자면 인간의 존엄성을 인식한다는 것은 가장 근본적인 민주주의 원리가 됨과 동시에 시민교육의 출발지점이 된다고 해도 과언이 아니다. 이러한 인간의 존엄성을 감성적인 측면에서 발휘되어지도록 하려고 하며, 또한 실제의 상황에서 실천될 수 있도록 구성되는 교육이 시민교육이다.

이와 같이 정치의식은 여러 측면에서 시민성의 요소를 포함하고 있어 시민성과 긴밀한 관계에 있다고 봄이 타당하다.

3.3. 시민성의 바탕으로서의 정치의식

정치의식은 역사의식과 공유되는 특성을 지니고 있으며, 민중의식과도 연관되어 있음은 물론 시대정신과도 연결되어 있다. 또한 근본적으로 정치의식은 도덕 혹은 윤리와 긴밀한 관계를 유지하고 있다. 그리고 이러한 정치의식의 특성에 비추어 볼 때, 시민성은 정치의식과 차이가 난다고 할 수 있다. 왜냐하면 시민성은 정치의식만큼 역사의식이라든가 민중의식, 시대정신 등과 긴밀하게 연관되어 있지 않은 특성을 지니고 있기 때문이다. 시민성은 이런 점에서 정치의식에 비하여 보편성을 띠고 있으며 아울러 초계급적인 개방성의 측면도 지니고 있다. 이를테면 고대 그리스의 아테네 시민으로 장렬한 죽음을 맞이한 소크라테스에게서 찾아볼 수 있는 공동체의 공적 의사(意思)를 존중하는 정신을 시민성의 발현으로 보는 경우라든지 구한말 일제로부터 우리나라의 국권을 상실한 데에 항의하여 자결을 택한 적지 않은 우리나라의 우국지사들의 나라사랑 정신 역시 시민성을 발휘한 경우라고 보는 데에 크게 지장이 없음은 시대와 장소를 떠나서 동렬에 위치시킬 수 있는 시민성의 보편적 특성이 있기 때문에 가능한 것이다.

도덕교육에 속하는 시민교육은 시민성을 중심으로 해서 이루어지는 교육이다. 이러한 시민교육은 민주주의를 발양시키는 데에 그 교육적 의의를 삼고 있다. 그렇다면 의당 시민교육은 민주주의와 밀접한 관계에 있는 역사의식·민중의식·시대정신을 포괄하는 정치의식의 요인들을 고려한 시민성의 함양으로 그 방향이 설정되기 마련이다. 만약에 이와 같은 특성을 지니고 있는 정치의식에 관한 고려가 없는 시민교육이라고 한다면, 그러한 시민교육은 결코 소기의 목적을 온전히 달성할 수 없을 개연성이 높다. 따라서 전 세계적으로 민주주의시대에 접어들어 가고 있는 오늘날에 있어서 본래적이고 본원적인 정치의식에 바탕을 둔 시민성의 재인식이 특히 우리나라와 우리 사회에 절실히 요청되고 있는 까닭도 바로 이와 같은 데에서 비롯되는 것이다.

끝으로 지금까지 논의된 정치의식과 시민성의 특징과 공통점을 다음의 〈표 2〉로 간략히 정리해 보기로 한다.

<표 2> 정치의식과 시민성의 비교

	정치의식	시민성
특 징	• 역사의식, 정치사회화, 민중의식, 시대정신 등의 특징이 있으며, 개체성의 측면이 강함.	• 지역, 시대, 사회, 신분, 계급 등을 초월한 공동체 구성원으로서의 자질, 태도 등의 특징이 있으며, 공동체성의 측면이 강함.
공통점	• 도덕 혹은 윤리에 바탕을 두고 있으며, 공동체에서 요구되는 사고, 감정, 행위 등과도 연관성이 있고, 민주주의를 이끌어가는 도덕교육으로서의 시민교육과는 불가결한 관련을 맺고 있음.	

2부

한국인의 정치의식

3장 한국인의 정치의식 구성

    2장에서 살펴본 정치의식에 관한 기본 개념에 따른 인식의 틀을 바탕으로 해서 8·15광복에 따른 해방정국에서 발표된 성명서, 체험담, 증언, 조사자료 등과 남북한 당국자들과 남북한 사람들의 공동노력에 의해 획기적으로 채택된 바 있는 「남북기본합의서」와 「6·15남북공동선언」 등의 문건, 그리고 1970~1980년대의 주요한 민주화운동인 부·마민주화항쟁, 광주민주화항쟁, 6월민주화항쟁 등의 민주화항쟁 과정에서 알려진 성명서, 결의문, 유서, 일지, 보도자료 등을 중심으로 해서 우리나라 사람들의 정치의식의 제반 특성을 해석학적(현상학적)인 방법1)을 일부 적용하여 구성해 보도록 한다.

---

1) 1장에서 이미 간략히 소개한 바 있지만 해석학적(현상학적) 연구방법의 의의는 다음과 같다고 할 수 있다. "인간의 행위가 가능한 세계는 정치적·사회적·종교적인 관계의 내적 연관 속에 있는 의미의 전체이며 그 속에 행위하는 인간이 역사적인 인격으로 존재하고 있다. 그러므로 인과적인 설명에서 설정하고 있는 보편적인 법칙과는 전혀 다른 의미에서 보편적 법칙을 이해의 전체성에서 파악한다."(김동일·박순영 외, 『사회과학 방법론 비판』, 청람, 1983, 117쪽)

1. 관용·자주성·통합성의 표출

8·15광복은 1945년 8월 15일 제2차 세계대전에서 일본이 패전함으로써 우리나라가 35년간의 식민지 상태에서 벗어나게 된 일을 말한다. 이로써 1910년 8월 29일 만 35년간 식민 지배를 받아온 우리나라는 광복을 맞이하게 되었으나, 이 광복은 자주독립국가의 건설로 직결되지 못하고 미·소 강대국의 세력관계에 의해 남북분단을 강요당했다. 당시 미국은 전통적으로 강대국의 이해관계가 교차되어온 한반도에서 어느 한 나라의 독립적 지배를 배제하고 자국의 영향력을 확대할 수 있는 신탁통치안을 적극 제안했고, 소련 역시 이에 동의했다. 그러나 구체적 방침이나 협정이 채 마련되지 않은 상태에서 일본이 항복, 소련이 북한지역에 진주하자 가능한 지역만이라도 자신의 영향권 하에 두어야 할 필요를 느낀 미국은 북위 38도선을 잠정적 군사분계선으로 제시, 소련이 이를 수락함으로써 미·소의 한반도 분할 점령이 이루어진 것이다. 이처럼 8·15광복은 한반도에서 일본 세력의 퇴각이 있었으나, 그와 동시에 반민족세력의 척결, 제국주의 배격, 완전한 민주독립국가의 건설이라는 새로운 과제를 우리 민족에게 안겨주었다고 할 수 있다.[2] 다른 한편으로는 반도적 위치에 있는 국가로서 우리나라는 대륙세력과 해양세력 간의 치열한 경쟁관계의 와중에 있는 상황에 놓이게 되고, 우리나라 사람들은 이로 말미암은 간난신고를 겪는 시기가 8·15광복[3] 시기이기도 하며, 해방정국에 해당된다.

---

2) 한국사사전편찬회, 『한국근현대사전』, 가람기획, 1990, 267~268쪽 요약.
3) 위의 책에서는 '8·15해방'으로 항목이 설정되어 있으나, 본서에서는 '8·15광복'으로 사용하는 것으로 한다.

1.1. 개인과 집단에서 보는 시국관

8·15광복 시기는 우리나라 사람들에게는 중대한 역사적 전환기임에 틀림없다. 이 시기는 당대의 우리나라 사람들에게 있어서는 새로운 나라 혹은 정부를 수립하는 중차대한 과업을 이루어 나가야 했던 상황이라든가 격변기에 처하여 거국적인 시련을 감당해야 했던 점에서 그러하다. 그러므로 8·15광복 시기는 우리나라 사람들에게 있어서는 개인적으로나 집단적으로나 복합적인 의의를 지닌 시기이기도 하다.

1.1.1. 개인적 체험을 통한 8·15광복

8·15광복 시기의 상황을 보여주는 다음의 글[4]을 살펴보기로 한다.

많은 청년들이 처음 듣는 생소한 이름의 이승만, 김구, 여운형이라는 영웅들을 부르며 감격한 나머지 눈물을 자꾸 흘리던 기억이 난다. 떨리는 손으로 그 조그마한 신문 쪽지를 들여다 보며 암송이 되도록 읽고 또 읽곤 했었다. 처음 들어보는 이름들, 이들은 분명 당시 조선의 청년들에게는 세계에 어깨를 펴고 자랑하고 싶은 민족의 영웅으로 받아들여졌다. 그로부터 40년 오늘의 시점에서 그 무렵의 감격을 회상할 때 아직도 떨리는 그 날의 감격 속에 자꾸 허무감만이 맴돈다. "우리들의 8·15로 돌아가자." 누군가 이런 시를 읊은 기억이 난다. 8·15의 감격, 그것은 일생을 두고도 영원히 잊을 수 없는 감격이었다.

---

4) 고황 편집위원회, 『민주공화국 40년』, 중원문화, 1985, 25쪽.

이 글은 증인5)이 8·15광복 당시 약관 20세에, 오늘날의 고등학교 격인 당시의 중학교를 졸업한 청년이었음을 밝히고 쓴 글이다. 20세의 나이라고 하면 당시의 대다수 사람들의 염원과 감정, 사회적 분위기 등을 대체로 감지하고 수용할 만한 성인의 연령에 도달한 나이라고 할 수 있다. 그러므로 이 글은 8·15광복 당시의 대다수 우리나라 사람들의 시국관을 사실 그대로 반영하고 있다.

익히 알려진 바와 같이 이승만, 김구, 여운형 등은 일제 식민통치하의 시기에 국내외에서 굳건하게 독립운동을 하여 고초를 겪은 바가 있다는 점 외에는 정치성향, 출신 성향, 지역적 배경 등이 판이하게 달랐다. 그러나 이 글에서 나타난 바와 같이 당시의 우리나라 사람들은 '눈물'6)로써 이들을 존중했고, 또한 이들의 특성을 수용하는 포용력을 발휘했다고 볼 수 있다. 실제로 1946년 7월에 미점령군사령부의 일반 참모부 산하 정보참모부(G-2)가 작성한 총 8,476명의 우리나라 사람들을 대상으로 한 설문조사 보고서7)에 따르면 이들 중의 4,577명이 중립이라고 자처했으며, 우익이라고 한 사람들은 2,497명, 좌익이라고 한 사람들은 1,402명으로 나타난 데에서 알 수 있는 바와 같이 당시의 우리나라 사람들 중 과반수 이상이 좌·우익 어느 쪽으

---

5) 송건호(1927~2001) 선생을 가리키며, 우리나라의 저명한 언론인으로 활약한 바 있다.
6) 우리나라 사람들에게 있어서 '눈물'의 의미는 독특한 바 있다. 즉, 우리나라 사람들은 눈물을 펑펑 쏟으면서 희망을 염원하기도 했고, 안타까움과 뉘우침, 너그러움 등을 나타내 보이고 있는 특유의 '눈물문화'를 갖추고 있다. 예컨대 일제강점기인 1920년대에 상영된 친일파를 살해하고 수갑이 차여진 채 정든 고향의 고갯마루를 넘어가는 한 사나이의 마지막 모습을 보여주는 영화〈아리랑〉(나운규 감독, 조선키네마, 1926)을 관람했던 당시의 우리나라 사람들은 "아리랑 아리랑 아라리요 아리랑 고개로 넘어간다. 나를 버리고 가시는 님은 십리도 못가서 발병나요. 풍년이 온다 풍년이 온대요. 이 동산 우리 동네 풍년이 온다네. 산천초목은 젊어가건만 우리네 인생은 늘거지네. 청천 하날에 별도 만코 우리네 살림살이 말도 만타"는 영화 속의〈아리랑〉노래를 합창하며 울기를 마다하지 않았음(김지평, 『한국가요정신사』, 아름출판사, 2000, 362~363쪽)을 들어볼 수 있다. 이 눈물은 8·15광복 당시의 우리나라 사람들이 흘린 '눈물'과 맥락이 통한다고 볼 수 있다.
7) 이성근, 「해방정국, 한국인의 정치의식 구조」, 『한일저널』 통권 29호, 한일협력위원회, 1996, 44쪽.

로 쏠려 있지 않았다. 따라서 우리나라 사람들의 해방정국에서의 정치의식은 크게 보아서 관용적이고 포용적이었음을 확인할 수 있다.

다음으로 8·15광복 당시에 만으로 35세였던 한 지식인[8]의 증언[9]을 살펴보자.

해방 직후 나는 일본인 식민자들이 한국민중에 대하여 사죄할 생각을 갖고 있기를 남모르게 기대하고 있었다. 그러나 일본인 식민자들은 한국민중에 대하여 사죄할 생각이나 죄의식을 갖기는커녕 조선총독부의 상층부에는 친일협력자 김계조(金桂祚)를 이용하여 재침략의 거점만을 획책하려는 자들밖에 없었다.

그러나 해방된 한국민중은 일본인 식민자들에 대하여 관대하였다. 시골 한구석, 산간벽지에서 더구나 오직 혼자만 남아 있던 일본인 순사까지도 한국민중으로부터 보복을 당한 적이 없었다. 그것은 조선건국준비위원회, 뒤에는 인민위원회의 지시에 의하여 일본인의 인명·재산이 보호되고 있었기 때문이었다.

일본제국주의의 식민지 통치기에 식민지 고등경찰은 한국의 수많은 애국자들을 온갖 비인간적인 고문에 의해 학살하였다. 식민지 고등경찰의 형사들 중 이러한 비인간적 고문에 가담하지 않았던 자는 한 사람도 없었다고 해도 과언이 아닐 것이다. 그럼에도 불구하고 조선건국준비위원회가 조선인 애국자를 고문하여 살해한 혐의로 전국에 지명수배한 식민지 고등경찰의 범죄자수는 14명에 지나지 않았고, 체포한 자들에 대해서도 생명을 앗아갈 정도로는 처벌하지 않았다.

---

8) 고영민(1910~?) 씨를 가리키며, 출판사 편집자는 '공산주의 지식인'이라고 지칭하고 있으나 이 증언을 하게 되는 8·15광복 직후의 고영민 씨의 시국관은 공산주의적인 이데올로기와는 관련이 없는 당시의 대다수의 우리나라 사람들의 정서를 강하게 반영하고 있다고 볼 수 있으므로 본서에서는 '지식인'이라는 칭호를 사용했다.

9) 고영민, 『해방정국의 증언』, 사계절출판사, 1987, 36~37쪽.

이와 같이 조선건국준비위원회·인민위원회는 일본인의 생명·재산을 보호하는 데 전력을 기울였고, 한국민중은 건국준비위원회·인민위원회의 행정조치를 전폭적으로 지지하여 그것을 충실히 수행하였다. 그리하여 일본인 식민자들이 여전히 한국민중에 대하여 적대행위를 계속하고 있었음에도 불구하고, 해방된 한국민중은 일반 일본인을 동정하고 그들의 귀환에 협력하였던 것이다.

이 지식인은 제주도의 빈농의 가정에서 장남으로 태어났고, 가난으로 도일하여 공장노동자로 생활하였으며, 고학으로 대학을 다닌 적도 있기도 했고, 직업을 얻기 위하여 일본인으로 귀화한 바도 있었다고 한다. 그러나 한국인이라는 이유로 가혹한 민족차별을 받게 되었고, 일후 이 지식인은 '3·1반일봉기' 때 한국인 애국자들의 머리를 작두로 베어 버리는 광경, 1923년 관동대지진 때 일본인들이 미친 듯이 만세를 외치면서 한국인들의 머리에 큰 낫을 박고 여자아이들까지 곤봉으로 개 패듯이 구타한 광경, 일본인들이 강제연행한 한국인 노동자들을 혹사시키고, 굶어죽게 하고, 생매장시키고, 집단적으로 학살한 전율할 사실들을 1945년 8월 15일까지 결코 잊지 않겠다고 맹세하였다고 한다. 그 이유로 자신은 망각은 또다시 이러한 민족적 비극을 초래할지도 모른다고 생각했기 때문이었다는 것이다.[10] 이러한 '맹세'는 적어도 사리를 분별할 수 있는 나이에 있는 우리나라 사람들이라고 하면 누구나 하게 되는 성질의 것이라고 할 수 있다. 그러나 이 증언에서 나타난 바와 같이 8·15광복 직후의 상황에서 우리나라 사람들의 일본 사람들에 대한 놀라울 정도의 의연함은 비록 조선건국준비위원회라든가 인민위원회의 지도가 있었다고 하더

---

10) 고영민, 위의 책, 13~16쪽 참조.

라도 근본적으로 우리나라 사람들의 심성에 자리 잡고 있는 너그러움과 포용성이 있지 않고는 결코 가능할 수 없는 일이기도 하다.

이번에는 초등학교 5학년 학생으로서 겪은 증인[11]이 평생 동안 잊지 못할 일이라고 하는 8·15광복 당시의 한 일화[12]를 소개하기로 한다.

8월 말인지 9월 초인지 분명치 않지만 충격적인 장면을 목도했다. 충주중 사택촌을 지날 때였다. 사택촌에는 일본식 단층집 예닐곱 채가 정방형으로 서 있고 한가운데는 넓은 채마밭이 있었다. 채마밭 복판에 중학생들이 목총을 들고 고함을 지르며 서 있었다. 가까이 가 보니 중년의 일본인 남자가 맨바닥에 무릎을 꿇고 고개를 숙인 채 앉아 있었다. "근로동원에 나가서 고약하게 굴지 않았느냐" "걸핏하면 우리 조선학생을 얕보고 욕설하지 않았느냐"고 학생들은 저마다 한마디씩 목총 개머리판으로 땅바닥을 치며 소리쳤다. 완전한 반말이었다. 상하관계의 완전한 역전에 나는 기묘한 흥분과 쾌감과 공포감을 느꼈다.

"고도고도쿠 와루 고자이마시다(모조리 잘못했습니다)." 교관은 풀죽은 소리로 되풀이했다. 이윽고 기모노 차림의 일본여성이 나타나 "저와 저희 어린 것들을 보아서라도 용서해 주십시오"하고 울먹이며 말했다. 학생들은 "깊이 반성하고 행동을 조심하라"고 일갈한 뒤 자리를 떴다. 내게는 충격적인 장면이어서 65년이 지난 오늘에도 "고도고도쿠 와루 고자이마시다"란 일본말이 귀에 생생하다.

이 글은 안타까운 일이지만 8·15광복 당시의 상황을 일본말로 증

---

11) 유종호(1935~) 교수를 가리키며, 문학평론가로 활동하고 있다.
12) ≪동아일보≫, 2010. 8. 10. A5.

인이 기억하고 있음을 보여주고 있다. 물론 증인은 일본어를 우리말처럼 잘 할 줄 알았을 것으로 보인다. 이 글은 이중으로 안타까움을 던져주는 글이기도 하다. 다시 말하면 이 글은 우리말이 아니라 일본말로 의사표현을 해야 했고, 또 원수나 다름없는 일본인을 용서해야 하는 그러한 복합적인 마음과 정신의 일단을 당시의 우리나라 사람들이 보여주었다는 점에서 그러하다. 그러나 앞의 글과 증언을 통해서 8·15광복에 따른 시국관에서 나타난 우리나라 사람들의 포용력 있고 너그러우며, 의로운 상황에의 대처능력을 이 글은 다시 한 번 입증해 주고 있다는 데는 손색이 없다고 하겠다.

다음은 북한의 함경남도 함흥에서 증인13)이 만 15세의 나이로 겪은 8·15광복 당시의 정황을 쓴 글14)이다.

1945년 봄부터 8월까지 수개월은 학교수업도 폐지되다시피 했다. 상급생은 비행장 활주로 확장공사에, 우리 저학년은 함흥 동쪽의 산록에 폭탄을 저장하기 위한 호 파기 작업에 동원되었다. (…중략…) 8월 15일 그날에는 나도 작업장에 나가 있었는데, 정오에 중대방송이 있다는 예고를 들었기 때문이었는지는 기억이 나지 않는다. 예감은 하고 있었지만, 막상 일본이 항복했다는 소식을 듣고 나니 너무나 큰 감동과 기쁨을 주체할 수 없어서 그냥 멍하니 학우를 둘러보고, 하늘을 보고 마치 낯선 땅에 왔듯이 주위를 살펴보았던 기억이 난다.

집으로 가는 길에 함흥시내 번화가를 관통하면서 걸었으나 별다른 움직임은 느껴지지 않았고 단지 대오를 지은 일본군의 왕래가 빈번했다. 아마도 질서유지를 위해 시민을 위압하려는 의도적인 행동이었을 것이

---

13) 박조열(1930~) 극작가를 가리키며, 6·25전쟁 중에 단신으로 월남하여 연극인으로 활동하고 있다.

14) ≪동아일보≫, 2010. 8.13. A4.

다. 그 같은 상태는 소련군이 함흥 시내로 진주할 때까지 계속되었다. (…중략…) 소련군이 함흥시내로 진주한 8월 20일 밤, 공회당 앞에 운집한 군중과 먼지를 뒤집어쓴 소련 병사들이 악수를 하고 포옹하기도 하는 광경을 목도하면서 나는 눈물을 흘렸다. 소련군에 대한 감격은 이내 공포와 증오로 돌변했다. 도처에서 부녀자 강간사건이 일어났기 때문이다. 소문이 사실이라면 소련군의 선봉부대에는 형벌 사면을 조건으로 군에 간 병사들이 많아 그 질이 나쁘다는 것이다.

이 글에서 증인이 8·15광복의 눈물을 비로소 흘리게 된 것은 소련군에 대한 감격으로 말미암은 때였음을 회상하고 있다. 물론 당시의 이 눈물은 증인이 유소년기에 목도했다고 하는 일제의 만행인 "한밤중에 경찰이 마을을 포위하고 동네청년을 잡아가는 와중에 여자들의 아비규환, 온 동네 개들이 짖어대는 소리, 여럿이 고함을 지르며 달려가는 소리"15) 등으로부터의 해방을 알리는 일종의 '해방군'으로서 소련군이 비추어졌기 때문이었을 것으로 여겨진다. 그런데 그와 같은 8·15광복 당시의 함흥의 평온한 상황은 앞서의 증언에서 언급된 바와 같이 당시에 신속히 갖추어진 건준을 중심으로 한 우리나라 사람들에 의한 포용적인 자치적 질서의식의 발로에 힘입었을 가능성이 매우 크다고 할 수 있다. 그러나 소련군에 의해 도처에서 저질러졌다고 하는 '부녀자 강간사건'을 통해 소련군을 증오하게 되었다고 증인은 밝히고 있는데, 이러한 사건은 북한에서의 8·15광복의 의미를 그만큼 퇴색시키는 성격을 지니고 있다.

그러나 북한에서 소련군에 의해 저질러진 그와 같은 불길한 사건은 결국 8·15광복 당시의 우리나라 사람들의 미래에 먹구름이 다가

---

15) ≪동아일보≫, 같은 날짜, 같은 면.

오는 것을 예고하는 조짐이기도 했는데, 이는 남한에서도 예외가 아니었음을 당시의 미군과 관련된 사건에서도 나타나고 있다. 즉, 1945년 9월 8일 미군이 인천으로 상륙하기 직전 해방군으로서의 미군을 환영하기 위해 인천보안대원과 조선노동조합원 등이 질서정연하게 행렬을 지어 연합국 깃발을 들고 행진하던 중에 일본인 경관이 총격을 가하여 2명의 한국인이 즉사하고 10여 명의 경상자가 발생하게 되었는데, 이때 미군은 이를 정당한 경비조치로 평가한 사건16)이 있었다. 이 사건은 향후의 우리나라의 전도가 결코 밝지만은 않음을 상징적으로 보여주는 사건이라고 볼 수 있다.

1.1.2. 집단적 대응을 통한 8·15광복

크게 보아 8·15광복 당시의 우리나라 사람들은 시대적 과제의 실질적인 해결방법을 전국적인 규모로 결성된 '건국준비위원회(건준)'를 지지하는 데에서 찾았다고 할 수 있다. 다음17)은 건준에 대한 평가의 글이다.

건준에 대해서는 아직도 엇갈리는 인식관점이 제시되고 있으나 해방직후부터 미군의 서울입성 전까지(8.17~9.7)의 정치·행정적 공백기에 정부 대항적 역할을 수행했다는 점에 그 기능적 역할의 중요성이 있다. 이는 ① 해방정국의 혼란을 어느 정도 수습했다는 점이다. 비록 당시 건준이 전체 국민의 지지 위에 서서 일종의 통치적인 차원의 역할까지는 담당하지 못했다 해도 해방직후의 혼란을 최소화시키는 데 어느 정도 기여했다고 볼 수 있다. ② 건준은 최초로 해방 이후의 건국의 방략과 지향가

---

16) 이완범, 『한국해방 3년사』, 태학사, 2007, 100쪽.
17) 한국정치외교사학회 편, 『해방의 정치사적 인식』, 대왕사, 1980, 25쪽.

치에 대해 국민적인 관심을 모을 수 있었다는 것이다. ③ 당시 건준은 비록 보수 우파에 의한 참여거부로 건국을 위한 전체 민족적인 준비위원회로 조직될 수 없었으나 다수 국민의 관심에 의해서 사회주의 세력과 중도세력, 일부 보수세력에 의한 연대성을 모색했다는 점에서 신간회 해체 이후 최초의 좌우통합시도라고 할 수 있다. (…중략…) 건준은 8월 31일까지 지방조직에 착수하여 '지방인민위원회'(건준지부)를 145개 지역에 설립했다.

앞에서 논의한 바 있듯이 8·15광복 당시 대다수의 우리나라 사람들은 본원적으로 관용적이며, 너그러웠고, 의로웠다고 할 수 있는 성향을 지니고 있었기 때문에 우리나라 사람들은 큰 혼란을 일으키지 않고 건준의 수습방법에 협력했다고 할 수 있다. 오히려 이 글에서 언급된 것처럼 당시의 보수 우파 세력의 배타적이고 당파적이라고 볼 수 있는 비협력·비타협적 자세가 우리나라 사람들이 독립된 국가 형성에의 길로 나아가는 데에 힘을 모으는 것을 낙관만 할 수 없게 하였다. 물론 보수 우파 세력으로 분류되고 있는 송진우를 비롯한 한민당 세력에서는 건준에 불참하게 된 이유로서 건준의 문제점을 다음18)과 같이 지적하고 있기는 하다.

첫째, 총독부로부터의 치안유지 의뢰를 받아들인 것은 일제에 협력하는 친일행위로, "피를 흘리지 않고 정권을 탈취하겠다는 야망"이라는 것이다.
둘째, 건준의 구성요원이 '극히 소수인(少數人)'에 불과하며 또한 편파적이라는 것이다.

---

18) 심지연, 『해방정국 논쟁사』 1, 한울, 1986, 17~18쪽 요약.

셋째, 중경에 임정이 엄연히 존재하고 있음에도 불구하고 이를 무시하고 정부행세를 하며 정부를 수립하려는 것은 민심을 현혹하고 질서를 교란하는 행위로서 도저히 묵과할 수 없다는 것이다.

그러나 이러한 한민당 측의 주장은 납득하기 어려운 점이 있다. 첫째 번의 주장으로 총독부로부터의 치안유지 의뢰를 받아들인 행위를 '친일행위'로 규정하는 것은 친일행위의 범위를 일본의 패망 이전과 이후를 혼동하는 데에서 설정하는 오류를 범하고 있다는 점이다. 우리나라 사람들에게 있어서 친일행위는 명백히 일제강점기에 일제가 만들어놓은 일체의 정책과 제도와 관련된 일이나 행위 혹은 행동 등에 협력, 동조, 묵인 등을 한 경우로 인식되는 것이지 일본이 패망한 단계에서의 치안유지와 관련된 총독부와의 접촉을 친일행위로 볼 수 없음은 분명한 사실이다. 이러한 한민당 측의 주장은 당시의 대다수의 우리나라 사람들의 인식수준을 얕잡아 본 데에서 기인할 가능성이 큰 주장이다. 둘째 번의 주장은 건준 측의 운영방식이 독선적이라는 것인데, 일면적인 타당성을 지닌 주장일 가능성이 크다. 왜냐하면 해방정국의 중심축을 이루고 있는 난제로 알려진 건국과정에서의 친일파의 심판과 배제여부의 문제라는 측면에서 보았을 때 한민당을 구성했던 적지 않은 요원들이 일제강점기에서의 친일행위로부터 자유롭지 못한 인사들이어서 건준 측에서는 우선적으로 이들을 배제하고자 하는 경향이 강했을 것이기 때문이다. 이 대목은 당시의 우리나라 사람들의 의견을 수렴하는 절차를 필요로 함을 일깨우는 데에 그 의의를 지닌 측면이 있기는 하다. 셋째 번의 주장은 건준은 향후의 독립국가를 구성하는 정부가 아니고, 중경에 있는 임시정부가 우리나라를 대표할 수 있는 정부가 되어야 하는데 마치 건준이 미래의 독립국가의 정부나 되는 것처럼 행세하고 있다는 것이다. 이러한 한

민당 측 주장은 나름대로의 근거를 지니고 있기는 하지만 결국 이러한 주장은 독립국가를 향하여 일로 매진해야 할 우리나라 사람들을 사분오열시키는 데에 빌미가 되었다고 할 수밖에 없다. 왜냐하면 보통 해방정국이라고 하면 건준계열, 한민당계열, 임정계열 등이 중심이 되어 엇갈리는 정치적 입장이 난무하는 가운데 우리나라는 혼란의 소용돌이 속에 빠져드는 양상으로 알려져 있기 때문이다.

다음은 해방정국에서 출현한 사회·문화단체들 중의 하나인 1945년 11월 창간호로 발간된 한 월간지에 실린 '건국부녀동맹'의 강령과 행동강령의 일부를 살펴보도록 한다.[19]

강 령

1. 조선여성의 정치적 경제적 사회적 해방을 기함.
2. 조선여성은 단결을 견고히 하야 완전한 독립국가 건설에 일익이 되기를 기함.

(…중략…)

행 동 강 령

1. 남녀평등의 선거 급 피선거권을 주장한다.
2. 언론, 출판, 집회, 결사의 자유를 찾자.
3. 여성의 자주적 경제생활권을 확립하자.
4. 남녀임금차별을 철폐하자.
5. 공·사창제 급 인신매매를 철폐하자.

---

19) 심지연, 위의 책, 161쪽.

6. 임산부에 대한 사회적 보호시설을 실시하자.

(…하략…)

이 강령과 행동강령에서 나타난 바와 같이 8·15광복은 우리나라 사람들에게 있어서 민주주의를 밑바탕으로 한 독립국가를 수립하도록 하는 시대적 사명을 갖게 하는 계기를 마련하게 해주는 것이기도 했다. 민주주의는 인간은 스스로의 일을 합리적으로 처리해 나갈 수 있는 존재임을 전제로 하여 스스로의 존엄성을 지켜내는 데에 근본적인 의의를 두고 있는 제도요 이념이며, 사고방식이고, 생활방식이다. 일제식민체제하에서는 이러한 민주주의적인 정신과 사고는 철저히 말살되고 유린되기 마련이다. 물론 경우에 따라서는 일본침략 세력에게 협조하고 추종하거나 혜택을 입은 사람들이나 계층에 속하는 사람들에게서 민주주의라든가 인간의 존엄성 등을 찾는다거나 운위한다는 것은 무의미한 일일 수 있다.

그러나 이들에게 있어서도 앞의 초등학생으로서 8·15광복을 겪은 증인의 기억에 박혀 있는 것처럼 무고한 우리나라의 청년들이 한밤중에 일제에 의해 징용의 명목으로 강제로 끌고 가는 중에 들렸던 울부짖음과 같이 어떤 식으로든 인간으로서의 수치심, 모욕감 등을 가졌을 것임은 분명하다. 어쩌면 이러한 회한과 반성 등이 다른 한편으로 숱한 우리나라 사람들의 희생과 투쟁으로 당시까지 굳건하게 지켜져 왔던 정신과 어우러져 새롭게 시작하는 독립국가의 초석이 되기를 열망하는 이와 같은 강령과 행동강령으로 나타났을 것으로도 추론된다. 특히 이 행동강령의 대부분은 일제의 침탈은 식민지 국가의 여성들로서의 우리나라 사람들에게 있어서 가중된 시련이었기도 했지만, 인간으로서의 존엄성을 포기하지 않으며 8·15광복에 이르기까지 굳세게 이를 물리치고자 했던 데에 결코 소홀히 하지 않아왔음20)을 읽어볼 수 있다는 점에서 해방정국의 의의를 보다 뜻있게 해 주고 있다.

다음은 역시 사회·문화단체들 중의 하나인 '삼일건국협회(三一建國協會)'가 1946년 10월 1일에 발표한 선언문21)의 일부이다.

8·15의 해방은 참으로 저 폭악한 왜적의 질곡 밑에서 신음하고 있던 우리 민족에게 재생의 새 노선을 지지하는 동시에 과거 수십 년대의 피묻은 투쟁인 3·1혁명의 역사적 과업을 급속 완수할 기회를 주었다. 이 해방이 벌써 1주년을 넘었으되 강토는 38장벽으로 분할되어 있으며 민족은 불통일과 대립 마찰이 심각화하야 자멸의 길을 밟으려 하고 있으며 일부 지도자는 사대적 경향 종파적 편견 군림적 관념으로 서로 배제알력하여 우리 배달민족의 혁명역량을 분산시키어 한갓 반동세력을 조장하고 민족해방전선을 파괴하고 있다. 따라서 임시정부수립은 기(其) 기간을 천연하고 질서는 문란되고 모리배는 횡행하고 있으며 더욱이 근로대중을 비롯한 일반동포는 실업 불안 기아 공포에 싸혀 있다.

이에 우리는 민족적 위기인 현단계에서 3·1혁명정신을 전민족적으로 중신(重新) 발휘하야 조국독립을 지연시키고 민족분열을 조장시키는 일체의 행동을 배격하며 자주독립과 혁명적 건설에 우리의 총역량을 집결하야 민주주의 신국가의 완성을 지상목표로 삼고 민족통일전선을 세워 일치 맹진함에 협력 분투하려 한다.

---

20) 다시 말하면 구한말 우리나라를 지키기 위해서라든지 일제강점기 중에 우리나라의 독립을 위하여 일제에 맞서 실행된 국권회복운동이라든지 항일독립운동 등에 우리나라의 여성들 역시 남성들 못지않게 헌신적으로 투신했었음은 알려진 사실이다. 예컨대, "3·1운동 직후 서울과 각 지방에 '애국부인회'라는 단체가 조직되었고, 상해·훈춘이나 러시아와 같은 해외에도 조직되었다"(이배용, 「중국 상해 대한민국부인회와 여성독립운동」, 『이화사학연구』 제30집, 2003, 344쪽)라든가 유관순 열사가 법정에서 "죄가 있다면 불법적으로 남의 나라를 빼앗은 일본에 있는 것이 아니냐?"(이정은. 「유관순」, 유관순열사기념회, 2005, 368쪽)는 데에서도 충분히 확인할 수 있다.

21) 심지연, 앞의 책, 1986, 177쪽.

즉, 8·15광복이 있은 후 1년여가 경과되었지만 우리나라 사람들의 오랜 소망이었던 독립국가 수립의 길은 38선에 가로막혀 있는데다가 남한 내의 정치적 상황은 분열과 대립의 혼돈에 빠져 있어 독립국가 수립에의 전망을 더욱 어둡게 하고 있고, 경제적으로는 실업과 기아의 공포에 처해 있으므로 3·1혁명정신을 되살려 자주독립과 혁명적 건설 및 민족통일전선에 매진하도록 하자는 것이다. 그렇다면 3·1혁명정신을 좀 더 숙고하기 위해 3·1운동에 대해서 다음[22]과 같이 간략히 살펴볼 필요성이 있다.

1919년 3월 1일 일본 식민지 지배하의 한국에서 일어난 거족적인 민족독립운동. 기미독립운동이라고 한다.

손병희를 대표로 하여, 천도교·기독교·불교의 지도적 인사로 구성된 민족대표 33인은 마침 고종황제의 인산(因山; 국장)이 3월 3일로 결정되자 많은 사람들이 서울에 모일 것을 예측, 3월 1일 정오를 기해 파고다공원(현 탑골공원)에 모여 〈독립선언서〉를 낭독한 후 인쇄물을 뿌리고 시위운동을 펴기로 했다. 또 각 지방에도 미리 조직을 짜고 〈독립선언서〉와 함께 운동의 방법·날짜 등을 전달해 두었다. 손병희 이하 33명의 민족대표는 3월 1일 오후 2시 정각 인사동의 태화관에 모여 한용운이 〈독립선언서〉 낭독을 끝내자 만세삼창을 부른 후 경찰에 통고한 후 자진 체포당했다.

한편, 파고다공원에는 5천여 명의 학생들이 모인 가운데 정재용(鄭在鎔)이 팔각정에 올라가 〈독립선언서〉를 낭독하고 만세를 부른 후 시위에 나섰다. 이들의 시위행렬에 수만의 시민들이 가담함으로써 서울시내는 흥분된 군중과 만세소리로 들끓게 되고, 만세운동은 삽시에 전국적으로

---

22) 한국사사전편찬회 편, 앞의 책, 1990, 159~160쪽 요약.

번져나가, 오후 6시 진남포·선천·안주·의주·원산·함흥·대구 등지에서 시위가 벌어졌으며, 다음 날에는 전국 방방곡곡에서 독립만세와 시위운동이 전개되기에 이르렀다.

3·1운동 이후 전국을 휩쓴 시위운동 상황을 보면 집회횟수 1,342회, 참가인원수 202만 3,089명, 사망자수 7,509명, 부상자 1만 5,961명, 검거자 5만 2,770명, 불탄 교회 47개소, 학교 2개교, 민가 715채나 되었다(일본측 발표). 이 거족적인 독립운동은 일제의 잔인한 탄압으로 비록 많은 희생자를 낸 채 목표를 달성하지는 못했지만, 대내외적으로 우리 민족의 독립정신을 선명히 드러낸 바가 되어, 우리 근대 민족주의운동의 시발점이 되었다. 그 결과 대내적으로는 일제의 무단정치가 끝나고 보다 교활한 문화정치가 등장하게 되었으며, 대외적으로는 상해의 임시정부 탄생, 해외 무장독립운동의 촉진, 그리고 아시아의 다른 식민지 및 반식민지의 민족운동 등에 강한 영향을 끼쳤다.

3·1운동 당시의 우리나라의 인구는 대략 3,000만 명 정도로 알려져 있는데 이와 같이 참가인원이 200만 명을 웃돈다고 한다면 "친일파, 예속자본가, 일부의 대지주를 제외한 민족구성원 대다수가 민족독립을 위하여 떨쳐나선 거족적인 민족해방운동"[23]이었음을 부인할 수 없다. 그리고 3·1운동이 거족적인 독립만세운동이었다고 함은 일본제국주의 세력의 강제합병에 의한 통치를 전면적으로 부정

---

23) 한국역사연구회·역사문제연구소 편, 『3·1민족해방연구』, 청년사, 1989, 229쪽. 이와 같은 3·1운동의 의의는 "더욱이 조선 사람들은 한 가지 일이라도 합심하여 일을 할 줄 모르는 민족이라는 일본인들의 종래의 주장을 완전히 뒤엎는 민족적 쾌사가 아닐 수 없다. 이 운동을 통하여 비로소 기독교와 천도교, 그리고 민족 전체가 합병 후 10년간의 수모를 씻고 우리 민족도 이제는 이렇게 신앙을 초월하여 상하가 일심동체가 되어 전세계에 어엿한 독립국가임을 선언할 수 있었다는 데 대한 무한한 자신감과 자부심을 불어 넣어 준 역사적 거사였음을 부인할 사람은 없을 것이다(배재100년사편찬위원회, 『배재백년사』, 재단법인 배재학당, 1989, 232쪽)"는 평가에서도 찾아볼 수 있다.

하고 자주독립국가를 세우고자 하는 정신을 3·1운동을 통해서 우리 나라 사람들은 나타냈음을 뜻한다. 다시 말하면 3·1운동은 비록 고 종의 국장과 연관되어 당시에 우리나라 사람들이 운집한 것으로 알 려져 발생한 것으로 되어 있지만 왕조체제 역시 부정하는 운동24)이 며, 이는 곧 근대입헌국가 수립의 염원을 나타낸 사건인 것이다.

이러한 3·1운동 정신 혹은 이념에 비추어 보았을 때 앞의 '삼일건 국협회'에서 촉구하는 "3·1정신에 따른 민주주의 신국가 건설을 위 한 민족통일전선의 수립"은 해방정국의 혼돈이 바람직한 방향으로 수습되기를 소망하는 우리나라 사람들의 시국관이 반영되었음을 뜻 한다.

1.2. 보편적인 독립국가 건설을 위한 노력

지금까지 논의해 온 바와 같이 8·15광복은 우리나라 사람들에게는 몽매간에도 잊지 못하는 해방의 크나큰 감격이었으며, 기쁨이기도 했지만 새로운 국가건설을 위한 준비단계라고 볼 수 있는 해방정국 은 개인적으로나 집단적으로나 다양한 시국에 관한 의견과 이념이 용솟음치게 되어 일대 혼란상을 나타내는 시기이기도 했다. 그러나 그러한 혼란 속에서도 일제의 질곡에서 벗어난 미래의 우리나라는 민주적인 독립국가로 수렴되는 방향으로 나아가야 한다는 우리나라 사람들의 염원은 지속되었다. 또한 그러한 우리나라 사람들에 의한 독립국가 수립의 열망과 노력은 통칭해서 '제3세계 국가'로 분류되 는 식민지국가 사람들이 독립국가를 수립하는 과정에서 겪게 되는 내·외적인 시련과 굴곡을 결코 피해갈 수 없는 세계사적인 수난을

---

24) Breen, Michael, "The March 1 Uprising: New Nation, New Leader", *The Korea Times*, 2010. 3. 1. 4면.

감수해야만 하는 것이기도 했다.

1.2.1. 3·1정신과 독립국가에의 열망

앞에서 들어본 바 있는 '삼일건국협회'의 선언문에서 제시한 '3·1 혁명정신'을 발휘하자는 취지는 곧 국민이 주인이 되고, 국민에 의한, 국민을 위한 민주적인 독립국가 건설을 지향하는 방향으로 모두가 합심하여 나아가자는 것이다. 즉, '3·1혁명정신'은 우리나라 사람들이 주인이 되고, 다른 나라에 예속되지 않는 독립국가를 지향하는 정신이며, 이는 전 인류의 시대적인 공존동생권적인 요청으로 말미암은 것이기 때문에 반드시 실현되어야 하는 정신[25]이다. 따라서 해방정국의 혼돈 상황이라고 할지라도 국민이 주인이 되는 독립국가를 수립하기 위해서는 통일된 견해와 협력이 수반되는 노력이 있어야 함은 3·1정신을 발휘한 바 있는 우리나라 사람들의 한결같은 바람임에 틀림이 없다.

그러나 앞서 일부 서술된 바와 같이 국민이 주인이 되는 독립국가 건설을 앞두고 국내의 정치세력들로서 건준이라든가 한민당 등은 해방정국에 직면하여 통일된 입장으로 나아가지 못했던 것으로 알려져

---

25) 8·15광복 후 초대 문교부 장관직을 역임한 바 있는 안호상은 당시의 정치의식으로서의 민족의식을 '일민주의(一民主義)' 혹은 '일민민주주의(一民民主主義)로서 규정한 바 있는데 이러한 일민주의는 우리나라 사람들로만 배타적으로 단합과 단결을 주창하는 그러한 민족주의라든가 민주주의가 아니라 "단일민족으로서의 일민이며, 통일민족으로서의 일민이요, 세계일민으로서의 일민이고, 만민동일(萬民同一), 백성제일로서의 민족과 인격을 본위로 한다(안호상, 『내가 걸어온 길 내가 걸어갈 길』, 신태양사, 단기 4290, 82쪽)"는 견해와 맥락을 같이 하며, 따라서 '일민주의' 정신은 바로 이와 같은 3·1정신을 계승하고 있다. 다만 1948년에 남한 내에서의 단독정부 수립 이후에 드러난 "이승만이 내세우는 일민주의 정책을 유리하게 활용하려던 일부 정치지망생 학생을 제외하고는 대개가 일민주의가 대한민국의 위신을 떨어뜨릴 뿐 아니라 오히려 민주주의에 역행하는 허구적인 논설이라고 비판했다(최장집 외, 『해방전후사의 인식』 4, 한길사, 1997, 349쪽)"와 관련된 입장과는 별개의 차원에서 일민주의는 평가되어야 함에 주의를 요한다.

있다. 또한 귀국한 해외의 정치세력들 사이에서도 독립국가를 위한 협력이 확고히 갖추어지지 못한 바가 있었던 것 또한 사실이다.

그럼에도 넓게 보면 국내·외에서 활동했던 여러 정파에 속했던 대부분의 정치인들 역시 3·1정신의 테두리에서 벗어나지 않는 범위에서 각자의 정치적 행보를 밟아 나가려고 노력했음에 틀림이 없다. 왜냐하면 이들 대부분을 포함하여 대다수의 우리나라 사람들이 8·15광복에 따른 해방정국은 1919년에 떨쳐 일어난 3·1운동이 있었기에 찾아온 해방공간임을 이들은 분명히 자각하고 있었을 것이기 때문이다.

다음은 해방정국에서 독립국가 건설을 위한 단결을 촉구하는 일례라고 할 수 있는 '조선청년총동맹 서울시연맹'에서 발표한 성명서 형식의 글[26]을 살펴보도록 한다.

애국자는 참가치 말라
— 19일 데모주최자는 친일파 민족반역자들이다

동포 여러분

김구 선생은 언명하였다. 「우리는 개인의 자격으로 환국하였다」라고!

하지 중장도 언명하였다. 「정부로서가 아니라 개인 자격으로 입국한 것이라」고!

그럼에도 불구하고 또 해내 해외 모든 애국투사 선배들과 민중의 총의를 무시하고 단지 대한민국임시정부를 유일이라고 고집하야 소위 「정부」로서 환영한다는 그 주최자는 누구인가?

그것은 다른 사람이 아닌 친일파 민족반역자들이다!

---

26) 심지연, 앞의 책, 1986, 218~219쪽에서 재인용.

그자들의 음모를 보라!

첫재 대한민국임시정부를 지지한다는 미명리(美名裡)에서 그들의 과거의 죄상을 감추고 그들의 지위와 사리(私利)를 연장식히려는 것이다.

둘재 우매한 일부 민중과 순진한 학도들을 강제동원하야 임시정부가 전민중의 지지를 받고 있는 것처름 허위 과장의 기세를 울려 민중을 위만(僞瞞)하는 동시에 임시정부요인들로 하여금 자기도취를 식혀 민족통일전선 교란의 중대한 오류를 범하게 하려는 것이다.

셋재는 우리 전인민이 지지하고 있는 인민공화국이 해외 혁명투사를 전부 포용코저 하는데 불구하고 이들은 공연히 혁명투사로 하여금 대립식히고자 하는 것이다.

동포 여러분!

이들의 흉악한 책동을 봉쇄합시다!

(…하략…)

이 성명서가 발표된 때는 모스크바삼상회의에서 신탁통치안을 결정(12월 16일)한 직후가 된다. 이 성명서에서 지목하고 있는 이른바 '친일파 민족반역자들'로 불리우는 세력, 다시 말하면 건준세력과 대립하고 있는 한민당 계열의 세력이 임시정부요인들을 지지하는 데모를 벌이려는 의도는 모스크바삼상회의에서 의결된 신탁통치안에 따른 임시정부 구성건과 관련하여 임정세력[27]과 연합전선을 구축하려

---

27) 건준세력을 대표한다고 볼 수 있는 여운형의 임시정부에 대한 견해는 1945년 10월 1일 기자회견에서 밝힌 다음과 같은 답변에서 잘 나타나 있다. "나는 해외정권을 환영한다. 현재 중경임시정부 외에도 미국에도 두 파가 있다. 연안에도 서백리아(시베리아)에도 정당이 있어 5개의 정부가 있다. 따라서 한 정부만 지지한다고 하면 해외동지를 그만큼 분리시킬 뿐이다. 모든 해외동지를 환영해 들여서 정부를 조직하여야 한다."(이호재, 『한국외교정책의 이상과 현실』, 법문사, 1975, 99쪽에서 재인용) 이 답변을 액면 그대로 받아들인다면 통일국가 건설을 위한 대단히 합리적이고 건설적인 정당통합적 견해라고 할 수 있다. 그러나 건준 부위원장이었던 안재홍의 증언인 "여몽양은 대체로 공당(共黨) 측의 진언에 이끌리고 민족주의자로서는 이 일에 참획한 자 자못 빈곤하였다(손세일, 「

는 발빠른 움직임일 가능성이 크다고 볼 수 있다.

해방정국은 독립국가 건설이라는 가장 큰 과제를 우리나라 사람들에게 안겨준 시대적 상황에서, 비록 '친일파 민족반역자들'이라고 하더라도 이들이 밝은 대낮에 거리를 자유롭게 돌아다니는 상황이 있는 한 이들의 소리를 전적으로 거부할 수만은 없음이 엄연한 현실이었다. 이러한 관점에서 보건대 '친일파 민족반역자' 집단으로 몰아붙이려는 이 성명서의 주장은 또 다른 분열과 대립을 양산하는 결과를 낳았다고 추론된다. 앞서도 언급한 바 있지만, 3·1정신은 애국자들만의 전유물이 될 수 없는 정신이다. 따라서 비록 나라를 팔아먹고 동포들에게 잔악한 행위를 일삼은 매국노들이자 반인류적인 교활한 정상배들이라고 할지라도 외세가 개입되어 연출되는 해방정국에서 포용적인 입장을 견지하는 것이 최선의 길일 수 있었다. 전술한 바와 같이 정치·사회적 활동의 전면에 나서지 않은 대다수 우리나라 사람들은 친일행위자들을 너그럽게 받아들이려고 했음을 고려해 본다면, 더욱 그러한 포용적이며 개방적인 태세가 요청되었다. 그러나 이 성명서의 내용은 독립국가 건설에 있어서 고려되어야 하는, 결코 간과되어서는 안 되는 식민지 유산의 문제를 제기했다는 데에서 그 의의를 찾아볼 수 있다.

1.2.2. 중·남미국가들의 사례

우리나라 사람들이 겪게 되는 해방정국의 분열적 혼란상의 조짐은 분단체제로 나아가는 남북한 각각의 불완전한 독립정부 수립으로 치

이승만과 김구(손세일의 비교평전 73)」, 『월간조선』, 조선뉴스프레스, 2010. 4, 582쪽에서 재인용)"는 것에 따르면, 실제로 여운형은 냉정한 중립적 위치를 고수하는 데에 충실했다고 보기는 어려운 점이 있음을 전적으로 부인할 수 없다.

닫게 되어 향후 우리나라 사람들에게는 내·외적인 역경을 감수해야만 하는 또 다른 질곡을 예고하는 것이기도 했다. 이처럼 우리나라 사람들이 겪어야만 했던 역사적 굴곡과정은 역시 식민지적 고난을 딛고 독립국가 건설을 향해 나아가는 도정에서 뜻밖의 시련을 겪게 되는 중·남미 사람들의 경우와 매우 흡사한 바 있으므로 제3세계 국가들로 분류되고 있는 중·남미 지역의 여러 나라들의 역사적 과정의 일부분을 살펴보기로 한다.

중·남미 지역의 근대화 양상을 19세기 초·중반에 있게 된 이 지역의 독립국가의 수립 전후의 정치·사회적인 변화양상을 서술한 다음의 글[28]을 통해서 개략적으로 알아보기로 한다.

혁명에 정치적 방향타를 제공한 중산층의 대표들은 계몽운동 시기의 학생들이었다. 적지 않은 수의 대표들은 독학을 하였던 사람들이었다. 일부의 학생들은 식민지 대학에서 수학했다. 또 다른 일부의 학생들은 유럽에서 유학하였다. 교회와 모국의 권위주의(authoritarianism) 아래에서 개인의 자유의 억압에 대해 폭력적으로 저항하였던 계몽운동 시기의 학생들로서 그들은 오랜 동안 권위와 전통에 의해서 찌들린 왕권으로부터 이성이 지배하는 독립된 이베로아메리카를 창조하고자 노력했던 것이다. 지식인들은 그들이 달성하고자 했던 사항에 대해서 이론적인 이해 이상의 것들을 다소 지니고 있었을 뿐이었다. 그들은 가톨릭 교회와 연합한 스페인과 포르투갈의 정부에 의해서 효과적으로 정부로부터 배제되어 왔었기 때문에 정부라든가 정치에 있어서의 기술적인 면 등에 있어서 거의 아는 바가 없었다. 그러므로 그들이 집권했을 때 자신들의 현실적 대처능력은 정치적 경험보다도 이데올로기적인 믿음에 의해서 더 자

---

28) Johnson, John J., *Political Change in Latin America*, Stanford: Stanford University Press, 1958, pp. 15~16.

주 결정되었다. (…중략…) 지식인 지도자들의 이론들은 곧 현실에 직면하였다. 전쟁은 식민제국에서 모국의 가시적인 권력을 파괴하는 것이기도 했는지는 모르나 모국의 보이지 않는 권력을 파괴할 수는 없었던 것이다. 전쟁은 신체를 해방시켰을지는 모르지만 정신을 해방시키지는 못했다. 식민지적인 의식, 즉 편견과 관행의 무거운 짐들, 그리고 전쟁 중에 식민지 주민들에게 있어서 야기된 잠재된 무조직적인 짐은 하루 아침에 완화되지는 않았다. 독점, 억압, 그리고 특권은 남아 있었다. 다른 문명화와 개화의 단계는 계속 공존하였다. 하층민들은 음울한 문맹의 바다에 빠져 있었다. 그들은 발전과 건전한 정부에서의 자신들의 몫을 생각하지 못했다. 단지 개화된 요인들만이 모종의 실제적이고 항구적인 기준과 전통을 가지고 있었지만 이러한 기준들과 전통들이 멀리서 온 유럽의 정부에 의해서 수 세기 동안 지배를 받은 후 돌연하게 자신들의 힘으로 서야 하는 사회에 가져오는 가능함직한 악폐들에 속수무책이었다.

이러한 중·남미 지역의 독립시기의 역사적 서술에서 나타난 중·남미 지역의 근대화 과정의 정치·사회적 양상은 우리나라의 해방정국을 시발점으로 해서 근대적 독립국가의 형성과정에서 발생하는 제반 문제사항의 측면들과 놀라울 정도로 유사함을 보여주고 있다. 이를테면 스페인과 포르투갈에 의해서 식민지로 전락한 바 있는 중·남미 지역의 독립운동을 이끌었던 사람들은 지식인들로서 유럽과 본국의 대학에서 유학하거나, 독학을 했던 사람들이었다. 이와 마찬가지로, 일제강점기 중에 우리나라의 독립운동에 참여했던 적지 않은 사람들은 일본과 구미지역, 나아가서는 중국 등지에서 유학 중인 학생들이거나 유학을 다녀온 사람들, 그리고 국내에서 대학을 다녔거나 독학한 사람들인바, 앞에서 언급된 이승만, 김구, 여운형 등은 미국, 중국 등지에서 유학 혹은 독학을 통해서 독립운동의 길을 걸어갔던 대표적인 인물들이다.

그뿐만 아니라 8·15광복 후의 이른바 '식민지 잔재'의 문제에 있어서 좀처럼 불식되지 않고 있었던 식민지적 폐해를 온전히 처리하지 못함으로써 정치·사회·경제 면에 있어서 혼돈의 불씨를 우리나라 사람들이 안게 된 것과 마찬가지로 독립 후의 중·남미 지역 사람들 역시 동일한 현실적인 문제를 안고 있음을 이 글은 잘 보여주고 있다. 그리고 이른바 '권위주의(authoritarianism)'라는 말이 이 글에서 등장하는 것으로 미루어 보건대 정치학적 측면으로 보면, 권위주의의 어원적 배경은 중·남미의 근대국가 체제의 형성과정을 설명하였던 것과 무관하지 않음을 추론29)해 볼 수 있다. 그렇다면 좀 더 다음의 글30)을 살펴보기로 한다.

독립이 모든 곳에 보장되기도 전에 진보적 이상주의가 주는 무질서에 대항하여 고통어린 외침이 들려오기 시작했다. 반동의 목소리는 식민지시대의 안정과 질서로의 복귀를 요구했다. 따라서 거의 1세기 동안 소용돌이 쳤던 정쟁을 일으킨 논쟁들 중의 한 가지가 드러났던 것이다. 한 쪽에서는 자유—결과적으로 개인의 권리와 행정력의 협소한 영역으로의 축소—가 가장 중요하다고 주장하였다. 그리고 다른 한 쪽에서는 효율적인 행정부와 국가의 안정—비록 이러한 조치들이 행정부의 권한을 강화하는 것이지만—이 으뜸가는 정치적 목표가 되어야 한다고 주장하였다. 한 그룹에서는 전제적인 것보다는 권한의 분산을 선호했으며, 다른 그룹에서는 전제적인 것을 권한의 분산보다 더 선호했다. 그와 같은 정쟁의 격화는 정치적

---

29) 이와 관련해서 "1961년 이래 1987년까지 군부와 더불어 우리나라를 지배했던 정부를 라틴아메리카(중·남미)의 권위주의적 정부와 유사한 것(Lee, Jae-Chul, "Deepening and Improving Democracy: Association in South Korea", Ph. D. Dissertation, Missouri: University of Missouri, 2005, p. 76)"으로 보는 견해도 있다.

30) Johnson, John J., op. cit., 1958, pp. 16~17.

불안정을 가져오게 되어 '자유'의 대표자들은 집권하게 되었을 때 이들의 지도자들은 민주정을 경시할 것을 자주 강요받게 되었다. 그것은 마치 자유라는 것은 폭정을 행하기 위해서 활용된 것과 같았다. 독립이 달성되었을 때 개인의 자유보다 공적 질서에 보다 높은 가치를 둔 사람들은 그들의 정치적 헤게모니를 주장하였다. 20년 안에 식민지 주민들은 풍성한 정치적 집단을 형성시켰다. 그들은 스페인, 포르투갈, 그리고 교회의 실질적인 권위주의에서부터 시작하여 추상적인 자유의 상태로 되었다가 결국 권위주의로 회귀하였다. 다만 차이라고 하면 1825년까지 미국에서 태어난 권위주의자들은 스페인과 포르투갈에서 파견된 권위주의자들을 대체했다는 점일 뿐—이 점에 있어서 브라질은 예외였던바, 브라질은 1899년까지 식민지 상태를 유지하였기 때문이었다— 권위주의는 공화국의 이름으로 횡행하게 되었다.

이 글은 독립 이후 중·남미 지역에서의 근대화 과정에서 전형적으로 나타나게 된 "자유가 먼저인가, 아니면 안정이 먼저인가"의 갈등과 대립 양상을 서술하고 있다. 이러한 대립 양상은 해방정국 이래 상당한 기간은 물론 오늘날에 이르기까지 우리나라 사람들에게도 정치·경제·사회적 측면에서 여전히 미해결로 남아 있는 과제와 관련되는 바가 적지 않으며, 이에 대해서 시사되는 점이 있음을 부인할 수 없다. 따라서 중·남미 국가들에 있어서 주어진 오늘날에 이르기까지의 실정에 대해서 다음과 같이 간략히 논의를 해 볼 필요가 있다.

중·남미 지역에서는 19세기에 쟁취되어진 독립국가들의 건립 이래 20세기에 들어와서도 독재정치, 인권유린, 외세개입 등의 암울한 정치·사회적 난맥상을 벗어나지 못하고 있으며, 이 과정에서 민주주의의 발전 면에서는 장애요인이 된다고 할 수 있는 군부의 정치개입,31) 외세 등의 입지가 좀처럼 약화되지 못 하는 현상이 재연되고 있음은 알려진 사실이다. 이러한 점에서 중·남미 국가들에서 지역 분열적인 "지역주의가 있다든가 정당 및 정치에 있어서 파벌이 난무한다"[32]고 함은 이와 같은 왜곡된 식민지 유산을 떠맡게 된 이들 국가들의 특성으로 말미암은 것일 개연성이 크다. 그러므로 21세기에 접어들어서 중·남미 지역의 국가들에 집권한 대다수 정권들이 중도좌파 성향을 띠고 있음[33]은 그와 같은 국내외적인 정치·경제·사회 문제를 해결해 나가는 과정에서 비롯되었다고 볼 수 있다. 따라서 이러한 점들에 비추어 볼 때 중·남미 국가들에 있어서 주어진 제반 상황은 역사적으로 비슷한 제3세계적 역사를 헤쳐 온 우리나라 사람들에게 좀 더 완전한 민주국가를 건설하는 데에 그 의미하는 바가 작지 않다고 할 수 있다. 그리고 제3세계에 속하는 중·남미 지역의 국가들에 있어서는 다음의 글[34]에서 나타난 제3세계 평화이론에 부응하는 미래가 모색되어야 할 것이다.

제3세계가 염원하는 세계질서는 적어도 비폭력, 경제복지, 사회정의, 민중참가라고 하는 4개의 기본적 평화가치 위에 수립되어져야만 할 것이다. 이것은 제3세계가 강력히 요구하는 신국제질서 수립이나 또한 종속론에서 부르짖는 구조적 착취에 대한 거부와 그 맥락을 같이 하는 것을 의미한다. 따라서 제3세계의 평화이론은 제3세계의 국제적 비중 상승과 더불어 앞으로 더욱 부상될 것이 분명해진다.

---

31) 1960년대에 미·소 간의 이른바 데탕트정책을 시행되고 있는 과정 속에서 미국의 영향권에 속해 온 남미에 있어서는 반공산주의적인 경제민주주의적 요청들을 표방하면서 '정치발전수단으로서의 쿠데타'가 빈발한 것(김소운 외, 『한국정치론』, 박영사, 1994, 375쪽에서 재인용)으로 나타나고 있으며, 이 점에 있어서 1961년에 우리나라에서 발생한 5·16쿠데타는 동일한 성격의 정변이었음을 부인할 수 없다.
32) 민만식·권문술, 『전환기의 라틴아메리카』, 탐구당, 1995, 47~48쪽 참조.
33) ≪한겨레≫, 2006. 11. 8. 9면.
34) 하경근, 『제3세계 정치론』, 한길사, 1980, 210쪽.

즉, 제3세계에 속하는 중·남미 국가들에 있어서 21세기의 국내·외 문제들은 20세기의 제반 문제들의 연장선상에서 해결의 실마리를 찾아야 한다고 했을 경우 요청되는 비폭력, 경제복지, 사회정의, 민중참가 등의 실현은 중·남미 국가들의 문제는 물론 국제문제의 해결도 가져오게 된다. 이 점에 있어서 중·남미의 여러 나라 사람들이 겪어내야 하는 그와 같은 국내·외적인 시련과 과제는 비록 남북분단이라는 다소의 이질적인 역사적 상황에 직면하고 있다고 할지라도 크게 보아서 중·남미 국가들과 유사한 세계사적인 전환과 전진의 대열에 참여하고 있는 우리나라 사람들에게 주어진 과제와 별반 다를 바 없다.

2. 자주·평화·통합의 지향

8·15광복에 뒤이어 북위 38도선을 기준으로 미·소 양군이 우리나라에 진주[35]한 이후 유발된 해방정국의 혼돈 끝에 1948년 8, 9월 중에 우리나라는 남북한으로 나뉘어 각각 단독정부가 수립되었다. 1910년에 일제로부터 국권침탈을 당하여 나라를 잃고 만 35년 동안 일제의 식민지 노예생활을 강요당해 왔던 우리나라 사람들에게 있어서는 더할 수 없는 고난이었으나, 이러한 남북한에서의 단독정부의 수립은 또 다른 수난을 예고하는 것이나 마찬가지였다. 즉, 우리나라 사람들은 1950년에 터진 6·25전쟁[36]이라는 골육상쟁의 비극, 뒤이

---

35) 맥아더의 '일반명령 1호'에 따라 한반도는 북위 38도선을 기준으로 양분되고, 이 경계선 남과 북에 미군과 소련군이 진주하여 일본군의 항복을 접수하게 되었다고 한다(고황편집위원회 편, 앞의 책, 1985, 263쪽).

36) 6·25전쟁으로 인한 남한 측 인적 손실은 민간인은 사망·부상·실종을 합하여 990,403명, 군인은 사망·부상·실종을 합하여 988,403명, 유엔군은 사망·부상·실종을 합하여 157,827명

은 혼란과 폐해37)를 겪게 되었던 것이다. 그리고 1953년 7월에 정전 협정이 체결된 이래 2010년대로 접어든 오늘날에 있어서도 남북한은 여전히 휴전선을 사이에 두고 분단체제로 인한 영향을 지속적으로 받는 상태에 빠져 있다. 그러나 우리나라 사람들은 그러한 질곡과도 같은 환경과 여건에서도 결코 좌절하지 않음은 자타가 공인하는 바이다. 따라서 이러한 운명에서 벗어나고자 하는 우리나라 사람들의 줄기찬 노력을 살펴봄으로써 이 과정에서 나타나는 우리나라 사람들의 남북통합적이며 독립적이고, 개방적인 정신에 따른 문제해결 방식 등을 살펴보기로 한다.

2.1. 탈냉전시대로의 진입

2010년대로 접어드는 세계사적인 흐름 속에서 한반도에 다가오고 있는 시대적 소명으로서의 과제는 남북통합의 실현이라고 할 수 있다. 2000년대 초두부터 개최되어 온 남한과 북한, 러시아, 중국, 일본, 미국 등의 당국자들이 참여하는 이른바 '6자회담'은 남북통합의 지향점이 없이는 근본적으로 성립될 수 없는 회담이기도 하다. 이런 점에서 한반도에 펼쳐지고 있는 2010년대는 탈분단시대로 진입하고

이며, 약 20억 달러의 재산손실을 가져왔으며, 북한 측 인적 손실은 민간인은 사망·부상·실종을 합하여 2,680,000명, 군인은 사망·부상·실종을 합하여 611,206명, 중공군은 사망·부상·실종을 합하여 921,836명이며, 피해총액은 4,200여억 원(구화폐)에 달하는 것으로 나타났다.(한국정치연구회 정치사분과, 『한국전쟁의 이해』, 역사비평사, 1993, 345~348쪽 참조)

37) 이를테면 6·25전쟁 동안에 중학교 5학년(현재의 고등학교 2학년에 해당)의 나이로 친척의 주선으로 미군부대에서 근무하면서 부정과 불의함을 겪어야 했다고 하는 은퇴한 한 지식인의 증언(강만길, 『역사가의 시간』, 창비, 2010, 112~113쪽 참조)이라든가, 반면에 6·25전쟁 동안에 옥고를 치른 적이 있는 것으로 알려진 어느 소설가가 자신의 작품 속에서 6·25전쟁 중에 죄수가 되었다고 하는 사람들을 "재수없어 걸린 송사리들"로서 묘사하는 장면(이정환, 『까치방』, 창작과비평사, 1980, 63쪽) 등은 전후의 우리나라 사람들의 인생관, 가치관, 도덕의식, 윤리관 등을 비정상적으로 뒤틀리게 하는 부정적인 영향을 미치게 되는 폐해를 낳았다고 볼 수 있다.

있는 시기라고 할 수 있다. 따라서 탈분단시대로 나아가고 있는 현 상황에서 분단시대를 재음미한다는 것은 당연한 일이다.

2.1.1. 분단시대의 의미

정의(正義)가 균형이고 바름이며, 완전성을 지향하는 규범이고 가치라고 한다면 남북한이 각각 분단된 상태로 존속하는 한 결코 남북한 각각의 환경과 여건에서는 정의를 구현하는 데에 일정한 한계를 지닐 수밖에 없음은 자명한 이치이다. 이러한 점에서 분단시대[38]는 남북한 사람들에게 있어서 어떤 면에서는 포기와 체념의 필요성을 심어주는, 경우에 따라서는 몰가치적인 삶의 방식에 익숙하게 하는 성격을 지닌 시대라고도 볼 수 있다.

이러한 분단시대를 평가하는 다음과 같은 견해[39]가 있다.

한반도의 분단사 반세기는 제2차 세계대전 이후 전 세계를 분열해놓았던 세계적 규모의 냉전질서가 집중적으로, 그리고 가장 참혹한 전쟁과 대결의 형태로 전개된 냉전질서의 민족내부화 과정이었다는 뜻이다. 50년 동안 한반도에서 맹위를 떨쳐온 냉전질서의 규정력, 강제력 앞에서 민족공동 이익은 완전히 희생당했으며, 민족의식은 실종되었고, 민족공동체는 자기부정의 벼랑으로 몰리게 되었다.

---

38) 강만길 교수는 8·15광복 이후의 시기를 '분단시대'로 규정한 것으로 알려져 있으며(고황편집위원회 편, 앞의 책, 1985, 262쪽 참조), 강 교수 스스로도 자신이 '분단시대'라는 용어를 우리나라의 학계에서 최초로 사용하게 되었음을 밝히고 있다(강만길, 앞의 책, 2010, 197쪽). 본서에서는 이에 따르고자 한다.

39) 주봉호, 「한반도통일과 민주주의」, 『부산정치학회보』 제7집 2호, 부산정치학회, 1997, 627쪽.

이러한 평가는 한마디로 우리나라 사람들에게 외부적이고 타율적인 데[40]에서 강요된 분단과 상쟁체제의 고단한 역사적 도정을 걸어가야만 하는 운명을 안게 해준 시대가 분단시대임을 말해주고 있다. 한편 남한의 경우 정치면에서 나타난 남북분단으로 인한 시련의 양상을 다음[41]에서 확인해 볼 수 있다.

남북분단과 남북한의 대립구조는 한국정치의 파행성의 주요한 원인이 되었다. 특히, 한국전쟁 이후 우익 보수세력들은 국민들에게 내면화된 반공·안보이데올로기를 이용, 정치과정에서 이른바 혁신적 또는 진보적 정치세력들을 철저하게 탄압하고, 보수적인 정치세력들의 독점적인 지배체제를 구축함으로써 한국정치의 지형은 극도의 편협성을 보여주게 되었다. 이에 따라 남북한 관계도 경직화되었고 통일문제에 대한 논의도 제약을 받을 수밖에 없었다는 사실을 부인할 수 없다.

다시 말하면 남북분단으로 인한 고통은 남북이산가족의 경우에서부터 사회, 경제, 언론과 학문, 예술, 기타 문화활동 등에서 낱낱이 제약을 받아 부자유와 불평등의 굴레를 뒤집어써야 했던 우리나라

---

40) 이와 관련하여 이른바 '전시연합국 회담(워싱턴회담, 카이로회담, 얄타회담 등)'이 한반도 분단에 책임이 있는 이유를 첫째, 일본 패전후 한국의 즉각적인 독립이 아니고 신탁통치에 합의함으로써 한반도 문제를 국제화시켜 한반도 분단의 길을 열어놓았기 때문이며, 둘째, 소련의 대일전 참전을 유도하여 소련이 한반도에 침공하는 길을 열어 놓았고, 결과적으로 한반도 북반부를 점령하는 길을 열어놓았기 때문이라는 견해(이병희 외, 『민족의 분단과 통일』, 형설출판사, 1999, 3~4쪽에서 재인용)에서도 나타나 있는 바와 같이 남북분단의 원인으로 주변 강대국들의 영향력을 빼놓을 수 없으며, 따라서 남북분단은 우리나라 사람들의 의사에 반하는 것이었다고도 볼 수 있다. 그리고 1989년부터 1993년까지 주한미국대사를 역임한 바 있는 도널드 그레그 전 주한미대사는 최근의 인터뷰기사에서 "한반도 분단에는 미국에 상당한 책임이 있다"며 한국말로 "미안합니다"(≪한겨레≫, 2011. 5. 13. 8면)라고 말한 데에서도 남북분단에 개입된 외국의 영향력의 일단을 확인할 수 있다.

41) 한국정치학회 편, 『한국의 정치』, 법문사, 1995, 457쪽.

사람들에게 정치적인 면에서 더욱 파탄에 가까운 분열과 대립을 일삼는 소모적인 삶을 강요하다시피 했다는 것이다. 또한 그러한 시련은 남한 사람들에게만 국한된 것은 아니었다. 북한 사람들에게도 동류의 고난에의 길이 노정된 데에는 예외일 수 없었다. 다음은 남북한의 정치적 상황을 외국인의 시각에서 평가한 글42)이다.

1989-90년까지 두 개의 한국은 세계의 양극인 자본주의 진영과 공산주의 진영으로 각각 나뉘어져 귀속되어 있었다. 40년 이상 동안 재통일은 양 정부에게 있어서 정치적 의제의 상위에 있었다. 그와 동시에 남북한 각각은 정치적 분할을 권력의 장악을 유지하기 위해 활용했다. 참으로 분단의 상황은 남북한 모두의 정치에 영향을 미쳤다. 휴전선을 사이에 두고 대치되어 있는 사악하거나 혹은 현혹된 "형제들"의 두려움은 두 개의 한국인 사회를 전쟁 유발의 위험성에 노출시켰다. 찬양된 공산주의 절대지도체제와 자본주의 군부독재체제는 부분적으로 이러한 긴장상황에서 주어진 필수품으로 합리화되었던 것이다. 비록 상호간의 적대의식이 양 정부의 억압을 설명할 수 있다고 하더라도 이것은 체제 내적인 작동에까지 충분한 설명을 제공하는 것은 아니다. 또한 이것은 북한에 있어서의 정치적 지도력에 대한 엄중한 강화라든가 정치적 분파주의가 지역주의에 의해서 더욱 악화되어진 남한에 있어서의 비슷한 경향은 합당한 설명이 되지 못한다.

이 글에서 설명된 바와 같이 남북한 사람들이 겪어야 했던 이중의 정치적 시련은 남북한의 지속적인 분단 상태로 말미암은 바가 크다. 이러한 정치적 시련은 비단 정치 분야에만 한정되지 않고 경제, 사회,

---

42) Helgesen, Geir, *Democracy in Korea*, Copenhagen: NIAS Publications, 1994, p. 13.

문화 등의 분야에도 파급되어 부정적인 영향을 끼치고 있기도 하다. 예컨대 첨예한 남북분단 대치상황의 지속으로 인하여 우선시되는 군사적 측면에서의 국가안보 강화현상은 북한의 여성들의 경우 "고도화된 남성우월주의(masculinity)라든가 가부장제로 인하여 고초를 겪고 있는 것"[43]으로 조사되고 있음을 들 수 있다.

그러나 이 경우는 비단 북한 여성의 문제일 수만은 없음 또한 사실이다. 즉, "징병제 등을 중심으로 형성된 국민 정체성은 여성을 배제할 수밖에 없고, 보조적이고 보호받는 존재로 여성을 규정짓게 된다"[44]는 남한의 여성들이 직면하고 있는 실상에 관한 지적은 남한의 여성들 역시 정도의 차이는 있을지언정 결코 그와 같은 남북분단 대치상황으로 인한 피해로부터 자유로울 수 없음이 엄연한 현실임을 말해주고 있다. 이러한 점들에 비추어 보더라도 밝은 미래를 그리며, 바름과 관용, 다양성 등을 추구해온 대다수의 남북한 사람들은 의당 남북통합에의 열망을 갖게 마련이다. 그뿐만이 아니라 이미 1절에서 언급된 개인적 체험으로서의 8·15광복을 회상함에 있어서 확인되는 "8·15로 돌아가자"는 의미는 곧 8·15광복 당시의 우리나라 사람들의 한결같은 바람이기도 한 자주적인 통일국가의 건설 의지를 상징하고 있었음을 상기해 본다면, 넓게 보아 우리나라 사람들의 남북통일에의 염원은 분단시대로 말미암은 계속되는 역사적 고난 속에서도 결코 사그라지지 않았음을 입증해 주고 있다.

한편 분단시대를 벗어나기 위한 제반 사항들 중에는 남북한을 둘러싸고 있는 주변 나라들과의 관계 속에서 분단문제의 해결의 실마리를 찾아볼 수 있다. 즉, "냉전해체에도 불구, 한반도 통일문제는

---

43) Park, Sung-Choon, "Anti-Americanism and Structural Violence in North Korea", 『도덕윤리과 교육』 30호, 2010, 118쪽에서 재인용.
44) 권인숙, 『대한민국은 군대다』, 청년사, 2005, 53쪽.

여전히 국제적이고 지역적인 문제인 것이다. 한국민들의 주체적 운신의 공간은 과거에 비해 크게 넓어졌지만 그것은 국제적·지역적 조건의 적절한 활용능력에 성공여부가 달려 있다"45)는 점에서 그러하다. 또한 1990년에 동·서독통일이 이루어지기까지의 과정에서 전승4국의 입장과 여기에 대한 서독의 대응이 남북통일과정에 줄 수 있는 다음과 같은 두 가지 시사점46)에서 이를 확인할 수 있다.

첫째, 남북한주민의 통일에 대한 열망이 기본적으로 민족자결에 의해 확인되어야 하며, 그것이 전제될 때 주변4국의 통일반대에 대한 명분은 근본적으로 사라질 것이다.

둘째, 남북한의 통일과정에서도 통일한국의 군사안보적 위상이 주변4국에서는 가장 큰 관심사항이 될 것이다. 주변4국의 공통적인 원칙적 입장은 한반도의 통일이 동북아에서의 세력균형이 자국에게 불리하게 재편되는 계기가 되어서는 안 된다는 것이다.

이와 같은 독일통일이 남북통일과정에 주는 시사점들을 정리해 본다면 우선적으로는 남북한 사람들의 통일에 대한 열망이 강해야 한다는 점이며, 이러한 강한 열망을 뒷받침하는 여건들 중에서 빼놓을 수 없는 것으로 남북한을 둘러싸고 있는 4개 국가인 러시아, 중국, 일본, 미국 등의 협력과 동의가 수반되어야 한다는 점 등이라고 할 수 있다. 이러한 시사점들에서 남북한의 상황이 탈분단시대로 나아가기 위해서는 남북한 당국과 남북한 사람들 모두에게 주변 나라들과의 남북통합 지향적인 관계설정을 다각도로 정립해 나가야 할 과

---

45) 박명림, 『한국 1950: 전쟁과 평화』, 나남, 2009, 766쪽.
46) 손기웅, 『독일통일 쟁점과 과제』, 늘품플러스, 2009, 35쪽에서 요약.

제가 주어져 있음을 확인할 수 있었다.

2.1.2. 탈분단시대로의 진입

다음은 2007년도에 발간된 저서에서 밝힌 남북한의 분단문제에 관한 재외 한국인 학자의 견해[47]이다.

분단이라는 체험공간 속에 갇혀 사는 제한성 때문에 언제나 불완전한 선택을 하겠지만, 그래도 우리는 선택하고 결정을 내릴 수밖에 없다. 또 분단을 '관찰하는' 정신이 분단으로 인해 '고통당하는' 정신을 이해하기 위해서는 앎과 행함의 분리를 거부할 수밖에 없다. '체제'와 '주체'가 갖는 상호 배타적인 인식관심을 통합하려는 노력을 헛수고로 여겨서는 안 된다. 흡사 업(業)이 숙명론이나 결정론이 아니라 오히려 인간에게 도덕적 행위를 권하는 적극적인 측면을 지니고 있는 것처럼, 우리 민족이 걸머진 분단이라는 업도 분단극복을 위한 행위 주체의 적극성을 발양시킬 수 있다. 오늘 한반도의 내부적 조건과 주변 상황은 남북 민중에게 분단을 넘어 삶의 새로운 관계체계를 수립할 수 있는 귀중한 전화(轉化)의 계기도 마련해 주고 있다.

바야흐로 이 글에서 예상하고 있는 것처럼 남북한을 가로막았던 거센 분단의 장막은 서서히 걷혀지는 상황으로의 변화를 2000년대에 들어와서 맞게 되었다고 할 수 있다. 이러한 탈분단시대로의 변화 가능성이 있기까지에는 물론 분단체제를 탈피하고자 하는 지속적인 남북한 사람들의 염원과 노력이 있었기 때문이다. 그 한 예로 1960년

---

47) 송두율, 『미완의 귀향과 그 이후』, 후마니타스, 2007, 228~229쪽.

9월에 사회대중당, 혁신당, 사회당 등의 정당과 천도교, 유교 등 종교단체, 민주민족청년동맹, 통일민주청년동맹 등의 청년단체, 기타 단체 등이 모여 '민자통(민족자주통일중앙협의회)'을 결성하고 '자주·평화·민주'라는 3대 원칙에 입각해 남북통일을 실현하기 위한 국민운동을 전개하면서 그 구체적인 실천방안으로 다음과 같이 제시[48]하였음을 들어볼 수 있다.

① 즉각적인 남북정치 협상
② 남북민족 대표들에 의한 민족통일 전국최고위원회 구성
③ 외세 배격
④ 통일협의를 위한 남북대표자 회담 제시 및 통일 후 오스트리아식 중립 혹은 영세중립이나 다른 형태를 취할 것

민자통이 제안한 이러한 3대 원칙에 따른 실천방안에서 나타난 남북통합 혹은 분단체제의 해체를 위한 우리나라 사람들의 정신과 염원은 이후에도 지속적으로 발양되었다. 즉, 1970년대 초에 발표되어 남북관계의 탈분단시대로의 진입을 알렸다고 평가될 수 있는 자주·평화·민족대단결의 남북통일 원칙을 명시한 「7·4남북공동성명」, 1990년대를 여는 시기에 책임 있는 남북한 당국에 의해서 맺어진 실질적인 남북관계의 물꼬를 튼 「남북기본합의서」, 이어서 2000년에 이루어진 남북 간의 정상급회담[49]에서 채택된 「6·15남북공동선언」 등에 부단히 반영되어 계승·발전되어 왔다[50]고 볼 수 있다.

---

48) 고황 편집위원회, 앞의 책, 1985, 278~279쪽에서 재인용.
49) 북한 측 대표로 김정일 국방위원장과 남한 측 대표인 김대중 대통령 간의 회담을 가리키는데 김 국방위원장이 북한에서 김 대통령과 같은 법적인 위상을 갖추고 있는지는 논의되어야 할 사항이 전혀 없다고 할 수는 없다. 이런 점에서 본서에는 '정상급 회담'으로 잠정적인 명칭을 붙이고자 했다.

한편 탈분단시대로 진입한다는 것은, 곧 우리나라 사람들의 의지와 역량이 반영된 남북 당국 간의 교섭과 추진에 의해서 가능함을 상기할 필요가 있다. 그러므로 1970년대 이래 탈분단시대가 활짝 개화하지 못한 중요한 원인을 남북한 당국이 남북한 사람들 모두에게 내재되어 있는 관용적이고, 자주적이며, 통합적인 정치의식에 부응하여 상호간의 의사소통에 따른 추진을 실행에 옮김에 있어서 부족한 바가 있었을 개연성이 높다는 데에서 찾아봄이 좀 더 적절한 진단이 될 수 있다. 이를테면 「7·4남북공동성명」이 채택되었던 해에 남북한 집권세력은 남북한 사람들의 의사에 반하는 것이나 다름없는 독재체제를 구축함으로써 남북한 관계를 경색시켰음은 물론 1973년 8월 8일에 발생한 '김대중납치사건'을 계기로 같은 해 8월 28에는 북한당국이 남북대화의 단절을 발표[51]함으로써 탈분단시대로의 진입에 또 다른 장애물이 가로놓이게 되었던 데에서도 그와 같은 개연성은 충분히 있다. 특히 2010년에 서해상에서 발생한 천안함사건에 대한 남한당국의 강경한 대응조치로 남북관계는 1980년대 후반 수준으로 되돌아갔다는 평가[52]는 탈분단시대를 교착시키는 데에 있어서의 일차적인 책임의 소재가 어디에 있는지를 강하게 시사해 주고 있다. 이러한 관점에서 남북정상급 회담에 임한 바가 있었던 우리나라의 최고위 당국자의 다음과 같은 지적[53]은 남북통합으로 나아가는 데

---

50) 남북통일을 어렵게 하는 원인으로 남한사회에 "자유·평등·박애의 정치적 이념을 표방하면서 자본제를 유지·발전시키는 정치적 세력으로서 시민계층이 존재하지 않았기 때문(황병덕, 「동서독간 정치통합연구」, 『민족통일연구원』, 민족통일연구원, 1996, 102쪽)"이라는 견해가 있는데 이러한 인식은 우리나라 사람들의 정신과 행동방식에 자주적이고, 통합적이며, 개방적인 시민의식의 특성이 있어왔음을 과소평가하고 있음을 지적할 수 있다.
51) 김학준, 『반외세의 통일논리』, 형성사, 1979, 147쪽에서 재인용; 한국사사전편찬위원회, 앞의 책, 1990, 429쪽.
52) ≪동아일보≫ 2010. 5. 25. A4.
53) 노무현, 『성공과 좌절』, 학고재, 2009, 97쪽.

에 요청되는 근간을 재확인해주는 견해라고 할 수 있다.

… 대북정책이나 안보문제에 특별한 전문지식이나 고급정보가 필요하지 않다는 말은 아닙니다. 군사력은 얼마나 되고 사람들이 먹고 사는 형편은 어떻게 돌아가고 있는지, 정치는 어떻게 돌아가는 지 등을 분석하여 미래를 예측하는 일이나, 일상적으로 무슨 특이한 동향이 없는지 주시하고 판단하는 일은 전문가의 지식과 고급의 정보가 필요한 일입니다. 그러나 판을 크게 보고 포괄적으로 상황을 판단하고 큰 줄기로 방향을 결정하는 일에는 전문가들의 특별한 지식과 정보가 아니라 보통 사람들의 경험에서 우러나오는 상식이 중요한 것 같습니다. 그것이 세상 돌아가는 보편적 이치에 가장 가까운 것이기 때문입니다. 저는 지금 상식의 중요성을 이야기하고 있습니다. 문제는 이해관계가 달라지면 철학도 달라지고 상식도 달라진다는 것입니다. 그래서 전략수준의 안보정책은 사려 깊은 시민의 건전한 상식을 가지고 중심을 잡아야 한다는 말을 하고자 하는 것입니다.

다시 말하면 탈분단시대의 진전은 남북한 당국자들만의 의사에 의해서만 이루어질 수 없으며, 이들이 본원적인 면에서 남북한 사람들이 지니고 있는 개방적이며, 공동체 지향적인 염원과 의견을 얼마만큼 충실하게 받들어서 남북관계를 조성, 발전시켜나가느냐의 여부에 달려있다고 봄이 타당하다. 이러한 점에서 전술한 바와 같이 일찍이 1960년에 민자통에 의해서 남북통일을 위한 국민운동의 기치로서 내걸은 자주·평화·민주 등의 3원칙의 정신을 계승하여 남북한 당국자들의 협력에 의해 성사된 대표적인 경우들로서 1991년과 2000년에 남북한 당국에 의해서 추진되어 채택된 「남북기본합의서」와 「6·15 남북공동선언」을 살펴볼 필요가 있다. 다시 말하면, 남북통합54)은 남북한 당국자들과 남북한 사람들의 협동과 공동노력에서 이루어질 수 있다는 점에서 이 두 문건은 그와 같은 조건들을 드물게 갖추고 있으며, 우리나라 사람들의 공동체 지향적이고 개방적인 남북통합에의 염원과 의지를 뚜렷하게 반영한 경우가 되기 때문에 탈분단시대의 남북통합 추진 사례들로 살펴볼 합당한 이유를 갖추고 있음이 분명하다.

2.2. 화해·불가침·교류·협력 정신

1970년대에 들어와서 우리나라 사람들의 통일에의 견인불발의 정신은 비록 외부적 환경의 변화[55]와 무관하지 않다고 하더라도 자주·평화·민족대단결로 대표되는 남북한 정치인들의 전격적인 남북통일 3원칙의 선언인 1972년에 발표된 「7·4남북공동성명」에 반영되어 있다. 이와 같이 「7·4남북공동성명」에서 제시된 남북통일 3원칙은 향후의 남북통일의 성격이라든가 방향을 명확히 제시한 데에 그 역사적 의의가 있으나, 동성명 말미에 "서로 상부의 뜻을 받들어"[56]라는

---

54) 본서에는 '남북통일'과 '남북통합'을 동의어로 혼용된 바 있다. 다만, 이 경우 '남북통합'이라고 지칭한 데에는 미래의 남북통일은 남북한 어느 한 쪽의 일방적인 기준에 의해서 이룩되는 성질의 것이 아니며, 남북한 당국자들과 남북한 사람들 쌍방의 조건과 의사가 결합되는 일종의 남북통합적인 특성을 지닐 것임이 분명하다는 점을 본서에서는 고려되었기 때문이다.

55) 1972년 2월 미국의 닉슨 대통령의 역사적인 중국방문에 따라 동북아시아의 해빙무드가 형성되어 미국과 중국이 각각 남북한 정부측에 대화압력을 가했을 가능성이 컸었음이 지적되고 있다(김용현, 「북한내부정치와 남북관계」, 『통일문제연구』, 평화문제연구소, 2004년 하반기호, 283~284쪽). 이와 관련해서 보건대 치열한 미·소양극체제 하에 처해 있던 상황에서 1950년대에 우리나라 정치계의 일각에서 제안된 것으로 알려진 "평화적 남북통일론"을 지지했던 진보당 소속 정치인들은 간첩죄로 체포, 구금, 처형된 바 있음은 남북관계 역시 어떤 식으로든지 국제적 환경의 영향을 피해갈 수 없음을 추론해 볼 수 있다.

56) 〈7·4남북공동성명〉 말미에는 "이후락, 김영주 1972년 7월 4일"로 되어 있는 서명 위쪽에 이 문구가 들어가 있음을 확인할 수 있다(통일부 통일교육원, 『통일문제의 이해』, 통일부 통일교육원, 2010, 183쪽 참조).

단서를 달아두었다는 것은 예측불허의 남북관계적 상황에서의 남북한 정치당국자 간의 일시적인 합의사항일 수 있음을 예고하고 있기도 하다. 이러한 의미에서 「7·4남북공동성명」은 상당한 제한점을 지니고 있다. 결국 동 성명서에 서명된 잉크가 채 마르기도 전에 남한의 경우 1972년 10월에 남한정부에 의해서 이른바 '10월 유신'이 단행되고 일인독재와 종신집권을 보장하는 유신헌법이 채택되었으며, 북한의 경우 북한당국에 의해서 역시 같은 해 12월에 무소불위의 절대권력을 지닌 주석제의 신설을 명시한 사회주의헌법을 제정[57]하는 상황으로 치닫게 되었던 것이다. 특히 남한에서의 민주주의를 근본적으로 부정하는 유신체제의 성립은 우리나라 사람들에 의한 1970~1980년대의 민주화항쟁의 서막을 촉발시키는 주요한 동인이 되었음은 널리 알려진 사실이다.

1970~1980년대의 민주화항쟁은 결과적으로 우리나라 사람들의 민주주의의 실현에 대한 강인한 의지이자, 염원의 표출임과 동시에 남북통일에의 소망과도 이어지는 정신의 구현이기도 했다. 따라서 1990년대로 접어들면서 그와 같은 우리나라 사람들의 염원을 반영하여 「7·4남북공동성명」 정신을 실질적으로 구현한 「남북기본합의서」가 남북한 간의 정부당국자들에 의해서 채택되기에 이르렀다고 봄이 타당하다. 그리고 1991년에 「남북기본합의서」가 채택되는 데에는 외부적 환경을 간과할 수 없는바, 당시의 국제환경에 관한 다음의 글[58]을 살펴보도록 한다.

1989년에 폴란드의 자유총선거 이후로 동구권의 공산국가들이 민주화

---

57) 김용현, 앞의 논문, 2004, 284쪽 참조.
58) 심연수, 「남북한관계개선의 원인에 관한 체계론적 분석」, 국민대학교 박사논문, 2000, 79쪽.

의 과정으로 나가게 되고 1991년 냉전의 한 축을 지탱한 소련이 해체됨으로써 요동이 국제체계로 증폭되어 나갔고 그 결과 '동북아국제체계'에도 영향을 미쳐서 남한과 소련의 수교, 그리고 남한과 중국의 수교 등의 결과를 가져왔다. 이런 국제환경의 변화의 상황하에서 남북한은 과거의 경험에 비추어 보아서, 다시 관계를 개선하려는 '기억'을 하게 되었고 그 결과로 1991년 12월에는 '남북기본합의서'를 체결하였던 것이다.

즉, 「7·4남북공동성명」이 이루어지는 데에 외부적 환경인 미국과 중국의 화해가 있었던 것과 같이 대체로 남한과 소련·중국 간의 관계개선이 「남북기본합의서」 채택을 유발하는 데에 일정한 작용을 했다. 「남북기본합의서」에 관한 역사적·실질적 의미는 다음의 글[59]에서 살펴볼 수 있다.

남북기본합의서는 그 정신이나 내용 면에서 '적대적 분단상황'에서 출발하여 공동의 이상인 '통일'을 실현할 수 있는 방법을 제시한 안내도로서 현재에도 탈냉전시대 남북대화의 바이블로서 높이 평가된다. 북한은 이를 계기로 소련·동구 사회주의 몰락 이후 북한에 쏠리던 서방의 관심에서 벗어날 수 있었다. 또한 남한 정부의 실체를 공식적으로 인정하는 대신에 김일성체제의 안정적 확립을 위한 대외적 차원의 환경 개선 효과를 거뒀다. 북한은 남북기본합의서를 "그 내용과 의의로 보아 70년대 초에 발표된 7·4공동성명과 맞먹는 것으로서 그것이 채택된 것은 나라의 평화와 통일문제 해결에 밝은 전망을 열어놓은 획기적 사변으로 된다"고 매우 긍정적으로 평가한 바 있다.

---

59) 김용현, 앞의 논문, 2004, 286쪽.

이 글에서 평가하고 있는 것처럼 「남북기본합의서」는 앞으로의 남북통일을 이룩하는 데에 밑거름이 될 수 있을 만큼 매우 구체적이며, 실질적인 내용을 담고 있다. 또한 「남북기본합의서」는 「7·4남북공동성명」에서 합의된 남북통일 3원칙에 입각하여 채택되었다는 점에서도 그 의의를 찾을 수 있다. '전문'과 4장 25조항으로 이루어진 「남북기본합의서」60)의 전문61)은 다음과 같다.

남과 북은 분단된 조국의 평화적 통일을 염원하는 온 겨레의 뜻을 따라, 7.4 남북공동성명에서 채택된 조국통일 3대 원칙을 재확인하고, 정치 군사적 대결 상태를 해소하여 민족적 화해를 이룩하고, 무력에 의한 침략과 충돌을 막고 긴장 완화와 평화를 보장하며, 다각적인 교류·협력을 실현하여 민족공동의 이익과 번영을 도모하며, 쌍방 사이의 관계가 나라와 나라 사이의 관계가 아닌 통일을 지향하는 과정에서 잠정적으로 형성되는 특수관계라는 것을 인정하고, 평화 통일을 성취하기 위한 공동의 노력을 경주할 것을 다짐하면서, 다음과 같이 합의하였다.

앞에서 지적된 바와 같이 「7·4남북공동성명」은 전격적으로 채택된 데에 따른 소수의 남북한 당국자들 간의 의사가 반영된 특성을 강하게 나타내고 있다고 한다면, 이 '전문'에서 천명된 대로 「남북기본합의서」는 남북한 사람들의 의사를 보다 충실하게 대표하고자 하는 특징을 나타내고 있다. 덧붙여서 말하면 이 '전문'은 남북통일은 '온 겨레의 뜻'이라고 규정하였고, 남북통일 3원칙에 따를 것과 나아가서는 남북관계는 "나라와 나라 사이의 관계가 아니라 통일을 지향

---

60) 공식명칭은 '남북 사이의 화해와 불가침 및 교류·협력에 관한 합의서'이다.
61) 통일부 통일교육원, 앞의 책, 2010, 184쪽.

하는 과정에서 잠정적으로 형성되는 특수관계"라고 하여 남북통일의 필요성을 확고히 하고 있다.

요컨대 남북한 사람들은 남한과 북한이 영구히 다른 나라로서 분리되는 것을 원치 않고 있으며, 평화적으로 남북통일이 이루어질 것을 소망하고 있고, 남북한 공히 번영과 발전을 기대하고 있으므로 남북 간의 불가침 및 교류·협력을 이룩해 나가자는 취지를 '전문'에서 분명히 밝히고 있다. 물론 우리나라 헌법 제4조에도 우리나라 사람들의 그와 같은 염원이 반영되어 있다. 다음으로 「남북기본합의서」 '제1장 남북화해'의 총 8조항 중에서 1~6조의 내용62)을 간략히 살펴보도록 한다.

제1조 남과 북은 서로 상대방의 체제를 인정하고 존중한다.

제2조 남과 북은 상대방의 내부문제에 간섭하지 아니한다.

제3조 남과 북은 상대방에 대한 비방·중상을 하지 아니한다.

제4조 남과 북은 상대방을 파괴·전복하려는 일체의 행위를 하지 아니한다.

제5조 남과 북은 현 정전상태를 남북사이의 공고한 평화상태로 전환시키기 위하여 공동으로 노력하며 이러한 평화상태가 이룩될 때까지 현 군사정전협정을 준수한다.

제6조 남과 북은 국제무대에서 대결과 경쟁을 중지하고 서로 협력하며 민족의 존엄과 이익을 위하여 공동으로 노력한다.

보통 두 당사자 간의 화해정신은 서로를 인정하는 데에서부터 시작된다. 서로를 인정한다는 것은 서로를 비방하거나 침해하는 행위를 거부하고 회피하는 정신이기도 하며, 아울러 제3자의 교란이라든

---

62) 통일부 통일교육원, 위의 책, 같은 쪽.

가 간섭 등으로 인한 갈등과 대립 등을 배격하려는 의지이기도 하다. 남북 간의 화해정신도 이와 다를 바가 없다. 남북통일정신은 이러한 남북화해정신에 바탕을 두어서 형성되는 정신이기도 하다. 단지 남북화해를 규정하는 데에 남북 간은 휴전선을 사이에 둔 정전상태에 있으므로 군사적 관계 면에서 더 주의를 기울여야 한다는 사항이 부가되었다고 볼 수 있다.

'제2장 남북불가침'은 제9조에서 제14조에 이르는 총 6조항으로 되어 있으며, 이 중에서 9~12조[63]를 살펴보도록 한다.

> 제9조 남과 북은 상대방에 대하여 무력을 사용하지 않으며 상대방을 무력으로 침략하지 아니한다.
> 제10조 남과 북은 의견대립과 분쟁문제들을 대화와 협상을 통하여 평화적으로 해결한다.
> 제11조 남과 북의 불가침 경계선과 구역은 1953년 7월 27일자 군사정전에 관한 협정에 규정된 군사분계선과 지금까지 쌍방이 관할하여 온 구역으로 한다.
> 제12조 남과 북은 불가침의 이행과 보장을 위하여 이 합의서 발효 후 3개월 안에 남북군사공동위원회를 구성·운영한다. 남북군사공동위원회에서는 대규모 부대 이동과 군사연습의 통보 및 통제문제, 비무장지대의 평화적 이용문제, 군인사교류 및 정보교환문제, 대량 살상 무기와 공격능력의 제거를 비롯한 단계적 군축실현문제, 검증문제 등 군사적 신뢰조성과 군축을 실현하기 위한 문제를 협의·추진한다.
> 제13조 남과 북은 우발적인 무력충돌과 그 확대를 방지하기 위하여 쌍방 군사당국자 사이에 직통 전화를 설치·운영한다.

---

63) 통일부 통일교육원, 위의 책, 185쪽.

남북 간의 화해의 열쇠는 군사적인 충돌을 미연에 방지하느냐의 여부에 달려 있다고 해도 과언이 아니다. 그러므로 별도로 무력에 의한 상호간의 불가침관련 조항이 필수적으로 갖추어져야 한다고 봄이 타당하다. 따라서 극히 우발적인 남북 간의 군사적 충돌 외에는 이 불가침 조항을 따른다면 남북 사이의 평화를 깨트리는 남북 간의 무력충돌은 예방 가능하다. 또한 제12조에 명시되어 있는 바와 같이 남북한은 긴장을 조성할 수 있는 군사관련 사항은 사전에 통보하며, 기타 사항은 협의 등을 통해서 조정해 나갈 것임을 밝히고 있다. 그러나 이 불가침 조항은 포괄적이고 추상적이어서 「남북기본합의서」 채택 이후 한반도 평화와 남북 간의 군사적 긴장과 충돌을 낳은 사건들[64]의 발생을 방지하는 데에는 한계가 있었다.

그럼에도 이 12조에 명기되어 있는 남북군사공동위원회의 구성·운영은 남북통합의 근간이 되는 군통합 분야에 관한 기본적인 합의 사항이 되므로 매우 큰 의의를 지니고 있음을 부인할 수 없다. 이와 관련해서 독일 군통합 사례가 주는 중요한 시사점으로 "한반도의 냉전구조를 해체하고, 통일한국의 군을 건설하기 위한 군통합 방안에 대한 면밀한 준비작업을 국내적으로, 남북한관계 속에서, 그리고 다자적 차원에서 추진해야 한다는 사실"[65]을 들 수 있다. 이 시사점에서 지적되고 있는 데에서 남북군사공동위원회의 구성·운영에 보완해야 할 사항을 들어본다면, 정치·군사적 대결상태를 최소화하기 위

---

64) 서해상에서의 교전(1999년, 2002년, 2009년), 천안함사건(2010년), 연평도포격사건(2010년) 등을 꼽아볼 수 있다. 이러한 해상에서의 군사적 충돌을 막기 위한 보완조처라고 볼 수 있는 평화·통일연구소에서 기안한 바 있는 「한(조선) 반도 평화협정(안)」의 '4장 대한민국과 조선민주주의인민공화국의 불가침과 통일'의 17조 2항은 "대한민국과 조선민주주의인민공화국의 해상 불가침 경계선과 구역은 상호 이해와 화해, 평화 증진 그리고 국제해양법을 존중한 기초 위에서 대한민국과 조선민주주의인민공화국의 합의로 정한다. 세부 사항은 대한민국과 조선민주주의인민공화국 사이의 부속합의서에 따른다"로 되어 있다.(평화·통일연구소, 『전쟁과 분단을 끝내는 한반도 평화협정』, 한울, 2010, 34쪽)

65) 손기웅, 앞의 책, 2009, 188쪽.

한 대내외적인 평화체제의 확립을 위한 공동체를 구성해야 한다는 것이라고 할 수 있다. 이 사항은 "남북한은 군사력의 대폭적인 감축을 첫째, 통일과정에서 국제사회, 특히 주변4국이 한반도의 통일에 대해 동의하는 데, 둘째, 역내 재래식무기감축을 추진하는 데 외교적 수단으로 활용하는 것"66)이 되기 위해서 선결되어야 할 사항이라고 볼 수 있기 때문이다.

한편 '제3장 남북교류·협력'은 제15~23조항으로 되어 있으며, 이 중에서 제15~20조의 내용67)을 살펴보기로 한다.

제15조 남과 북은 민족경제의 통일적이며 균형적인 발전과 민족전체의 복리향상을 도모하기 위하여 자원의 공동개발, 민족 내부 교류로서의 물자교류, 합작투자 등 경제교류와 협력을 실시한다.

제16조 남과 북은 과학·기술, 교육, 문화·예술, 보건, 체육, 환경과 신문, 라디오, 텔레비전 및 출판물을 비롯한 출판·보도 등 여러 분야에서 교류와 협력을 실시한다.

제17조 남과 북은 민족구성원들의 자유로운 왕래와 접촉을 실현한다.

제18조 남과 북은 흩어진 가족·친척들의 자유로운 서신거래와 왕래와 상봉 및 방문을 실시하고 자유의사에 의한 재결합을 실현하며, 기타 인도적으로 해결할 문제에 대한 대책을 강구한다.

제19조 남과 북은 끊어진 철도와 도로를 연결하고 해로, 항로를 개설한다.

제20조 남과 북은 우편과 전기통신 교류에 필요한 시설을 설치·연결하며, 우편·전기통신 교류의 비밀을 보장한다.

---

66) 손기웅, 위의 책, 190쪽.
67) 통일부 통일교육원, 앞의 책, 2010, 185~186쪽.

이상의 남북 간의 교류·협력에 관한 조항은 실질적인 남북교류의 물꼬를 트는 것이기도 했다. 이를테면 3장 제15조에 따라서 「남북기본합의서」가 채택된 1991년에는 1990년에 비해 남북교역액 면에서 14백만 달러에서 1억 12백만 달러로 10배가량 급증[68]한 점이라든지, 제18조에 따라서 이산가족 간에 생사확인 건수는 1990년의 35건에 비해 1991년에는 127건으로 크게 늘어났으며, 서신교환 역시 1990년도에는 44건이었던 데에 비해서 193건으로 약 6배가량 증가[69]되었다는 점 등을 들 수 있다. 또한 제16조와 제17조의 성립으로 가능해진 금강산관광의 경우 관광에 참여한 관광객 인원수는 2007년까지 총 173만 명[70]에 달하였다. 이와 같은 남북한 간의 활발한 인적·물적 교류는 그만큼 남북통합을 앞당기게 하는 촉매역할을 함에 틀림이 없다.

이상으로 살펴본 바와 같이 「남북기본합의서」는 정식명칭대로 「남북 사이의 화해와 불가침, 교류 및 협력에 관한 합의서」의 내용을 담고 있다. 이 명칭에서의 '남북화해'라고 함은 합의서에 명시된 바와 같이 "남북한 당국이라든가 남북한 사람들은 상호간에 존중해야 한다"는 정신을 바탕으로 하고 있는 남북관계의 또 다른 표현이기도 하다. 더욱이 합의서의 '전문'에서 밝히고 있는 "나라와 나라 사이가 아닌 통일을 지향하는 잠정적인 특수관계"에 반영된 남북한 당국자들 간의 인식은 쌍방이 존중되는 관계임을 재확인하는 것이라고 할 수 있다. 또한 이 명칭에 제시된 '불가침'이라고 함은 휴전선을 사이에 두고 남북한 간에 군사적 대치를 하고 있는 상황에서 평화적 관계의 구축을 위해서 반드시 명시해야 할 남북 상호간의 평화수립을 위한

---

68) 통일부, 『통일백서』, 통일부, 2010, 53쪽.
69) 통일부, 위의 책, 106쪽.
70) 통일부 홈페이지(http://www.unikorea.go.kr), 통계자료 중 '남북 인적·물적 왕래' 참조.

굳건한 태세를 밝힌 것이라고 볼 수 있다. 아울러 이 명칭에 나와 있는 '교류 및 협력'이라고 함은 남북분단으로 인한 인적·물적인 면에서 요청되는 제반 교류·협력 사항을 남북한 간에 자유롭게 이루어나고자 함을 규정한 문구이기도 하다. 그러므로 남북한 사람들 모두에게 이러한 교류와 협력이 되기 위해서는 개방적인 정신과 자세를 갖추어야 함이 요청된다. 다만 정치·행정·경제·사회적 측면에서 독일통합과정이 남북통합에 주는 시사점을 다음과 같이 간략히 정리[71]해 봄으로써 「남북기본합의서」의 실현에 의미를 더해 보도록 한다. 즉, 남북통일 이후의 북한지역에 북한주민을 대표하는 민주적 정치세력을 만드는 것, 통일 전 북한의 행정체제를 사전에 조사·연구하는 것, 분단상황에서의 남북한의 경제협력은 통일비용을 줄이는 효과가 된다는 것, 장기적인 안목으로 남북한 주민간, 남북한 지역간의 갈등을 극복하려 노력하는 것 등이라고 할 수 있다.

요컨대 「남북기본합의서」에 나타나 있는 통일정신은 서로를 존중하며, 불가침과 교류 및 협력 등의 원칙을 지킴과 아울러 남북관계를 특수한 관계로 정립하는 미래지향성을 지닌 정신으로서 공동체정신, 평화추구정신, 개방적인 정신 등을 꼽을 수 있다. 이와 같은 「남북기본합의서」의 정신은 '8·15로 돌아가자'는 우리나라 사람들의 본원적인 정신이기도 하며, 1960년에 당시의 민의를 반영하고 있음에 틀림없는 '민자통'의 이름으로 발표된 자주·평화·민주라는 3대원칙을 이루고자 하는 우리나라 사람들의 오랜 염원을 나타내는 것이기도 하다. 나아가서 이러한 통일정신은 예컨대 역사적으로 7세기 후반 이래 단일국가체제를 유지했던 신라가 분열되고 해체되어가는 크나큰 국난의 시기였던 후삼국시대인 10세기 초에 우리나라 사람들이 발휘

---

71) 손기웅, 『독일통일 쟁점과 과제』 2, 늘품플러스, 2009, 294~301쪽 참조.

했던 구국적인 시대정신을 계승한 것과 무관하지 않다. 왜냐하면 신라가 붕괴되는 과정에서 분열적 양상을 노정시킨 바 있는 후삼국시대의 우리나라 사람들의 "개혁적이고 개방적이며, 포용적이며, 자주적인 의지와 결단은 일대 전환기의 소용돌이 속에서 의연하게 시대가 던져주는 문제들을 해결해 나가고자 했던 시대정신으로 표출"[72] 되었으며, 이는 오늘날의 남북통일 정신으로 이어지는 측면이 있기 때문이다.

2.3. 남북통합 정신

「6·15남북공동선언」은 「남북기본합의서」에 반영된 통일정신을 기초로 하여 남한을 대표하는 대통령과 북한의 최고 실권자 간에 합의되어 작성된 선언문이다. 이 선언문이 나오기까지에는 남한 정부의 햇볕정책,[73] 북한의 권력승계 완료 및 체제위기 극복에 따른 적극적 대외관계 개선의지, 미국의 대북정책이 남북정상회담 성사에 우호적이었다는 것 등의 배경적 요인[74]이 작용했음을 부인할 수 없다. 역시 「6·15남북공동선언」도 「남북기본합의서」와 마찬가지로 남북한 공히 국내·외적인 상황의 영향을 받아 이루어졌다. 특히 2000년 6월 「6·15남북공동선언」 채택을 앞두고 "1998년에 북한에서 김

---

72) 신형식, 『신라사』, 이화여자대학교출판부, 1993, 195쪽; 한국동양사사학회, 『한국정치사상사』, 백산서당, 2005, 135쪽; 김철준, 『한국고대사회연구』, 지식산업사, 1976, 251쪽; 이강빈, 「후삼국시대의 한국인의 정치의식에 관한 연구」, 『한국학연구』 제29집, 고려대학교 한국학연구소, 2008, 248쪽.

73) 햇볕정책은 '대북포용정책'이라고도 하는데, 북한으로부터의 마약류 등의 불법품목을 남한 내로 반입되는 것을 묵인하는 그러한 부작용이 있는 정책으로 지적된 바도 있다 (Breen, Michael, "Ethics of Sunshine", *The Korea Times*, 2006. 10. 27. p. 6). 그러나 이러한 부작용은 물론 햇볕정책의 본질적 의의를 훼손시키는 성질의 것은 아니다.

74) 김근식, 「남북정상회담과 6.15 공동선언」, 『북한연구학회보』 제10권 제2호, 북한연구학회, 2006, 41~42쪽 참조.

정일시대가 공식적으로 출범하고 남한에서는 50년 만에 여야 정권
교체가 이루어졌다"[75]는 점이 이채롭다. 다음은 「6·15남북공동선언」
의 내용의 일부[76]이다.

조국의 평화적 통일을 염원하는 온 겨레의 숭고한 뜻에 따라 대한민국
김대중 대통령과 조선민주주의인민공화국 김정일 국방위원장은 2000년
6월 13일부터 6월 15일까지 평양에서 역사적인 상봉을 하였으며 정상회
담을 가졌다.

남북정상들은 분단 역사상 처음으로 열린 이번 상봉과 회담이 서로 이
해를 증진시키고 남북관계를 발전시키며 평화통일을 실현하는 데 중대
한 의의를 가진다고 평가하고 다음과 같이 선언한다.

1. 남과 북은 나라의 통일문제를 그 주인인 우리 민족끼리 서로 힘을
합쳐 자주적으로 해결해 나가기로 하였다.

2. 남과 북은 나라의 통일을 위한 남측의 연합제 안과 북측의 낮은 단
계의 연방제 안이 서로 공통성이 있다고 인정하고 앞으로 이 방향에서
통일을 지향시켜 나가기로 하였다.

3. 남과 북은 올해 8.15에 즈음하여 흩어진 가족, 친척 방문단을 교환
하며, 비전향 장기수 문제를 해결하는 등 인도적 문제를 조속히 풀어 나
가기로 하였다.

---

75) 김용현, 앞의 논문, 2004, 288쪽.
76) 통일부 통일교육원, 앞의 책, 2010, 188쪽.

4. 남과 북은 경제협력을 통하여 민족경제를 균형적으로 발전시키고, 사회, 문화, 체육, 보건, 환경 등 제반분야의 협력과 교류를 활성화하여 서로의 신뢰를 다져 나가기로 하였다.

5. 남과 북은 이상과 같은 합의사항을 조속히 실천에 옮기기 위하여 빠른 시일 안에 당국 사이의 대화를 개최하기로 하였다.

  (…하략…)

이미 「남북기본합의서」에서 확인된 바와 같이 남북한 사람들은 근본적으로 분리보다는 통합, 대결보다는 평화와 협력을 바라고 있다고 봄이 옳다. 이처럼 남북한 사람들의 염원이 분명한 바 있기 때문에 이 선언문의 '전문'의 첫 구절에 "조국의 평화적 통일을 염원하는 온 겨레의 숭고한 뜻에 따라"라고 전제되어 있으며, 남북 간의 교류·협력이 명시적으로 선언되어 있다. 특히 이 선언문에는 완전한 통일한국의 전단계로서의 과도적인 국가형태가 부분적으로나마 드러나 있다는 점에서 「남북기본합의서」의 내용에 비해서 진일보했음을 확인할 수 있다. 따라서 다음과 같이 「6·15남북공동선언」의 의미[77]를 살펴보도록 한다.

첫째, 통일문제는 기본적으로 우리 민족 내부의 문제이며, 따라서 남북한이 당사자 원칙에 입각, 7천만 겨레의 뜻과 의사에 따라 해결하기로 한 것이다. 둘째, 남한의 통일방안인 '남북연합'은 서로 다른 2체제 2정부를 그대로 놔두고 남과 북이 정상회의, 각료회의 등 상설 협의체를 구성하여 모든 현안을 협의하고 집행해 나가자는 방안인 바, 1991년 이후 북한이 제안하고 있는 '낮은 단계의 연방제' 방안은

---

77) 정운종, 「6·15선언 1주년과 향후 남북관계 전망」, 『국방저널』 제330호, 국방홍보원, 2001, 30~31쪽 참조.

연방국가의 외교·군사권을 지역정부가 갖는 방안이다. 그러므로 이 두 방안은 유사한 면이 있음이 인정되며, 따라서 남북한은 통일문제를 논의할 수 있다는 것이다. 셋째, 흩어진 가족, 비전향장기수 등의 문제를 해결하기로 함으로써 이산가족 문제해결을 제도화해 나갈 수 있도록 했다는 것이다. 넷째, 경제협력 면에서는 북한경제 발전에 도움을 주고 남한경제는 한반도 전체 차원의 경제규모로 확대되므로 민족경제가 균형적으로 발전되는 효과가 나타날 수 있다는 것이다. 다섯째, 이 선언이 실천되지 않는다면 아무런 의미가 없으므로 남북한은 책임 있는 당국 간 회담을 통해 두 정상의 공동선언을 이행하고 실천하기로 한다는 것이다. 끝으로 두 정상의 상봉과 회담이 일회성 행사로 그쳐서는 온 겨레와 세계 각국에 신뢰를 주지 못할 것이므로 향후 적절한 시기에 김 위원장의 답방을 약속하였다는 것이다.

이상의 「6·15남북공동선언」의 의미 중에서 다섯 번째와 여섯 번째의 경우를 미루어 보건대 이 선언은 최초의 남북한 정상회담이었다는 점에서 그 역사적 의의를 간과할 수는 없지만, 남북통일로 나아감에 있어서 여전히 불안정함을 안고 있음을 지적할 수 있다. 왜냐하면 우선적으로 남한의 경우 대통령의 임기는 5년 단임제이기 때문에 정권이 바뀌었을 경우 이 선언문에서 합의된 사항을 이행할지의 여부는 결코 보장되는 바가 없기 때문이다. 또한 세 번째와 네 번째의 경우 역시 일회적이며, 이른바 '이벤트' 위주의 한정적인 교류에 그치거나 모호한 경제협력이 될 가능성이 있어 남북통일로 나아가는 데에는 미흡함이 있는 선언으로 평가될 수도 있다. 물론 「6·15남북공동선언」이 발표된 2000년에는 전 해인 1999년에 이산가족의 상봉이 200건이었던 데에 비해 2배를 초과한 549건이었다는 점이라든가 2000년 11월에 들어서 남북교역액이 4억 달러를 넘어섰다는 점 등은 남북교류의 괄목할 만한 진전[78]임을 부인할 수 없다. 또한 두 번째의 경우 남북한 각각의 통일방안으로서 제시된 바 있는 '남북연합'과 '낮은 단계의 연방국가'의 유사성의 도출은 남북한의 미래의 통일국가관을 갖도록 하는 데에 이바지하는 바가 작지 않다. 다음은 통일방안의 공통성 합의에 관한 논의79)의 일부이다.

요약한다면, 남한의 연합제안에서는 남북한 두 국가의 신뢰구축이 핵심 내용이다. 그리고 그 연합은 완전통일로 가는 과도기적 형태. 1990년대 이후 변화된 국제정세 하에서 북한의 통일방안은 1국가라는 용어는 유지하고 있지만 실질적으로는 두 개의 국가를 인정하는 느슨하고 낮은 단계의 연방제로 수정되었다. 즉, 북한은 2개의 국가를 인정하고 있지는 않지만, 실질적으로는 정치, 군사, 외교권을 지역정부에 귀속시키는 낮은 단계의 연방제안을 제안함으로써, 남한의 연합제안에 접근해 왔다고 볼 수 있다. 남한정부의 입장도 상호체제가 다른 상황에서 연방제는 그 실현이 불가능하다고 인식하고 있으며, 공동선언 2항은 북측이 기존 고려연방제에 낮은 단계라는 과도개념을 설정하여 우리의 연합제 개념을 수용하고 이에 접근해 온 것이라고 보고 있다. 따라서 북한은 선전용으로 연방제 방안을 계속 주장하고 있지만, 내용면에서는 연합제를 수용하고 있다고 평가할 수 있다.

이 글에서 지적되는 바와 같이 북한의 '낮은 단계의 연방제안'의 출현배경은 1990년대의 변화된 국제정세라고 했는데, 이는 앞서 「남북기본합의서」의 채택배경으로서 북한당국의 입장에서는 국제적 변

---

78) 통일부 정책2담당관실, 『2000년 남북관계, 이렇게 달라졌습니다』, 통일부, 2000. 12. 20, 34쪽.
79) 함택영 외, 「남북한 평화체제의 건설과 통일교육」, 『국가전략』 제9권 4호, 세종연구소, 2003, 42~43쪽,

화로 분석된 동구 공산권의 민주화, 구소련의 해체, 남한과 구소련·중국의 수교 등은 더 이상의 완전한 북한식의 남북통일이 용이하지 않음을 받아들일 수밖에 없었던 상황을 말하는 것으로 추론된다. 남북한 당국의 통일방안에 대한 이러한 견해의 일치의 한가운데에는 상호간의 체제 보존이 자리 잡고 있다. 다시 말하면 남한의 자본주의와 자유민주주의 등의 제도를 훼손시키지 않으며, 북한의 사회주의와 일당지배 등의 제도를 유지시키는 것을 조건으로 해서 남북한의 일차적인 통합을 이루자는 데에 남북한 당국자 간의 견해가 대체로 일치하고 있다. 이른바 '흡수통일'을 배제하는 남한 당국의 정책 추진[80]에 북한 당국이 호응하여 합의를 본 조항이 「6·15남북공동선언」의 제2항이라고도 볼 수 있다. 이와 같은 남북한의 통일방안은 결국 언제일지는 불분명하지만 남북통합이 되었을 경우의 통일국가의 밑그림을 그려볼 수 있는 기본적인 틀을 마련했다고 평가된다. 이와 관련하여 「6·15남북공동선언」에서 나타난 통일국가관적인 측면을 다음의 글[81]을 통해서 재정리해 보도록 한다.

두 안(연합제안과 낮은 단계의 연방제안)의 공통성은 통일의 중간단계를 설정하고, 남북의 공존과 협력을 제도화하려는 것, 상호 정부를 통일 주체와 파트너로서 인정한 것, 지역정부에 군사권과 외교권을 부여한다는 것 등을 들 수 있다. 이렇듯 두 안에는 유사성이 있지만 정작 중요한 것은 통일조국의 체제 선택 문제라 할 수 있다. 이에 대한 북측 입장은

---

80) 통일부, 『해설자료 국민의 정부 대북정책』, 통일부, 1998. 4, 6쪽. 국민의 정부에서는 대북정책 3대원칙으로서 평화를 파괴하는 일체의 무력도발 불용, 흡수통일 배제. 화해·협력의 적극 추진 등을 명시하고 있다. 이 중에서 '흡수통일 배제 원칙'의 경우 "북한의 붕괴를 촉진하기보다는 남북 간의 평화공존을 통해 '남북연합'을 실현할 수 있는 여건을 조성해 나갈 것"이라고 밝히고 있다.

81) 김성보 외, 『사진과 그림으로 보는 북한현대사』, 웅진싱크빅, 2006, 279쪽.

그 선택은 후대에 맡기자는 주장인 데 반해 남측은 사실상 자유민주주의 방식을 말하고 있다. 이는 흡수통일 배제원칙 때문에 논란의 소지를 담고 있다. 결국 남북이 합의한 통일방안은 남북간의 '추상적인' 통일방식에 대한 합의일 뿐 그 구체적인 내용에 대해서는 여전히 수많은 논의를 거쳐야 할 것이다.

이 글에서 서술하고 있는 남북한 당국이 각각 제안하고 있는 통일방안의 공통성은 통일의 중간단계 설정, 상호 정부를 통일 주체와 파트너로 인정, 지역정부에 군사권과 외교권의 부여 등이라고 할 수 있다. 이러한 공통성에 대한 남북한 당국 간의 합의를 이 글에서는 '추상적인' 통일방안이라고 평가하고 있다.

그러나 그와 같은 통일방안에 관한 의견의 일치는 매우 의미 있는 남북관계의 진전이라고 할 수 있다. 왜냐하면 단순히 남북대화의 상대방으로서 상호 존중한다는 차원이 아니라 남북통합으로 접어든 단계에서 요청되는 원칙에 관해서 남북한 당국은 큰 의견 차이를 보이고 있지 않기 때문이다. 그럼에도 이 글의 평가에서처럼 어떤 형태의 통일국가를 이룩하느냐의 문제는 충분한 논의와 실행이 뒷받침되어야 가능하기는 하다. 다만 통일국가로 나아가는 과정에 관하여 남북한 당국이 합의에 도달하였다는 점은 장기간의 분단으로 인한 이질성을 갖고 있는 남북한 사람들의 다양성을 인정하는 정신을 확인했다고 볼 수 있으므로 그 의의가 크다. 이러한 점에서 「6·15남북공동선언」에 반영된 통일국가로 나아가는 지향성이라고 한다면 다름을 받아들이고 더불어 살아가는 것이라고 해도 무방하다. 그리고 이러한 지향성은 구체적으로 "남북한 사회문화통합이라는 것이 남한문화 중심의 획일화를 의미하는 것이어서는 안 될 것이다. 남북한이 갖고 있는 이질성을 인정하고 문화의 다양성으로 수용할 수 있는 자세 또한 절실히 필요하다"[82]는 인식과 맥락을 같이한다.

3. 민주·정의 공동체의 추구

1970년대의 민주화운동은 1960년대에 집권 세력에 의해서 정치·경제·사회·문화 영역에 걸쳐 광범위하게 저질러진 반민주적이고, 비인간적이며, 부도덕한 폐해를 고쳐나가고자 하는 우리나라 사람들의 결연한 인간존중 정신 회복운동인 동시에 민주주의 회생 운동이자 남북통합으로 나아가도록 하는 굳센 통일운동으로 축약할 수 있다. 1980년대의 민주화운동은 1970년대의 민주화운동을 계승한 우리나라 사람들의 굳건한 민주주의 국가 수립 열망과 자주적인 남북통합의 추진의 염원을 실현해 나가고자 하는 민주화운동으로서 향후의 우리나라와 우리 사회가 갖추어야 할 민주주의의 모습을 확정하는 큰 의의를 지니고 있다.

3.1. 훼손된 1960년대의 민주주의

1970~1980년대에 걸쳐 나타난 우리나라 사람들의 의사표현은 인간의 존엄성을 수호하려는 정신의 표현이며, 국민의 기본권을 되찾겠다는 바람의 표현이기도 하다. 이러한 우리나라 사람들의 정신과 바람은 1960년대적 상황으로 말미암아 누적된 비민주주적인 정치·

---

82) 전미영, 「북한사회의 전통문화 인식」, 『한국민족문화』 27, 한국정치학회, 2006, 404쪽. 한편 남북한 양체제의 약점들인 남한의 경우 빈부격차의 문제, 사회복지 정책의 미비 등과 북한의 경우 교육, 주택, 취업, 의료 등에서의 상호 보완이 요청된다(이온죽 외, 『남북한 사회통합론』, 삶과꿈, 1997, 57~58쪽).

사회·경제적 폐단에 대한 인식과 견해에 바탕을 두어 형성되었다. 따라서 먼저 1960년대의 정치·사회 문제들을 적시하고 있는 다음의 글83)을 살펴보도록 한다.

민정84)에 참여해서 정치를 주도했던 군부 출신들은 "사회부패와 구악을 일소하고 퇴폐한 국민도의와 민족정기를 바로 잡기 위해 참신한 기풍을 진작한다"고 했지만 그들이 정치를 주도한 결과는 사회부패를 더 구조화시켰고 지난날보다 더 큰 악을 조장했으며, 그런가 하면 국민도의와 민족정기를 바로 잡기보다는 국민도의와 민족정기를 더욱 실추시키고 말았다. 그들이 내세웠던 참신한 가치들은 하나같이 퇴색하고 말았다.

더욱이 군부 주동세력은 1969년에 3차 개헌을 단행해서 자유당 정권85)의 행적을 그대로 답습했고 1972년 10월에는 유신체제를 수립해서 이 나라의 민주주의를 완전히 질식시키고 말았다. 바로 이 유신체제의 수립은 이 나라의 정치를 자유당 정권 말기까지 후퇴시킨 정도가 아니라 민주주의 실시 이전으로까지 후퇴시켜서 민주주의의 실현을 어렵게 만들고 있다. 이렇게 볼 때 5·16 군부 쿠데타는 혁명으로 승화된 것이 아니라 반동으로 귀착했다고 규정될 수밖에 없다. 더욱이 5·16 쿠데타는 군부가 정치에 개입하는 선례를 남겨서 악순환을 되풀이하고 있다는 면에서 참으로 불행한 현상으로 치부될 수밖에 없다.

민주주의가 표방된 국가는 국가운영 면에서 민주주의의 원칙과 민주적 방식에 의하지 않는다면 필연적으로 정치·경제·사회적 측면에

---

83) 고황 편집위원회, 앞의 책, 1985, 142쪽.
84) 1961년의 군정 이후 1963년부터 실시된 민정을 말한다.
85) 원문은 '이승만 정권'으로 되어 있으나, 본서에서는 보다 포괄적인 의미에서 '자유당 정권'이라고 규정하고자 했다.

서 부작용과 혼란 등이 발생한다. 또한 그에 따른 법, 윤리, 도덕 등의 측면에서 불의함과 타락, 부패 등의 폐해가 유발되어 그 나라에 살고 있는 사람들의 삶과 정신, 의식 등을 피폐하게 만듦은 알려진 사실이다. 민주주의의 제도와 정신은 자치능력을 지닌 존재로서의 시민을 전제로 하고 있다. 이를테면 타율적으로 만들어진 제도, 규칙 등은 민주주의 국가 혹은 민주사회에서 통용되어서는 안 되는 방식이다. 1948년 건국 이래 우리나라는 헌법 제1조인 "대한민국은 민주공화국이다"를 단 한 번도 빠트려진 적이 없는 국가로 자리 매김되어 왔다. 따라서 우리나라는 민주주의를 표방하는 국가임이 명백하다. 그러므로 1960년대에 집권세력의 주도하에 비민주적인 방식에 의한 국가 운영이라든가 제도·규칙의 제정 등은 우리나라 사람들의 삶과 사고 방식에 흠집을 내는 것이나 다름없다. 다시 말하면 이는 대다수의 우리나라 사람들에게 신민으로 살아가거나 기계처럼 살아가라는 것을 강요하는 바와 같다. 이를테면 이 글에서 지적하고 있는 바와 같이 1969년에 있은 3차개헌안 역시 집권세력에 의해서 비민주적인 방식[86]으로 통과되었기 때문에 의당 근본적으로 민주주의를 바라는 우리나라 사람들의 반대에 부닥치는 경우가 되었다.

또한 민정 이양 약속을 어기고[87] 상당수의 군인이 정치인으로 변신함은 결과적으로 비정상적인 국정운영을 야기함은 물론 이의 부작용으로서 정치·사회적으로 광범위하게 확산된 부패를 가져왔음은 널리 알려진 사실이다. 다음으로 1960년대에 중앙정부에 의해서 추

---

86) "1969년 9월 여당은 야당의원들이 집결한 본회 회의장을 피해 별관에서 심야에 여당 단독으로 박대통령의 3선을 가능케 하는 개헌안을 통과시켰다(김용직, 『사료로 본 한국의 정치와 외교』, 성신여자대학교출판부, 2005, 454~455쪽)"는 사실은 국민의 여망에 배치될 뿐만 아니라, 다수의 횡포에 의한 비민주적인 국정운영의 사례임에 틀림이 없다.

87) 5·16쿠데타 직후 발표된 공약사항 중에는 "양심적인 정치인들에게 언제든지 정권을 이양하고(고황 편집위원회, 앞의 책, 1985, 141쪽)"라는 구절이 명시되어 있는 것으로 보아 약속위반이라고 봄이 타당하다.

진된 것으로 알려진 대기업 중심의 수출주도 공업화정책의 문제점[88)
을 살펴보도록 한다.

　　대외의존적인 공업화 중심의 고도성장전략은 또 한편으로 구조적 이
질성을 더욱 심화시켜 농업부문의 저성장, 3차 산업의 이상비대화로 특
징지어지는 산업부문간의 불균등과 구조적 모순들을 심화시켜, '민중'이
라는 체제비판적인 구조적 권력의 잠재세력을 급속히 확대시켰다. 이농
을 통한 노동자와 도시빈민층의 '수'의 갑작스런 증대와 '빈곤의 축적'은
이들의 사회적 자각을 형성시킬 조건을 이루었다. "사회적 부의 유례없
는 축적과 동시에 진행된 대중의 광범위한 무산대중화, 그것에 대한 노
동자들의 자연발생적인 저항, 노동운동에 대한 지식인들의 초기적 자각
과 참여, 그러한 흐름들이 모여서 노동자계급의 의식적 각성을 급격히
촉진했던 것이다.

앞서 간단히 언급된 바와 같이 1960년대는 정치·사회적 폐단뿐만
이 아니라 경제적인 측면에서도 폐단을 낳았던 시기이다. 이 글에서
지적하고 있는 것처럼 당시의 집권세력에 의해서 경제발전이라는 명
목으로 소수의 대기업을 중점적으로 육성하는 정책은 필연적으로 정
상적인 시장경제의 기준을 어기는 관행을 낳게 되고 이러한 관행은
광범위하게 확산되어 우리나라 사람들에게 불의함과 부도덕함을 치
욕적으로 안고 살아가도록 강요하는 것이나 마찬가지이다. 이 글에
서 이름을 붙이고 있는 '민중'이라는 용어를 굳이 사용하지 않더라도
대다수의 우리나라 사람들은 그러한 치욕을 언제나 감당할 만큼 낮
은 정치의식을 갖고 있지 않음은 특히 1970~1980년대의 우리나라

---

88) 김운태 외, 『한국정치론』, 박영사, 1994, 387~388쪽.

사람들의 동향과 문제해결방식 등에서 확인해 볼 수 있다. 다시 말하면, 1960년대에 제3공화국으로 형성된 집권세력은 우리나라 사람들의 민주주의에 대한 간절한 바람을 외면하고 국제환경이라든가 한반도적인 상황을 한껏 활용하여 거침없는 비민주적인 행태를 연출함으로써 우리나라 사람들에게 또 다른 시련을 안겨주었지만, 우리나라 사람들은 결코 호락호락하지 않은 민주주의에 대한 신념과 염원을 기필코 발양하고야마는 1970~1980년대를 맞이하게 되었음을 부인할 수 없다.

그리고 덧붙여서 밝혀둘 것으로 우리나라 사람들에 의해서 부단히 추구되어온 민주주의 정신에 입각한 민주주의의 의의는 대체로 참여민주주의론에서 논의되는 다음의[89) '민주화'의 개념적 의의와 매우 유사하다는 점이다.

참여민주주의론에서는 민주화를 다음과 같은 4가지 조건, 즉 "1) 모든 인류가 자신의 본성을 개발하고 다양한 특질들을 표현할 수 있는 최선의 상황의 창조, 2) 정치적 권위와 강제력의 자의적 행사로부터의 보호, 3) 자신의 결사의 조건을 결정하는 데 있어 시민의 참여, 4) 자원의 사용가능성을 극대화시킬 수 있도록 경제적 기회의 확대"를 확보해 나가는 일련의 정치과정인 것으로 제시되고 있다.

우리나라 사람들이 간절히 염원하며, 결코 포기하지 않았던 민주주의의 길은 바로 이 글에서 제시된 참여민주주의의 정치과정으로 향하고 있음은 더 이상 재론을 요하지 않는다. 우리나라 사람들에 의한 민주화운동 역시 참여민주주의적인 민주화로 나아가는 일종의

---

89) 양길현, 「제3세계 민주화의 정치적 동학 비교연구」, 서울대학교 박사논문, 1996, 11쪽에서 재인용.

시민운동이라고 할 수 있다.

3.2. 부·마민주화항쟁에서의 민주정신

부·마민주화항쟁은 1970년대의 유신체제에 대한 반체제저항운동
이 뭉쳐 폭발한 '민중항쟁'이며, 민주화운동의 일환[90]으로 평가되고
있다. 또한 1970년대의 민주화운동을 집약한 부·마민주화항쟁은 민
주주의 국가를 지향하는 우리나라 사람들의 정당한 의사표현이기도
하다. 이제 1970년대의 반체제저항운동의 몇 가지 사례를 성명서와
선언문 등을 통해서 논의해 보도록 한다.

3.2.1. 1970년대의 민주화운동의 양상

1974년 4월 3일자로 전국민주청년학생총연맹 명의로 발표된 「민
중·민족·민주선언」의 내용 일부[91]는 다음과 같다.

기아수출입국, GNP 신앙을 교리로 내걸고 민족자본의 압살과 매판화
를 종요하여 수십억 불의 외채를 국민에게 전가시키며 혈세를 가렴하여
절대 권력과 폭압정치의 밑천으로 삼고 기간산업을 포함한 주요경제부
문의 족벌사유화를 획책해 온 저들 매판족벌이야말로 오늘의 돌이킬 수
없는 참상을 초래케 한 장본인이다. 극소수의 특권족벌들은 국민경제가
전면적 파탄상태에 돌입하자 마치 그 원인이 전적으로 국제적 원자재폭
등에 있다는 등 책임을 전가하고 진실을 은폐하기에 급급할 뿐이다. 이

90) 정유경, 「부산지역의 부마항쟁에 관한 고찰」, 『한국민족문화』 39, 한국정치학회, 2011, 300쪽;
   이수언, 「부·마사태의 장막을 벗긴다」, 『신동아』 28권 5호, 동아일보사, 1985. 5, 387쪽.
91) 김용직, 앞의 책, 2005, 493~494쪽.

러한 국민경제의 전면적 파탄은 자원과 노동력을 헐값에 팔아넘기고 외국독점자본을 이 땅의 경제종주로서 뿌리박게 한 매판특권체제와 부정부패의 여파가 확대 재생산되는 창부경제구조의 산물이라는 것은 명백한 사실이다.

(…중략…)

5년 전의 3선개헌으로부터 노골화된 영구집권의 야욕은 국민의 기본권을 유린하는 한편 이에 항의하는 학생, 지식인, 종교인 등 수많은 애국인사를 체포, 구금, 고문, 투옥하는 만행을 서슴지 않고 있다. 소위 유신이란 해괴한 쿠데타, 국가비상사태와 1·8조치 등으로 폭압체제를 완비하여 언론을 탄압하고 학원과 교회에 대한 억압을 더욱 가중시킴으로써 비판을 원천적으로 봉쇄하고 있다. 비판할 수 없는 정치 이것이 과연 한국적 민주주의인가?

조국의 평화적 통일을 내걸고 시작된 남북대화로서 그 동안 우리는 통일의 문 앞에 다가서기는커녕 오히려 민중의 영구분단으로 치닫고 있으며 남북대화는 영구집권을 위한 장식물 이상의 아무것도 아니었다.

이 선언문에서 거론된 바와 같이 대체로 보아 제3공화국 정부에서 추진하였던 경제개발의 실상은 앞에서도 지적된 관주도의 외형적인 경제성장에 치중함에 따른 경제질서의 문란으로 말미암아 우리나라에 있어서 정치·경제·사회적 근간이 뒤흔들리는 결과를 가져왔다고 할 수 있다. 즉, 그러한 결과는 이 선언문에서 지적하고 있는 것처럼 필연적으로 국민의 기본권을 훼손하는 데로 나아가게 마련이다. 이렇게 되면 사회정의도 윤리·도덕도 그 존재의의를 상실하게 됨은 불문가지이다. 따라서 이러한 폐해를 보다 객관적인 위치에서 바라볼 수 있는 젊은 대학생들에게는 시급히 해결해야 할 우리나라의 문제점들로 비추어짐은 매우 자연스러운 일이다. 만일에 우리나라가 인간의 존엄성을 존중하고, 인간의 권리와 자치능력 및 역할 수행을 고려하지 않는 전체주의적이고 절대주의적인 나라요 사회를 표방한다면, 그와 같은 일방적인 국정운영이라든가 국민의 기본권인 언론·집회·결사의 자유, 기회균등, 공정한 법의 적용 등은 보장될 이유가 별로 없을 것이다.

그러나 1970년대의 민주화운동 과정에서 드러난 우리나라 사람들의 모습에서 인간은 존중받아야 하며, 그렇기 때문에 정당한 대우를 받아야 하고, 따라서 우리나라 사람들은 적법한 절차에 따르지 않는 차별과 억압은 결코 받아들일 수 없다는 정치관과 사회관, 세계관 등을 지니고 있는 국민들이며 시민들임이 간과될 수 없다는 데에 주목할 필요가 있다. 그리고 이 선언문에서 언급된 남북대화의 측면에서도 우리나라 사람들은 남북관계의 진전은 대결도 아니며, 경쟁도 아닌 협력과 개방성에 따름을 8·15광복 이래 변함없이 염원해 왔다고 볼 수 있다. 따라서 「민중·민족·민주선언」에서는 정권연장이라든가 정권유지를 위한 방편으로 남북관계가 악용되는 것을 결코 받아들일 수 없는 성향을 지니고 있음도 보여준다. 이번에는 1974년 11월 18일 자유실천문인협의회 명의로 발표된 「자유실천문인협의회 문학인 101인 선언」의 내용의 일부분[92]을 살펴보도록 한다.

오늘날 우리 현실은 민족사적으로 일대 위기를 맞이하고 있다. 사회도처에서 불신과 부정부패가 만연하여 정직하고 근면한 사람은 살기 어렵고 거짓과 아첨에 능한 사람은 살기 편하게 되어 있으며, 왜곡된 근대화정책의 무리한 강행으로 인하여 권력과 금력에서 소외된 대다수 민중들은 기초적인 생존마저 안심할 수 없는 지경에 이르고 말았다.

---

92) 고명철, 『1970년대의 유신체제를 넘는 민족문학론』, 보고사, 2002, 250~251쪽.

(…중략…)

[결의]

1. 시인 김지하 씨를 비롯하여 긴급조치로 구속된 지식인·종교인 및 학생들은 즉각 석방되어야 한다.

2. 언론·출판·집회·결사 및 신앙·사상의 자유는 여하한 이유로도 제한할 수 없으며, 교수·언론인·종교인·예술가를 비롯한 모든 지식인이 자유의 수호에 적극 앞장서야 한다.

3. 서민 대중의 기본권·생존권을 보장하기 위한 획기적인 조치가 있어야 하며 현행 노동 제법은 민주적인 방향에서 개정되어야 한다.

4. 이상과 같은 사항들이 원칙적으로 해결되기 위해서는 자유민주주의의 정신과 절차에 따른 새로운 헌법이 마련되어야 한다.

5. 이러한 우리의 주장은 어떠한 형태의 당리당략에도 이용되어서는 안 될 문학자적 순수성의 발로이며, 또한 어떠한 탄압 속에서도 계속될 인간 본연의 진실한 외침이다.

이 선언문의 '결의' 5항에 명시된 바와 같이 이들 문학인 101인선언은 일종의 정치적 효과를 보기 위한 용도로서 집권세력에 대한 반대의 견해를 밝히는 선언은 아니라고 할 수 있다. 이런 점에서 이 선언문에서 우리나라에 만연한 부정부패와 정직하고 근면한 사람들은 오히려 살기 어려운 실정을 고발하고 있음은 당시의 실정과 부합되는 바가 크다. 그리고 긴급조치로 구속된 지식인·종교인 및 학생들의 즉각적인 석방을 요구하고 있는 것으로 보아서 유신체제에 대한 우리나라 사람들의 반대와 저항이 지속되고 있었음을 알 수 있다. 그 밖에도 언론·출판·사상·집회 등의 자유를 수호할 것을 관련 당사자들에게 촉구하고 있다든가 서민 대중의 기본권과 생존권을 보장하는 노동 제법의 민주적인 개정을 주장하고 있음은 그만큼 당시의 우리나라 사람들의 자유와 권리가 억압되거나 유린되었음을 반증하는 바가 된다. 특히 이와 관련해서 1970년 11월에 서울의 동대문 인근에 소재한 평화시장 내에서 근무하던 근로자들의 기본권과 생존권 보장을 요구하며 분신하여 유명을 달리한 전태일의 경우를 1970년대의 우리나라 사람들의 민주화운동의 일환으로서 상기해 볼 필요가 있다.

전태일이 고발한 1970년 당시의 평화시장 내 봉제공장에서 일하던 근로자들의 근무여건 및 근무환경을 다음의 글93)을 통해서 간략히 살펴보도록 한다.

커피 한 잔이 50원이던 당시, 임금은 최하직종인 시다는 1,800원~3,000원 정도이고 최상의 직급인 재단사는 15,000원에서 30,000원을 넘지 않았다. 시다(보조공)의 임금은 하루 차비를 빼면 세끼를 먹기에도 부족한 액수였다. 당시 전태일이 노동청에 진정하려고 조사한 설문결과에 따르면, 이러한 열악한 작업조건에서 평화시장 노동자들의 95%가 하루 14~16시간 노동하고, 77%가 폐결핵 등 기관지 질병을, 81%가 위장병을 앓았다. 노동자의 대부분을 차지하는 어린 시다의 평균연령은 15세이었다. 많은 노동자들이 한 달 동안 철야를 했고, 졸지 않기 위해 타이밍을 먹었고, 반장은 조는

---

93) 김영곤, 『한국 노동사와 미래』 2, 선인, 2005, 105쪽.

사람을 막대기로 때리고, 사장은 여공에게 잠을 쫓는 주사를 놓기도 했다.

우리나라 사람들이 8·15광복 이래 꿈에도 그리던 자주독립국가의 모습은 미래를 지고 나갈 젊은이들, 혹은 청소년들을 결코 이러한 비인간적이고 비민주적인 여건과 환경에 가두어 두어 사람됨을 잃어버리게 하고, 정상적인 사고와 행동방식을 해나가지 못하게 하는 일이 일상적으로 벌어지는 그러한 초라하고 어두운 모습은 아니었을 것임이 분명하다. 이러한 의미에서 이 글에서 기술된 당시의 근로자들이 직면하고 있는 상황[94]은 근로자들 당사자들은 물론 미래의 우리나라를 결코 긍정적으로 볼 수 없도록 하는 요인을 안고 있었다. 전태일이 자신의 목숨을 바쳐서 외치고자 했던 데에는 이러한 우리나라의 낙관적이지 못한 앞날에 대한 안타까움이 있었다. 다음의 글[95]은 전태일이 유명을 달리하기 직전에 병상에서 어머니와 동료들에게 남긴 유언과 관련된 글인바, 그의 도덕관 혹은 인생관을 웅변해주는 글이기도 하다.

그는 그를 사랑한 어머니와 그의 동료들에게 투쟁을 계속해 줄 것을 부탁했다. 그는 어머니에게 "저의 죽음이 어둠 속에서 한줄기 빛이 되기를 바랍니다"면서 "제가 못다 이룬 일 어머니가 꼭 이뤄 주세요"라며 세

---

94) 전태일의 분신소식을 듣고 놀랐다고 하는 박형규 목사는 당시의 근로자들의 노고에 대해서 다음과 같이 진술하고 있다. "나는 지금도 그 옛날 내가 직접 보고 들었던 노동자들의 고통스런 삶을 떠올릴 때마다 오늘 우리가 누리는 경제발전이 그들의 피나는 고통과 눈물로 이룩된 것이라는 믿음을 거듭 확인하며 그들에게 감사한다. 우리의 경제발전이 '개발독재' 덕분에 이룩된 것이라면서 그 독재를 긍정하는 사람들이 있는가 하면 그 시대에 향수마저 느끼는 사람들도 있다. 그들은 우리의 '오늘'이 근원적으로 어디에서 온 것인가를 제대로 알고 있는 것일까? '오늘'의 뒤에 인간 이하의 대접 속에 피 흘리며 일한 수많은 노동자들의 고통과 눈물이 있었다는 것을 모르거나 잊어버리거나 외면하는 것은 아닐까?(박형규, 신홍범 정리, 『나의 믿음은 길 위에 있다』, 창비, 2010, 181쪽)"
95) 김영곤, 앞의 책, 2005, 111~112쪽.

차례나 되물었고, 어머니는 "그래, 기필코 하고 말겠다"고 대답했다. 이어 친구들에게 "부모에게 효도해야 하네. 뭐니뭐니 해도 사람이란 부모에게 잘못하면 안 돼. 너희 부모들에게 효도하고, 그러고 조금 시간이 남으면 우리 어머님께도 날 대신해서 효도를 해 주게. 우리가 하려던 일, 내가 죽고 나서라도 꼭 이루어 주게. 절대로 포기해서는 안 되네. 쉽다면 누군들 안하겠나? 어려운 일 하는 것이 진짜 사람일세. 내 말 분명히 듣고 잊지 말게"라고 당부하며 친구들의 대답을 요구했다. 잠시 아무 말도 못하는 친구들에게 벌떡 몸을 일으켜 세우려 하며 큰 소리로 "왜 대답을 하지 않는가?"하고 외쳤다. 그리고 "큰 소리로 맹세하라"고 요구했다. "맹세한다!" 전태일의 친구들은 큰 소리로 외쳤다.

전태일의 삶은 이 글에서 나타난 바와 같이 이타적인 삶이었고 사람으로서 사람됨을 지키고자 했던 삶이었다고 할 수 있다. 죽음을 앞두고 전태일은 부모님께 효도할 것을 동료들에게 부탁했다. 부모님께 효도한다는 것은 나를 낳아주시고 길러주시며, 걱정해주시는 부모님의 사랑에 대한 보답이며, 나아가서 부모님을 살아가게 한 나라와 사회에 대한 감사함의 표현이다. 그리고 효도는 부모님의 걱정을 덜어드린다는 것이며, 동시에 나라와 사회에 대한 정중한 의사표현이 될 수 있음을 전태일은 은연중에 말하고자 했다. 그렇게 하는 것이 사람됨의 길이요 사회 구성원으로서의 역할이 된다고 하겠다.

이처럼 1970년대 초기에 직면하여 우리나라 사람들은 정치·사회·경제적 측면에서 자유와 기본권과 생존권 등이 외면당하고 방치되고 억눌러지는 비민주적이고 비인간적인 시련을 겪게 되었다. 다음의 글[96]을 통해서 좀 더 객관적으로 당시의 우리나라 사람들이 겪게 되

---

96) 하형주, 「한국의 정치발전과정에서 발생한 정치폭력에 관한 연구: 1948~1997」, 조선대학교 박사논문, 2007, 36쪽.

는 그와 같은 시련의 양상을 간략히 확인해 볼 수 있다.

특히 한국은 특정 지배이데올로기에 입각한 권위주의 정치체제를 갖춤으로서 사회계층의 정치참여를 배제시키고 노동자의 시위나 조직적 정치활동, 정치적 비판을 강력하게 금지시켰다. 이는 극심한 물리적 강제와 통제가 일상적인 통치방법으로 강구되었음을 의미한다.

끝으로 1976년 3월 1일에 민주화운동의 일환으로서 재야인사들의 명의(함석헌 외 12인)로 발표된 「3·1민주구국선언」의 일부 내용97)을 살펴보기로 한다.

민주구국선언서

오늘로 3·1절 쉰일곱 돌을 맞으면서 우리는 1919년 3월 1일 전 세계에 울려 퍼지던 이 민족의 함성, 자주독립을 부르짖던 그 아우성이 쟁쟁히 울려와서 이대로 앉아 있는 것은 구국선열들의 피를 땅에 묻어버리는 죄가 되는 것 같아 우리의 뜻을 모아 '민주구국선언'을 국내외에 선포하고자 한다. (…중략…) 우리의 비원인 민족통일을 향해서 국내외로 민주세력을 키우고 규합하여 한 걸음 한 걸음 착실히 전진해야 할 이 마당에 이 나라는 일인 독재 아래 인권은 유린되고 자유는 박탈당하고 있다. 이리하여 이 민족은 목적의식과 방향감각, 민주주의에 대한 신념을 잃고 총파국을 향해 한걸음씩 다가서고 있다. 우리는 이를 보고만 있을 수 없어 여야의 정치적 전략이나 이해를 넘어 이 나라의 먼 앞날을 내다보면서 〈민주구국선언〉을 선포하는 바이다.

---

97) 김용직, 앞의 책, 2005, 503~506쪽.

1. 이 나라는 민주주의 기반 위에 서야 한다.

민주주의는 대한민국의 국시이다.

(…중략…)

그러므로 우리는 국민의 자유를 억압하는 긴급조치를 곧 철폐하고, 민주주의를 요구하다가 투옥된 민주 인사들과 학생들을 석방하라고 요구한다.

다음으로 우리는 유신헌법으로 허울만 남은 의회정치가 회복되어야 한다고 주장한다. 자유로이 표현되는 민의를 국회는 법 제정에 반영시켜야 하고, 정부는 이를 행정에 반영시켜야 한다. 이것을 꺼리고 막는 정권은 국민을 위한다면서 실은 국민을 위하려는 뜻이 없는 정권이다.

셋째로 우리는 사법부의 독립을 촉구한다. 사법권의 독립없이 국민은 강자의 횡포에서 보호받을 길이 없기 때문이다. 그러므로 사법부를 시녀로 거느리는 정권은 처음부터 국민을 위하려는 뜻이 없다고 보아야 한다.

2. 경제 입국의 구상과 자세가 근본적으로 재검토되어야 한다.

(…중략…)

1975년말 현재 우리나라의 외채 총액은 57억 6천만 불에 이르렀다. 차관기업들이 부실기업으로 도산하고 난 다음 이 엄청난 빚은 누구의 어깨 위에 메워질 것인가? 노동자들에게 노조 조직권과 파업권을 박탈하고 노동자, 농민을 차관기업과 외국 자본의 착취에 내어 맡기고 구상된 경제 입국의 경륜은 처음부터 국민을 위하는 것이 아니었다. 국민의 경제력을 키우면서 그 기반 위에 수출산업을 육성하지 않은 것은 잘못이었다. 농촌경제의 잿더미 위에 거대한 현대산업을 세우려고 한 것이 망상이었다. 차관에만 의존한 경제체제는 처음부터 부패의 요인을 안고 있었다.

(…중략…)

3. 민족통일은 오늘 이 겨레가 짊어진 최대의 과업이다.

국토분단의 비극은 해방 후 30년 동안 남과 북에 독재의 구실을 마련해 주었고, 국가의 번영과 민족의 행복과 창조적 발전을 위해서 동원되어야 할 정신적, 물질적 자원을 고갈시키고 있다. 외국의 군사원조 없이 백만을 넘는 남북한의 상비군을 현대무기로 무장하고 이를 유지한다는 일은 한반도의 생산력과 경제력만으로는 도저히 감당할 수 없는 일이다. 더욱 참을 수 없는 일은 우리의 문화창조에 동원되어야 할 이 겨레의 슬기와 창의가 파괴적으로 낭비되고 있다는 사실이다. (…중략…)

이때에 우리에게는 지켜야 할 마지막 선이 있다. 그것은 통일된 이 나라, 이 겨레를 위한 최선의 제도와 정책이 '국민에게서' 나와야 한다는 민주주의의 대헌장이다.

(…하략…)

이 선언서는 정치, 경제, 사회, 통일 등의 제반 부문에 걸쳐 1970년대의 모순과 불합리와 폐단 등으로 누적된 문제점들을 축약해서 밝혀놓고 있다. 이러한 문제점들은 앞에서 인용한 전국민주청년학생총연맹과 자유실천문인협의회에서 발표한 선언문과 전태일의 삶을 살펴봄으로써 어느 정도는 드러났다. 따라서 이 선언서는 1970년대에 우리나라가 직면하고 있는 제반 문제점으로 인하여 시련을 겪고 있는 대다수 우리나라 사람들의 바람에 맞추어 작성되었다고 해도 무방하다. 또한 이 선언서는 향후 민주주의의 발전과 남북통합에 이르기까지 미치게 되는 우리나라에서 반드시 갖추어야 할 제반 조건을 일목요연하게 명시하였다는 데에서 그 의의는 매우 크다고 할 수 있다.

한편 이 선언서에서 천명하고 있는 긴급조치 철폐와 관련해서 당시의 집권세력의 긴급조치에 대한 입장은 무엇이었는가를 간략히 살펴보기로 한다. 이 당시의 집권 여당의 입장은 "국민 절대 다수가 지지한" 유신헌법을 부정하는 일체의 행위는 국가안보에 중대한 위협이 되기 때문에 1974년 1월 8일을 기해 긴급조치를 발동해서 금지한다는 것이었다. 「긴급조치 대통령 담화문」의 일부 내용은 다음[98]과 같다.

> 다행히도 우리 국민의 절대다수는 지난 번 1972년 10월 21일 실시된 국민투표에서 헌법개정안에 대하여 절대적 지지와 찬성을 표시함으로써 이를 확정하고 전 국민적 정당성에 기초한 헌법질서에 입각하여 유신체제를 확립하게 되었던 것입니다. (…중략…) 그리하여 정부는 국민적 정당성에 대한 여하한 도전도 이를 단호히 물리치고 국론의 분열을 방지하여 국민총화의 기틀을 더욱 확고히 다져 나아갈 것입니다.

이 담화문의 내용만 본다면 유신체제야말로 국민의 절대다수가 지지하여 출범했기 때문에 이를 반대하는 그 어떤 세력이든지 반민주적이고 반국가적인 집단으로 여겨지기 십상이다. 그러나 유신체제를 성립시킨 유신헌법에 관해서 찬반을 묻는 1972년 10월에 실시된 국민투표는 "국회의 해산, 정당활동의 금지 등 초실정법적인 비상조치를 단행하는 동시에 전국에 비상계엄을 선포"[99]하는 등 반민주적인 초법적 공권력을 남용하고 국민들을 비상계엄을 통해서 총칼로써 위협하는 공포분위기를 조성하는 등 정상적인 절차에 따른 국민투표와는 동떨어진 무법적이고 탈법적인 집권세력의 만행이나 다를 바 없

---

98) ≪동아일보≫, 1974. 1. 9. 1면.
99) 정인홍 외 편집, 앞의 책, 1980, 918쪽.

는 데서 실시된 외양만 본뜬 국민투표100)였다. 따라서 대통령 담화문에 명기된 '국민의 절대다수의 지지'는 민주주의 원칙에 비추어 전혀 성립이 되지 않는 논거임을 부인할 수 없다. 이러한 점들을 감안하면 앞의 선언서에서 선언하고 있는 '긴급조치의 철폐'는 선언서에서 제시된 바와 같이 "국민에게서 나와야 하는 제도와 정책"에 따른 긴급조치가 되지 못하기 때문에 정당한 주장이라고 볼 수 있다. 결국 이 선언서의 서두에 밝히고 있는 것처럼 유신체제에 따른 당시의 우리나라의 모습은 우리나라 사람들이 3·1운동 당시에 열망했던 국민이 주인이 되는 자주독립국가가 결코 아님은 명백하다. 다시 말하면 무력을 사용하거나 강압적인 방식으로 국민을 위협하여 법을 제정하고 정권을 연장하려는 그러한 치욕과 탄압을 받아들이는 나라사람이기를, 3·1운동정신을 이어받은 우리나라 사람들이 언제고 받아들였을 까닭이 없다. 이러한 의미에서 3·1운동 제57주년에 발표된 「3·1민주구국선언」은 우리나라 사람들이 주인이 되고, 국민의 의사에 따른 국가운영을 갈구한 당시의 우리나라 사람들의 여망을 대신하고 있음을 부인할 수 없다.

---

100) 긴급조치 위반죄로 복역하였던 이문영 교수는 이 국민투표에 대해서 다음과 같이 회고하고 있다. "… 화가 난 검사가 드디어 결재 맡아 오지 않는 질문을 나에게 했다. 「피고는 법대교수인데 유신헌법이 국민투표에서 통과된 것을 어찌 반대하시오?」가 그 말이다. 나는 「검사는 어느 법대를 졸업했는지 모르겠지만 민법총론 시간에 강박에 의한 의사표시는 무효라는 것을 배우지 않았소? 예를 들어 밤길 가는 여자를 위협해 결혼하자 해 겁에 질려 승낙했어도 이런 승낙은 무효입니다. 검사가 자랑 삼아 말한 국민투표가 광화문 앞에 탱크를 세워 놓고 한 투표인데 어떻게 이 투표를 자유의사에 의한 투표라 하겠습니까?」라고 말했고, 이 말이 외신에 보도됐다. 외신이 이런 보도를 안 내게 하고자 했던 그들의 목적은 이렇게 좌절됐고, 정권의 악을 드러내려는 내 목적은 달성됐다."(이문영, 『협력형 통치』, 열린책들, 2006, 587쪽)

3.2.2. 부·마민주화항쟁의 양상

부·마민주화항쟁(부마항쟁)은 1979년 10월 16일부터 20일까지 부산, 마산 등지에서 학생·시민들이 전개한 반독재민주화투쟁을 말한다. 10월 16일 오전에 부산대학교 학생들이 주축이 되어 교내에서 발생한 반정부시위는 부산 시내에서의 시민참여로까지 확대되어 다음 날까지 이어졌고, 이 시위로 경찰차량 6대가 전소, 12대가 파손되고 21개 파출소가 파괴 또는 방화되었으며, 1,058명이 연행되고 66명이 군사재판에 회부되기에 이르렀다. 18일 0시를 기해 정부는 부산 지역에 비상계엄을 선포하고 공수단을 투입하여 진압에 들어갔으나, 인근 지역인 마산지역에서도 반정부 시위가 이어졌다. 이에 따라 정부는 마산·창원 지역에 위수령을 선포 505명을 연행하고 59명을 군사재판에 회부했다. 이러한 부·마민주화항쟁은 서울 지역의 대학교에서도 시위를 유발시켰고, 이러한 상황에서 당시의 집권세력 핵심부는 동요하게 되었다. 이에 대한 대처방식을 놓고 대립과 갈등이 내연한 결과 당시의 중앙정보부장이 대통령과 경호실장을 향해 발포함과 동시에 중앙정보부원들의 경호원들에 대한 발포로 이어지는 총격전이 벌어진 '10·26사태'가 발생했다.[101] 이제 부·마민주화항쟁이 발생한 배경에 관한 다음의 글[102]을 간략히 검토해 보도록 한다.

부마항쟁은 첫째, 반민중적 한국경제의 모순이 야기한 민중 빈곤과 심화된 빈부 격차, 그리고 부정부패에 대한 민중적 울분, 둘째 유신 정권의 구조적 억압에 장기간 노출된 국민들의 광범위한 반정부적 불만 심리를 그 '배경'으로 하고, 셋째 79년 들어 특히 더욱 악화된 부산 및 인근 마산

---

101) 한국사사전편찬회, 앞의 책, 1990, 434쪽 참조.
102) 학술단체협의회 편, 『5·18은 끝났는가』, 푸른숲, 1999, 180쪽.

지역의 경제 상황, 넷째, YH사건 및 김영삼 제명이라는 79년의 잇따른 반동적 탄압 사태를 중첩적 계기로 삼아, 다섯째 그에 분노한 부산·마산 민중들이 학생들의 가두시위와 결합하면서 폭발적으로 발생한 것이었다.

이러한 부·마민주화항쟁의 배경분석은 크게 보아서 민주주의 국가를 본질적으로 염원하는 우리나라 사람들이 당시에 처해 있던 시련을 감내하는 데에서 비롯된 정당한 문제해결방식의 일환이라는 관점에서 안출되었다고 할 수 있다. 따라서 부산에서 발생한 그와 같은 우리나라 사람들의 염원을 반영한 반정부시위에 참여한 사람들에 대하여 '불량배'라고 규정한 내무부장관의 발언103)은 당시의 집권세력의 우리나라 사람들에 대한 모멸적인 비민주적인 시각을 상징적으로 드러내고 있다. 이 배경분석에서 지적된 바와 같이 특히 유신체제는 경제면에 있어서 외형적인 고도성장에 치우치는 정책을 일방적으로 추진함으로써 전술한 바 있는 「3·1민주구국선언」에서 우려한 비정상적인 경제구조를 낳게 된 데에서 비롯된 빈곤과 부패현상 등은 윤리·도덕을 훼손함은 물론 사회정의도 손상시켜 당연히 우리나라 사람들의 공분을 사기에 충분했다. 더욱이 민주주의 국가 혹은 민주사회의 일원으로서 진리를 향해서 면학하고 있는 대학생들에게는 그와 같은 불의와 부도덕, 빈부격차, 정치적 탄압과 법의 훼손 등은 결코 간과할 수 없는 국가·사회적 문제였다. 그렇다면 여기에서 부·마민주화항쟁을 촉발시킨 부산대학교 교내에서 배포된 시국선언문의 일부를 살펴보기로 한다.104)

청년학도여. 지금 너희들은 어디서 무엇을 하고 있는가. 우리의 조국

---

103) 이수언, 앞의 논문, 1985, 290쪽.
104) 조갑제, 『박정희 12: 부마사태 전후』, 조갑제닷컴, 2007, 267~268쪽.

은 심술궂은 독재자에 의해 고문받고 있는데도 과연 좌시할 수 있겠는 가. (…중략…) 특히 고도성장정책의 추진으로 빚어진 수없는 부조리, 그 중에서도 재벌그룹에 대한 특혜금융이 그들의 기업을 확대하고 발전시 키기보다는 기업주 개인의 사욕을 채우기에 급급했으며, 특수 권력층과 결탁하여 시장을 독점함으로써 시장질서를 교란시켜 막대한 독점이윤을 거두어 다수의 서민대중의 가계를 핍박케 했던 것도 사실이다. 그뿐만 아니었다. 정부나 기업은 보다 많은 수출을 위하여는 저임금 외의 값싼 상품공급은 없는 것으로 착각하고 터무니없이 낮은 생계비 미달의 저임 금을 지불하고서도 그것이 과연 전체 국민의 후생을 증대시켰다고 할 수 있겠는가!

(…하략…)

폐정개혁안
  1. 유신헌법 철폐
  2. 안정성장 정책과 공평한 소득분배
  3. 학원사찰 중지
  4. 학도호국단 폐지
  5. 언론집회결사의 완전한 자유 보장
  6. YH사건에서와 같은 완전한 자유 보장
  7. 전 국민에 대한 정치적 보복 중지

모든 효원인이여, 드디어 오늘이 왔네!
1979년 10월 16일 도서관으로!

이미 앞에서 지적된 바와 같이 당시의 집권세력은 국민의 자유와 권리를 탈법적으로 억압해서 권좌를 유지하려 함은 물론, 외적으로는 수출증대라는 명목 하에 소수의 부유계층을 제외하고는 대다수 국민들의 경제적 궁핍을 강요하였음을 이 시국선언문을 통해서 다시금 확인할 수 있다. 그러므로 당시의 우리나라 사람들의 염원을 대신해서 부산의 대학생들은 '폐정개혁안'에서 제시된, 비민주적으로 제정된 유신헌법의 폐지와 공평한 소득분배 등의 정의의 실현을 강력히 요구하고 있다. 또한 학원사찰 중지라든가 언론집회결사의 자유 등은 당시에 우리나라 사람들에게 있어서 상실된 정치적·사회적 자유를 되찾고자 하는 열망을 반영하고 있다.

한편 부산에서 버스로 불과 1시간 거리에 있는 마산에 부산 시민들과 학생들의 유신체제에 대한 항거 시위소식이 전해진 때는 10월 16일 밤 이후였고, 18일에는 경남대학교 교내 소재 도서관 앞에서 한 학생의 "경남대 학우들아, 우리는 데모도 못한단 말인가?", "지금 부산에서는 우리의 학우들이 유신독재에 항거하며 피를 흘리고 있다", "3·15의거의 정신을 되살리자" 등의 구호를 외치는 것을 시작으로 교내시위가 발생한 데에 이어 이 시위는 마산시내로까지 확산되어 2,000여 명의 시민들이 200여 명의 학생들과 합세하여 파출소 습격, 공화당사 파괴 등에 이르게 되었고, 급기야는 10월 20일에 마산 지역작전사령관 명의로 마산시 및 창원 지역 일원에 위수령이 발동되기에 이르렀다.[105] 이러한 마산지역의 시민들과 학생들의 시위는 부산지역에서 발생한 시위와 마찬가지로 정치·경제·사회 면에서 상실되고 훼손된 민주주의의 회복을 염원하는 우리나라 사람들의 의연한 의사표현임에 틀림이 없다. 끝으로 부·마민주화항쟁의 역사적 의의를 밝혀놓은 글을 소개하면 다음[106]과 같다.

첫째, 유신 정권붕괴의 결정적인 계기로 작용하였다는 점이다. 당시

---

105) 이수언, 앞의 논문, 1985, 297~299쪽 참조.
106) 학술단체협의회 편, 앞의 책, 1999, 195쪽.

전국 각 대학으로 확산되어갈 조짐을 보이던 유신 말기 반독재 항쟁의 거대한 중심으로 솟아오르면서 정권 내 권력 암투를 보다 급속히 자극하여 10·26사태와 공화당 정권[107] 몰락의 결정적 계기로 작용했던 것이다. 둘째, 서슬 퍼런 긴급조치 시대의 그 숨막히는 억압구조를 뚫고 4월혁명 이후 처음으로 대규모 민중항쟁의 지평을 다시 열게 되었다. 부마항쟁은 학생운동이나 소수 명망가들에 국한되어 있던 70년대의 그 어떤 반독재 민주화운동보다도 정권에 치명적인 타격을 가했으며, 그로써 답보 상태에 있던 70년대 학생 및 재야 중심의 민주화운동의 한계를 뛰어넘는 계기를 마련했다고 볼 수 있다.

사실 당시까지만 하더라도 강고해 보였던 유신체제가 붕괴되는 계기가 마련된 것은 이 글에서 나타난 바와 같이 부·마민주화항쟁이 발생했기 때문에 가능했다고 볼 수 있으며, 대다수의 우리나라 사람들의 의사를 실질적으로 표출한 데에서 1970년대의 민주화운동을 뜻 깊게 마감하는 결과를 가져왔다. 그리고 덧붙여서 부·마민주화항쟁의 역사적 의의를 말한다면 인간의 존엄성을 존중하는 우리나라 사람들의 염원과 신념을 포기하지 않는 민주정신의 발현이며, 나라와 사회의 위기를 폭넓게 수습해 나가려는 우리나라 사람들의 본래적인 정치의식의 의연한 표출[108]이었다.

---

107) 원문에는 '박 정권'이라고 되어 있으나 좀 더 포괄적인 의미에서 '공화당 정권'으로 본 서에서는 규정하고자 했다.

108) 10·26사태의 주동자인 김재규 중앙정보부장은 10·26사건의 재판과정에서 다음과 같이 진술하였다. "부산사태는 그 진상이 일반 국민에게는 잘 알려지지 않았지만 굉장한 것이었습니다. 본인이 확인한 바로는 불순세력이나 정치세력의 배후조종이나 사주로 일어난 것이 아니라 순수한 일반 시민에 의한 민중봉기로서 시민이 데모대원에게 음료수와 맥주를 날라다 주고 피신처를 제공하는 등 데모하는 사람과 시민이 완전히 의기투합하여 한 덩어리가 되어 있었고, 수십 대의 경찰차와 수십 개 소의 파출소를 파괴하였을 정도로 심각한 것이었습니다."(조갑제, 앞의 책, 2007, 303쪽에서 재인용) 이 진술은 정확한 사실여부를 차치하더라도 부·마민주화항쟁은 국민의 인권을 유린하는 집권세력에 의한 민주주의 말살행위에 대항하여 상실된 민주주의를 되찾기 위해 부산과 마산 지역

3.3. 광주민주화항쟁에서의 시민의식

광주민주화항쟁(5·18민주항쟁)은 5·17비상계엄확대조치에 항의하는 학생들의 시위를 진압하기 위해 광주에 투입된 공수특전단의 초강경 유혈진압에 맞서 1980년 5월 18일부터 27일까지 광주시민들이 전개한 민주화항쟁을 말한다.109) 그리고 광주민주화항쟁은 광주와 인근 15개 시·군에서 1백여만 명이 참여하여 공식 확인된 사망자 154명,110) 행방불명자 74명, 상이 후 사망 95명, 부상 3,310명, 구속 구인자 1,430명, 총 5,063명에 이르는 인명피해를 낳았다.111)

광주민주화항쟁은 10·26사태 이후 경과된 일련의 정치일정에서 우리나라 사람들이 겪은 끝나지 않은 시련이 예고됨을 생생히 확인시켜준 항쟁이었다. 그리고 광주민주화항쟁은 부·마민주화항쟁에서와 마찬가지로 국민으로서 민주주의를 표방하는 나라에서 집권세력에 의해서 버젓이 행해지는, 더 이상 묵과할 수 없는 비인간적이며, 반민주주의적인 횡포에 대하여 우리나라 사람들에 의해 표출된 정당한 의사표현이었다고 볼 수 있다. 또한 광주민주화항쟁은 12·12쿠데

사람들이 결연하게 의사표현을 실행에 옮긴 우리나라의 대표적인 민주화운동의 일환으로 볼 수 있다.

109) 한국사사전편찬회 편, 앞의 책, 1990, 470쪽.

110) 실제의 사망자 수는 이보다 많을 것으로 추산되는바, 800여 명 사망설(아놀드 피터 목사)과 1,000여 명 사망설(김대중 씨: 1987년 12월) 등이 있다(김호진,『한국정치체제론』, 박영사, 1997, 301~302쪽 각주 참조). 이러한 다수의 희생자들의 발생은 시민들에 의한 민주화운동은 많은 시민들의 희생이 뒤따르게 됨을 입증해 주는 경우라고 할 수 있으며, 이러한 사실은 21세기에 접어들어서도 예외 없이 되풀이되고 있다. "2011년 6월 현재 2011년 1월 튀니지에서 발생하여 아랍 주요국들 중의 일부 국가로 진행된 민주화 운동 상황은 리비아의 경우 내전으로의 확대 양상을 보이고 있으며, 유엔 추산으로는 시위사망자들은 1만~1만 5,000명이며, 시리아의 경우 탱크를 앞세운 무차별 학살로 인권단체 추산으로 시위사망자들은 1,100~1,200명이고, 예멘의 경우 내전으로의 확대 우려 속에 시위사망자들은 인권단체 추산으로 900여명에 이르고 있다"(≪한겨레≫, 2011. 6. 13, 15면 참조)는 데에서도 확인할 수 있다.

111) 6월민주항쟁계승사업회 편,『6월항쟁을 기록하다』1, 민주화운동기념사업회, 2007, 114쪽.

타[112]를 주도했던 신군부가 5·17비상계엄확대조치를 통해 정권장악 기도를 노골적으로 드러내자 광주시민들이 반대 시위를 벌인 것이 계기가 되어 5월 18일부터 27일까지 10일 동안에 걸쳐 일어난[113] 우리나라 사람들에 의한 민주화항쟁의 일환이기도 하다.

그러나 광주민주화항쟁은 보통의 민주화항쟁에서는 그 유례를 찾아볼 수 없을 만큼 신군부가 장악하고 있던 특수부대에 의한 발포와 살상행위로 시민들의 인명피해는 가혹했다. 비근한 예를 들어보면, 광주민주화항쟁 당시에 시민군의 화물차 운전사였던 한 광주시민은 1980년 5월 27일 체포되어 군부대로 끌려간 지 여섯 달 만에 앞니가 네 개가 부러지고 다리를 절며 귀가한 경우를 들어볼 수 있다. 이후 그는 '외상후 스트레스 장애'를 앓다가 이혼, 암투병 등의 생활을 한 끝에 어린 나이에 가출하여 유흥업소에서 생계를 꾸려가던 딸을 남겨두고 2004년에 자살로 43세의 생을 마감하는 비극적인 삶[114]을 보여주고 있다. 광주민주화항쟁이 발생한 1980년 5월의 상황을 신군부의 동태를 중심으로 다음[115]과 같이 간략히 확인해 보기로 한다.

---

112) '12·12사태'라고도 불린다. "1979년 12월 12일 전두환을 중심으로 한 군부 내 강경소장파가 감행한 반군쿠데타. 청와대 경호실·보안사·수경사·특전단 등 수도권 핵심지역에서 박정희의 비호 아래 세력을 키워온 육사 11기 출신의 〈정치장교〉들은 10·26사태 이후 군부 일각에서 '차제에 정치군인을 제거해야 한다'는 주장이 대두되고 정승화 육군참모총장이 계엄사령관에 취임하면서 곧바로 수도권 지역 군부 주요 지휘관을 자파 세력으로 개편하자 이에 불만을 품고 보안사령관 겸 합동수사본부장 전두환 소장을 중심으로 쿠데타를 단행, 12월 12일 저녁 7시경 정승화 계엄사령관을 김재규 내란방조죄로 체포했다. (…중략…) 이들은 그후 전두환 소장의 중앙정보부장서리 겸직과 함께 〈5·17 계엄확대조치〉와 〈광주민주화운동 유혈진압〉을 통해 정치무대 전면에 등장, 제5공화국 군사정권의 핵심세력이 된다. 이 사건은 10·26사태 이후 국민의 민주화 열기에 찬물을 끼얹고 역사를 후퇴시킨 반동 쿠데타였다."(한국사사전편찬회 편, 앞의 책, 1990, 436~437쪽)

113) 김호진, 앞의 책, 1997, 301쪽.

114) 《한겨레》, 2007. 10. 29, 10면.

115) 서중석, 『한국현대사 60년』, 역사비평사, 2011, 165쪽.

전두환 등 신군부는 5월에 들어와 '권력 접수' 시나리오대로 움직이고 있었다. 5월 초에 군 배치 계획을 세우고, 14일부터 군대를 이동시켰던 바, 15일에는 양평 주둔 20사단이 잠실체육관과 효창운동장으로 이동했다. 17일 오전 11시 국방부에 모인 44명의 지휘관은 계엄의 전국 확대, 비상기구의 설치, 국회해산 등을 결의했다. 공공연히 쿠데타를 일으키자고 결의한 것이다. 이날 밤 9시 30분에 열린 국무회의에서 신현확 총리가 의사봉을 두드리자 주영복 국방장관이 비상계엄이 전국으로 확대되었다고 발표했다. 입을 다물고 있던 각료들은 서명을 요구받았다. 모든 것이 10분 만에 끝났다. 계단과 복도에는 군인들이 줄지어 있었다. 지역계엄은 국방장관의 지휘감독을 받아야 하는데, 전국계엄은 계엄사령관이 바로 대통령과 연결되어 있어 허수아비 대통령을 끼고 군이 하고 싶은 대로 할 수 있었다. 쿠데타는 미국과 일본의 지원을 받았다. 군지휘관들의 공공연한 쿠데타 결의나 20사단 이동 등은 미국과 무관하게 진행될 수 있는 사항이 아니었다.

이러한 5월의 신군부의 동태는 민주주의 국가를 소망하는 우리나라 사람들로서는 도저히 수용할 수 없는 군사정권의 출현을 예고하는 것이기도 했다. 그러나 그 당시에는 대다수의 우리나라 사람들로서는 이러한 신군부의 정권탈취 책동을 5월 17일의 비상계엄조치[116] 가 시행될 때까지는 실감하지 못했다. 이러한 점에서 5월의 신군부의 동태는 우리나라 사람들의 군사정권 책동에 대한 반대라든가 거부에 해당되는 일체의 행위는 결코 용납하지 않겠다는 불길한 사태를 잉

---

116) 비상계엄령 전국 확대와 더불어 18일 0시를 기해 전·현직 국가원수 비방금지, 정치활동 중지, 대학 휴교 등 계엄포고령 10호 발표/계엄사, 내란음모 혐의로 김대중 등 33명 구속 등이 뒤따랐다(정해구 외, 『6월항쟁과 한국의 민주주의』, 민주화운동기념사업회, 2004, 223쪽).

태하고 있는 움직임이었다. 더욱이 이 글에서 밝히고 있는 바와 같이 미국의 지지를 받은 신군부의 동태는 최악의 상황도 불사하는 성향을 지니고 있었다. 다음은 '폭도', '폭동', '약탈', '무정부상태', '고정간첩과 불순분자의 폭력난동' 등으로 신군부가 장악하고 있는 언론의 선전117)등의 허위보도로 당시에 철저히 은폐되었던 광주민주화항쟁 초기의 상황을 다음118)과 같이 개략적으로 살펴보도록 한다.

5월 17일 21시 40분, 비상계엄 확대안이 비상국무회의를 통과한 직후 신군부는 서울, 광주, 전주, 대전에는 유사시 특수임무를 수행하는 공수부대를, 대구와 부산에는 해병대를 급파했다. 이로 미루어보면, 서울, 광주가 신군부의 우선적인 주요목표였다.

서울에는 1, 3, 5, 9, 11, 13 등 7공수여단(여단장 신우식 준장)을 제외한 특전사 병력 전부와 최강 전투력을 보유한 20사단을 배치했다. 2군 예하 중앙기동 예비부대인 7공수여단은 '신군부의 정예부대'였다. 그들은 처음부터 시위진압장비가 아닌 전투장비로 무장하고 광주에 투입되었다. 이것이 비극의 씨앗이었다.

17일 자정 전남대에 진주한 33대대는 아무것도 모른 채 교내에 있던 학생들을 무차별로 진압봉과 군화로 초주검을 만들었다. 이들이 맞아서 밤새 퉁퉁 부은 얼굴로 팬티만 입은 채 본관 1층 복도에 꿇어앉아 있었는데 아침 7시경 휴교령이 내린 줄도 모르는 면학파 학생들이 교문으로 들어가려다 군인들에게 잡혀 구타당했다.

이 소식이 전해지자 학생들이 정문 앞으로 모여들었다. 10시, 2백여 명이 모이면서 용기를 얻은 학생들이 공수부대의 학교 점령을 비난하면서 구호를 외쳤다.

---

117) 6월민주항쟁계승사업회 편, 앞의 책, 2007, 109쪽.
118) 6월민주항쟁계승사업회 편, 위의 책, 102~108쪽.

'비상계엄 해제하라!', '공수부대 물러가라!'

33대대장 권승만 중령의 공격명령과 함께 무자비한 공격이 시작되었고 학생들은 피투성이로 쓰러지기 시작했다. 같은 시각 광주교대와 조선대, 전남대 의대에도 비슷한 상황이 벌어졌다. 학생들이 이 소식을 시민들에게 전하기 위해 스스로 도청 앞으로 행진했다.119)

(…중략…)

시내 여러 곳에서 공수부대의 처참한 공격을 목격한 시위대의 손에 누가 먼저랄 것도 없이 자연스럽게 무기가 될 만한 각목, 쇠파이프 등이 쥐어지기 시작했다. 그리고 변두리 동네인 산수동, 계림동 부근에서는 시내에서 벌어진 시위를 전하는 유인물이 나돌았다.

(…중략…)

19일 착검한 소총과 곤봉으로 무장한 공수부대 병력은 시민들을 향해 돌진해 닥치는 대로 휘둘렀다. 금남로는 순식간에 비명과 유혈이 낭자한 아비규환으로 떨어졌다.

오후 들어 건물과 골목에 피신해 있던 시민들은 다시 모였다. 오전에 볼 수 없었던 40대 이상의 장년과 부녀자들도 다수 참여했다. 공방이 계속되면서 시민들은 점차 불어났다.

(…중략…)

계엄분소는 오후 6시를 기해 계엄공고 제4호를 발표 밤 9시부터 다음 날 새벽 4시까지로 통금을 연장했다. 11시에는 계엄군과 경찰을 묶어 36

---

119) 이러한 초기의 상황을 2008년도에 미국에서 출간된 한 외서 중에는 "광주시의 학생들이 파업 중인 노동자들과의 연대를 과시하기 위해서 도로를 점거했으며, 진압경찰들이 무력으로 대응을 하여 최소한 240명이 살해되었다"(Burnell, Peter and Rundall, Vicky, *Poitics in the Developing World*, New York: Oxford University Press Inc., 2008, p. 504)는 등의 부정확한 사실을 기록하고 있어 여전히 해외의 일각에서도 민주화운동으로의 광주민주화항쟁의 실상이 잘못 알려져 있음을 확인할 수 있다. 원문을 소개하면 다음과 같다. "Students in Kwangju city took the streets to show solidarity with striking industrial workers. The riot police reacted with force, leading to at least 240 deaths."

개 지점에 합동배치해 삼엄한 경계를 폈다. 18일 7여단 33, 35대대의 행위는 시위진압이라기보다는 시민을 상대로 한 일대 학살극이었다. 진압봉과 군화뿐만 아니라 대검을 사용했으며, 그 대상도 청년은 물론 노약자에 이르기까지 거침없었다. 부상자에게 응급조치는커녕 개처럼 끌고가 트럭에다 던져 버렸다. 2군사령부 상황일지 상으로 이날 연행자는 대학생 149명, 고교생 6명, 재수생 66명, 일반시민 184명이었다. 이 중 68명이 두부외상, 자상 등이었고 12명은 중태였다. 그러나 실제상황은 이보다 훨씬 많을 것으로 본다.

(…중략…)

밤새 내리던 비가 그친 20일 10시경 대인시장 부근에 시민 1천여 명이모이기 시작했다. 주로 인근 상인과 주민들이었다. 새벽 6시경 사직공원근처에서 온몸이 짓이겨진 참혹한 주검(김암부, 36세)으로 발견된 것 등전날 진압의 잔학성과 피해 상황 소식에 모두 치를 떨었다. 노인들은 6·25보다 참혹하다고도 했다.

(…중략…)

계엄군의 발포 후 광주 전역의 병원은 총상환자들의 신음으로 넘쳐났다. 사망자와 부상자를 실어나르는 운전자, 혼신으로 이들을 살려내려고애쓰는 의사와 간호원, 그리고 헌혈행렬이 광주의 풍경이었다. 21일 오전 8시를 기해 전국 각지에서는 광주행 운행이 중단되었다.

전날 새벽까지 지속된 '신역공방' 이후 3여단은 전남대로 철수하고 7여단 11여단은 조선대로 밀려났다. 동이 트자, 신역에서 시신 2구가 발견되었다. 태극기를 덮은 시신을 앞세우고 수만 시민은 행진을 시작했다. 10시경에 10만을 넘어섰다.

이상은 5월 17일 자정 무렵 광주의 대학교 교내에서 단지 학교에있었다는 이유만으로 공수부대원들의 진압봉과 군화로 대학생들에 가해진 무차별적인 폭행이 발단이 되어 발생한 시위상황에서 급기야는 발포에까지 이르게 된 공수부대의 잔혹한 살상행위에 대하여 공분한 광주시민들의 시위참여가 본격화된 21일 오전까지의 개략적인 상황별 내용이다. 이러한 광주민주화항쟁의 초기의 상황들로 볼 때 광주시민들의 의사표현은 폭도들의 난동이라든가 고정간첩 혹은 불순분자들의 선동과는 무관하다. 광주민주화항쟁은 민주주의를 표방하는 나라에 살고 있다고 믿는 우리나라 사람들이 더 이상의 모멸과 치욕을 견딜 수 없는 민주시민으로서의 자각을 분명히 보여준 민주화운동의 일환임에 틀림이 없다. 또한 광주민주화항쟁은 민주공동체를 파괴하려는 세력들에 대한 결연한 광주시민들의 의사표현이라고 볼 수 있다. 광주민주화항쟁기간 중에 광주시민 일동 명의 (1980. 5. 26)로 발표된 성명서인 「전국언론인에게 보내는 글」의 일부 내용을 인용하면 다음과 같다.[120]

전국의 언론인 여러분!

민족의 양심이 땅에 묻히고 민주주의의 등불이 가물거리는 이 급박한 시점에서 언론인은 진정 무엇을 말해야 되고 또 어떻게 해야 되겠습니까? 그 대답은 간단합니다. 모든 국민들이 언론인에게 무엇을 바라는가는 말할 필요도 없는 것입니다. 지금 광주에서는 제2의 군부독재를 저지하기 위해 젊은 대학생들과 시민들이 피를 흘리며 싸우고 있습니다.

애당초 유신잔당의 척결과 민주정부 수립을 부르짖는 순수한 대학생들의 평화적 시위를 질서유지, 진압이라는 명목 아래 저 잔인한 공수부대를 투입하여 이루 말할 수 없을 정도로 시민과 학생을 무차별 살육하였고 더군다나 발포명령을 내렸던 것입니다. 이에 우리 광주 시민 일동

---

120) 김영택, 『실록 5·18광주민중항쟁』, 창작시대사, 1996, 372쪽.

이 이 고장을 지키고 이 민족의 혼을 지키고자 분연히 총을 들고 일어섰던 것입니다.

이 성명서의 내용에는 제2의 군부 독재를 획책하기 위해서 투입된 공수부대의 유혈진압에 희생만을 강요당할 수 없는 시민으로서 정의를 수호하기 위한 행동임과 아울러 민주공동체인 '내 고장'을 지키겠다는 강한 사명의식이 피력되었고, 따라서 민족과 민주주의의 바탕을 이루는 인간의 존엄성이라는 본연의 가치를 지키기 위해 항쟁에 돌입했음이 천명되어 있다. 앞서 개략적인 광주민주화항쟁 초기의 상황에 비추어볼 때 이러한 시민들의 시위참여가 없었다면, 우리나라 사람들은 민주사회에서 살아가는 시민의 삶을 포기한 것이나 마찬가지이다. 그러므로 광주민주화항쟁은 인간의 존엄성을 지키고자 하며, 민주주의 국가 혹은 민주사회를 수호하고자 하는 민주시민들의 결연한 의사표현의 실행의 사례가 된다. 다음은 광주민주화항쟁의 배경을 5월 15일의 광주시내에서의 민주성회에서 낭독된 전남대학교 교수협의회 명의의 시국선언문의 일부 내용을 통해 분석해 보기로 한다.[121]

시국선언

우리는 지난날 구체제의 독선과 질곡 속에서 양심의 표현을 다하지 못했고 사회정의 구현에 능동적으로 행동하지 못했음을 깊이 반성한다. 구체제는 안보와 경제성장을 빙자하여 역사의 주체인 민중을 탄압하고 기만하기 위해 언론을 어용화하고 야당을 시녀화하기 위해 갖은 수법을 자행했다. 수많은 민주인사들은 그들의 생존권마저 유린당했으며 진실을

---

121) 이상식, 『역사의 증언』, 전남대학교출판부, 2001, 330~332쪽.

외치는 학생들은 학교에서 추방 수감되었고 전시효과적 경제정책에 노동자와 농민은 수탈당하고 일부재벌만을 비대하게 했다. (…중략…) 이를 직시한 우리는 구잔재를 청상하고 사회정의가 실현되는 자유민주국가로 발전하며 민족통일의 주체적 역량을 배양하기 위해 다음과 같은 사항을 결의하고 그 실천을 촉구한다.

1. 과도정부는 비상계엄을 즉시 해제하여 국군을 국토방위에 전념케하고 진정한 민의와 여론에 입각한 헌법을 제정하여 빠른 시일 안에 민주정부에 정권을 이양하라.

2. 학원(學園)의 주장은 긍정적으로 받아들여져야 하며 사학의 족벌체제는 추방되어야 하고 학원민주화의 저해요인과 사찰, 휴업, 휴교 등 일체의 외부간섭은 배제되어야 한다.

3. 언론은 하루 빨리 구체질을 탈피하여 공평하고 심층적인 보도를 통해 올바른 여론을 형성할 것이며, 새 역사창조의 민주대열에 앞장설 것을 촉구한다.

4. 구체제하에서 부당히 억압받아 투옥되고 미복권된 민주시민을 석방, 복권할 것이며 민주화를 저해하는 제반 악법을 폐기하라.

5. 노동자와 농민을 포함한 민중들의 생활을 보장할 수 있는 소득균배를 위한 제도적 장치가 마련되어야 한다.

6. 일반 국민은 과장된 사회혼란 선전에 오도되지 말며 민주화를 위한 진통을 이해하고 인내해 줄 것을 바라며 북괴는 국민의 철통같은 안보태세를 오판하지 마라.

7. 학생은 이성과 양식을 가지고 슬기롭고 평화롭게 행동하여 학원의 정상화에 앞장설 것을 바란다.

이 선언문은 작성자인 대학교 교수가 대학 이사회의 동의를 얻어 작성했음을 밝히고 있어 당시의 광주 지역 사람들의 여망을 대부분 반영하는 내용을 담고 있다고 봄이 타당하다. 더욱이 이 시국선언문은 앞에서 인용된 한 대학생이 작성한 것으로 알려진 부·마민주화항쟁을 촉발케 했던 시국선언문과 내용 면에 있어서 정치적 민주주의 회복과 공정한 소득분배, 대학의 자율화 및 자유화, 언론의 자유 등을 집권세력에게 요구한 점에 있어서 일치하고 있어 유신체제 전후로 한 정치·경제·사회면에서의 민주화를 전 국민이 열망하였음을 반영하고 있다.

이러한 점들을 고려해 보건대 광주민주화항쟁은 우리나라 사람들의 인간의 존엄성을 바탕으로 하는 민주주의의 회복과 정의로운 민주공동체의 지킴을 위한 결연한 민주화운동으로 귀결된다. 즉, 민주주의 국가임에도 소수 집권세력의 집권연장을 위해서 대다수 사람들의 자유와 권리를 박탈하고 탄압하며, 합법적이고, 공정한 절차와 방법에 의한 경제체제 운용은 멀리 한 채 소수 특권 재벌집단들의 불법적인 이윤추구에 따른 민생고의 심화를 가져오고, 이를 고발, 비판하지 못하게 언론에 재갈을 물리고, 나아가서는 총칼로 무소불위의 만행을 일삼는 반민주세력에 대항하는 결연한 시민의식에 의한 민주화운동의 일환으로 광주민주화항쟁을 설명할 수 있다. 그리고 광주민주화항쟁 중에 나타난 광주시민들에 의한 정의로운 민주공동체의 모습은 다음의 글122)에서도 확인할 수 있다.

광주의 열흘은 고난 가운데 자율적 나눔의 정신을 구현한 따뜻한 공동체가 얼마나 아름다운지 보여주었다. 외부와의 교통 통신이 두절된 상태임에도 누구 하나도 생필품을 사재기하지 않았다.

---

122) 6월민주항쟁계승사업회 편, 앞의 책, 2007, 114쪽.

그들은 모두 함께 부상자에게 피를 나누었으며 한꺼번에 두 되 이상의 쌀을 팔지도 사지도 아니했다. 수천 정의 총과 폭약이 수중에 있었지만 단 한 건도 사적으로 사용하지 않았다. 식품점과 약국은 다투어 시민군에게 음식과 의약품을 제공했다. 여성들은 김밥을 말아 학생 청년들을 먹였다. 수천억 현금이 보관된 은행의 금고는 안전했으며 관공서과 주요 시설물을 스스로 경비했다. 광주는 인간의 선한 의지와 이성이 꽃피운 대동세상을 잠시나마 보여주었다.

이 글에서 나타난 바와 같이 광주시민들의 시위참여는 민주주의를 표방하는 나라의 국민으로서, 그리고 공동체의 구성원으로서 차마 보아 넘길 수 없는 이웃의 고통과 슬픔을 함께 하겠다는 민주주의 정신[123]을 결연히 보여준 민주화운동의 일환이라고 할 수 있다.

3.4. 6월민주화항쟁에서의 민주국가관

1980년대의 민주화운동은 진리를 향하여 면학에 힘쓰는 대학생들에 의한 광주민주화항쟁 과정에서 나타난 미국의 역할[124]에 대한 숙고에서 비롯된 시위[125]도 있었음이 이전의 민주화운동과 부분적으로 다른 양상을 보이고 있다. 그러나 크게 보아서 1970년대의 우리나

---

123) Jacobs, Lesley A., *An Introduction to Modern Political Philosophy: the Democratic Vision of Politics*, New Jersey: Prentice-Hall, Inc., Simon & Schuster, 1997, p. 104 참조. 즉, "공동체는 민주주의적으로 발전되고 보존되어야 한다는 원칙이 있어야 존립한다"는 의견에 입각하였다.

124) 광주민주화항쟁이 진행되고 있던 1980년 5월 23일에 위컴 한·미 연합군 사령관이 연합사 소속 병력의 광주시위 진압동원에 동의했음이 알려져 있다(정해구 외, 앞의 책, 2004, 224쪽).

125) 이를테면 광주미공보관 방화사건(1980. 12), 부산미문화원 방화사건(1982. 3), 서울미문화원 점거사건(1985. 5), 김세진·이재호 분신사건(1986) 등을 들어볼 수 있다.

라 사람들의 민주화운동을 부·마민주화항쟁이 집약해서 표출한 것과 마찬가지로 6월민주화항쟁(6월민주항쟁)은 1980년대에 군사독재체제에 대항하여 우리나라 사람들에 의해 전개되었던 민주화운동을 응축시켜 전국적인 범위에 걸쳐 발생한 민주화운동의 일환으로 볼 수 있다.

광주민주화항쟁이 발생했던 1980년 5월과 6월을 이희호[126)는 다음[127)과 같이 회고하고 있다.

5월 30일 광주가 무력으로 진압된 참상을 목격하고 상경한 서강대 김의기는 유인물을 뿌리며 기독교회관 6층에서 떨어져 그 자리에서 숨졌다. 6월 9일 노동자 김종태는 신촌 대학가에서 노동3권의 보장과 광주학살 의분을 호소하는 전단을 뿌리고 분신했다.

이 두 젊은이의 외침과 희생은 우리나라 사람들의 변함없는 인간의 존엄성 실현을 위한 민주주의에의 간절한 소망을 나타냈다고 볼수 있다. 민주주의는 인간의 존엄성을 밑바탕에 두고 성립된 이념이며, 제도이고, 생활방식이며, 사고방식이요, 신념이자 감정임에 틀림이 없다. 이들이 우리나라 사람들이 수많은 인고의 세월을 거치면서 지키고자 했던 민주주의를 포기할 수 없음을 생생히 알리고 일깨우고자 했음을 이후의 1980년대의 우리나라 사람들의 일관된 정치·사회적 의사표현 등이 웅변해 주고 있다. 여기에서 이 두 젊은이가 남긴 유서의 일부분을 살펴보도록 한다. 먼저 김의기[128)는 1980년 5월

---

126) 김대중 전 대통령의 영부인임.

127) 이희호, 『동행: 고난과 역경의 회전무대』, 웅진지식하우스, 2008, 265쪽.

128) 1959년 4월 20일 경북 영주군 부석면 용암리 출생. 1976년 2월 배명고등학교 졸업. 1976년 3월 서강대학교 경상대학 무역학과 입학. 1977년 서강대학교 KUSA 하계 농촌 활동 대장. 1978년 후배들과 소그룹 학습을 시작. 농업문제 연구 모임에 참여하기 시작.

30일 오후 5시경 서울시내인 종로 5가에 소재한 기독교회관 6층에서 1인 시위를 한 후 투신한 바 있다. 그의 유서인 '동포에게 드리는 글'129)의 일부를 보도록 한다.

피를 부르는 미친 군홧발 소리가 고요히 잠들려는 우리의 안방에까지 스며들어 우리의 가슴팍과 머리를 짓이겨 놓으려 하는 지금, 동포여 무엇을 하고 있는가? 동포여 우리는 지금 무엇을 하고 있는가? 보이지 않는 공포가 우리를 짓눌러 우리의 숨통을 막아 버리고 우리의 눈과 귀를 막아 우리를 번득이는 총칼의 위협 아래 끌려다니는 노예로 만들고 있는 지금, 동포여 무엇을 하고 있는가? 동포여 우리는 지금 무엇을 하고 있는가? 무참한 살육으로 수많은 선량한 민주시민들의 뜨거운 피를 뜨거운 오월의 하늘 아래 뿌리게 한 남도의 봉기가 유신잔당들의 악랄한 언론 탄압으로 왜곡과 거짓과 악의에 찬 허위 선전으로 분칠해지고 있는 것을 보는 동포여, 우리는 지금 무엇을 하고 있는가?

(…하략…)

이 글에서 나타난 바와 같이 김의기는 광주민주화항쟁의 참상을 알리고 특수부대를 동원하여 무참한 학살극을 저지르고 민주주의를 압살한 채 집권한 신군부세력의 반민주적인 실상에 대한 국민적 관심과 경각심을 일깨우고자 하는 취지로 이 유서를 작성했다. 군부정권의 피를 부르는 압제 앞에서 대다수 사람들은 침묵의 깊은 늪으로 빠져들어가던 바로 그 때에 김의기는 자기를 희생하면서 의로운 의사표현을 단행했던 것이다. "민주주의는 모든 억압, 착취, 차별과 배

이후 농촌 활동 및 감리교 청년회 전국연합회 활동. 1980년 5월 광주 민중항쟁 목격(민주화운동기념사업회, 앞의 사이트, 민주주의/(열사/희생자)/김의기 참조).

129) 민주화운동기념사업회, 위의 사이트, 민주주의/(열사/희생자)/김의기.

제에 반대하는 사회나 상태를 의미하며, 의미해야 한다"[130]는 측면에서 본다면 김의기의 외침은 우리나라 사람으로서, 민주시민으로서 결연한 민주주의 회복에의 외침이요 인간의 존엄성 말살행위에 대한 용기 있는 고발이었다고 해도 과언은 아닐 것이다. 김의기의 자결이 있은 후 불과 보름도 채 되지 않은 6월 9일 오후 5시 50분경 서울에 소재하는 이화여자대학교 앞에서 김종태[131]는 1인 시위 후 분신하였다. 그가 유서인 「광주시민 학생들의 넋을 위로하며」의 내용의 일부[132]를 인용하면 다음과 같다.

국민 여러분.
과연 무엇이 산 것이고 무엇이 죽은 것입니까?
하루 삼시 세끼 끼니만 이어가면 사는 것입니까?
도대체 한 나라 안에서 자기 나라 군인들한테 어린 학생부터 노인에 이르기까지 수백수천명이 피를 흘리고 쓰러지며 죽어가는데 나만, 우리 식구만 무사하면 된다는 생각들은 어디서부터 온 것입니까? 지금 유신잔당들은 광주 시민 학생들의 의거를 지역 감정으로 몰아쳐(전라도 것들)이라는 식의 민심교란 작전을 펴고 있습니다.
국민의 의사를 몽둥이로 진압하려다 실패하자 칼과 총으로 진압하고서, 그 책임을 순전히 불순세력의 유언비어 운운하여 국민을 기만하고 우롱하고 있습니다.
국민들이 계엄철폐를 주장하면 계엄을 더 확대시키고 과도기간 단축

---

130) 서경석 외, 『한국민주주의의 현실과 도전』, 한울, 2008, 369쪽.
131) 1958년 6월 7일 부산 초량동 출생. 1973년 서울 삼진 특수철 입사. 1974년 소그룹 형제단 창단. 1975년 8월 중학 졸업자격 검정고시 합격. 1976년 3월 제일 산업중학 졸업. 1977년 12월 금마실업 감원 퇴사. 1979년 5월 제대 후 조나단 독서회 조직.(민주화운동기념사업회, 앞의 사이트, 민주주의/(열사/희생자)/김종태 참조)
132) 민주화운동기념사업회, 위의 사이트, 민주주의/(열사/희생자)/김종태.

을 요구하면 더욱 늘리려고 혈안이 되어 있으면서도 학생들에겐 자제와 대화를 호소한다니 정말 정부에서 말하는 대화의 자세란 어떤 것인지 궁금하기만 합니다.

안보를 그렇게 강조하면서도 계엄령 확대와 시민의 감시 등을 위해서 전방의 병력들을 빼돌려 서울로 집결시키는 조치는 정말 이해가 안 갑니다.

사리사욕이라는 것이 그렇게 무서운 것인가를 새삼 느꼈으며, 권력이 그렇게도 잡고 싶은 것인가를 새삼 느꼈습니다.

한 마디로 한국 국민들을 무시하고 있습니다.

(…중략…)

내 작은 몸뚱이를 불 싸질러서 국민 몇 사람이라도 용기를 얻을 수 있게 된다면 저는 몸을 던지겠습니다. 내 작은 몸뚱이를 불 싸질러 광주 시민, 학생들의 의로운 넋을 위로해드리고 싶습니다. 아무 대가없이 이 민족을 위하여 몸을 던진다는 생각은 해보지 않았습니다. 너무 과분한, 너무 거룩한 말이기에 가까이 할 수도 없지만 도저히 이 의분을 진정할 힘이 없어 몸을 던집니다.

김종태는 이 글을 통해서 무고한 광주시민들을 살상하고 집권을 도모하는 군부세력을 고발함과 아울러 이들에 대한 준엄한 경고를 보내고 있다. 그는 대다수의 우리나라 사람들의 민주국가에 대한 염원을 몰각하고 권력획득에 광분해 있는 군부세력을 맹렬히 질타하고 대다수의 우리나라 사람들을 대신해서 자신의 고귀한 생명을 불살라가면서까지 민주주의의 회복을 외치는 결단을 내렸다고 볼 수 있다. 이와 같이 이 두 젊은이의 의로운 외침과 결행은 1987년에 발생한 6월민주화항쟁으로 이어지는 민주국가 수립을 위한 우리나라 사람들의 고난에 찬 1980년대의 민주화운동으로 승화되어 갔다고 볼 수 있다. 다음은 1980년 5월 이후 1981년 3월까지 신군부가 민주주의를 철저히 말살하여 권좌로 나아가는 진행과정에 있어서의 주요사항을 사안별로 간략히 요약한 내용133)이다.

국가보위비상대책위원회(국보위)가 발족한 31일에 계엄사는 5월 22일 발표한 바와 같이 광주사태는 김대중이 배후조종해 발생했다고 주장하고, 7월 4일 김대중과 문익환 등 36명이 유혈혁명 사태를 유발해 현 정부를 타도하려고 했다면서 내란음모·국가보안법·반공법 등의 위반혐의로 군법회의에 이송했다. (…중략…)

국보위는 무단적 조치를 거침없이 자행했다. 우선 언론·출판 숙정에 나섰다. 6월 9일 당국의 광주사태 보도 강요에 이의를 제기했거나 진실을 알리기 위해 노력한 언론인 이경일 등 9명이 악성 유언비어 유포 혐의로 구속되었다. 7월 31일에는 『창작과 비평』등의 잡지를 포함해 정기간행물 172종을 폐간시켰다. 이어서 국보위 지시하에 언론대책반은 298명의 언론인을 언론사에서 추방했다. 보안사는 언론사주로부터 TBC-TV, DBS 방송 등을 빼앗고, 언론사를 대규모로 통폐합했다. (…중략…)

전두환·신군부는 사회악을 일소한다고 하면서 악명 높은 인권 유린 사태를 저질렀다. 국보위는 '불량배' 등을 6만여 명 연행했는데, 이 중 노동·농민운동가 등이 포함된 4만여 명을 군대에 보내 '삼청교육'을 받게 했다. 이는 기합, 고문 등으로 육체적 고통을 극대화하는 '순화교육'이었다. 삼청교육대원 후유증 피해자가 3천 명 내외였고, 후유증 사망자는 339명이었다. 10월 27일에는 계엄군이 전국 사찰에 난입해 승려 150여 명을 연행했다(10·27법난).

8월에 들어와 전두환·신군부는 형식적인 너울을 벗었다. 8월 16일 최규하가 대통령을 사임하고 27일에 전두환이 통대에서 99.9% 지지를 얻

---

133) 서중석, 앞의 책, 2011, 174~177쪽.

어 박정희, 최규하에 이어 세 번째로 체육관대통령이 되었다. 유신헌법에 준해서 만든 새 헌법은 10월 22일 국민투표로 확정했다. 대통령은 5천 명이 넘는 선거인단에 의해서 뽑게 되어 있었고, 비상조치권·국회해산권이 있었는데, 7년 단임이 눈길을 끌었다. 국회의원은 유신권력처럼 한 선거구에서 두 명씩 3분의 2를 뽑고 3분의 1은 전국구로 뽑는데, 그중 제1당이 3분의 2를 차지하게 만들었다. 5·16군사정권 비슷하게 11월에 정치풍토쇄신위원회를 발족시켜 국회의원 등 811명을 정치활동 피규제자로 묶었다. 10월 27일에는 악법 제조기구로서 국가보위입법회의를 만들었다. 입법회의는 누범자를 장기간 감옥에 가두어 두게 한 사회보호법, 언론 통제를 용이하게 한 언론기본법, 노동 통제를 훨씬 강화한 노동관계법을 제정하거나 개정했다.

선거인단에 의해 대통령이 되기 전에 전두환은 미국의 지지를 받고 있다는 것을 과시할 필요가 있었다. 그리하여 김대중이 1981년 1월 대법원 판결이 있고 나서 그날로 무기로 감형되었고, 그 다음 날에는 비상계엄령이 해제되었다. (…중략…)

1981년 3월 25일에는 국회의원 선거를 했다. 5·16정권은 여당만 밀실에서 만들어냈는데, 신군부는 그렇지 않았다. 이미 보안사 등 특수기관에서 작업을 해서 여당으로 민주정의당(민정당)을 조직하고, 제1야당으로 민주한국당(민한당)을, 제2야당으로 한국국민당(국민당)을 만들게 했다. 또한 진보세력의 출현이 필연적이라고 보고 그것에 대비해 민주사회당(민사당)도 만들도록 했다. 그래서 민정당은 1중대, 민한당은 2중대, 국민당은 3중대로 불렸다. 각 당의 공천도 경우에 따라서는 모처에서 조정해 주었다.

이처럼 신군부 세력은 권좌를 차지하고 이를 유지하기 위해 자신들에게 비판세력을 형성할 것으로 판단되는 정치인들과 언론인들을 비롯하여 사회·노동운동가들과 심지어는 특정 종교인들을 감옥에 가두거나, 활동을 규제하고, 부당하게 탄압하였고, 이에 따른 언론통폐합, 다당제를 가장한 단일정당체제의 구축 혹은 야당세력들의 분열[134] 등을 행했고, 언론기본법, 사회보호법, 노동관계법 등을 제·개정하였다. 이러한 일련의 신군부의 조치와 행태는 국민의 입과 귀를 틀어막고, 국민을 대표하는 국회를 유명무실하게 함은 물론 정당 활동을 무력화시키는 그야말로 확연한 군사독재체제의 구축을 위한 것임이 명백하다. 이를테면 "대다수 시민들이 민주적인 시행들과 제도들이 사회를 운영하는 최선의 방법이라고 믿으며, 어떠한 유력한 정치인들이 자신들의 이해관계를 표출하기 위하여 폭력을 사용하거나 속임수를 쓰거나, 아니면 여타의 위헌적인 수단에 의지하지 않으려 하는 것이다"[135]라고 함이 민주주의라고 본다면, 더 이상 그러한 조치와 행태는 민주주의와는 분명히 관련이 없는 것이다. 결국 그와 같은 신군부의 반민주적 집권행태는 우리나라 사람들에게 있어서는 또 다시 시련을 감내해야만 하는 인고의 세월을 예고하는 것이나 다름없었다. 이제 6월민주화항쟁의 개요를 다음[136]과 같이 정리해 볼 수 있다.

1987년 4월 13일 전두환 대통령이 개헌논의 중지와 제5공화국 헌법에 의한 정부이양을 골자로 하는 이른바 '4·13호헌조치'를 발표하자, 종교계 및 재야 각 단체에서 철회를 요구하는 성명이 잇따라 발표되었다. 민주헌법쟁취국민운동본부(국본)은 6월 10일 '박종철 군 고문살인 조작·은폐규탄 및 호헌철폐 국민대회'를 개최, 규탄대회를 민

---

134) 진보세력과 관련된 민사당의 창당에 신군부의 저의가 개입되었다는 것은 야권의 분열을 목적으로 한 것이라고 볼 수 있다.

135) Lee, Jae-Chul, 앞의 논문, 2005, 81쪽.

136) 한국사사전편찬회 편, 앞의 책, 1990, 492~493쪽 참조.

주헌법쟁취투쟁과 결합시켰다. 6만여 경찰병력을 투입한 원천봉쇄에도 불구하고 전국 18개 도시에서 일제히 일어난 이날 시위에 차량행렬은 경적을 울려 호응했고 연도의 시민들은 박수로 격려했다. 시청 1개소, 파출소 15개소, 민정당 지구당사 2개소 등 21개소의 공공시설물이 파손되고, 경찰 708명, 일반인 30명의 부상자(경찰 집계)를 내며 밤늦게까지 계속된 시위는 밤 10시부터 6월민주화항쟁의 '태풍의 눈'이 된 '명동성당 점거농성'으로 이어졌다.

한편 6월 9일 교내시위 도중 경찰이 쏜 직격최루탄을 맞고 쓰러진 연세대 이한열(20살, 경영학과)이 사경을 헤매는 사건이 발생하자, 12일 연세대생들의 '살인적 최루탄 난사에 대한 범연세인 규탄대회'를 시발로 전국 각 도시로 최루탄발사 규탄시위가 확산되었고, 국본은 18일을 '최루탄 추방의 날'로 선포, 최루탄 추방운동을 대대적으로 전개했다. 20일 국본은 성명을 발표, 4·13조치 철회, 6·10대회 구속자 및 양심수 석방, 집회시위 및 언론자유 보장, 최루탄사용 중지 등 4개항을 요구, 이들 요구가 받아들여지지 않을 경우, '국민평화대행진'을 강행할 것을 밝혔다. 24일 전두환 대통령과 김영삼 민주당 총재의 여야 영수회담이 결렬되자 26일 국본은 '평화대행진'을 강행, 전국 33개 도시와 4개 군·읍 지역에서 1백여만 명이 시위에 참가, 경찰서 2개소, 파출소 28개소, 민정당 지구당사 4개소 등이 파괴 또는 방화되었으며, 3,467명이 연행되었다. 6월민주화항쟁 중 최대 규모인 이날의 시위는 집권세력으로 하여금 「6·29선언」을 발표, 직선제개헌과 제반 민주화조치 시행을 약속케 하는 직접적인 계기가 되었다. 사무직 노동자 등 중산층이 대거 참여, 국민 전체가 정권에 등을 돌렸음을 보여준 6월민주화항쟁은 제5공화국 출범 이후 뜨거워진 국민의 민주화 열기가 폭발한 사건으로 제5공화국의 실질적인 종말을 가져왔다. 그렇다면 여기에서 당시의 우리나라 사람들의 여망을 대신하여 '명동성당 점거농성'에 참여했다고 볼 수 있는 시민들과 학생들의 명의로 6월 15일에 발표된 성명서인 「명동투쟁을 마치면서」의 일부의 내용137)을 살펴보도록 한다.

명동투쟁을 마치면서

저희들은 6월 10일부터 시작된 명동성당투쟁 민주시민, 학우입니다. 그동안 보여준 국민의 뜨거운 민주화 열망에 깊은 감사를 드리며, 여러분들의 뜨거운 성원과 지지 속에서만 가능했던 정치적 승리를 맞으며 농성을 푸는 입장을 밝힙니다.

1. 저희들이 농성을 푸는 가장 큰 이유는 명동투쟁에서 고양된 민주화투쟁의 열기를 민족민주운동세력의 더욱 높은 연대투쟁으로 승화시켜 우리의 완전한 승리, 즉 군부독재의 종식을 쟁취하기 위해서입니다. 저희들은 이 땅에 자주, 민주, 통일이 이루어지는 그날까지 끝까지 일치단결하여 투쟁할 것을 결의합니다.

2. 현 군부독재정권은 6·10 이후 계속된 명동투쟁을 조작, 분열시키려는 정치적 공작을 노골화했습니다. '폭도'와 '용공, 좌경'으로 시작한 저들의 조작은 급기야 사제단과 저희들의 굳건한 연대를 분열시키려 했습니다. 그러나 저희들은 사제단과 일치단결을 다시 한번 더 확인했으며, 앞으로의 민주화투쟁에서의 연대투쟁을 다짐합니다.

3. 따라서 우리는 다음을 결의하며 온 국민의 열망인 이 땅의 진정한 자주, 민주, 통일을 위하여 현 정권에게 다음과 같은 것을 엄중 촉구한다.

---

137) 6월민주항쟁계승사업회, 『6월항쟁을 기록하다』 3, 민주화운동기념사업회, 2007, 292~293쪽.

1) 4·13호헌조치의 철회

2) 6·10대회 관련 구속자 및 양심수의 전면 즉각 석방

3) 미국의 독재 조종, 호헌지지에 대한 즉각적인 중단

4. 우리는 4·13조치 이후 전국 각지에서 열화와 같이 솟아오르는 온 국민의 여망에 적극 동참할 것을 결의하며, 위 요구의 실현을 위한 비타협적인 투쟁을 전개할 것을 선언한다.

(…하략…)

6·10대회를 통해서 전국적으로 나타난 우리나라 사람들의 군부독재정치에 대한 강한 거부반응에 힘입어 진행된 '명동성당 점거농성'은 이 성명서에서 천명하고 있듯이 군부세력에 의해 크게 훼손되어 있는 헌법을 더 이상은 두고 볼 수 없다는 우리나라 사람들의 민주의식을 뚜렷이 대변하고 있는 의사표현이라고 할 수 있다. 이러한 우리나라 사람들의 반민주세력에 대한 결연한 의사표현인 6월민주화항쟁은 앞서 논의한 바와 같이 1980년대의 우리나라 사람들에 의한 민주화운동을 총괄한다는 의의를 지니고 있기도 하다. 이희호는 6월민주화항쟁에 의한 제5공화국의 종말을 미국의 역할과 관련시켜 다음[138]과 같이 기술하고 있다.

체포될지 모른다는 긴박함에서 연금해제로 반전된 상황을 당시 주한미국대사였던 제임스 릴리가 『아시아 비망록』(원제는 중국통, China Hands)에서 밝히고 있다. 레이건 친서가 완벽히 준비해 놓은 계엄령을 무산시키는 데 결정적 역할을 한 것이었다.

---

138) 이희호, 앞의 책, 2008, 273~274쪽.

(…중략…)

그날(6.19) 오후 늦게 전 대통령이 계엄령을 선포하지 않기로 결심했다는 전화가 오자 릴리 대사는 한국계 여성 비서로부터 열렬한 포옹을 받았다고 전한다. 그는 워싱턴에서 친서를 주도한 시거 차관보, 친서를 한국 외교부 루트가 아닌 미국대사에게 직접 전달하라고 코치한 김경원 주미대사, 계엄령 전에 면담일정을 받아낸 던롭 참사관의 의로움과 리브시 사령관(윌리엄 리브(Willian Livsey) 한미연합사 사령관)을 오찬에서 만난 우연이 합해져 선을 이루었다고 밝히고 있다.

이희호의 6월민주화항쟁 무렵의 상황에 대한 이러한 기록은 당시의 주미대사였던 미국인이 저술한 일종의 회고록에 근거를 두고 있기는 하지만, 이를 감안하더라도 우리나라의 전환기적인 상황에서는 미국의 역할139)이 어떤 식으로든 작용하고 있음을 추론해 볼 수 있다. 물론 당시에 계엄령의 선포를 무산시키려는 미국의 입장은 6월민주화항쟁에서 전국적으로 표출된 우리나라 사람들의 민주국가에의 열망을 고려하였을 것임에 틀림이 없다. 이런 점에서 6월민주화항쟁은 "3·1운동 이래 시위 참여자가 가장 많았고, 3·1운동처럼 전국 각지에서 각계각층이 참여"140)한 우리나라 사람들에 의한 민주화운동의 일환으로서 그 의의를 지니며, 다른 한편으로는 앞의 '명동성당

---

139) 이러한 미국의 역할은 1960년에 발생한 4·19 당시에도 작용하고 있었을 개연성이 크다. 박태균 교수는 4·19와 관련해 몇 가지 주목해야 할 에피소드를 다음의 네 가지로 들면서 "4·19에서 미국이 중요한 주체였다"고 주장하고 있다. 첫째, 참여한 지식인들 다수가 뒷날 권력의 편에서 활동했다. 둘째, 교수단 시위대의 일부는 당시 미국대사관의 권유를 받고 참여한 사람들이었다. 셋째, 시위가 한창일 때 미국대사의 차량이 경무대로 들어가는 모습이 목격되었다. 넷째, 4·19로 정권을 잡은 민주당 정부가 1년도 안 돼 4·19 주도세력에게 재갈을 물리려고 했다는 것 등이다.(≪한겨레≫ 2010. 4. 15, 7면) 아울러 4·19를 "혁명은 아니지만 1960년의 한국의 4·19의거처럼 '혁명적 방식'에 의해 민주화가 이루어지는 경우가 있다(양길현, 앞의 논문, 1996, 10쪽)"는 견해도 있으며, 이러한 견해에서 본다면 미국의 역할에 대한 다소 상이한 평가가 나올 수도 있음을 밝혀둔다.
140) 서중석, 앞의 책, 2011, 200쪽.

점거농성'에서 발표된 성명서에서 제시된 바 있는 자주, 민주, 통일 등을 아우르는 우리나라 사람들의 향후의 민주국가 수립 과제를 풀어나가기 위한 험난한 도정을 재확인해 주는 계기를 마련해 주었다.

4. 자주민·통일한국인·민주시민

8·15광복 이래 1970~1980년대에 이르기까지 우리나라 사람들은 끊임없이 민주주의에 터를 둔 나라와 사회를 염원해 왔고, 이를 이루고자 실질적인 노력을 아끼지 않아 왔다. 또한 1990년대와 2000년대에 채택된 「남북기본합의서」와 「6·15남북공동선언」을 통해서 특히 1960년에 정당 및 사회단체 연합(민족자주통일중앙협의회)에서 천명된 자주·평화·민주 원칙에 따른 남북통일을 위한 국민운동정신을 계승했다고 볼 수 있는 우리나라 사람들은 자주적이고 평화적인 남북통일을 이루고자 소망해 왔다. 이제 역사적 전환기의 제반 상황을 연출한 바 있었던 8·15광복시기, 1970~1980년대를 중심으로 각 시기별 상황의 특징과 시대적 과제, 그에 따른 우리나라 사람들의 대응방식 등을 지금까지 논의해 온 1~3절의 내용을 바탕으로 해서 개괄적으로 정리해 보기로 한다.

4.1. 민주화운동과 남북통합의 추진

8·15광복에 따른 해방정국은 북위 38도선을 경계로 남북한에 각각 미군과 구소련군의 진주와 맞물려 제정파와 각종 사회단체 등의 자주독립국가 수립과 관련된 의견의 다양한 표출과 각 정파 간의 치열한 대립과 갈등이 첨예하게 나타난 시기이다. 이러한 해방정국의 상

황에서 대두된 우리나라 사람들이 풀어야 할 과제는 자주독립국가를 건설함에 있어서 요청되는 것들로서 식민지적 유산의 문제, 외세와의 관계설정 문제, 분단국가인가 혹은 통일국가인가의 문제 등이라고 할 수 있다. 이에 대하여 이미 1절에서 논의한 바와 같이 해방정국의 혼란 속에서도 우리나라 사람들은 매우 관대하고 개방적인 태도를 보였으며, 3·1운동의 정신을 이어받은 당시의 우리나라 사람들은 자신들이 주인이 되는 자주독립국가의 국민이 되기를 소망했다. 이에 반하여 지도층에 있는 사람들은 그러한 우리나라 사람들의 포용적이며 민주적인 시국관을 바탕으로 해서 당면한 시대적 과제들을 해결해 나가는 데는 역부족이었다고 평가할 수 있다. 왜냐하면 남북 분단으로 귀결되는 상황과 식민지 유산을 풀어나가는 데에 매우 미흡했던 나라의 탄생을 대다수의 우리나라 사람들은 결코 바라지 않았기 때문이다. 다음으로 1970~1980년대의 대표적인 민주화운동이라고 볼 수 있는 부·마민주화항쟁, 광주민주화항쟁, 6월민주화항쟁 등을 차례로 정리해 보도록 한다.

부·마민주화항쟁은 유신체제에 따른 국민경제의 파탄, 정치·사회·경제적으로 광범위하게 퍼진 부정부패, 국민의 기본권 유린, 서민대중의 생존권 위협 등에 대한 우리나라 사람들에 의한 민주화운동의 일환이다. 1970년대의 시대적 과제라고 한다면, 한마디로 민주주의의 회복인바, 우선적으로 언론·집회·출판·결사의 자유를 비롯해서 사법부의 독립, 사회정의의 정립, 경제적 민주주의의 실현, 남북통일의 적극적인 추진 등이라고 볼 수 있다. 이에 따라 3절에서 서술된 바와 같이 부산과 마산 지역 사람들은 민주주의 회복을 위해 결연히 반정부시위에 참여했다. 이러한 부·마민주화항쟁은 10·26사태를 낳았으며, 이후 발생한 12·12쿠데타는 우리나라 사람들의 민주주의의 회복과 사회정의의 정립에 대한 여망과는 동떨어진 상황으로 이어지게 되어 결국 광주민주화항쟁이 촉발되는 상황이 발생되었다.

광주민주화항쟁은 5·17계엄령의 전국적 확대를 빌미로 하여 특수부대를 이용하여 신군부세력에 의해서 저질러진 광주시민들에 대한 그 유례를 찾아볼 수 없는 잔혹한 진압책동에 대응하여 광주 지역 사람들이 목숨을 걸고 비장하게 실천한 민주화운동이라고 할 수 있다. 이 당시에 우리나라 사람들에게 주어진 초미의 과제라고 하면 계엄령의 철폐, 특수부대에 의해 저질러지는 만행의 중단, 민주공동체의 수호 등이라고 볼 수 있으며, 광주민주화항쟁은 시기적으로 부·마민주화항쟁과 같은 무렵에 발생한 민주화운동으로서 언론·집회·출판·결사의 자유를 비롯해서 사법부의 독립, 사회정의의 정립, 경제적 민주주의의 실현 등에 있어서 동일한 과제를 안고 있었던 민주화운동이다. 그리고 이미 3절에서 서술된 바와 같이 광주시민들은 그러한 반민주적인 신군부 세력의 탄압에 굴복하지 않은 굳건한 민주시민의식을 발휘했으며, 특히 정의의 시민공동체를 지키고자 하는 결연한 의지와 실천을 보여주었다고 할 수 있다.

6월민주화항쟁은 1980년대 군사독재체제의 반민주주의적인 행태에 대한 민주화운동의 일환이다. 특히 광주민주화항쟁과 관련하여 민주주의 국가이자 우방인 미국이 취한 군부정권에 대한 지지의 성격을 지닌 정치·군사적 대처방식은 1980년대의 민주화운동에서 나타난 우리나라 사람들의 미국에 대한 비판적 시각과 무관하지 않다. 이 시기의 시대적 과제는 한마디로 군사독재체제의 종식이라고 할 수 있다. 또한 이 시대에서 요청되는 민주주의 국가수립을 위한 과제의 원칙으로는 자주, 민주, 통일 등으로 집약되기도 했다. 3절에서 밝혀진 바 있듯이 자신의 생명을 희생하여 민주주의의 회복을 외친 적지 않은 수의 젊은이들의 의사표현은 대다수 우리나라 사람들의 군사독재체제에 대한 반대의사를 분명히 확인시켜 주는 것이기도 했다. 6월민주화항쟁은 3·1운동 이래 전국적으로 각계각층의 사람들이 군사독재체제의 종식을 위한 단합된 시위참여를 했다는 점이 두드러진다.

한편 「남북기본합의서」가 채택된 1990년대 초두의 외부적 환경으로는 동구권의 민주화, 구소련의 해체, 남한과 구소련·중국과의 수교 등과, 내부적 상황으로는 남북분단으로 말미암아 남북한 사람들이 겪게 된 부자유와 불평등, 각종 폐해 등을 들 수 있다. 이 시기의 시대적 과제는 남북대화의 필요성, 남북긴장 완화를 위한 노력, 1970~1980대의 민주화운동에 따른 민주주의의 회복에 입각한 자주통일국가의 수립을 위한 남북관계의 발전 등이다. 2절에서 논의한 바와 같이 「남북기본합의서」를 통해서 우리나라 사람들은 남북통일을 위한 자주, 평화, 민족대단결 등의 3원칙을 지지하는 입장을 견지한 바가 있으며, 남북한 간에 다각적인 교류를 염원하였다. 또한 우리나라 사람들은 남북한 각각을 국가가 아닌 통일을 위한 중간단계에 있는 상태에 있음에 찬동을 표하였으며, 따라서 남북한은 하나의 공동체임을 분명히 하였고, 그러므로 남북한은 상호 존중하며, 개방적이고 자유로운 관계이어야 함을 확인하였다고 볼 수 있다.

「6·15남북공동선언」이 채택된 시대적 배경은 남한정부의 햇볕정책과 북한의 권력승계의 상황, 남한의 여야정권 교체 등과, 외부적 환경으로는 미국의 대북정책에서 남북관계의 진전의 권유 등을 들어볼 수 있다. 이 무렵 최초의 남북 간 정상회담에서 확인된 시대적 과제로는 남측의 '연합제안'과 북측의 '낮은 단계의 연방제안'의 유사성에 따른 남북 공동의 통일 모색과 경제·사회·문화·체육·보건·환경 등에서 적극적인 남북교류의 필요성 등이라고 할 수 있다. 2절에서 논의한 바 있듯이 이미 「남북기본합의서」에서 틀이 잡혀진 평화적인 남북통일을 위한 화해·협력정신에 입각하여 「6·15남북공동선언」에서 확인된 상호간의 체제인정에 따른 구체적인 통일단계의 원칙에 남북한 사람들과 남북한 당국자들은 찬동한 바 있다. 따라서 「6·15남북공동선언」 정신은 다름을 받아들이고 남북통합으로 확고히 나아가자는 정신이기도 하다.

4.2. 관용·개방적인 통일관과 민주국가관

지금까지 논의한 8·15광복 이후 현대사적 전환기의 상황에서 대두된 문제해결에 부심했던 동향을 지속적으로 나타낸 바 있는 우리나라 사람들에게서 표출된 정치의식은 근본적으로 자주민이며, 통일한 국인이고, 민주시민이고자 했던 정치관에 바탕을 두어 형성된 정치의식이기도 하다. 이제 이러한 우리나라 사람들의 정치의식의 특성들을 개괄해 보도록 한다.

해방정국의 상황에서 우리나라 사람들은 일제 강점기였던 지나온 만 35년 동안 우리나라 사람들에게 극악무도한 만행을 저지른 바 있는 일본인들에게 매우 관대하였고, 용서하는 자세를 보이기도 했다. 또한 우리나라 사람들은 해방정국의 혼란 속에서도 자주독립국가 수립을 위해서 특정한 정파만을 지지하지 않고 모든 정파를 포용하는 개방적인 정치관을 보여주었다. 이러한 개방적인 정치관은 이미 3·1운동 당시에 각계각층에서 참여한 우리나라 사람들의 개방적인 정치의식에 바탕을 두어 형성되었다고 볼 수 있다. 또한 3·1운동 당시에 확연하게 표출된 우리나라 사람들의 자주독립국가 수립 염원은 8·15광복 당시에도 변함없이 이어져 나타났다. 그리고 이미 1절에서 간략하게나마 논의된 바 있는 안호상이 제시한 일민주의 역시 배타적이지 않은 사해동포주의적 민족주의로서 개방적이고 포용적인 정치관을 내포하고 있다.

「남북기본합의서」와 「6·15남북공동선언」에 반영되어 나타난 우리나라 사람들의 정치의식은 상대방을 존중하는 개방적이고 포용적인 통일관과 아울러 미래에 갖추어지게 될 남북공동체의식에 바탕을 두고 있다. 따라서 우리나라 사람들은 남북공동체의 형성으로 나아가기 위한 남북 간의 다방면에 걸친 교류와 협력을 지지하는 입장을 견지하였으며, 또한 민주적인 방법에 의한 남북통일의 모색을 염원했다고 볼 수 있다. 다시 말하면 남북한 사람들 모두가 동의할 수 있는 평화적인 남북통일의 단계를 밟아나가는 것이 대다수의 우리나라 사람들의 염원인 것이다. 그리고 남북통일은 어디까지나 자주적으로 강구되어져야 한다는 우리나라 사람들의 굳은 믿음이 「남북기본합의서」와 「6·15남북공동선언」에서 한결같이 나타나 있기도 하다.

　1970~1980년대의 민주화운동 과정에서 우리나라 사람들에 의해 표출된 정치의식은 대체로 민주주의 국가에의 열망과 통일한국에 대한 소망에 바탕을 두었다. 즉, 대다수 우리나라 사람들의 의사에 반하는 비민주적인 정치적 행태를 결코 용인하지 않는 민주적 정치관을 우리나라 사람들은 견지하였고, 따라서 정치적 자유를 비롯하여 언론·집회·출판·결사 등의 자유를 회복하는 데에 희생적인 노력을 아끼지 않은 면모를 보이기도 했다. 그리고 불공정한 경제운용에 따른 각종 폐단과 폐해 등을 바로 잡고자 하는 정의관이 우리나라 사람들의 정치의식의 이면에 내재되어 있었다.

　이와 같은 점들을 고려해 보건대 인간의 존엄성을 존중하는 데에 근본적인 바탕을 두고 있는 민주공동체를 우리나라 사람들은 굳세게 수호하고자 하며, 이는 나아가서 도덕적으로 바로 세워진 나라의 건설을 지향하고자 한다고 볼 수 있다. 또한 외국과의 관계에 있어서 우리나라 사람들은 국내적으로 난국에 처한 상황이라 하더라도 기본적으로 외국에 의존하여 이를 타개하려는 입장보다는 "우리의 문제는 우리가 해결한다"는 입장에서 문제를 해결하려는 자주적인 정치의식을 지니고 있음이 일련의 민주화운동에서 나타나고 있다.

　요컨대 우리나라 사람들의 정치의식의 특성이라고 한다면, 개방적이며 포용적이라는 점, 남북통일공동체을 부단히 추구한다는 점, 인간의 존엄성을 존중하는 데에 토대를 둔 민주주의적인 방식에 의한 국정운영을 소망하고 있다는 점, 사회정의를 바로 세우고자 한다는 점, 자주적인 국가문제의 해결을 염원하고 있다는 점 등이다.

3부

한국인의 시민성

4장 한국인의 시민성 구성

2·3장에서 규명된 시민성의 기본 개념과 우리나라 사람들의 정치의식의 특성들에 기초한 한국적 시민성을 구성한다. 한국적 시민성의 특성을 구성하는 요소들은 3장에서 살펴본 전환기적인 상황에서 표출된 우리나라 사람들의 정치의식과 연관시켜 규명함과 아울러 우리나라의 역사, 문화, 종교 등과 관련된 문헌 및 기타 자료를 통해서도 확인해 보도록 한다.

1. 공동체의식과 개방성

3장에서 논의한 바와 같이 우리나라 사람들에게 있어서 역사적 전환기의 상황에서 독특하게 나타나는 정치의식이 있으며, 그러한 정치의식은 크게 보아 자주국가 수립에의 소망을 지닌 자주민, 통일한국을 이루기를 염원하는 통일한국인, 인간의 존엄성이 존중되는 민주국가의 국민으로서 갖추고자 하는 정치의식이기도 하다. 이러한 정치의식의 특성은 그 성질 면에 있어서 정치의식과 공통점을 적지 않게 지니고 있는 시민성의 관점으로 말하면, 우리나라 사람들에게 나타나는 시민성 역시 서양이라든가 아시아 지역 혹은 주변의 여러 나라에서 드러나는 시민성[1]과 구별되는 특성을 낳게 하는 바와 일정한 관련이 있다. 이러한 점에서 자주적이고 민주적인 우리나라를 이룩하기 위해서는 우리나라 사람들의 정치의식에 부합하는 민주주의의 제도·이념·생활방식 등이 요청되는 바와 마찬가지로 우리나라 사람들의 시민성에 따른 민주주의 발전을 위한 제도와 환경의 조성이 필수적으로 요청된다. 그러므로 3장에서 논의되어 구성된 우리나라 사람들의 정치의식의 특성들을 바탕으로 해서 우리나라 사람들에게서 나타나는 시민성의 연원을 살펴보고, 이에 따른 한국적 시민성과 서구적 시민성의 특성들을 비교해 봄으로써 우리나라 사람들의 시민성을 구성해 보도록 한다.

1.1. 한국적 시민성의 연원

2장에서 논의된 '시민성'이라고 함은 시민의 권리와 의무, 자유와 평등 등을 중시하는 성질을 지니고 있는 개념이라고 할 수 있으며, 의미상으로 자율성과 자치, 공동선, 정의, 관용, 참여 등의 이념, 사고 방식과 생활방식 등을 포함하고 있는 개념으로도 볼 수 있다. 또한 시민성은 공동체와 관련을 맺었을 때 성립[2]되며, 국가의존적인 정의

---

1) 예컨대 '동아시아 학문의 길'이라는 측면에서 일본, 중국, 월남 등과 우리나라의 비교에 관한 견해가 있다. 이 견해에 따르면 "일본의 정밀한 고증, 중국의 다양한 문화 체험, 월남이 보여준 유럽문명권의 두 강자를 물리친 충격, 한국인의 대담한 발상"이 지적된다. 비록 학문적인 관점에서 동아시아적인 특성을 구별한 견해라고 하더라도 이러한 의견은 곧, 동아시아적인 시민성의 특성과도 관련되는 의의를 지니고 있다(조동일,『동아시아 문명론』, 지식산업사, 2010, 386쪽 참고).

2) 김왕근, 「시민성의 내용과 형식으로서의 덕목과 합리성에 관한 연구」, 서울대학교 박사

(定義)3)가 주어지는 개념으로 통칭되고 있는 것으로 설명될 수 있으며, 도덕과 긴밀한 관계를 맺고 있는 개념이기도 하다.

한편 정치의식4)은 시민성에 비해 공동체와의 관련성을 긴밀하게 맺고 있다고는 볼 수 없지만, 역사의식과 민중의식 등과 연관성이 시민성에 비해 강하다고 할 수 있다. 이제 이러한 점들을 고려하고 3장에서 논의된 우리나라 사람들의 정치의식을 중심으로 해서 우리나라 사람들의 정치의식에서 드러나는 시민성의 성격과 견줄 수 있는 요인들을 구성해 보도록 한다.

해방정국에서 나타난 우리나라 사람들의 정치의식은 크게 보아 개방적이며, 공동체지향적인 특성을 보이고 있다. 이를테면 당시의 우리나라 사람들의 바람을 대신해서 '건준'은 사회주의 세력, 중도 세력, 보수주의 세력 등을 통합하려는 개방적이고 포용적인 입장을 견지했다. 또한 8·15광복 당시의 한결같은 우리나라 사람들의 국가관은 자주독립국가 수립에 있었기 때문에 국가공동체지향적인 시국관을 지니고 있었다고 할 수 있다. 이러한 포용성과 공동체지향성은 3·1운동 당시에 전국적인 범위에서 각계각층의 사람들이 참여하여 우리나라 사람들이 주인이 되고 우리나라 사람들에 의해서 운영되는 민주적인 자주독립국가 수립에의 열망을 표출한 정치의식을 계승한 것으로 파악된다.

「남북기본합의서」에서 남북한 간의 관계를 "나라와 나라 사이의 관계가 아니라 통일국가로 가기 위한 잠정적으로 형성되는 특수관

논문, 1995, 12쪽 참조.

3) 전현심, 「능동적 시민성 교육의 사회학적 고찰」, 성신여자대학교 박사논문, 2004, 67쪽.

4) 본서에서 정치의식을 영어로 'political conciousness'보다는 'political awareness'로 이미 규정한 바 있는데, 이는 해석학적(현상학적)인 측면이 강하며, 따라서 형식적이고 양적인 측면만으로는 설명이 충분히 되지 않는 개념적 의의가 있음을 밝히려는 취지에 따른 것임을 거듭 밝혀둔다.

계"라고 명시함은 우리나라 사람들의 미래지향적인 남북공동체의식을 확인했다는 점에서 그 의의가 크다. 이러한 남북관계에서 요청되는 정신과 자세, 행동방식 등은 대립과 갈등을 조정해 나가는 조화정신이라든가 이 과정에서 따라야 할 평화적이고 합리적인 상호존중의 자세, 교류 등에 기초해야 하는 개방성을 필요로 함은 물론이다. 그리고 「6·15남북공동선언」에서는 자주적인 남북통일을 분명히 했으며, "2체제 2정부를 그대로 놔두고 남과 북이 정상회의, 각료회의 등 상설협의체를 구성하여 모든 현안을 협의하고 집행해 나간다"는 남한의 '남북연합'안과 "연방국가의 외교·군사권을 지역정부가 갖는다"는 북한의 '낮은 단계의 연방제'안은 유사한 바가 있음을 인정함을 선언하고 있다. 따라서 남북통일 문제를 실질적으로 논의할 수 있는 통일공동체적이고 미래지향적이며, 상호 존중적인 남북관계의 진전을 가져올 수 있는 계기가 「6·15남북공동선언」에서 마련되었다고 볼 수 있으며, 아울러 미래지향적이고 남북공동체지향적인 우리나라 사람들의 통일관이 재확인되었다고 평가할 수 있다.

1970~1980년대의 전환기적 상황에서 발생한 우리나라 사람들에 의한 민주화운동으로 부·마민주화항쟁, 광주민주화항쟁, 6월민주화항쟁 등을 들 수 있다. 먼저 부·마민주화항쟁은 1970년대에 발생했던 제반 민주화운동을 통합한 민주화운동으로서 상실되거나 훼손된 우리나라 사람들의 기본권과 생존권, 그리고 사회정의를 회복하는 것과 아울러 경제 민주주의도 이룩하는 것 등을 표방한 바 있다. 또한 부·마민주화항쟁은 상실된 인간의 존엄성을 되찾음과 아울러 민주주의 국가 수립에 대한 우리나라 사람들의 강한 열망을 반영한 부산과 마산 지역을 중심으로 하는 우리나라 사람들의 적극적인 의사표현이라고 볼 수 있다. 광주민주화항쟁은 무엇보다도 잔악하게 유린된 인간의 존엄성을 되찾고 민주공동체의 파괴책동에 맞서 희생을

무릅쓰고 정의로운 공동체를 수호하고자 결연하게 의사표현을 하는 데에 임했던 광주지역을 중심으로 한 민주화운동이라고 할 수 있다. 6월민주화항쟁은 1980년대에 발생한 우리나라 사람들에 의한 제반 민주화운동을 통합한 민주화항쟁으로서 8·15광복 이래 자주적인 국가와 통일한국, 민주주의 국가 등을 지향하는 우리나라 사람들의 굳건한 믿음과 바람을 집약적으로 표현하였으며, 향후 우리나라의 민주주의의 확립을 위한 이정표를 마련했다고 볼 수 있다. 또한 6월민주화항쟁은 3·1운동 이래 시위참여자들이 가장 많았으며, 전국적으로 각계각층의 사람들에 의해 전개된 민주화운동으로도 평가된다.

이상으로 확인되는 우리나라 사람들의 정치의식에는 민주공동체와 통일한국을 지향하는 일종의 공동체와 관련된 정신적이고 심적인 측면이 있음이 분명하다. 왜냐하면 공동체라고 함은 대체로 "타인과 일체가 되어 협동관계를 맺고자 하는 심성적·정신적 현상과 관계로 개념화한 것"[5]이라는 점에서 우리나라 사람들은 민주주의 국가를 세우고자 하는 데에 한 마음이 되고자 했기 때문이다. 더 나아가서 우리나라 사람들은 민주주의를 훼손하는 부당한 사태에 직면하여 고통을 감내하는 한이 있더라도 반민주세력에 맞서 공동의 의사표현을 하는 데에 거리낌이 없다고 볼 수 있다. 그뿐만이 아니라 공동체를 존속시키기 위해서 필요로 하는 공동선이라든가 정의, 참여 등에 있어서도 우리나라 사람들은 무관심하거나 무책임하지 않았음을 특히 지금까지 논의한 바 있는 1970~1980년대의 일련의 민주화운동의 사례에서 확인한 바 있다. 따라서 이러한 공동체의식은 시민성과 불가분의 관계를 맺고 있는 정신이며, 태도이자 행동·사고방식과 연관된다. 즉, 시민공동체의 일원으로서 시민의 권리와 의무를 다하기 위해

---

5) 신용하 편, 『공동체이론』, 문학과지성사, 1994, 18쪽.

서 요구되는 정의감(正義感)이라든가 공익을 위한 양보와 헌신, 상대 방에 대한 존중 등과 관련된 도덕의식 및 규범의식을 우리나라 사람들은 결코 소홀히 하지 않았다고 볼 수 있다. 이러한 측면에서 우리나라 사람들의 정치의식은 시민성의 성격을 지니고 있음이 분명하다.

그 밖에도 우리나라 사람들에게서는 크게 보아 배타적이지 않은 정치의식이 나타난다고 할 수 있다. 일례를 들어서 「6·15남북공동선언」에서 명시된 바와 같이 남북한 사람들은 상호간의 이질적인 제도와 체제를 배제하지 않고 공존해야 할 대상과 영역 및 사태로 받아들이고 있다는 점에서 우리나라 사람들의 정치의식은 배타적이지 않음을 확인할 수 있다. 이러한 배타적이지 않은 정치의식은 인간과 집단에 대하여 차별하지 않는 정신이며, 마음이고 태도이기도 하다. 그러므로 본원적으로 우리나라 사람들은 타인과 타집단에 대해서 편견을 내비치지 않는 특성을 지니고 있는 사람들이라고 해도 지장은 없다. 이러한 우리나라 사람들의 차이에 대한 수용의 자세와 사고방식, 행동방식 등을 대체로 '개방적'이라고 평가할 수 있다. 시민성이라고 함은 2장에서 규명된 바와 같이 지역, 신분, 계급 등을 초월한 일종의 개방적인 속성을 지니고 있는 개념이기도 하다. 개방적이지 않은 시민의 사고와 행위는 시민의 권리와 의무를 제대로 이행할 수 없는 경우를 낳게 마련이다. 왜냐하면 개인이든 집단이든 상대방의 권리를 인정하기 위해서는 상호성이 성립되어야 하는데 이 상호성은 쌍방 간의 개방적 자세와 행위를 반드시 필요로 하기 때문이다. 이러한 점들을 감안해 본다면 우리나라 사람들의 정치의식은 개방적인 특성을 지닌 시민성을 공유하고 있다고 할 수 있다.

요컨대 우리나라 사람들의 정치의식에서 나타나는 특성들은 우리나라의 현대사적인 전환기의 상황에서 표출된 대응방식이라든가 문제해결방식에서 확인될 수 있으며, 이러한 상황에서 두드러지게 나타나는 우리나라 사람들의 정치의식의 특성들은 한국적 시민성의 특성들로서의 공동체의식6)과 개방성을 나타나게 하는 연원이 된다.

1.2. 한국적 시민성과 서구적 시민성

오늘날 시민성이라든가 시민사회의 시초를 의론할 경우 일반적으로 고대 그리스와 로마에 연원을 두고 있음은 알려진 사실이다. 고대 그리스는 '폴리스'라고 하는 도시공동체에 기반을 두고 성립된 일종의 도시국가이다. 이 도시국가에 살고 있었던 사람들을 '시민들'이라고 일컫는데 이들은 물론 오늘날과 같은 의미의 시민들로서의 역할과 존재의식을 지닌 사람들은 아니다.

그러나 고대 그리스 사람들은 자신들이 살아가고 있는 도시공동체에 대한 일종의 권리와 의무라든가 도덕적인 측면에서의 관련규범 등에 대해서 오늘날 보통 말하여지는 시민적 자각 혹은 시민권적인

---

6) 본서에서 논의되는 시민성과 관련된 공동체성이라든가 공동체의식의 개념적 의미는 크게 보아서 F. J. 퇴니스가 분류하고 있는 공동사회와 이익사회 중에서 이익사회가 기초하고 있는 "인간의 이해관계에 따라서 이익을 중심으로 형성된 것으로서 법적인 제도나 개념(신승국, 「한국인의 공동체의식 형성과 제고방안」, 『용인대학교 논문집』 제10집, 용인대학교, 1994, 126쪽에서 재인용)"에 바탕을 두어 형성된 성질 혹은 성향, 의식 등에 중점을 두는 것으로 한다. 그러나 단순한 이해관계로 맺어진 인간집단적인 의미에서의 공동체성 혹은 공동체의식만이 본서에서 논의되는 것이 아니라 본래적 의미에서의 공동체성 혹은 공동체의식이 주로 논의됨을 밝혀둔다. 다시 말하면 "인간과 사회를 볼 때 사회는 인간에게 종속되어야 한다고 보고 있다. 모든 사회는 정신적인 선(善)을 최대의 목적으로 해야 하며 모든 물질적 여건은 인간의 정신적 선을 도모하는 데에 봉사되어야 한다. 국가와 경제사회는 각 인간, 집합적 인간의 필요성을 채워주기 위한 봉사기구에 지나지 않는다. E. 무니에에 의하면, 국가가 단 한 사람의 국민에게라도 정의(正義)에 어긋나는 정치를 행하면 그 국가는 합법적이 아님을 강조한다(박동옥, 「인간과 공동체의식에 관한 연구」, 『성심여자대학교 논문집』 제11집, 성심여자대학교, 1980, 74~75쪽)"는 측면에서 본서의 공동체성 혹은 공동체의식에 관한 논의가 진행됨을 밝혀둔다.

인식이 잘 갖추어진 것으로 파악되고 있다. 이를테면 고대 그리스 아테네의 저명한 정치가였던 페리클레스가 국장(國葬)에서 한 연설에서 언급했다고 하는 "우리나라에서는 개인 사이에 싸움이 일어나면 법률의 규정대로 모든 사람에게 평등한 발언을 할 수 있다"[7]든지 "개개인이 자기부정적인 의무의 굴레가 아니라 자기표현(self-expression) 방식으로 실현하고자 하는 시민성"[8]이라고 함은 오늘날 시민사회를 아우르는 시민권적 특성을 보여주고 있다.

요컨대 고대 그리스 사람들은 도시공동체의 구성원으로서 도시공동체의 존속을 위해서 요구되는 법률을 따랐음은 물론 일종의 자아실현도 소홀히 하지 않았다는 측면에서 시민으로서의 기본적인 자질과 가치관을 가졌다는 점에서 오늘날의 서구의 시민사회에서도 귀감이 되고 있다.

도시공동체 혹은 도시동맹체적인 특성을 지닌 고대 그리스 시대 이후 형성된 로마시대는 대부분의 지중해 지역에 걸친 광범위한 제국(帝國)으로서의 특성을 나타내고 있는 시대며, 따라서 그리스 사람들에 비해서 로마 사람들은 범세계적인 시각에서 시민으로서의 정체성을 지니게 됨은 자연스러운 현상이다. 당시의 로마사람들은 오늘날 말하여지는 세계적 시각에서의 시민성을 지녔다고는 볼 수 없지만 '만민법'을 제정하여 제국체제를 존속하기 위한 그 나름대로의 보편성을 지닌 정의관이라든가 공동선을 확립하였음은 부인할 수 없는 사실이다. 다만 여기서 유의해야 할 사항으로 로마 내에서 적용되는 일종의 시민권과 로마 밖에서 적용되는 시민권의 차별성이 있음으로써 로마제국 내에서 시민으로서의 권리의 측면에서 본다면 대체로

---

7) 김영철 편, 『소크라테스』, 유풍출판사, 1978, 48쪽에서 재인용.
8) Bookchin, Murray, *From Urbanization to Cities*, London: Cassel Wellington House, 1995, p. 75.

로마 사람들에 비하여 로마 밖 사람들은 그만큼 차등적인 권리를 부여받고 있었다는 점을 들 수 있다. 또한 로마 사람들에게서 나타나는 공동체를 위한 헌신적인 정신이자 마음이라고 할 수 있는 일종의 애국심은 오늘날의 서구적인 시민성의 연원으로서 삼기에 부족함이 없다. 즉, "로마인에게 정치는 다른 그 무엇보다 훨씬 중요했다. 공화국의 위대한 시절 내내 정치에 참여하는 것은 의무이면서 동시에 명예였다. '좋은 사람', '위대한 사람'이라는 단어는 애국적인 사람과 동의어였다. 로마에서 애국심과 별도로 존재하는 선함은 존재하지 않았다"9)는 점은 오늘날의 공화주의적 시각과도 맥락을 같이하고 있다.

이와 같이 서구적 시민성은 공동체와의 관계 속에서 형성되는 시민적 자질과 흡사한 특징을 지니고 있으며, 구체적으로는 법률적인 관계에서 추출되는 시민으로서의 권리와 의무, 공동선을 추구하는 성향, 시민 개개인의 자치적인 측면에 비중을 두는 경향성, 공동체에 대한 의무의 강조 등을 꼽을 수 있다. 이러한 서구적 시민성은 오늘날에도 민주주의와 관련지어 의미를 가지며, 그러므로 "민주시민은 체제에서 요구되어지는 바에 따라서 행위하는 것과 같이 살아가야만 한다"10)고 지적하는 데에서 일관된 서구적 시민성의 특성을 읽을 수 있다.

한편 서구적 시민성은 톨스토이의 유명한 작품인 『안나 카레니나』에 등장하는 스테판 아카디예비츠라는 인물이 "보수주의보다 자유주의를 선호하게 된 이유는 자유주의가 더 합리적이라는 이유에서보다는 자신의 삶의 방식과 잘 부합하기 때문이며, 결국 자유주의는

9) Hamilton, Edith, *The Roman Way*, New York: W. W. Norton & Company, Inc., 1960; 정기문 옮김, 『고대 로마인의 생각과 힘』, 까치글방, 2009, 76쪽.

10) Almond, Gabriel A. and Verba, Sidney, *The Civic Culture*, Princeton: Princeton University Press, 1963, p. 10.

그의 습성이 되었는바, 이는 식후에 끽연을 한다든가, 신문을 읽기를 즐겨한다든가 하는 그러한 것들이었다"[11]로 묘사되는 데에서 나타나는 바와 같이 개인의 자유로운 선택을 존중하는 경향이 있다. 또한 그러한 서구적인 자유로움의 특성은 1940년대 후반에 미국에서 조사된 자료[12] 중 할렘가에 거주하며 청소업에 종사하는 영국계 서인도제도 출신인 어느 중년 부인이 "선거에서 당선된 사람들에게서 어떠한 특징이 나타나는가?"라는 질문에 관한 답변한 내용 중에서 나타나는 정치관에서도 찾아볼 수 있다. 즉, 이 중년 여성은 "어떠한 특징도 없으며, 민주당 소속이든 공화당 소속이든 모두 똑같다"라고 답변하고 있는 데에서 외적으로 보면 정치적 냉소주의의 성향으로 비추어지지만, 내적으로는 시민 개개인의 자유로운 생각과 판단에 비중을 두는 서구적 시민성의 특성을 읽어 볼 수 있다. 또한 서구적 시민성의 변화양상을 법적 지위, 활동, 정체성 등으로 설명[13]하는 데에서도 추론할 수 있는 바와 같이 서구적 시민성은 자율적인 측면이 강하다. 그 밖에도 서구적 시민성은 16세기에 서구에서 발생한 종교개혁에서 나타난 종교적 자유사상, 그리고 휴머니즘 등에 의한 국민적 자유주의 사상[14]에 바탕을 두고 있음은 익히 알려진 사실이다. 이러한 관점에서 서구적 시민성은 시민 개개인의 자율성을 중시하는 특성을 나타내고 있음을 부인할 수 없다. 이제 우리나라 사람들의 시민성에서 나타나는 특성들과 지금까지 논의한 서구적 시민성의 개괄적인 특성들을 간략히 비교해 보기로 한다.

먼저 우리나라 사람들의 시민성의 특성을 살펴보면, 예컨대 고대

---

11) Riesman, David et al., *The Lonely Crowd*, New Haven: Yale University Press, 1969, p. 23.
12) Riesman, David et al., ibid., p. 166에서 재인용.
13) 노영란, 「시민성과 시민윤리」, 『철학연구』 83집, 대한철학회, 2002, 194쪽.
14) 최재희, 『서양철학사상』, 박영사, 1984, 122쪽.

그리스보다 앞선 시기에 건국된 고조선의 건국이념인 사람을 크게 유익하게 하는 홍익인간 정신이라든가, 3·1운동 당시에 계급과 당파, 종교 등을 뛰어넘어 일제와 투쟁하였다는 것 등의 사람 조화적 민족주의15)는 우리나라 사람들에게 있어서 공동체의식과 개방성을 지닌 시민성의 측면이 있음을 보여준다. 그리고 서구적 시민성에서도 앞에서 간략히 살펴본 바와 같이 공동체 지향성이 분명하게 나타나고 있다는 점에서 공동체의식의 측면에 관한 한 우리나라 사람들의 시민성에서 나타나는 특성과 크게 차이가 나지는 않는다.

그러나 우리나라 사람들의 시민성에는 서구적 시민성에 비하면 상대적으로 개인적인 측면에서의 자율성에 관한 성향이 두드러지게 나타난다고 볼 수는 없다는 점에서 다소의 차이가 있기도 하다. 그런 반면에 우리나라 사람들의 시민성의 특성에는 개방성의 측면이 강하게 내재되어 있다고 할 수 있지만, 서구적 시민성에는 확실하게 개방성의 특성이 드러나지 않는다는 점에서 양자는 약간의 차이가 있다.

요컨대 공동체의식의 측면에서는 우리나라 사람들의 시민성이나 서구적 시민성은 별반 차이를 보이고 있지는 않으나, 개방성의 측면과 자율성의 측면에서 각각 좀 더 강한 특색을 보이고 있다는 점을 들 수 있다. 다시 말하면 한국적 시민성은 공동체의식과 개방성의 특성을 두드러지게 나타내 보이고 있다고 한다면, 서구적 시민성은 한국적 시민성과 마찬가지로 공동체의식의 특성을 뚜렷하게 지니고 있다고 볼 수는 있지만, 한국적 시민성에 비하여 개방성의 측면보다는 자율성16)의 측면이 보다 강하다고 할 수 있다.

---

15) 안호상, 『민족사상의 정통과 역사』, 한뿌리, 1992, 68쪽. 본서에서는 안호상의 '조화적 민족주의'는 배타적 민족주의가 아니라 개방적이고 포용적인 민족주의로만 보려고 하며, 그 외의 의미부여는 하지 않음을 밝혀둔다.
16) 자율성은 대체로 개성, 다원성, 참여성 등을 주요 요소들로 구성하고 있는 개념적 의의를 지니고 있는 것으로 본서에서는 규정하고자 한다. 따라서 개방성과 자율성은 차이점

다음 〈그림 2〉를 통해서 시민성과 자율성, 개방성, 공동체의식 등의 관계를 정리해 보도록 한다.

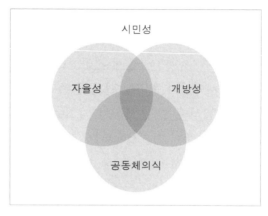

<그림 2> 시민성, 자율성, 개방성, 공동체의식의 관계

이제 한국적 시민성의 특성들이라고 볼 수 있는 공동체의식과 개방성의 구성 원리에 관해서 논의해 보기로 한다.

1.3. 공동체의식으로서의 특성과 사례

사람은 공동체를 이루며 살아가는 존재이다. 따라서 사람이 지니고 있는 감정, 사고, 신념, 소망, 신앙, 행위 등은 공동체와 관련되어 형성되기 마련이다. 따라서 그와 같은 사람의 특성들은 공동체를 이루는 데에 규범적으로 관계를 맺어나가게 된다. 이런 점에서 크게 보아 사람이 갖게 되는 공동체의식의 구성 원리가 파생되는 것이다. 이러한 공동체의식을 가능하게 하는 구성 원리를 논의해 보고, 우리

이 있는 개념이기도 하다.

나라의 역사, 문화, 종교 등을 통해서 간략히 확인해 보기로 한다.

1.3.1. 공동체의식의 구성 원리

인간은 사회적 존재이다. 즉, 인간은 사회를 필요로 하는 존재이다. '사회'라고 함은 어울려서 함께 살아가는 사람들의 모임이다. 그런데 사람은 생물 혹은 동물과 같이 생존본능이 있으며, 생존해야만 하는 존재이다. 따라서 "사람들이 어울려 산다"고 함은 상호간의 생존을 하기 위한 삶을 영위한다는 것을 의미하며, "삶을 영위한다"는 것은 '만물의 영장'이라고 하는 사람들에게 있어서 정신적이고 심리적인 규범이라든가 규칙 등에 따라서 생존해 나간다는 것을 의미한다. 그러한 규범과 규칙은 어디까지나 사람들이 어울려 살아가는 데에 사람들 개개인의 본질적인 생존을 보장받기 위해서 생겨난 것들이라고 할 수 있다. 그리고 이러한 규범과 규칙은 사람들이 모여 살고 있는 테두리를 바탕으로 해서 만들어진 일종의 '사람들 간의 약속들'과 같다. 이 경우의 '테두리'라고 함은 사람들이 모여 살되 이 모임이 존속하기 위해서 요청되는 정신적이고 심리적인 기준이 될 수 있으며, 현실적이며, 물질적이고 지역적인 범위의 표시가 되는 구획점이 될 수도 있다. 이러한 점에서 사람들은 규범과 규칙이 적용되는 범위에 있는 사람들끼리는 생존을 같이 하는 사람들로 인식하거나 받아들이게 된다고 볼 수 있다. 그와 같은 '인식'이나 "받아들이려는 태도라든가 행위 등과 관련된 정신적이고 심적이며, 감성적이고 행동적인 상태"를 일컬어 '공동체의식'이라고 할 수 있다.

공동체의식은 공동체를 이루고 있는 사람들이 갖게 되는 소속감이기도 하고, 공동체를 이루고 있는 구성원들로서 사람들이 상호간에 가지고 있는 동질감이라든가 동료의식, 동류의식, 동참의식 등이라든가 "귀속의식 내지는 유대감"[17]을 지칭한다고 볼 수 있다. 이러한 점에서 공동체의식의 저변에는 공동체 구성원들의 인간으로서의 존중의식이 자리 잡고 있다. 즉, 공동체를 이루고 있는 사람들은 본질적으로 서로간의 생존을 위해서 함께 하는 만큼 서로의 생존을 보장할 수 있도록 하는 데에서 필요로 하는 상호 존중의식이 원리적으로 요청되는 것이다. 그러므로 공동체의식은 일차적으로 인간존중 정신이라든가 인간존중과 관련된 마음, 감정, 행동 등을 포함하고 있다.

그리고 공동체의식은 앞에서 언급된 바와 같이 공동체를 존속시키기 위해서 요구되는 규범을 따르려는 일련의 정신적·심적·의지적·행동적인 상태를 의미하고 있으므로 이와 관련된 규범으로서 일종의 정의(正義)를 소중히 여기는 정신이자 마음가짐이며, 몸가짐을 뜻하는 것[18]으로도 말할 수 있다. 정의는 넓게 본다면 공동체의 기본적인

---

17) 김왕근, 앞의 논문, 1995, 33쪽.

18) 공동체주의에 관한 제반 연구에서는 대체로 공동체의식을 정의(正義)에 해당하는 '옳음'이나 '공정함' 같은 문제보다 '다른 사람에 대한 관심'이나 '책임감', '공동체 업무에 대한 자발적인 참여'를 전제로 한 개념인 '선함'의 문제가 보다 강조된다(김규환, 「도덕교육에서의 개인주의와 공동체주의」, 한양대학교 박사논문, 1995, 115쪽)고 규정하고 있는데, 이러한 규정은 자칫하면 공동체의식에서 기본적으로 요청하고 있는 규범이나 규칙을 따라야 한다는 정의관(正義觀)을 간과하기 쉬운 것이 될 수 있어 주의를 요한다. 다시 말하면 공동체의식의 저변에 공동체의 존립을 규정하는 정의관이 자리 잡고 있지 않으면 공동체의식은 극단적으로 말하면 '악당들의 연대의식'으로 전락할 가능성이 있음을 유의해 볼 필요가 있는 것이다. 물론 이러한 '악당들의 연대의식'과 같은 평가는 부정적인 측면에 비중을 두어서 공동체의식을 평가하는 데에서 비롯된 것일 수 있다. 왜냐하면 다음과 같은 "불완전함을 배태하고 있는 연대의식"과 같은 공동체의 존속원리가 보편적으로 작용하고 있음이 제기될 수 있기 때문이다. 즉, "소속집단 중심주의(parochialism)나 이타주의(altruism)는 좀 더 높은 보상(payoffs)을 얻는 그러한 성향을 지지하는 어떠한 선택과정에서 생존할 것으로 보이지는 않는다. 그러나 소속집단 중심주의적 이타주의(parochial altruism) 는 초기 인류사회에서 등장했을 것이고 확산되었을 것이다. 왜냐하면 초기의 인류는 자원획득 경쟁이 자신들이 속했던 집단을 대신해서 외부인들과 적대적인 싸움도 마다하지 않는 실질적인 다수의 소속집단 중심주의자들로 이루어진 집단들에게 적합했던 그러한 환경에서 생존했을 것이기 때문이다(Choi, Jung-Kyoo and Bowles, S., "The Coevolution of Parochial Altruism and War", *Science*, vol. 318, 2007, 636쪽)"는 측면에서 본다면 비록 엄밀한 의미에서 온전한 도덕성을 갖춘 연대의식은 아니라고 할지라도 결과적으로 공동체를 존속시키는 근간은 배타성과 이타주의가 혼합된 불완전한 도덕성이라는 점이 지적될 수 있는 것이다. 그러나 본서에서 논의되는 공동체의식을 이루고 있는

질서라든가 복지 등을 보장해주는 원칙들이라고 할 수 있다. 그러므로 공동체의식은 정의감 혹은 정의지향성을 밑바탕에 깔고 있는 의식이라고 볼 수 있다. 가령 어떤 공동체의 대다수 구성원들에게서 정의감이 사라져가고 있다고 함은 이미 그 공동체의 구성원들은 공동체를 지탱해 주는 규범을 제대로 따르거나 지키지 않는 단계에 이르게 된 혼란한 상태에 있다고 볼 수 있기 때문에 더 이상 그 공동체는 존속할 이유가 없으며, 필연적으로 해체되거나 붕괴되고 만다. 그리고 이러한 정의지향성은 공동체를 둘러싸고 있는 환경과 아울러 다른 공동체와의 관계설정 면에 있어서 반드시 요청되는 원리이기도 하다. 즉, "공동체의 구성원들인 '우리'에 대해서는 지극한 사랑을 베풀면서도 이 울타리의 밖에 있는 사람들에게는 무관심하거나 배타적인 태도, 심지어는 적대적인 태도를 드러내는 모습의 공동체"[19]로 전락하는 공동체가 되지 않도록 하기 위해서도 정의지향성은 공동체를 구성하는 원리로 빼놓을 수 없는 것이다.

또한 공동체의식은 미래지향성을 근본원리로 삼고 있다. 왜냐하면 앞에서 언급한 바와 같이 사람은 생물과 같으며, 동물적인 속성이 있는 존재라는 점에서 사람들이 어울려 이룬 공동체는 시간적 측면에서 끊임없이 앞을 향하여 발전을 해 나가는 그러한 미래성을 지니고 있기 때문이다. 그뿐만이 아니라 공동체에서의 규범은 변화하는 성질을 지니고 있기 때문에 그만큼 공동체는 행복을 추구하는 존재인 인간들의 모임인 한, 더 나은 방향으로 나아가는 미래지향성을 지니고 있다.

한편 공동체의 통합과 해체의 정도를 측정하거나 진단할 수 있는

원리는 그와 같은 불완전한 도덕성보다는 공동체 안팎으로 보편성을 갖춘 정의(正義)를 지향하는 성향에 초점을 맞추어진 데에 입각하고 있음을 밝혀두기로 한다.
19) 이돈희·권균 엮음, 『도덕성 회복과 교육』, 교육과학사, 2004, 78쪽.

요소들로 제안된 다음[20]의 글을 살펴보도록 한다.

⊙ 구성원들이 공동체에 대한 소속감, 애정, 긍지, 충성심 등, ⓛ 공동체성원들에 대한 동일시하는 감정, ⓒ 공동체의 이익과 자신의 이익을 동일시하는 정도, ⓔ 공식적 비공식적 공동체조직에의 참여, ⓜ 구성원들에 의한 공동행동의 양과 질, ⓑ 공동체 내 갈등조정 기제의 효율성 정도, ⓢ 공동체규범을 지키는 규범의식 정도, ⓞ 공동체생활에 대한 만족도와 구성원의 사기 정도

이 글에서 크게 보아 ⊙, ⓛ, ⓒ, ⓔ 등을 갖게 하는 원리를 구성원들 개개인들 간의 상호존중 정신이라고 할 수 있으며, 이는 인간존중 정신이라고 해도 무방하다. 또한 ⓜ, ⓑ, ⓢ 등을 갖게 하는 원리는 정의(正義)를 지향하는 정신이라고 할 수 있다. 아울러 ⓞ은 구성원들이 상호간의 발전과 성장 등에 대한 만족의 정도와 관련되고 있으므로 이는 미래를 향해 나아가는 정신으로서의 원리적 의의를 지니고 있다.

요컨대 크게 보아 공동체의식을 구성하는 기본적인 원리들로서 인간존중의 추구, 정의지향성, 미래지향성 등으로 꼽아볼 수 있다.

1.3.2. 한국적 시민성에서의 공동체의식

3장에서 논의한 바 있듯이 우리나라 사람들은 1945년에 있었던 8·15광복 이래 21세기에 접어든 오늘날에 이르기까지 자주독립국가, 통일한국 등을 일관되게 염원해 왔으며, 추구해 왔다. 이러한 우리나

---

20) 신승국, 앞의 논문, 1994, 127쪽.

라 사람들의 국가관 혹은 통일관은 우리나라 사람들에게 있어서 미래지향적 측면이 강한 공동체의식이 갖추어져 있음을 반영한다고 볼 수 있다. 또 다른 일례로 우리나라 역사에서 대략 10세기 초반인 후삼국시대의 우리나라 사람들은 혼돈으로 치닫게 된 국가존망의 위기상황에서 이를 수습하고 '고려'라는 새로운 통일국가의 수립(936년)을 가능하게 했던 미래지향적인 공동체의식을 발휘했음을 들 수 있다. 이렇게 되기까지에는 국가적인 혼란과 소용돌이 속에서 삶을 개척해야 했던 사람들로서 생존하기 위한 근본토대를 잃지 않고 불확실한 앞날을 헤쳐 나가는 데에 공동의 목표와 공동의 삶의 궤적을 따라 미래를 향해 굳건히 전진해 나가려는 우리나라 사람들의 공동체의식이 그 원동력으로 작용했음을 유추할 수 있다. 만약에 후삼국 시대의 우리나라 사람들이 그와 같은 공동체의식을 뚜렷이 지니고 있지 않은 상태에서 각자도생의 길을 걸어갔다고 한다면, 통일국가로서의 고려는 탄생되지 못하였음은 물론 돌이킬 수 없는 멸망의 길을 걸었을 개연성이 컸음을 배제할 수 없다. 왜냐하면 이 당시의 중국이라든가 만주 지역 역시 당나라가 멸망(907년)했다든가 발해(渤海)도 기울어져 가는 국력의 피폐함(926년 멸망)을 노정시키고 있는 대혼란의 시기에 빠져 있었고, 이러한 상황은 후삼국의 영구적인 분열을 초래하거나, 혹은 한반도의 상당한 부분 내지는 한반도 전체가 중국과 만주지역에서 흥기한 나라들(거란, 요)에 부속되는 미증유의 사태를 가져올 수도 있었을 것[21]이기 때문이다.

그리고 부·마민주화항쟁, 광주민주화항쟁, 6월민주화항쟁 역시 위기에 처한 민주주의 국가공동체를 바로 세우려하거나 혹은 바로 잡

---

21) 이러한 본서의 분석적 평가는 후삼국시대가 그만큼 중국과 만주지역의 혼란시기와 겹쳐 있다는 점과 신라하대의 후삼국으로의 국토분열에 따른 국가존망의 위기 상황이었다는 점 등을 감안할 경우 능히 추론해 볼 수 있는 데에서 내려졌음을 밝혀둔다.

아보려는 정의지향적이고 인간존중적인 우리나라 사람들의 공동체의식에 바탕을 둔 치열한 노력의 일환이라고 볼 수 있다. 예컨대 부·마민주화항쟁 시에 천명된 '유신헌법 철폐'라든가 '공평한 소득분배' 등은 그만큼 우리나라의 존립을 위태롭게 하는 반민주적인 정치·사회체제를 강요하는 유신체제를 해체할 것과 불공정한 경제체제의 불법적이고 위법적인 운용에 따른 국민경제의 파탄을 막고자 함을 나타내는 공동체의식에서 비롯되었음을 의미한다. 또한 광주민주화항쟁 시기에 시민군 명의로 발표된 성명서에 "이 고장을 지키고, 이 민족의 혼을 지키기 위함"이라고 명시된 데에서 알 수 있는 바와 같이 광주 지역에 투입된 특수부대의 잔악한 살상행위는 민주주의국가의 근간을 파괴하는 것이 되기 때문에 광주 지역을 중심으로 우리나라 사람들에 의해서 결사적으로 정의롭고 인간존중적인 민주공동체를 지키고자 하는 공동체의식을 발휘한 사례로서 광주민주화항쟁을 이해할 수 있다.

이와 같이 우리나라 사람들은 나라가 누란의 위기에 빠져 있을 때나 민주국가로서 그 가치를 훼손당하는 비인간적이고 반민주적인 행태로 인하여 민주국가의 존망이 위해를 입는 상황이 발생했을 때에는 의연하고 비장하게 이를 타개하기 위한 굳센 공동체의식을 발휘했다고 할 수 있다. 이러한 공동체의식은 대체로 서양사회인 미국사회에서 공동체의식의 일종으로 논의되며, 정의 내리기도 하는 '우리(we, we-ness)' 의식22)과도 부합하는 면이 있다. 물론 이 경우의 '우리의식'은 상호 간의 존중을 추구함과 공동체에서 요청되는 규범을 준수함을 전제로 한 의식임이 분명하다. 아울러 이와 같은 공동체의식과 관련하여 우리나라에서 발생한 바 있는 민족종교들 중의 하나인

---

22) Etzioni, Amitai, *The Spirit of Community*, New York: A Touchstone Book, 1993, p. 25.

동학에서의 공동체사상을 살펴보도록 한다.[23]

    동학의 공동체사상을 가장 압축적으로 표현하고 있는 교리는 동귀일
체설(同歸一體說)이라고 할 수 있다. 동귀일체는 말 그대로 "한 몸으로 돌
아온다"는 뜻이다. 여기에서 '돌아온다'는 것은 어떤 유의 잃어버린 낙원
의 회복에 대한 기대를 포함하는 것으로 해석된다. 잃어버린 유토피아로
서의 낙원회복은 동학이념의 최종적 목표라고 할 수 있다. 동학의 유토피
아는 모든 사람들이 '일체(一體)', 즉 한 몸처럼 되는 세상인 것으로 보아
공동체적 사회원리를 기초로 하는 것이 틀림없다. 동학은 이러한 유토피
아를 현세, 즉 이 세상에 실현하고자 하였다.(「용담유사」, '교훈가')

이 글에서 설명하고 있는 "한 몸으로 돌아온다"는 의미의 동귀일
체설은 우리나라 사람들에게 있어서 보편적으로 나타나는 공동체의
식과 맥락을 같이 한다. 즉, 이웃의 고통이라든가 슬픔 혹은 불행이
있다고 한다면, 이를 결코 묵과하거나 냉담한 채로 있지 않고 이를
안타깝게 여겨서 알아보고, 도와주고, 덜어 주려고 하는 그러한 인간
존중정신에 입각한 공동체의식은 신앙적으로 발전하였을 경우 동학
에서 말하는 "사람 섬기기를 하늘과 같이 하라"라는 인간존중 정신
에 바탕을 둔 '동귀일체'의 경지에 도달할 수 있을 것이다. 이러한
점에서 동학에서의 공동체사상은 우리나라 사람들의 시민성의 특성
인 공동체의식과 공동체의식의 원리들인 인간존중의 추구, 정의지향
성, 미래지향성 등과 연관되어 형성된 측면이 있음을 부인할 수 없다.

---

23) 노태구, 「동학의 공동체원리와 통일이념」, 『한국정치학회보』 30집 2호, 한국정치학회,
    1996, 84~85쪽.

1.4. 개방성으로서의 특성과 사례

시민성은 시민 개개인과 구성원들, 그리고 집단 간의 소통을 의미하는 개방성을 필요로 하는 특성이 있다. 이러한 개방성을 가능하게 하는 구성 원리를 논의해 보고, 우리나라의 역사, 문화, 종교 등을 통해서 간략히 확인해 보기로 한다.

1.4.1. 개방성의 구성 원리

시민성은 시민 개개인과 시민들 상호간의 존중에서 시작되는 정신이자 이념이며, 삶의 방식이다. 다시 말하면 그러한 존중은 시민 개개인 혹은 집단을 이루고 있는 시민들의 능력이라든가, 신분, 계층, 지위, 연령, 출신배경 등에 얽매이지 않는 시민 개개인의 인정이요 시민들 간의 관계형성 등을 가리키는 것이다. 이러한 점들을 고려하게 되면 자연히 시민성에는 그와 같은 상호 존중과 관계형성을 위한 개방적인 분위기, 여건, 구조, 제도, 삶의 방식, 행동방식, 사고방식 등이 내재하기 마련이다. 반면에 예컨대 폐쇄성이 지배하고 있는 구조에서는 구성원들 개개인은 결코 상호간에 존중을 받을 수 없다. 왜냐하면 한 구성원이 다른 구성원에게 폐쇄적으로 대한다는 것은 다른 구성원에게 동등한 관계에서 요구되는 말해야 할 사항이라든가 알려야 할 사항, 혹은 전해야 할 사항 등에 대해서 함구하거나, 알려주지 않거나, 전달하지 않음을 뜻하는 것이나 다름없기 때문이다. 따라서 시민성에서 개방적인 태도라든가 행동방식 및 사고방식은 불가결한 바가 있는 것이다.

이상의 시민성의 요체로서 개방성을 이루는 원리로 우선적으로 평등성을 들 수 있다. 평등성은 인간의 존엄함을 존중받는 데에서 비롯된 '시민'이라는 존재의식이 그 의의를 실질적으로 발휘되기 위해서 반드시 필요로 하는 기본적인 원리이다. 앞서 공동체의식을 이루는 원리로서 정의지향성을 언급한 바 있는데 정의가 실현되기 위해서는 그 정의가 적용되는 데에 시민들 개개인에게 똑같이 적용되지 않는다고 한다면, 경우에 따라서는 시민들 중에는 부당한 처지에 빠지거나 불의한 입장에 서게 되는 일이 발생하게 마련이다. 이렇게 되면 정의는 그 의의를 잃게 된다. 이러한 점에서 평등성은 개방성을 이루는 중요한 조건이자 원리가 되는 것이다.

평등성이 개방성에 갖추어지게 된다면 시민 개개인 혹은 집단들은 그만의 혹은 그들만의 취향이라든가, 특색이라든가, 선택 등이 자연스럽게 나타나게 된다고 할 수 있다. 이러한 양상을 일컬어 '다양성'이라고 한다. 따라서 개방성에는 다양성의 측면이 포함된다고 말할 수 있다. 물론 이러한 다양성의 의미는 인간의 존엄성이 갖추어진 상태에서 발현되는 그러한 '다름'과 '차이'를 가리키는 것이지 인간의 존엄성을 훼손하고 왜곡하는 유형의 '다름'과 '차이'는 아님이 전제조건으로 갖추어져야 한다. 또한 다양성의 의의는 어떤 이유에서건 시민성이 획일적인 방향으로 돌아서게 된다면 이미 그러한 시민성은 그 존립의의를 곧바로 상실하게 된다는 점에서 확연해진다. 이러한 다양성이 시민들에게 수용된다고 함은 그만큼 시민들 개개인에게 있어서나 집단들에게 있어서나 너그러운 마음과 태도가 요청된다는 의미이다. 이를테면 소수자들의 생각과 생활방식 등은 보통의 다수자들에게 있어서 경우에 따라서는 맹렬한 거부반응을 일으킬 수도 있다. 왜냐하면 소수자들의 삶의 방식이 다수자들의 삶의 방식과 배치되는 것으로도 비칠 수 있기 때문이다. 이 경우 소수자들의 삶의 방식이 인간의 존엄성을 훼손한다거나 무시하는 것이 아닌 한 이들의 삶의 방식은 존중받지는 못할망정 배척되거나 거부되어야 할 것으로 비추어진다면, 이야말로 다양성을 받아들이지 않는 불관용적인 처사라고 할 수 있다. 이 경우 시민성이 보장되었다고 말하기는 쉽지 않다. 이런 점에서 시민성으로서의 개방성에는 관용적인 마음가짐과 몸가짐 등인 관용성이 기본적으로 요청된다.

한편 체계 이론에서 설명되어지고 있는 다음[24]과 같은 열린 체계의 특성을 통해서 개방성과 그 구성 원리들의 의미를 유추해 보도록 한다.

열린 체계는 물질과 에너지의 유입과 산출을 지속시킨다. 그래서 안정된 상태를 유지한다. 외부로부터의 에너지 유입은 체계 내부의 형태를 심각하게 동요시키지 않으며 시간이 경과함에 따라서 복합성과 부분들의 분화가 증가됨으로써 질서가 조장된다. 인간사회의 수준에서 볼 때 열린 체계는 물질과 에너지의 단순한 유입과 산출 이상이라고 하겠다. 그러한 기능은 환경과의 상호작용이 증가되고 있음을 의미한다.

말하자면 "개방성의 특성을 지닌 체제는 체제 구성원들의 상호성을 지속시키며, 증진하고, 또한 쇄신시키는 속성을 포함하고 있다"고 함은 개방체제는 구성원들의 삶과 체제의 구조 및 제도 등에서 안정과 발전을 조성한다는 것[25]이다. 이러한 체계이론을 통해서도 구성원들 간의 평등한 관계와 다양성의 보장을 수용함으로써 어떠한 공동체든지 체제로서 존속할 수 있을 것으로 유추해 볼 수 있다. 이런 점에서 개방성의 구성 원리들인 평등성과 다양성 등은 개인에게 있

---

24) 이용필, 『사회과학연구와 새로운 패러다임』, 서울대학교출판부, 2000, 13~14쪽.
25) 유신체제가 붕괴된 원인으로 체계이론에 입각하여 "정치적 동요와 요구 등에 직면하여 이에 대한 제도적인 해결과 규제에 실패한 결과"로 들고 있는 연구(신진, 「유신체제의 권위구조 붕괴에 관한 체계론적 분석」, 서울대학교 박사논문, 1991. 5쪽)가 있는데, 이는 다시 말하면 유신체제는 개방적인 체제가 되지 못했다는 분석연구라고 말할 수 있다.

어서나 집단에 있어서 존립의의를 구현하는 데에 요청된다고 볼 수
있다.

다음[26]의 글을 통해서 개방성의 구성 원리를 이루는 평등성과 관
용성의 의미를 좀 더 이해해 보도록 한다.

… 인간은 자유롭게 행동하면서 그 자신의 삶의 세계에 매여 있으면서
도 또한 자기의 적을 이해한다. "환경에 얽매여 있는 것"과 "세계가 열려
있는 것"은 인간 안에서 서로 교차하고 있다. 만일 우리가 동물처럼 유전
적으로 확정되어져 있는 환경에서 산다면, 역사는 존재하지 않았을 것이
다라고 로타커는 말한다. 만일 우리가 전부 천사와 같은 세계에 산다면,
마찬가지로 역사는 존재하지 않았을 것이다. 역사—인간의 역사인데—
는 인간 안에 있는 이러한 2개의 성질의 상호관계를 전제로 하고 있다.

사람은 자신이 처해 있는 환경, 여건 등에서 완전히 벗어날 수 없
는 존재임에 틀림이 없다. 그러나 사람은 동물과는 다르게 "세계가
열려 있는 것"처럼 자신이 처한 이러한 조건들을 객관화시키고 이를
반성해 보며, 고쳐야 할 점이 있다면 스스럼없이 고쳐나갈 수 있는
속성을 지닌 존재이기도 하다. 바로 이러한 사람의 존재적 특성이
개방적인 삶을 요청하며, 따라서 사람에게 있어서 개방성은 인간 상
호 간의 평등과 관용의 추구를 의미한다. 뿐만 아니라 평등과 관용의
추구는 자연히 다양한 사람의 존재적 조건들과 공존함과 관련되기
마련이다. 이러한 점에서 시민성의 특성인 개방성을 이루는 원리들
에는 평등성, 관용성 등과 아울러 이러한 원리들과 불가결한 관계에
있는 다양성의 추구가 포함된다.

---

26) Landmann, Michael, *Philosophische Anthropologie*, Berlin: Walter de Gruyter & Co., 1969;
진교훈 옮김, 『철학적 인간학』, 경문사, 1996, 203쪽.

요컨대 이와 같은 속성을 지닌 개방성을 구성하고 있는 원리로서 평등성, 다양성의 추구, 관용성 등을 꼽을 수 있다.

1.4.2. 한국적 시민성에서의 개방성

중국의 전통사상 중에는 노장사상을 빼놓을 수 없다. 보통 노장사상은 은둔적 성향을 지닌 관념 체계적 귀결점을 지니고 있는 것으로 인식되어 있다. 이러한 폐쇄적인 지향성이 있다고 해서 개방성과는 정반대일 것이라는 인식은 적절하지 않을 수 있다. 왜냐하면 노장철학에서 도(道)의 총화인 절대적 존재는 어떠한 지상의 인간과 인간 외적 존재를 똑같이 대하며, 동일하게 인적·물적 기능 및 선택적 행위를 한다고 하는 본질 직관적 인식을 강조하고 있기 때문이다. 이를테면 노자가 "천지는 감상적이지 않으며, 모든 것을 짚으로 만든 강아지로 여기며, 성인은 역시 감상적이지 않으며 모든 백성을 짚으로 만든 강아지로 여긴다"[27]라고 말한 글귀에서 알 수 있는 바와 같이 도의 총화라고 할 수 있는 '천지'라든가 '성인'은 사람을 포함해서 모든 것을 똑같이 '짚으로 만든 강아지'처럼 여기기 때문에 사람이라고 할 경우 누구에게나 열려 있는 마음 혹은 태세를 지니고 대하고 있다는 것이다. 다만 노장철학 특유의 정적인 속성으로 말미암아 눈에 띄거나, 느껴지지 못하게 나타나게 될 뿐이다. 그러므로 사람의 문제에 한정했을 경우 노장철학에서의 '개방성'이라고 함은 차별적이거나 배타적이지 않은 사람에의 이해와 믿음의 표현이라고 할 수 있다. 따라서 이러한 이해와 믿음의 현실적인 발현은 계급이라든가, 계층, 지위, 권력, 명예 등과는 관계없이 똑같이 상대방을 받아들이려 하고,

---

27) Lao Tzu, *Tao Teh Ching*, trans. Wu, John C. H., Boston & London: Shambhala, 2006, 10~11쪽. 원문은 "天地不仁以萬物爲芻狗, 聖人不仁以百姓爲芻狗"(『도덕경』, 5장)이다.

대우하려는 그러한 개방적인 삶의 마음가짐이요, 몸가짐이라고 규정해도 무방하다.

오래 전부터 우리나라 사람들에게 있어서 이러한 노장철학적 개방성은 결코 낯설지 않았음은 단군사상을 통해서 확인할 수 있다. 왜냐하면 단군사상은 "전 인류사회의 평화와 행복을 추구하는 홍익인간, 광명이세의 정치이념을 함축하는 사상으로서 국가, 민족, 계급, 인종, 성, 종교 등 일체의 장벽을 초월해 평등하고 평화로운 이상세계를 창조하는 토대가 될 수 있기"[28) 때문이다.

우리나라 사람들의 개방적인 성향은 15세기의 역사 속에서도 다음의 경우[29)를 통해서 확인해 볼 수 있다.

세종대는 다양한 성향과 배경을 가진 인재들을 능력에 따라 폭넓게 발탁한 열린 시대였다. 예를 들면, '자격궁루(自擊宮漏; 물시계)'를 만든 '장영실(蔣英實)'은 "아비가 본디 원(元)나라의 소·항주(蘇杭州)사람이고, 어미는 기생이었는데, 공교한 솜씨가 보통 사람에 뛰어나므로 태종께서 보호하시고" 세종 역시 그를 아껴 상의원 별좌에 임명했다.

누구보다도 가장 대표적인 예로는 황희(黃喜)를 들 수 있다. 그의 배경은 "판강릉부사 [황]군서(君瑞)의 얼자(孽子)였음에도 불구하고 김익정(金益精)과 더불어 서로 잇달아 대사헌이 되어서 … 당시의 사람들이 '황금(黃金) 대사헌'이라고 하였다.

세종대의 치적은 바로 이와 같이 신분이라든가 계급 등과 관계없이 인재를 등용했으며, 적재적소에 배치했다고 하는 개방적인 정신

---

28) 한국동양정치사상사학회, 『한국정치사상사』, 백산서당, 2005, 87쪽.
29) 김홍우, 『한국정치의 현상학적 이해』, 인간사랑, 2007, 27~28쪽에서 재인용.

과 문제해결력을 발휘했다는 점을 **빼놓을** 수 없다. 이러한 15세기의 역사는 그만큼 우리나라 사람들의 개방적 성향이 저변에 자리잡고 있었기 때문에 가능했다고 볼 수 있다.

그리고 전술한 바 있듯이 일제강점기인 1919년에 전국적인 범위에 걸쳐 발생한 3·1운동은 특히 지식인·청년학생, 농민, 노동자, 소부르조아지, 양반 유생[30] 등 전 계층이 개방적으로 참여한 자주독립 정신의 결연한 의사표현이기도 했다. 또한 1987년에 발생한 6월민주화항쟁 역시 전국적인 범위에 걸쳐 각계각층의 사람들이 참여한 개방적인 민주시민 정신의 열렬한 의사표현이었다. 이 사례들은 한국적 시민성의 특성인 개방성의 측면을 뚜렷하게 보여주는 사례들이다.

2. 인간존중·정의·미래지향성과 사례

전술한 바와 같이 공동체의식은 공동체를 구성하는 성원들 개개인을 존중하는 데에서 생겨나는 정신이자 마음가짐이요 행동방식이며, 감성 등이라고 할 수 있다. 공동체 구성원들을 인간으로서 존중하지 않는다면 애당초 공동체는 존립할 수 없다. 또한 공동체 구성원들에 대한 존중방식은 구성원들의 역할과 책임이 다를 수밖에 없으므로 그에 따른 상황적·환경적 측면에서 차이점이 있기 마련이다. 물론 어떠한 경우라 하더라도 구성원들 개개인의 인간적 존엄성을 훼손하는 의도에서 그러한 차이점이 인정되어서는 안 된다. 바로 이러한 점에서 공동체의식에는 정의가 추구되어져야 함이 요청되는 것이다. 이 경우의 정의라고 함은 어떠한 보편적이고 추상적인 관념에서 운

---

30) 한국역사연구회·역사문제연구소 편, 『3·1민족해방연구』, 도서출판 청년사, 1989, 233쪽.

위되는 그러한 규범적 특성만을 의미하는 것은 아니다. 왜냐하면 공동체라고 함은 어떠한 단일한 공동체만을 지칭하는 바는 아니고 다양한 공동체를 지칭하는 것이며, 이는 곧 공동체에 따른 규칙과 규범이 여건상 다르게 나타날 수 있다는 점에서의 정의를 말하는 것이기 때문이다. 물론 이러한 의미에서의 정의는 공동체 구성원에 대한 인간존중 정신을 훼손하지 않아야 한다는 점이 간과되어서는 안 된다. 따라서 공동체의식에서 빼놓을 수 없는 구성요소로서 인간존중과 정의 등을 들 수 있게 된다. 또한 공동체의식은 만들어나가고 시정해 나가며, 새로움을 향해 나가는 특성을 지니고 있기 때문에 미래지향성을 지니게 된다. 이제 한국적 시민성의 특성에 포함되는 공동체의식을 구성하는 요소들인 인간존중, 정의, 미래지향성 등을 우리나라 사람들의 본래적이며, 전통적인 시민성의 성향을 중심으로 해서 순차적으로 논의해 보도록 한다.

2.1. 하늘의 법칙을 따르는 존재

다음의 글31)에서 나타나는 인간의 존엄성의 의미와 관련한 인간존중의 의의를 살펴보도록 한다.

인간은 동물처럼 모든 것을 자기에게만 관련시켜 자기의 본능에 따라 자동적으로 행동하지 아니 하고, 사물을 자기의 이해를 초월해서 객관적으로 관찰할 수 있는 능력을 가지고 있다. 플레쓰너는 이를 탈중심성(Exzentrizität)이라고 부른다. 그래서 인간은 진리를 불편부당하게 탐구할 수 있으며, 자기 주변의 사물과 자기 아닌 다른 사람들에 대해서도 경건한 태도를 가질

---

31) 진교훈, 『철학적 인간학 연구』 1, 경문사, 1994, 90쪽.

수 있다. 따라서 이러한 점에 인간의 존엄성이 근거한다.

이 글에서 설명하고 있는 바와 같이 사람은 "사물을 자기의 이해를 초월해서 객관적으로 관찰할 수 있는 능력"인 '탈중심성'적인 성격을 지니고 있기 때문에 존엄한 존재이다. 다시 말하면 사람은 무엇이 옳고 그른지를 한 발 물러서서 분명히 가려낼 수 있는 특성을 지니고 있기 때문에 어떠한 사람도 보통 말하는 진실을 볼 줄도 알며, 진실을 말할 줄도 아는 존재이다. 따라서 그와 같은 속성을 가진 인간은 존엄성이 있다고 할 수 있으며, 그러한 의미에서 인간을 존중한다는 것은 지극히 당연한 의의를 지니고 있다.

우리나라 사람들의 인간존중 정신은 『조선왕조실록』의 다음[32]의 세종 재위 26년(1444) 윤7월 24일조의 기록에서도 나타나고 있다.

노비는 비록 천민이라고 하더라도 하늘의 법칙을 따르는 사람이기 때문에 하물며 조정의 대신으로서 그러한 사람들을 부리는 것만으로도 충분한데 함부로 형벌을 가하고 살해할 수 있는가? 이들이야말로 특별히 죄지은 바 없지 않은가?

물론 이 내용은 임금인 세종이 한 말로 기록되어 있다. 그러나 이 글은 당시의 우리나라 사람들이 가지고 있었던 인간존중 정신의 일

---

32) 김재문, 『한국 전통 민주주의 이론과 법의 정신』, 아세아문화사, 2007, 181~182쪽 참조. 참조된 이 저서와 조선왕조실록 사이트(http://sillok.history.go.kr)에서는 천민(天民)을 '하늘이 만들어 낸 사람'이라거나 '하늘이 낳은 사람'으로 번역하고 있으나 본서에서는 『漢韓大字典』의 뜻풀이 '하느님의 법칙을 따르는 사람'으로 해석하고자 한다. 원문은 "況奴婢雖賤 莫非天民也 以人臣而 役賤民 役云足矣 其可擅行刑罰而 濫殺 無辜乎"임. 이와 같은 인간존중의 정신은 서양의 자연법사상에도 유사하게 나타나 있다. 즉, "자연법은 모든 인간의 존재성 속에 내재되어 있다(Sweet, W., Maritain, J. ed., *Natural Law* Notre Dame: University of Notre Dame, 2001, p. 31)"는 인식이 바로 이에 해당한다.

단을 나타내고 있다. 왜냐하면 사회적으로나 정치적으로나 개개인은 맡은 역할의 차이만 있을 뿐 사람으로서 타고난 본연의 역할을 행함은 동일하며, 이 점에 있어서 사람들을 차등을 두거나 차별을 해서는 안 된다는 것을 당시의 우리나라 사람들이 분명히 인식하고 있음[33]을 임금으로서 세종은 분명하게 인지한 데에서 언급했다고 볼 수 있기 때문이다.

이러한 우리나라 사람들의 인간존중과 관련된 정치의식은 오늘날의 민주주의 제도, 이념, 생활방식 등의 상당 부분이 서양에서 들어온 바가 된다고 하더라도 이념적 측면에서 민주주의의 대전제인 인간의 존엄성, 즉 "인간은 스스로 자신의 일이나, 생각, 행동, 느낌 등을 조절해 나가고, 이끌어 나갈 수 있기 때문에 존엄하다"는 인식에 크게 어긋나지 않음이 분명하다.

또한 현재 천도교로 불리고 있는 19세기 중엽에 발생한 동학(東學)의 2대 교주인 해월 최시형이 다음[34]과 같이 제안한 부녀자와 어린이에 대한 존중정신은 21세기에 접어든 오늘날에 있어서 전 세계적으로 인간존중 정신의 표본으로서 특히 강조되어야 할 사항임을 지적할 수 있다.

부인은 한 집의 주인이다. 그 이유는 부인은 하느님을 공경하는 데서 비롯하여 제사 손님맞이 옷 만들기 음식 등 모든 일이 부인의 손을 거치지 않으면 이루어질 수 없기 때문이다(婦人은 一家之主也니라 敬天也 奉祀也 接賓也 製衣也 調食也 生産也 布織也 皆莫不由於婦人之手中也니라)

---

33) 한국사상의 전통 속에 깃든 특징으로서 "뜨거운 인간애·인류애로 통하는 인존정신"을 꼽고 있는 견해도 있는데 이 견해는 한국 불교와 한국 유교 등에서 공통적으로 나타나는 특징(윤사순, 『동양사상과 한국사상』(을유문화사, 1984, 90·235쪽)에 근거를 두고 있다. 이러한 한국사상의 특징에서 제시된 정신은 인간존중 정신과 다를 바가 없다.
34) 한국동학학회 편, 『동학의 현대적 이해』, 법학사, 2001, 136~137쪽에서 재인용함.

一切 모든 사람을 한울로 인정하라 손이 오거든 한울님이 오셨다 하고 어린 아해를 때리지 말라 이는 한울님을 치는 것이니라.

이와 같은 부녀자와 어린이에 대한 존중정신은 시민공동체라든가, 국가공동체, 나아가서는 인류공동체 등을 존속시키는 데에 기본이 되는 공동체의식의 밑바탕을 이루는 정신이라는 점에서는 손색이 없다. 다만 여기서 확실히 해야 할 것이 있다면, 그러한 인간의 존엄성이라든가, 인간존중의 정신 및 의식 등은 결코 선험적 혹은 관념적인 측면으로만 논의될 성질의 개념은 아니며, 사람이라고 하면 양(洋)의 동서를 불문하고 공통적으로 갖추어져 있는 경험적인 인간적 속성으로서의 '도덕성'과 같은 성질의 것으로 받아들여야 하는 점이다.

요컨대 공동체가 성립된 데에는 공동체의 성립과 관련된 사람들 개개인의 생존 차원에서의 필요성이 있으며, 따라서 공동체 구성원들은 어느 누구도 예외 없이 이성적·경험적으로 인간으로서 존중받아야 하는 것이다.

2.2. 문명 속의 경쟁

우리나라 사람들에게 있어서 '하늘'은 서양적 관념으로 말하면 '하나님'과 같은 의미를 담고 있다. 성 어거스틴은 "도덕적 선의 최종 원리는 신이며, 신을 통해서 진실이 밝혀지고 모든 존재도 신을 통해서 그 존재함이 있게 된다"[35]고 사색하였는바, 이때의 신은 정의의 심판자임이 분명하다. 이러한 점에서 우리나라 사람들 역시 신과 같은 상징적 의미를 담고 있는 그러한 대상으로 '하늘'을 받아들

---

35) Hirschberger, J., *Geschichte der Philosophie Band Ⅰ*, Freiburg: Herder, 1991, p. 368.

였다고 볼 수 있다. 우리나라 사람들의 정치관과 세계관에는 분명히 정의의 실현과 관련된 강렬한 정치의식 혹은 시민성이 작용하고 있음을 알 수 있다. 3·1운동 당시에 발표된 「기미독립선언서」에는 '하늘'을 향해서 바름을 되찾고자 하는 숙원이 다음과 같이 표현되어 있다.

오등(吾等)은 자(玆)에 아(我) 조선의 독립국임과 조선인의 자주민임을 선언하노라. (…중략…) 반만년 역사의 권위를 장(仗)하야 차(此)를 선언함이며, (…중략…) 시(是)ㅣ천(天)의 명명(明命)이며, 시대의 대세(大勢)ㅣ며, 전 인류 공존동생권(共存同生權)의 정당한 발동이라, 천하하물(天下何物)이던지 차(此)를 저지억제치 못할지니라.

즉, 빼앗긴 나라를 '하늘'의 지지와 원호를 받은 '천(天)의 명명'이라고 해서 반드시 되찾겠다고 하는 강한 의지를 이 선언서는 국내·외에 천명하고 있다. 따라서 이 구절은 우리나라 사람들의 시민성으로서 정의 실현을 지향하는 정신과 의지를 함축적으로 나타내고 있다. 이 밖에도 「기미독립선언서」의 '공약 삼장'에 우리나라 사람들의 정의 실현에 대한 염원의 일부가 나타나 있음을 다음의 한 장(章)을 통해서 알 수 있다.

일(一). 금일 오인의 차거(此擧)는 정의(正義), 인도(人道), 생존, 존영(尊榮)을 위하는 민족적 요구ㅣ니, 오즉 자유적 정신을 발휘할 것이오, 결코 배타적 감정으로 일주(逸走)하지 말라.

'정의'는 이 한 장에서 명시된 바와 같이 우리나라 사람들의 정의 지향적 시민성을 반영하고 있다. 「기미독립선언서」 중에 "당초 민족적 요구로서 출(出)치 안이한 양국병합의 결과"라는 구절에서 밝히고 있듯이 우리나라가 일본의 식민지로 전락하게 된 것은 명백히 불의한 일이기 때문에 일본제국주의 세력에 대한 독립의 권리를 주장함은 정정당당한 것이므로 의연하게 사태에 직면하여 행동에 옮기자는 취지의 내용을 '공약 삼장'은 담고 있는 것이다. 이러한 정신은 근대 한국의 정의관으로서 예컨대 다음[36]의 개화파의 정의관에서 나타난 정신을 계승하고 있기도 하다.

요컨대, 개화파들은 경쟁을 '야만적인 경쟁'과 '문명적인 경쟁'으로 나누고, '문명적인 경쟁'을 추구한 것이다. 또한 개화파들이 추구한 '문명적인 경쟁'은 결국 '공정한 방법으로 자신의 이익을 추구함'을 뜻하는 것이었다. '공정한 방법으로 자신의 이익을 추구함'이 자유주의의 본지(本旨)라 하겠는바, 이는 또한 전통유교의 본지와도 별로 어긋나지 않는 것이었다. 전통유교에서도 도심(道心)에 입각해 인심(人心)을 추구하라고 가르쳤기 때문이다. 다만 전통유교의 입장에서는 '예양론(禮讓論)'을 '경쟁론(競爭論)'보다 바람직한 것으로 보고, 예양론을 '문명의 논리'로 승인했던 것이다. 더군다나 한말에는 사회진화론의 영향으로 경쟁론이 약육강식을 정당화하고 있었기 때문에, 위정척사파들은 경쟁론을 더욱 승인할 수 없었던 것이다.

이와 같이 일본제국주의 세력에 의한 강제적인 우리나라와 일본의 병합은 불법이며, 불의이므로 개화파들이 따르고자 했던 '문명적인 경쟁'에 입각한 방식의 결과물이 되지 못하는 것이다. 한·일병합이 만일에 우리나라가 약소국이라고 할지라도 우리나라 사람들과 정부

---

36) 이상익, 「정의관의 충돌과 변용: 근대 한국의 정의관」, 『정치사상연구』 제12집 2호, 한국정치사상학회, 2006, 56쪽.

당국자들이 원하였고, 정당한 방법과 쌍방의 동등한 관계를 조건으로 한 일본과 연합되는 차원에서 이루어졌다고 한다면, 굳이 「기미독립선언서」가 작성될 이유는 없었을지도 모른다. 그러나 한일병합은 이러한 전제조건들을 충족하지 못했음이 명백하므로 독립선언과 독립운동의 결행은 우리나라 사람들의 정의관에 비추어 보았을 때 너무도 명백한 결과였다고 할 수 있다. 또한 우리나라의 헌정사에서 우리나라 사람들은 "왜곡·훼손된 헌정의 위기 시에 이를 시정하는 노력을 게을리 하지 않았음"[37]이 지적되고 있음은 우리나라 사람들의 시민성으로서 정의지향성이 면면히 이어져 오고 있음을 보여준다.

또 다른 예로서 3장에서 살펴본 광주민주화항쟁 당시에 시민군 명의로 발표된 성명서의 내용에는 이른바 '진압군'의 만행이나 다름없는 잔인한 진압방식이 백주대로에서 벌어졌다는 점에서 시민들이 총을 들고 일어나게 되었음이 명시되어 있는 것을 들 수 있다. 이는 정상적인 시민의 눈으로 보거나, 상식을 가진 국민의 한 사람의 입장에서 생각해 보거나, 국민의 세금으로 국민을 위해 임무를 수행해야 함을 절대적인 사명으로 삼아야 하는 군인 본연의 자세가 몰각된 채 저질러진 선량한 시민들을 대상으로 한 무자비한 살상행위를 시민으로서, 국민으로서 감내해야 한다는 것이야말로 부끄럽고 죄스러운, 정의를 외면한 일임을 확연히 보여주는 경우이다. 이러한 시민군의 결성은 이성을 가지고 있으며, "행위하는 존재이며, 희망하고 기도하는 존재"[38]인 사람들로서 정의를 인식할 수 있는 우리나라 사람들의

---

37) KBS 제1라디오 2007. 7. 18. 〈정관용입니다〉(19:20~21:00)에서 한 헌법학자의 증언임. 장영수 교수는 "해방 직후부터 독재정권의 억압도 겪었고, 혁명을 통해 이를 무너뜨리기도 했다. 하지만 다시금 독재의 압제를 받기도 했고, 이에 저항하면서 국민들의 민주의식, 주권의식이 고양되기도 했다. 그리고 다시금 국민의 힘으로 새로운 헌법을 일구어내는 저력을 보여주기도 했다(장영수, 「대한민국 헌법사 회고」, 『국제문제』, 한국국제문제연구원, 2007. 7, 16쪽)"고 하여 이 증언을 뒷받침해주고 있다.

38) 진교훈, 앞의 책, 1994, 73쪽.

정신과 의지, 행동 등을 국내·외에 천명하였다고 볼 수 있다.

그리고 3장에서 살펴본 부·마민주화항쟁의 도화선이 된 부산대학교 교내시위 중에 살포된 선언문의 일부 내용에는 "터무니없이 낮은 생계비 미달의 저임금"으로 인간다운 삶을 영위하는 데에 허덕거려야 했던 당시의 대다수 우리나라 사람들의 비인간적인 생활상에 대해 지적하고 있음을 들 수 있다. "사람답게 산다"고 함은 이성적인 측면에서 불의한 일이 발생하지 않는 삶을 영위함을 의미한다. 따라서 이 선언문에서 언급된 바와 같이 소수의 재벌 기업주들에 의한 막대한 독점적·특혜적 이윤획득의 이면에는 사리에 맞지 않는 저임금의 강요에 의해 궁핍한 삶을 꾸려나가야 했던 대다수 우리나라 사람들의 한숨 섞인 모습들이 있음을 확인할 수 있다. 따라서 이야말로 인간성에 대한 훼손이요 모독이며, 동시에 불의함의 표본에 해당된다. 이러한 점에서 이를 시정코자 하는 우리나라 사람들의 시민성으로서 정의지향성이 부·마민주화항쟁에서 결연히 표출되었다고 말할 수 있다.

이와 같이 공동체의식을 구성하는 요소로서 정의는 중요한 위치를 차지하고 있다. 공동체를 구성하는 사람들은 공동체 생활을 함에 있어서 공동체에서 필수적으로 요구되는 규범과 규칙 등을 따라야 하며, 이러한 규범과 규칙이 지켜지지 않는다면 공동체는 존립위기에 빠질 것임은 자명한 사실이다. 따라서 규범과 규칙을 따른다는 정신이라든가 마음가짐, 몸가짐 등과 연관된 정의는 공동체의식에서 없어서는 안 될 중요한 구성요소이다.

2.3. 백마 타고 오는 초인

공동체는 생명체와 같다. 왜냐하면 앞에서 언급한 바와 같이 공동체의 구성원들은 사람들이며, 사람들은 살아 숨 쉬는 생명을 지니고 있는 존재이고, 이러한 존재인 사람들이 만들어 나가는 집단적 실체가 바로 공동체이기 때문이다. 그리고 생명체는 고정되어 있는 실체가 아니며, 변화하고 있는 실체이다. 따라서 공동체는 미래를 향해 나아가는 속성을 지니고 있기도 하다. 그러므로 공동체의식에 있어서 미래지향성은 빼놓을 수 없는 구성요소라고 할 수 있다.

우리나라 사람들은 결코 희망을 잃거나 포기하지 않는 심적이고 정신적인 바탕을 지니고 있는 사람들이기도 하다. 다시 말하면 시대와 환경이 주는 여건이 고난으로서 다가올 경우에 우리나라 사람들은 자주적으로 미래를 계획·입안하고, 경우에 따라서는 현실의 난제를 풀어줄 수 있는 뛰어난 능력을 가진 인재가 나타나기를 바라고 기다리기도 했다. 뿐만 아니라 그렇게 되고자 하면서[39] 묵묵히 난국을 헤쳐 나왔던 정신과 마음이 면면히 우리나라 사람들에게 이어져 왔다. 다음의 「기미독립선언서」의 일부 내용은 우리나라 사람들의 자주독립국가 형성을 향한 미래지향성을 반영하고 있다.

각개 인격의 정당한 발달을 수(遂)하려 하면, 가련한 자제에게 고치적(苦恥的) 재산을 유여(遺與)치 안이하려 하면, 자자손손의 영구완전한 경복을 도영(導迎)하려 하면, 최대 급무가 민족적 독립을 확실케 함이니, (…중략…) 오인(吾人)은 진(進)하야 취(取)하매 하강(何强)을 좌(挫)치 못하랴, 퇴(退)하야 작(作)하매 하지(何志)를 전(展)치 못하랴.

---

39) 우리나라의 역사에서 최대의 민족적·국가적 존망의 위기였다고 볼 수 있는 후삼국시대에 후백제를 건국하는 데에 주도적으로 참여했던 견훤은 자신이 세상을 구할 수 있는 '미륵불'이 되겠다는 야망을 내비친 바(이도학, 『진훤이라 불러다오』, 푸른역사, 1998, 91쪽 참조)가 있었고, 또한 후고구려 건국에 주도적으로 참여했던 궁예 역시 자신이 "미륵불의 현신(現身)"임을 자처(박종홍, 『한국사상사』, 서문당, 1979, 18쪽)했던 데에서도 당시의 우리나라 사람들의 메시아적인 구세적 인물에 대한 소망이 있었음을 능히 추론해 볼 수 있다.

이 내용 중에서 "고치적 재산을 유여치 안이하려 하면, 자자손손의 영구완전한 경복을 도영하려 하면"은 자주국가공동체 수립을 위한 우리나라 사람들의 시대정신 혹은 시민성의 미래지향적인 의사표현의 일환이라고 볼 수 있다. 이러한 의사표현은 역시 시련을 겪고 있는 상황에서도 굳세게 공동체의식을 발휘해 온 우리나라 사람들의 일관된 문제해결방식의 성격을 지닌 미래지향성의 표현이기도 하다. 또한 3·1운동 직후 중국 상하이에서 조직된 대한민국임시정부에 의한 추진된 독립운동의 원동력이기도 한 정신에는 이와 같은 미래지향성이 내재되어 있음을 다음의 글[40]을 통해 확인할 수 있다.

임정의 권위 위에서 독립운동에 헌신했던 선각자들, 이승만(워싱턴 구미위원부), 서재필(필라델피아 한국통신부), 김규식(파리위원부) 등의 독립전략은 통상적인 것은 아니었다. 흔히 국제정치 일반이 딛고 선 파워폴리틱스(권력정치)적인 전략은 아니었다.

이들은 무엇보다도 '인류사에 작용하는 도의(道義)의 필연'을 믿었다. 그리고 퓨리턴(청교도)의 신앙공동체의 연합으로 출발한 아메리카의 메시아니즘(救世) 정치를 믿었다. 그리고 메시아니즘 정치가 양심의 법정인 것을 믿었고, 이 법정이 언젠가는 잔학하고도 무도(無道)한 일제를 징벌할 것임을 믿었다.

우리나라 사람들은 어떠한 역경에 처하였다 하더라도 "하늘이 무너져도 솟아날 구멍이 있다"는 전래의 속담과 같이 결코 희망을 버리지 않고 이를 꿋꿋하게 이겨나가려는 강한 미래지향성을 지니고 있음이 임시정부 요원으로 활동했던 사람들에게도 이와 같이 나타나

---

40) 허문도, 「현해탄을 넘어 세계로 미래로(3)」, 『월간조선』, 조선뉴스프레스, 2010. 3, 279쪽.

있다. 더욱이 메시아니즘 자체는 구세주를 영접하려는 기독교사상으로서 희망과 용기의 표상이 될 수 있는 정신이기도 하다. 그러므로 메시아니즘적인 신념을 지닌 이들 선각자들에 의한 독립운동은 열렬한 미래지향성의 정신을 내포하고 있음에 틀림없다. 또한 일제강점시기의 독립운동가이자 시인이었던 이육사의 '광야'41)라는 시에서 표상되는 "다시 천고의 뒤에 백마타고 오는 초인이 있어 이 광야에서 목놓아 부르게 하리라"에서의 '백마타고 오는 초인'을 고대하는 정신과 사상 역시 미래지향성을 함의하고 있다.

다만 '백마타고 오는 초인'은 반드시 혼돈 속에 빠져 있는 나라와 사회 등을 구원할 수 있는 모종의 탁월한 재능이나 능력을 가진 인물 혹은 인재라든가 어떤 카리스마를 지닌 구세주적인 인물만을 가리키는 것이 아니라, 우리나라 사람들 스스로가 그렇게 되고자 하는 염원도 담고 있음을 지적할 필요가 있다. 왜냐하면 현재의 시련과 고난 속을 헤쳐 나가면서 미래를 창조해 나간다고 함은 어느 발군의 실력을 지닌 한두 사람에 의해서 가능할 수 없는 것이며, 이들과 보조를 맞추려는 유사한 생각과 신념을 가진 많은 사람들의 협력과 공동의 전진이 있었을 때에만 가능하기 때문이다. 이러한 의미에서 만약 소

---

41) 다음은 시 「광야」의 전문이다. "까마득한 날에 하늘이 처음 열리고 어데 닭 우는 소리 들렸으랴 / 모든 山脈들이 바다를 戀慕해 휘달릴 때도 참아 이곳을 犯하던 못하였으리라 / 끊임 없는 光陰을 부즈런한 季節이 피여선 지고 큰 江물이 비로서 길을 열었다. / 지금 눈 나리고 梅花香氣 홀로 아득하니 내 여기 가난한 노래의 씨를 뿌려라 / 다시 千古의 뒤에 白馬타고 오는 超人이 있어 이 曠野에서 목놓아 부르게 하리라."(이원록, 『이육사 시문집』, 서문당, 1981, 50~51쪽, 244쪽) 21세기로 접어든 오늘날에도 전국적으로 메시아니즘적인 사상과도 상통하는 우리나라 사람들에 의해 전래되는 미륵신앙이 산재해 있는 것으로 채집되고 있기도 하다. 다음은 채집된 미륵신앙적 요소를 지닌 '도둑처럼 문 두드리는 그분'이라는 시(詩)의 일부이다. " … 큰 마음으로 세상을 품은 사람들은 세상의 문턱에서 무릎이 꺾이고 / 넓은 마음으로 세상을 품은 사람들은 세상의 문 앞에서 고개 떨군다네 / 언젠가 이런 말을 들었지 / 미륵님이 이 땅에 내려 오면 미륵세상 이 땅에 펼쳐지고 용화세계 이 땅에 열리리니 / 한 많은 사람들은 이제나저제나 미륵님 오시기를 기다렸다네 (…하략…)"(강영희, 박다위 그림, 남선호 사진, 『그냥 피는 꽃이 있으랴?』, 가디언, 2010, 134~136쪽)

수의 뛰어난 능력을 지닌 사람들이 자신들에 의해서만 난국을 타개해 나갈 수 있다고 독단적으로 판단하고 자신들에게 주어진 과업을 이룩하는 데에 전념한다면 이 자체는 대단히 칭송받아야 할 일일 수 있지만 이는 대다수의 우리나라 사람들이 추구하고 있는 미래지향성에 결코 부합되는 방식이 아니어서 오히려 실패할 가능성이 더 크다고 해야 할 것이다.

민주주의는 끊임없이 수정하고 보완하며 창안해 나가는 인간의 인간에 의한 인간을 위한 체제요 이념이며, 생활방식이다. 이런 의미에서 우리나라 사람들에게 일관되게 추구되는 미래지향적 자세와 사고방식 및 실천방식은 민주주의적인 가치와 이념이 보편화되어 가고 있는 오늘날의 세계적인 흐름과 크게 어긋나지 않는 성질을 지니고 있다.

이와 같이 미래지향성은 공동체의 특성상 요구되어지는 공동체의식을 구성하는 필수 요소이다. 덧붙여 말하면 미래지향성을 갖추지 못한 공동체의식은 변화에 부응하지 못하는 속성을 지니게 되어 공동체를 존속시키는 데에 부정적인 의식으로 전락할 가능성이 매우 크다는 점에서도 공동체의식의 구성요소로 미래지향성을 빼놓을 수 없다.

3. 평등·다양성·관용과 사례

개방성은 공동체의식과 더불어 우리나라 사람들의 시민성의 대표적인 특성이다. 그리고 시민성은 전술한 바와 같이 기본적으로 신분, 재산, 계층, 계급, 직업, 나이, 지역, 학벌, 지위, 성별, 인종, 종교, 신체, 정신 등의 제반 측면에서 차별을 받지 않는 시민들에게서 나타나는 이성적이고 감성적이며, 의지적이고 행동적인 성향을 포함하고 있다. 이러한 성향이 실제적인 의의를 지니려면 인간존중, 정의, 미래지향성 등의 요소를 지닌 공동체의식만으로는 불충분하며, 공동체를 구성하는 구성원들 간의 제반 측면에서 개방적인 마음가짐과 몸가짐이 수반되어야 비로소 충분함이 갖추어지게 된다. 다시 말하면 시민공동체를 존립하게 하는 주요 이념이자 정신이며, 생활방식인 시민성에는 공동체의식 외에도 개방성이 갖추어져야 한다. 즉, 개인과 개인, 개인과 집단, 집단과 집단 등에 있어서 상호간의 관계가 시민성의 차원에서 모색된다면, 그러한 의미에서 양자 간에는 개방적인 관계가 형성되어야 함을 필요로 한다. 이 경우 양자 간에는 서로를 대등한 관계로 해야 함과 서로의 다양한 차이점들을 받아들임은 물론 그러한 차이점들로 인한 양자 간에 발생할 수 있는 시행착오적인 문제점들에 대해서 관용적이어야 할 것이 요청된다. 이러한 점에서 개방성의 구성요소들로서 평등, 다양성, 관용 등을 꼽을 수 있다. 이제 한국적 시민성의 특성에 포함되는 개방성을 구성하고 있는 요소들인 평등, 다양성, 관용 등을 우리나라 사람들의 본래적이며, 전통적인 시민성의 성향을 중심으로 순차적으로 논의해 보기로 한다.

3.1. 남을 업신여기지 않기

평등은 시민 개개인의 권리와 자격, 의무 등에 대해서 차별을 두지 않는 개념이다. 개방성은 사람을 대함에 있어서 상대방의 지위, 신분, 사상, 소속 집단, 권력, 명예 등과 관계없이 동일하게 대처하고 대우한다는 의미를 지니고 있다. 이러한 점에서 평등은 개방성을 구성하는 중요한 요소가 된다. 다음의 인용문[42]을 통해서 동양의 유교적

---

42) 배병삼, 「유교(동양)문명과 21세기적 전망」, 『계산 사상』, 1999 겨울호, 198쪽.

규범으로 **빼놓을** 수 없는 가부장제적 규범에서 평등과 관련된 측면을 살펴보도록 한다.

　가부장제의 원리는 요컨대 "내가 하고 싶지 않은 일을 남에게도 미루지 말라"는 것이고, 그렇게 하면 "나라든 가정이든 원망이 없으리라"는 전망으로 귀결된다. 이러한 가부장 무한책임론은 자신의 몸을 건사하는 일(건강)로부터 국가와 세계, 그리고 우주에 참여한 주인공으로서의 주체의식으로까지 승화된다.

　이런 맥락에서 제가의 '제'는 국가 운용의 이상인 균(均)과 같은 말이며, 또 '생리학적 균형(*homeostasis*)'을 뜻하는 중정(中正)과도 다른 의미가 아니다. 그러므로 이들 운용원리로서의 제(齊), 균, 평(平), 그리고 중정은 자연생태의 균형을 모사한 동질적 언어들이며, 이를 해석하면 유교(동양) 문명론은 곧 '생태적 세계관' 위에 건설한 것이 된다.

가부장제는 일종의 균형을 지향하는 규범적 제도이며, 평등함을 추구하는 도덕적인 규범적 의의를 내포하고 있음을 간과할 수 없다. 말하자면 이 글에서 언급되고 있는 바와 같이 가부장제는 가정 내의 구성원들의 역할을 최대한 발휘하게 하고 동등하게 인정한다는 점에서 평등의 기본 개념을 공유하고 있다. 물론 과거의 가부장제에서 거론되는 평등의 의미는 오늘날 통상적으로 말하여지는 신분, 계급 등에 구속되지 않는다는 측면에서의 평등의 의미와 전적으로 부합하지는 않는 특성을 지녔다고 볼 수는 있다. 그러나 이를테면 오늘날의 "법 앞에서의 평등"이 던져주는 의미에 입각하여 보건대 그와 같은 가정을 균등하게 한다는 것은 그만큼 가정의 구성원들 개개인이 도덕적 규범 앞에서 균등한 관계를 이룬다는 것을 뜻한다고 볼 수 있으므로 오늘날의 평등의 개념적 의의에 어긋나지는 않는다.

서양에 있어서 평등이 모든 인간에게 보장되어야 한다는 주장은 그리스도교에 의해 이루어졌다. 그리스도교에서는 인간은 그 하나하나가 신(神)을 모방해서 만들어졌기 때문에 인간은 누구나 신과 접해 있다는 것이며, 따라서 신 앞에서는 모든 인간은 평등한 존재이다. 신 앞에서의 평등은 종교개혁에 있어서 루터와 칼뱅에 의해 신앙의 주체로서의 인간의 평등이 주장되고, 간접적이기는 하지만 근대적 평등의 형성에 크게 영향을 미쳤다. 즉, '인간에 의한 인간의 지배(rule of man)'를 타파하고 '법에 의한 인간의 지배(rule of law)'가 확립되게 된다는 것은 자유를 얻는 것인 동시에 자치(self-government)라는 평등의 획득인 것이었다.43) 이러한 역사적 배경을 지니고 있는 서구적 의미에서의 평등의 문제의 일단을 다음의 글44)을 통해서 확인해 볼 수 있다.

평등으로 향하는 시민권45)(citizenship)은 선거권이나 피선거권에만 해당하는 것은 아니다. 그들의 명확한 특성들 때문에 조직적인 불이익과 차별을 일삼는 사회에서 살아가는 집단들이 있는 한 평등의 문제는 제기되는 것이다. 다시 말하면 고용이라든가 승진의 문제라든가, 공적 서비스에서의 고객으로서 혹은 경찰이라든가 여타의 공권력에 의한 처우의 문제들이 이에 해당되는 것이다. 차이가 열등함을 의미하거나 어떠한 위협을 나타낸다는 관념은 기이할 정도로 지속적으로 존재하고 있으며, 평등한 시민권에 의해서 구성된 민주 사회들은 지속적으로 싸워야 할 관념인 것이다.

---

43) 정인홍 외 대표편집, 앞의 책, 1980, 1640쪽 참조.

44) Beetham David, *Democracy*, Oxford: Oneworld Publications, 2005, p. 17.

45) 본서에서는 대부분 'citizenship'을 시민성으로 번역하고 있으나, 이 경우에는 이 글의 전후 맥락상 시민권으로 옮기도록 했다.

이처럼 오늘날의 서구 사회에서 평등의 문제는 상존하고 있다. 그만큼 오늘날의 서구 사회는 완전한 개방성이 갖추어져 있다고는 볼 수 없으며, 좀 더 확고한 개방성을 향하여 진화해 나가는 도상에 있다고 봄이 적절하다. 그렇다면 평등의 문제점을 다음46)에서 간략히 살펴보기로 한다.

여기서 자본주의가 발전함에 따라 평등이념도 새로운 내용을 요구하게 되는 것이며, 또한 특권의 배제 이외에 기회의 균등을 의미하게 된다. 또는 사회적·경제적 평등을 의미한다고 할 수 있다. 즉, 국가는 무제한의 자유의 허용에서 자유를 어느 정도 제한함으로써 국민 전체에 적어도 인간으로서의 생활을 평등하게 보장하는 것을 그 기본적 기능으로 하게 된다는 것이다.

이와 같이 평등은 오늘날 정치적인 의미에서만으로 충분하지 않으며, 더 나아가서 사회적 평등이라든가 경제적 평등에까지 이르는 성질을 지니고 있음을 이 글은 지적하고 있다. 이는 서양 사람들이 직면하고 있는 시민성의 특성인 개방성으로서의 평등의 문제일 뿐만이 아니라 우리나라 사람들에게서도 예외 없이 나타나는 문제이기도 한 것이다. 이러한 점들을 고려해 볼 때 결국 오늘날 세계적으로 민주주의의 확산과 더불어서 개방성의 불가결한 구성요소라고 할 수 있는 평등의 범위는 정치·경제·사회적인 제반 측면에 걸쳐서 확대되는 것으로 평가된다.

한편 기원전 2000여 년 전에 실재했던 것으로 알려진 고조선을 건국한 우리나라 사람들의 시조인 단군이 남긴 8훈 혹은 팔조목 중에

---

46) 정인홍 외 대표편집, 앞의 책, 1980, 1641쪽.

는 평등과 관련된 다음의 일곱 번째 조목47)이 나타나 있다.

7. 간접적으로라도 다른 사람을 상하게 하지 말고 서로 구제하며, 남을 업신여기지 말 것

즉, "다른 사람을 상하게 하지 않는다"거나 "남을 업신여기지 말 것" 등은 지금까지 논의한 평등 정신과 부합되는 조목이기도 하다. 다시 말하면 '다른 사람' 혹은 '남'이 어떠한 지위, 명예, 권력, 재산, 신분, 출신 배경, 상태 등에 있다고 하더라도 그로 말미암아 차별을 두는 그러한 관계를 사람들 사이에 맺어서는 안 된다는 의미를 이 조목은 함의하고 있다는 점에서 그러하다. 이러한 우리나라 사람들의 평등 정신은 앞에서 살펴본 역사적 진화 면에서의 서구적 평등 개념에 비추어 보았을 때, 시기적으로 크게 앞섰음에도 결코 뒤지지 않는 정신적·실질적 품격을 지니고 있다. 따라서 한국적 시민성의 특성인 개방성을 구성하는 요소로서 평등을 빼놓을 수 없는 까닭도 바로 이 점에서 찾아볼 수 있다.

3.2. 제 빛깔과 제 멋

개방성은 비밀, 제한 등이 배제된 상태를 말한다. 따라서 차이가 나는 정신, 사상, 마음 등의 표현을 억누르거나 거부하지 않는 경향이 있는 다양성을 개방성은 그 구성요소로 삼고 있다. 예컨대 전술한 바와 같이 전환기적 상황에서 우리나라 사람들에 의한 의사표현이었던 3·1운동이라든가 6월민주화항쟁 등은 전국적인 범위에 걸쳐 각계

---

47) 최태영, 『한국 고대사를 생각한다』, 눈빛, 2003, 78쪽에서 재인용.

각층의 다양성을 갖춘 우리나라 사람들이 자주독립과 민주주의 회복을 비장하고 결연하게 부르짖은 독립운동이요 민주화운동이라고 할 수 있다. 따라서 이러한 3·1운동과 6월민주화항쟁은 우리나라 사람들의 다양성과 관련된 시민성의 일면을 표출한 것이다.

또 다른 역사적 전환기였던 후삼국시대에 직면하여 당시의 우리나라 사람들은 농민세력, 호족세력, 당나라에서 유학한 육두품출신 세력, 당나라에 내왕했던 지식인 세력, 군벌세력, 사원세력, 왕실세력 등으로 나뉘어져 각기 구국의 일념으로 난국을 헤쳐 나가는 다양성의 측면을 드러낸 것은 알려진 사실이다. 즉, '도적'으로 비하되어 기록에 전하지만[48] 당시의 인구의 절반 이상을 차지하였을 농민들의 생존에의 활로를 개척하려는 동향이라든가 신라하대의 정치·사회·경제적 문제점들을 지적하고 해결책을 강구하려 했던 육두품 출신의 신라의 지식인들의 행보,[49] 지방호족들과 이들과 함께 한 진취적인 지방지식인들,[50] 사원세력,[51] 군벌세력,[52] 신라하대의 왕실세력 등은 서로간의 존재를 의식하면서 혼란에 빠진 국내적 상황을 타개하는 데에 각자의 위치에서 진력한 면모 속에서 이 당시의 우리나라 사람들의 다양성의 측면이 있었음을 확인할 수 있다. 이와 관련해서 다양성의 개념을 다음[53]과 같이 좀 더 음미해 볼 필요가 있다.

---

48) "國內諸州郡 不輸貢賦 府庫虛竭 國用窮乏 王發使督促 由是 所在盜賊蜂起…"(『삼국사기』 진성왕 3년조)에서 알 수 있는 바와 같이 공부납부를 거부하고 '봉기'한 농민들을 '도적'으로 지칭하고 있다.

49) 예컨대 이들 중에서 '3최'라고 불리는 최치원, 최언위, 최승우 등은 각각 신라, 후백제, 후고구려 등에서 혼란을 수습하는 문제해결에 일조하였던 것으로 알려져 있다.

50) 이들은 결국 왕건을 중심으로 한 고려의 건국에 이바지했다고 볼 수 있다.

51) 승려 출신인 궁예를 대표로 하는 사원세력이라고 할 수 있다.

52) 군인 출신인 견훤을 대표로 하는 군벌세력이라고 할 수 있다.

53) Beauchamp, Tom L., *Philosophical Ethics*, New York: McGraw-Hill, Inc., 1991, p. 44.

비록 판단에 있어서의 상대주의가 옳다고 하더라도 기준에 있어서의 상대주의는 옳지 않다고 할 수 있다. 이 가능성은 두 가지 이유로 중요하다. 첫 번째, 많은 상대주의를 지지하는 논의는 판단의 상대주의에 근거하고 있다. 그렇다면 여러 예들은 기준에 있어서의 상대주의를 지지하도록 주장된다. 둘째, 많은 사람들은 도덕적 규칙은 개개인의 판단에 대해서 융통성을 허용하지 않는다는 관념에는 부정적으로 반응한다. 따라서 그들에게는 상대주의가 비상대주의적 전망에 대해서보다 선호되는 것과 같이 보인다. 판단의 상대성은 융통성이 있으나, 이 사실은 도덕적 기준의 상대성의 부정과 일치한다는 것은 옳다.

말하자면 '다양성'이란 이 글에서 언급된 '판단에 있어서의 상대성'과 연관이 깊은 의미를 지니고 있다. 부연해서 말하면, 앞에서 언급된 후삼국 시대의 경우, 우리나라 사람들은 자신들이 나라의 존립이 위태로운 상황에 빠져 있을 때, 이를 타개해 나가는 방법에 대해서 고심함으로써 안출되는 여러 방안에 대해서는 긍정적으로 반응을 보였다. 따라서 후삼국 사람들은 이 방안들을 제시하는 사람들, 세력들에 대해서는 경우에 따라서는 참여를 통한 지지를 했거나 간접적으로 동의와 지원을 아끼지 않았다. 이는 곧 나라를 위기에서 구한다고 하는 기준 외의 별도의 기준까지 당시의 후삼국 사람들이 수용했다고는 볼 수 없으며, 이러한 바탕 위에서 후삼국 사람들의 다양한 국가위기 대처방식은 정당성을 획득할 수 있다.

한편 신라시대의 위인들 중에서 가장 뛰어난 사람으로 평가[54]받고 있는 물계자(物稽子)의 다음[55]과 같은 교육방법(교육철학)에서 우리

---

54) 김정설, 『풍류정신』, 영남대학교출판부, 2009, 91쪽. 김정설은 신라인들로서 잘 알려지지 않은 물계자를 대표적인 신라인인 김유신과 나란히 소개하면서 이와 같이 신라인으로서 가장 위대한 사람으로 평가하고 있다.

나라 사람들의 다양성의 측면의 일부분이 확인된다.

　　사람은 누구나 제 빛깔(자기 본색)이 있는 법이어서 그것을 잃은 사람
은 아무 것도 이룰 수 없는 것이고, 잘났거나 못났거나 이제 빛깔을 그냥
지닌 사람만이 제 길수(자연의 妙理)를 찾게 되는 법이야. 보라, 꾀꼬리
소리는 아름답고 까마귀 소리는 곱지 않다지만 그것이 다 제 빛깔이거
든. 노루는 뛰기를 갈 하고 솔개는 날기를 잘 하거니와 뛰는 대로 나는
대로 그것 역시 제 빛깔 제 길수야. 까마귀가 꾀꼬리 소리를 내는 체하거
나 노루가 나는 체하거나 이것은 모두 제 빛깔을 잃은 것이니, 백년을 가
도 천년을 가도 제 길수를 얻지 못하는 법이야. 어린애 말씨는 되지 않은
채 어른의 귀에 괴이지마는 철든 사람이 이런 흉내를 내다가는 웃음거리
가 되고 말 것이니, 이것이 다 제 빛깔 제 길수를 보이고 있는 것이거든.
그러나 제 빛깔이라는 것은 제 멋(자기취향)과 다른 것이야. 누구나 제
멋이 있어. 하지만 제 멋대로 논다고 해서 누구에게나 맞는 것이 아니야.
아무에게나 맞는 제 멋이 있고 한 사람에게도 맞지 않는 제 멋이 있으니,
아무에게나 맞을 수 있는 제 멋은 먼저 제 빛깔을 지녀서 제 길수를 얻은
그 멋이고, 한 사람에게도 맞을 수 없는, 제 멋이란 제 길수를 얻지 못한
그것이야. 말하자면 제 빛깔과 절로(自然) 한데 빚어서 함뿍 괴고 나면
제 작(天人妙合)에 이르는 법인데, 이 '제 작'이란 것은 사람의 생각이 검
님의 마음에 태이는(화합) 것이요, 검님의 마음이 사람의 생각에 태이는
것이니 말하자면 사람이 무엇이나 이루었다고 하면 그것은 다른 게 아니
라 이 제 작에 이르렀다는 것이야.

인간의 다양성의 측면을 이 글은 다소 장황하게 설명하고 있기는

---

55) 김정설, 위의 책, 91쪽.

하지만, 신라인들을 대표하고 있는 것으로 평가되는 이러한 물계자의 교육철학을 통한 인간에 대한 이해방식은 비록 교육방법적인 측면에서 운위되고 있었다고 할지라도 우리나라 사람들의 인간의 문제에 대한 인식과 정감, 행위 등이 그만큼 다양성을 바탕으로 해서 이루어지고 있음을 반영하고 있다. 또한 앞서 언급된 바와 같이 다양성의 측면은 어떠한 기준이 전혀 없는 그러한 제각기의 특색만을 의미하는 것이 아닌 것과 마찬가지로 물계자 역시 각양각색의 특질로서의 '멋'의 발현이 그 의의를 지니게 되려면 '제 빛깔'이라고 하는 기준이 분명히 갖추어져야 함을 적시하고 있다는 점에서 그와 같은 교육철학은 다양성과 관련된 내용을 담고 있는 철학이라고 해도 무방하다.

한편 기원전 5세기에서 기원전 4세기 중에 활동한 것으로 알려진 고대 그리스의 소피스트들이라고 일컫는 일군의 강연자·사상가·문필가들은 프로타고라스가 명명한 것으로 유명한 "인간은 만물의 척도다"라고 하는 명제를 발판으로 해서 정치·경제·사회·문화·예술 등을 논의하고자 했던 것으로 알려져 있다. 이러한 인간에 대한 인식은 비록 확고한 진리 및 지식 등의 인식에 이르는 데까지 나아가지는 못했다고 할지라도 인간의 개방성의 특성에 따른 사회·국가 형성 시에 발의되는 인간의 문제해결 방식의 다양성을 촉진시켜줌으로써 삶의 다채로운 면모를 확인시켜주기도 했음은 알려진 사실이다. 이러한 인간의 삶의 다채로운 면모야말로 따지고 보면 민주주의를 이룩하는 데에 요구되는 시민성인 개방성의 측면이 발휘되게 하는 중요한 요인이 될 수 있다. 이처럼 민주주의는 한편으로는 다양성을 바탕으로 해서 운영되는 이념이자 사고방식이며, 생활방식임과 아울러 일종의 체제이기도 하다. 이와 관련해서 다음의 글56)을 통해서 토크

---

56) Offman, Henning, *Geschichte des politischen Denkens*, Stuttgart: J. B. Metzler, 2008, p. 120.

빌의 민주주의에 대한 견해를 살펴보도록 한다.

"민주주의가 관습에 끼친 영향은 무엇인가? 토크빌은 심각한 계층의
식을 없어지게 했고, 관습이 주는 경직됨을 완화시켰으며, 인간은 평등
함을 인식시켰음을 물론 서로의 입장을 이해하게 되도록 했고, 서로를
자신의 이익을 위한 희생물로 삼지 않도록 했으며, 인간이면 예외없이
모두를 한 인류로서 여기도록 하는 등의 여러 현상들을 설명하고자 했
다. 더욱이 민주주의는 인간들 사이의 도당적인 면을 완화시키기도 했다.

이 글에서 언급되는 '관습'이라든가 인간의 '불평등함', '도당' 등의
개념들은 다양성 면에서 본다면 다양성을 억누르는 단일성, 획일성
등을 조장하기 쉬운 부정적인 요소를 다수 포함하고 있다. 여기에서
알 수 있는 것처럼 민주주의는 다양성을 되살리고, 북돋우는 방향으
로 운영되는 체제라는 점이다. 그러므로 다양성 면에서 우리나라 사
람들의 시민성의 측면은 민주주의 체제 형성에 어울리지 못하는 특
성을 가졌다고는 말할 수 없음이 분명하다.

이와 같이 시민성의 특성인 개방성의 의의를 뚜렷하게 해주는 인
간과 집단 등의 제반 특색을 북돋워주고, 살려주되 인간의 자주성과
집단의 독립성 등에 바탕을 두는 다양성은 개방성을 이루는 빼놓을
수 없는 구성요소의 한 가지임을 부인할 수 없다.

3.3. 너그러움

'관용'이라 함은 일반적으로 서양의 정신과 사상 속에서 자신과 종
교, 이념, 생활방식 등이 다른 사람이라고 하더라도 받아들이는 태도,
생각, 행동 등을 총칭하는 개념적 의의를 지니고 있다고 할 수 있다.

이러한 점에서 관용은 개방성을 구성하는 중요한 요소임이 분명하다. 다시 말하면 개방성은 나 혹은 우리 아닌 상대방에게 나 혹은 우리를 보여주거나 알려주며, 느끼게 해 주는 의미를 지니고 있기 때문에 상대방을 있는 그대로 혹은 드러난 그대로를 받아들이게 되는 그러한 관용적인 측면이 있지 않고는 불가능하다.

우리나라 사람들은 대체로 정치인들 혹은 대리자급에 있는 사람들의 언약을 믿어주는 데에 아낌이 없는 마음 씀씀이를 가지고 있으며, 이들이 자신들의 언약을 어김으로써 빗어지는 불편함이라든가 손해, 괴로움 등을 참아내며 지켜보려는 너그러운 관용정신을 갖추고 있는 사람들이라고 할 수 있다. 문제는 이러한 우리나라 사람들의 너그러움을 정치인들이라든가, 관직에 있는 사람들은 어리석음이라든가 동의하는 것 등으로 혼동하여 권력남용을 하거나, 독단적인 결정을 일삼는 등의 과오와 오판을 다반사로 저지르는 데에 있는 것이다. 이러한 지도급에 속하는 사람들의 과오와 오판은 3장에서 논의한 바와 같이 전환기적 상황에서 두드러지게 나타나게 되어 인간의 존엄성이라든가 정의, 평등 등을 지키려는 대다수의 우리나라 사람들에게 겪어야 할 이유가 없는 고난을 안겨주는 결과를 낳게 되었음은 익히 알려진 사실이다. 우리나라 사람들에게 있어서 관용정신은 본래적인 시민성의 특성이라고 할 만큼 연원이 오래된다. 다음은 관용과 관련된 것으로 여겨지는 '현묘지도(玄妙之道)'라고 일컫는 풍류도에 관한 견해57)이다.

동서가 그 이념의 용어를 달리하고 있는 것처럼 유, 도, 불 사상과 서양의 신사상이 우리나라에 전래하기 전, 우리에게 이미 있은 바탕에다가

---

57) 최태영, 앞의 책, 2003, 132쪽.

외래의 여러 사상을 받아들여 심화하고 포월하면서 발전시켜 온 것이다. 그것이 바로 현묘지도인 풍류라는 것이다.

이 풍류의 입장에서는 불가에서 말하는 대자대비 제도중생 보시정토, 즉 누구나 마음은 평등하며 불성을 가지고 있어서 대각 즉 최고의 지혜와 정법을 구하여 모두가 불타가 될 수 있고 따라서 이상의 사회를 실현하게 된다는 것도, 도가에서 말하는 무위, 자연, 장생 즉 신선이 된다는 것도, 기독교에서 말하는 애린, 경신, 신망에 의하여 영생 즉 천상과 지상의 천국을 실현한다는 것도, 서양의 자유, 평등, 인격의 존엄이라는 것도, 모두 그 풍류의 현묘한 도인 근본이념의 각 면을 밝혀 주는 것이라고 보면 될 것이다.

이 견해에서 나타나고 있는 바와 같이 우리나라 사람들의 고유한 정신이자 이념이며 사상, 더 나아가서는 생활방식 등인 풍류도는 오늘날의 동·서 사상을 아우를 정도로 폭과 깊이가 무궁무진하다. 이와 같은 풍류도의 무궁무진한 사상적·정신적 특성은 한편으로는 그 만큼 우리나라 사람들의 사고방식이라든가 생활방식 등의 특성으로서 이질적인 인적·물적 대상을 관용적으로 수용했음을 보여주고 있다.

서양에서 관용의 특장점이 두드러지게 발휘되었던 시기는 중세를 지나 근대로의 여명이 밝아올 무렵이라고 하는 이른바 '계몽주의 시대'라고 일컬어진다. 계몽주의 시대는 인간은 합리적인 사고를 하고 스스로의 문제를 합당하게 해결해 나갈 줄 아는 존재이기 때문에 종교·이념·사상 등이 다른 사람이라고 하더라도 마땅히 용인함으로써 "나와 너, 혹은 우리와 당신들의 공동의 지향점"을 찾아 인간성이 발양되는 사회·국가를 이루어보고자 하는 데에 그 의의를 두고자 했던 정신을 계몽주의 주창자들은 견지하고 있었다. 그러므로 이와 같은 맥락에서 보건대 관용정신이 주축이 됨으로써 이질적인 문화, 상이한 사고체계라든가 이질적인 정치적 입장 등이 융합·발전할 수 있는 토대를 마련할 수 있다는 인식이 이 시대의 주조를 이루는 사고정향의 특징이다. 따라서 이후 근·현대로 접어드는 굴곡의 역사적 과정에서 시민성인 개방성을 이루고 있는 관용정신은 민주주의의 확산 및 발전을 가져오는 데에 의미 있게 이바지했음은 이미 알려진 사실이다. 그렇다면 '공동의 지향점'과 관련한 다음의 관용에 대한 설명[58]을 확인해 보도록 함으로써 관용정신의 의미를 좀 더 밝혀 보도록 한다.

　… 여기서 분명히 해야 할 것은 관용(Toleranz)이 흔히 주장되는 바와 같이 도덕적 상대주의의 당연한 결과가 결코 아니라는 점이다. 오히려 관용은 보편타당성을 요구하는 특정한 도덕적 확신에 근거를 두고 있다. 이러한 보편적 관용의 요구에 대해 도덕적 상대주의자는, "각자는 자신의 도덕에 따라 살아야 한다. 그리고 나의 도덕은 나에게 폭력과 불관용을 허용한다. 그런데 내가 왜 관용적이어야 한다 말인가?"라고 반박할 수 있다. 그러므로 우리가 관용의 요구를 분명히 이해하기 위해서는, 반드시 모든 인간의 존엄에 대한 특정한 관념을 먼저 가지고 있어야 한다.

이 글에서와 나타난 바와 같이 보편타당성을 전제로 한 도덕에 있어서의 관용에 관한 개념정의는 역시 시민성의 측면에 있어서도 '공동의 지향점'이라는 보편타당성에 기반을 둔 데에서 관용이 그 의의를 지니게 된다. 그러므로 앞서 지적한 바 있듯이 시민성의 측면에서 우리나라 사람들의 외적인 표현으로 나타나는 "너그럽다"고 하는 것

---

58) Spaemann, Robert, *Moralishe Grundbegriffe*, München: Verlag C. H. Beck oHG, 1999; 박찬구·류지한 옮김, 『도덕과 윤리에 관한 철학적 사유』, 철학과현실사, 2002, 32~33쪽.

은 대체로 역사적 전환기에 직면하여 지도층에 있는 사람들이 우리나라 사람들에 대해서 오판하게 되는 "어리석다"라든가 "동의한다" 등과 동일한 의미를 지니고 있지 않음이 분명해지며 관용을 논의할 때 유의해야 할 점이다.

한편 오래 전부터 전해져 오는 우리나라의 설화 중에서 처용(處容)59)과 관련된 설화는 유명하며, 사귀(邪鬼)를 쫓는다고 해서 처용을 형상으로 한 가면을 쓰고 춤을 추는 처용무는 유네스코(UNESCO)에서 세계무형유산으로 지정한 바 있는데, 이 처용설화는 우리나라 사람들의 관용정신을 부분적으로나마 찾아볼 수 있는 성격을 지니고 있다. 즉, 처용은 밤늦게 귀가했을 때 아내가 이인(異人)과 있음60)을 발견하고 이에 대해서 성내지 않고 그 자리를 물러나와 노래를 부르며 춤을 추었는데, 이때의 이인은 역신(疫神)으로서 이러한 처용의 처신에 감동하여 처용에게 "처용의 형상을 문에 그려 붙여 놓으면 들어가지 않겠다"고 맹세했다61)는 데에서 처용설화가 유래되었는바, 여기에서 역신조차도 감동한 처용의 너그러움을 우리나라 사람들의 시민성에 내재되어 있는 관용정신과 관련지어 생각해 볼 수 있다. 처용이 밤늦게 귀가하게 된 것은 '어떠한 놀이'62)로 말미암은 것이므로 이 시간에 아내의 이인과의 만남은 또한 이해할 수 있어야 함을 보여주는 그러한 마음가짐은 부분적으로나마 우리나라 사람들의 관용정신

---

59) 처용을 "아랍 무슬림들을 비롯한 서역인"으로 고고학적 근거를 바탕으로 보려는 견해 (정수일, 『한국 속의 세계』 하, 창비, 2005, 19쪽)가 있으나, 설령 처용이 외래인이라고 하더라도 결국 지역적으로 울산지역을 중심으로 한 고대국가인 신라의 문화적 차원에서의 관용정신을 보여주고 있음이 분명하다고 할 수 있다.

60) 우리말로 옮겨진 원문에는 "… 내 자룰 보니, 가룰리 네히로새라, 아으, 둘흔 내해어니와 둘흔 뉘해어니오"(백철·이병기, 『국문학전사』, 신구문화사, 1957, 70쪽)으로 되어 있어 남녀의 간통 장면으로 나타나 있으나 본서에서는 단순히 아내와 어떤 사람이 함께 있는 정도의 상징적 정황으로 보고자 해서 '이인(異人)과 있음'으로 풀이하고자 한다.

61) 이 부분의 원문은 "誓今已後見公之形容不入其門矣"임.(『삼국유사』권2 「처용랑과 망해사」)

62) 이 부분의 원문은 "夜入伊遊行"임.(『삼국유사』권2 「처용랑과 망해사」)

의 일단을 시사해주고 있다.

이와 같이 관용은 우리나라 사람들의 시민성의 특성인 개방성을 보다 의의 있게 해주는 구성 요소로서 **빼놓**을 수 없다. 끝으로 한국적 시민성의 특성과 구성요소를 〈표 3〉으로 정리해 보기로 한다.

〈표 3〉 한국적 시민성의 특성과 구성 요소

	한국적 시민성의 특성	
구성 요소	공동체의식	개방성
	인간존중	평등
	정의	다양성
	미래지향성	관용

4부

한국적 시민성과 도덕교육

5장 한국적 시민성의 도덕교육적 함의

4장에서 논의된 한국적 시민성의 특성과 구성 요소들을 도덕교육의 목표와 내용 등에 보완적으로 적용한다. 특히 한국적 시민성을 뚜렷하게 나타낸 문학작품 등의 요소들을 해석학적(현상학적)으로 활용함으로써 도덕교육의 발전과 개선은 물론 시민교육의 실질적인 의의를 구현하는 데에 이바지할 수 개선점과 방향을 모색하도록 한다.

1. 개선이 요청되는 도덕교육

2010년대를 맞이하고 있는 오늘날 우리나라에서 실시되는 도덕교육의 실정은 한국적 시민성을 충분히 감안하고 발휘하게 하는 데에는 미흡함을 부인할 수 없다. 따라서 시민성이 중심이 되어 실시되는 도덕교육으로서의 시민교육에는 한국적 시민성에 부합하는 요건을 갖추는 개선방향을 찾아내는 과제가 주어져 있으며, 이러한 과제의

해결은 곧 시민교육의 의의를 보다 분명히 나타낼 수 있는 지름길로 나아가는 것과 같다.

1.1. 한국적 시민성과 도덕교육의 관계

한국적 시민성은 도덕교육적 측면에서 1970년대의 유신체제 하에서 제안된 것으로 알려진 " '영도적 민주주의' 또는 '한국적 민주주의'라는 개념을 통해서 위민(爲民) 정치와 왕도정치라는 전통적 사상과 민주주의를 접맥시키는"[1] 방식에서 의도된 비민주적 체제를 옹호하는 데에서는 찾아질 수 없는 성질의 것이다. 오히려 본 논의에서 다루어지는 한국적 시민성은 위축되고 왜곡되었던 우리나라 사람들의 정신, 이념, 염원, 생활방식 등을 되찾음으로써 오늘날의 우리나라 민주주의를 도덕교육적 측면에서 바로 세우는 데에 유익한 특성을 지니고 있다.

또한 한국적 시민성은 서구적 시민성에 비해서 그 특성 면에 있어서는 다소의 차이점이 있을 수 있지만, 서구적 시민성에 견주어 볼 때 결코 뒤지지 않는 독특한 성질을 지니고 있다. 다시 말하면 어떠한 외적인 관계를 떠나서 사람이라는 사실 그 자체에 대해서 받아들이거나, 받아들이려는 마음과 정신, 행동 등이 내재된 한국적 시민성은 외적인 측면이 강한 계약적인 관계를 중심으로 형성된 서구적 시민성에 비해서 좀 더 근원적인 측면을 지니고 있는 것이다.

도덕교육의 목표라고 함은 크게 보아 건전한 인격성을 갖춘 인간의 육성에 있다고 한다면, 시민교육의 목표는 말 그대로 훌륭한 시민성을 갖춘 시민 혹은 민주시민을 육성하는 데에 있다. 또한 도덕교육

---

1) 허영식, 『세계화·정보화시대의 민주시민교육, 어떻게 할 것인가?』, 원미사, 2003, 17쪽.

은 주로 인간관계 면에서 이성, 감정, 의지, 행동 등이 조화와 균형을 이룬 상태에 도달하는 인간을 목표로 해서 추구되는 교육이라고 한다면, 시민교육은 주로 공동체와의 관계 면에서 이성, 감정, 의지 행동 등이 조화와 균형을 이룬 상태에 도달하는 시민을 목표로 해서 이루어지는 교육이다. 그뿐만 아니라 도덕교육에서 목표로 하고 있는 인격성을 갖춘 인격자는 건전한 시민성을 갖춘 시민이기도 하다. 왜냐하면 '인격자'라고 함은 결국 시민의 역할을 해나가지 않는 사람을 가리키지는 않기 때문이다. 다만 인격자는 보통의 시민성의 측면이 우세한 공공(公共)의 일과 관련이 없다고 하더라도 언제나 자신의 양심과 도덕규범에 어긋나지 않는 일을 하려고 하며, 이를테면 어떠한 대가도 받지 않고 타인을 배려하는 등의 행위가 몸에 밴 사람을 가리킨다고 볼 수 있다. 따라서 인격자는 보통의 시민성을 갖춘 시민보다는 좀 더 본원적인 면에서 폭넓은 도덕성을 지니고 있는 사람을 가리킨다. 이러한 점에서 도덕교육은 시민교육이면서 시민교육보다 좀 더 범위가 넓은 영역을 아우르고 있다고 봄이 타당하다. 그러므로 한국적 시민성은 건전한 인격성과 훌륭한 시민성을 목적으로 하고 있는 우리나라의 도덕교육 분야에 있어서 빼놓을 수 없는 위치를 차지하고 있음은 물론 시민교육에 있어서의 차지하는 비중의 중요성은 더 이상 재론을 요하지 않는다.

4장에서 논의한 바와 같이 한국적 시민성의 특성들로서 공동체의식과 개방성을 들 수 있다. 우리나라 사람들이 끊임없이 추구해 온 민주주의 국가, 그리고 분단을 벗어나서 남북통합으로 나아가려는 통일국가 등을 이룩하는 데에 바탕이 되는 공동체의식은 우리나라 사람들에게 두드러지게 나타나는 시민성의 특성이기도 하다. 또한 고대시대부터 우리나라 사람들에게 내재되어 이어져 온 풍류도는 외래의 종교이자 사상이라고 통칭되는 유교, 도교, 불교 등을 받아들이는 데에 지장이 없는 넓고 깊은 포용성을 지닌 관용정신을 나타내고 있다. 따라서 풍류도는 3장에서 주로 논의해 온 해방정국 이래 민주화운동 시기에 우리나라 사람들에게서 두드러지게 나타나는 개방성과 관련된 시민성의 원천으로서의 정신이요 사상이며, 이념이고 생활방식이기도 하다.

이와 같은 한국적 시민성의 특성들로서의 공동체의식과 개방성은 인격성과 시민성을 주요 대상으로 다루고 있는 도덕교육에 있어서 필수적인 제재이자 요인으로서의 위치를 차지하고 있다. 다시 말하면 한국적 시민성의 특성들인 공동체의식과 개방성을 이루는 구성요소들로서 인간존중, 정의, 미래지향성, 평등, 다양성, 관용 등은 각각의 특성 면에서 도덕교육의 세 가지 영역에 해당하는 인지·정의·행동 영역을 내포하고 있다. 이러한 점에서 한국적 시민성은 넓게 보아 도덕교육적 차원에서 응용 및 적용될 수 있어, 도덕교육의 개선 및 발전에 이바지할 수 있음에 틀림이 없다.

1.2. 도덕교육을 둘러싼 현실

우리나라 사람들이 직면하고 있는 오늘날의 사회 현실은 외적 환경에 영향을 받을 수밖에 없는 도덕교육의 존립 의의를 무색하게 할 만큼 도덕적으로 상당히 거리가 있는 성향이 강한 측면으로 나아가고 있음을 부인할 수 없다. 이에 대한 일예로서 한림대학교 산하 고령사회연구소에서 발표한 자료[2]에 따르면 한때 '자살왕국'으로 불렸던 일본의 인구 10만 명당 노인 자살자 수는 2007년에는 23.8명이었던 데에 비해서 2009년에 조사된 우리나라의 인구 10만 명당 65살

---

2) ≪한겨레≫ 2011.5.10, 27면 참조.

이상 노인 자살자 수는 77명으로 나타나 있음에도 능히 유추할 수 있다.

보통 고령의 노인이라고 하면, 첫째 경제적으로 취약한 여건에 직면하고 있는 위치에 와 있는 사람이며, 둘째 신체적으로 병약하여 간병과 보호를 필요로 하는 사람이고, 셋째 이와 같은 환경과 여건으로 말미암아 정신·심리적으로 허약한 지경에 다다른 상태에 있는 사람이라고 말할 수 있다. 이러한 의미에서 노인들은 오늘날의 사회에서는 무엇보다도 도덕적인 관점에서 고려되고, 배려되는 기풍과 여건 등을 필요로 하는 사람들이라고 해도 과언이 아니다. 그러므로 오늘날 우리나라의 노인 자살률이 이처럼 높다는 것은 곧 우리 사회에 전반적으로 도덕적인 분위기 내지는 여건이 갖추어져 있다고 볼 수 없음을 의미한다.

이러한 현상은 ≪동아일보≫ 부설 화정평화재단에서 2005년에 전국의 만 20세 이상 성인남녀 1,200명을 대상으로 면접 조사한 자료3)에서 나타난 바와 같이 우리나라 사람들의 75.0%가 '경제안정', '인간적인 사회로의 발전', '돈보다 아이디어를 중시하는 사회로의 발전', '범죄 소탕' 등의 가치들 중에서 '경제안정'을 가장 중요한 가치로 꼽고 있다는 점은, 특히 경제적으로 취약한 처지에 있는 우리나라의 노인들이 그와 같이 경제적인 측면을 중시하는 사회적 분위기4) 속에서 소외된 끝에 자살을 택하게 될 개연성이 큼을 시사해 주고 있다.

---

3) ≪동아일보≫ 2007.8.15, 4면 참조.

4) 심지어 일제강점기에 강제로 종군위안부로 끌려가 천인공노할 고초를 겪은 바 있는 고령의 우리나라 노인들이 일본정부에 대한 사과와 보상을 요구하는 오늘날에도 "이들 노인들은 당당히 돈을 받고 일본군들을 상대로 해서 위안부 일을 했으며, 본인이 원하지 않으면, 위안부 일을 하지 않았지만 돈은 벌지는 못했다"고 하는 재일교포인 자신의 할머니의 증언을 신문지상에 기고하는 사람이 있음(Lee, Cheun-heui, "Korea's Historical Amnesia", *The Korea Times*, 2010. 1. 22, p.6 참조)은 이러한 경제제일주의적인 우리 사회의 분위기와 무관하지 않다.

따라서 우리 사회가 직면하게 된 이러한 현실 속에서 도덕교육을 정상적으로 실시하는 것은 극히 어려운 일이 될 수 있다.

더욱이 도덕교육이기도 한 시민교육은 우리나라의 경우 정치의 영역으로부터도 크게 영향을 받고 있기[5] 때문에 아직도 민주정치가 제자리를 잡고 있지 못한 과도기적 단계에 머무르고 있는 실정에 비추어 보더라도 도덕교육을 둘러싸고 있는 현실은 밝지만은 않다. 또한 도덕교육을 둘러싸고 있는 우리 사회의 어두운 현실의 일면을 인간의 존엄성과 관련된 다음의 글[6]을 통해서도 재확인할 수 있다.

10대부터 기성세대에 이르기까지 우리 모두는 어떤 권리를 주장하며 살아왔는가를, 어떤 자기 계발을 해 왔는가를. 어떻게 자아실현을 해 나가고 있는가를 냉철하게 톺아볼 때입니다. 10대 청소년기를 갉아먹는 대학입시 경쟁을, 20대 대학생들을 초조하게 만드는 청년실업을, 30대 이후 기성세대의 일자리 불안과 동물적 생존경쟁을, 인생의 모든 단계에 인간으로서 우리의 존엄성을 유린하는 사회현상을 어쩔 수 없이 적응해야 할 숙명으로 받아들이고 있지는 않은가를 찬찬히 새겨 보길 바랍니다.

이 글은 민주주의의 근간을 이루는 인간의 존엄성이 외적으로 훼손되어 있는 우리나라의 현실을 적시함으로써 민주주의가 우리 사회에서 제자리를 잡고 있지 못하고 있음을 간접적으로 입증해 주고 있다. 도덕교육과 관련해서 살펴본다면, "청소년기를 갉아먹는 대학입시 경쟁"은 학교에서의 도덕교육이 직면한 불가피한 현실을 말해주

---

5) 전득주 외, 『정치문화와 민주시민 교육』, 유풍출판사, 1999, 57쪽. "우리나라의 시민교육의 문제점으로서 정치교육을 정치의 도구로 오인되고 있는 점"(Shim, Ik-Sup, 「Konzeptionen und Geschichte der koreanischen demokratischen Buergerbildung」, 『한국민주시민교육학회보』 10호, 한국민주시민교육학회, 2005, 127~128쪽)에서도 이를 알 수 있다.

6) 손석춘, 『민주주의 색깔을 묻는다』, 우리교육, 2010, 44쪽.

고 있으며, '청년실업'이라든가 '동물적 생존경쟁' 등은 사회에서의 도덕교육이 맞닥트리고 있는 현실적 장벽을 웅변해 주고 있다. 다시 말하면 학교와 사회에서의 도덕교육이 그 의의를 발휘하기에는 현실적인 장애요인이 대단히 크다.

다음은 도덕교육을 둘러싸고 있는 엄연한 사회적 현실 중의 또 다른 측면인 우리나라에서의 군대사회의 일면을 보여주는 글[7]을 살펴보도록 한다.

군에서 발견되는 부조리와 잘못된 관행들은 군의 특수성을 명분으로 "으레 그러려니"하고 정당화되는 반면, 병사들 개개인의 인격과 품위, 존엄성의 문제들은 사소한 범주로 밀려났다. 심지어 구타·가학적 가혹행위·폭언·악습 등은 병영문화를 대표하는 사례로까지 꼽히는 실정이었다. 사회 일각에서는 군복무 기피현상이 공공연하고, 심지어 군내 의문사 사례까지 발생했다. 군대는 전체주의와 획일주의의 대명사였다.

학교사회가 일반적인 의미의 사회와 불가분의 관계에 있는 것과 마찬가지로 군대사회 역시 보통의 사회와 완전하게 절연되어 존립할 수 없음은 자명한 일[8]이다. 이런 점에서 이 글에서 지적하고 있는 바와 같이 획일주의적인 성격이 강한 군대사회의 현실적 의미는 국민개병제도를 채택하고 있으며, 휴전선을 사이에 두고 남북한이 군

---

7) 박효종, 「병영문화의 개선 발전에 관한 소고」, 『한국군사』 24호, 한국군사문제연구원, 2007, 115~116쪽.

8) 가령 "클라우제비츠에게 있어서는 군사적 행동은 물론이요 도덕도 정치적 목적 앞에서는 무릎을 굽혀야 할 것으로 이해된다"(조승옥 외, 『군대윤리』, 봉명, 2003, 33쪽)는 측면에서 군대사회를 규정할 경우, 얼핏 보면 군대사회는 특수한 국가안보적 목적에 따른 사회이므로 도덕이라든가 윤리는 경시되는 사회일 수도 있다. 그러나 클라우제비츠라고 해서 도덕이라든가 윤리를 경시하는 입장에 서지는 못 했을 가능성이 크다. 왜냐하면 지금까지 본서에서 논의된 바와 같이 정치적 목적 자체에 이미 도덕적 의의가 고려되어 있기 때문이다.

사적으로 대치하고 있는 우리나라의 현 실정에서 자율성과 다양성, 그리고 양성평등 등을 근본원리로 삼고 있는 시민교육으로서의 도덕교육에 그만큼 적지 않은 과제와 부담을 안겨주고 있는 것 또한 사실임을 부인할 수 없다. 특히 3장에서 간략히 언급된 바와 같이 군사안보적 측면에서 남성우월주의적이며, 가부장제적인 우리 사회의 또 다른 측면은 양성평등을 지향하는 시민교육으로서의 도덕교육에 부정적인 요인을 발생시키고 있다고 해도 과언이 아니다.

이상으로써 학교와 사회에서의 도덕교육을 둘러싸고 있는 현실적인 몇 가지 문제점들을 간략하게 살펴보았다. 이제 학교와 사회에서 실시되는 도덕교육에 있어서의 실질적인 문제점들을 논의해 보도록 한다.

1.3. 도덕교육의 실질적인 문제

오늘날 도덕교육의 목표 내지는 과제는 '건전한 인격의 형성'에 두어져 있다9)고 할 수 있다. '건전한 인격의 형성'이라고 함은 우리나라의 경우 학교에서의 윤리과 교육에서는 "자율적 도덕성을 지닌 전인적 인간을 기르는 것"10)을 의미한다. 이러한 학교에서의 도덕교육의 목표는 전통적으로 전인교육을 추구해왔던 데에다 시대적·사회적 요청에 따른 시민으로서의 도덕적인 역할을 분명히 해야 함이 추가된 것이다. 이제 외국의 도덕교육(시민교육)의 실태를 간략히 살펴보고 이에 따른 우리나라의 학교와 사회에서의 도덕교육의 문제점들

---

9) 유병열, 「도덕교육의 목표로서의 '도덕적 인격'에 관한 연구」, 『도덕윤리과교육』 제7호, 한국도덕윤리과교육학회, 1996, 252쪽.
10) 오석종 외, 「고등학교 윤리과 교육과정의 이론적 탐색(II)」, 『도덕윤리과교육』 제6호, 한국도덕윤리과교육학회, 1995, 137쪽.

을 논의해 보기로 한다.

1.3.1. 외국의 도덕교육을 통한 도덕교육의 문제

미국의 경우, 오랜 동안에 걸쳐 도덕교육에 있어서의 도덕판단 혹은 가치판단 능력 향상 위주의 교육이어야 하는가 아니면 전통적인 덕목과 좋은 습관 위주의 교육이어야 하는가를 놓고 거듭된 시행착오 끝에[11] 1990년대 이래 인격교육이 대세를 이루어가고 있다. 또한 이러한 여건에서 학교에서 실시하는 인격교육이 실효를 거두도록 하기 위해서 배려하는 공동체로서의 학교[12]를 만드는 데에 중점이 두어져 있음이 오늘날 미국 도덕교육의 현실이다. 독일의 경우, 넓게 보아 도덕교육의 일종인 정치교육의 기본 목표는 "전쟁의 과오를 되풀이하지 않기 위해서는 개개인의 다양성을 존중해 주는 자유민주주의 사회의 건설과 성숙된 시민의식의 고양에 의해서만 가능하다는 전제에서 출발"[13]하는 것으로 알려져 있다. 그리고 프랑스에서는 시민교육의 목표를 "개인의 권리와 의무를 정확히 분석하고, 이해하는 능력은 물론, 사회공동체의 규범을 학습시키며, 개인의 권리와 의무를 학습하도록 하게 함과 아울러 과거와 현재의 환경에서 개인의 정체성을 확립"[14]시키는 데에 두어져 있다.

이와 같이 외국에서 실시되는 도덕교육은 대체로 학교에서의 도덕교육을 중심으로 하되 사회에서의 도덕교육도 경우에 따라서는 포함

---

11) 추병완, 「미국의 도덕교육」, 『도덕윤리과교육』 제6호, 한국도덕윤리과교육학회, 1995, 160~180쪽 참조.
12) Schwartz, Merle J. et al., *Effective Character Education*, New York: McGraw-Hill, 2008, p. 13.
13) 손경애 외, 『한국의 민주시민교육』, 동문사, 2010, 51쪽에서 재인용.
14) 손경애 외, 위의 책, 55쪽에서 재인용.

하는 교육적 의의를 지니고 있음이 분명하다. 또한 이들 나라에서 실시되는 도덕교육은 시민교육의 성격을 아울러 갖추고 있는바, 이를테면 독일의 경우에서처럼 "전쟁의 과오를 되풀이하지 않도록 하는 개개인의 다양성을 존중하는 교육"에 초점을 맞추어서 학교와 사회에서의 도덕교육이 이루어지고 있음을 감안할 경우, 시민성을 함양하는 교육에 중점이 두어져 실시되고 있다.

이와 같은 외국들의 사례에 비추어 볼 때 전인교육적 측면에서 시민교육과 더불어 실시해 오고 있는 우리나라의 도덕교육은 대체로 이들 나라의 경우보다 더 포괄적인 영역을 지칭한다. 그러나 우리나라의 도덕교육이 제자리를 잡아나가기 위해서는 포괄적인 영역을 아우르는 데에서 비롯되는 모호성을 탈피해야 할 필요성이 제기된다. 즉, 이를테면 가치적 측면에서 일관된 한국적 시민성이 도덕교육에 전제되어야 함이 요청된다. 다시 말하면 보통 도덕교육이라고 하면 학교에서의 도덕교육과 사회에서의 도덕교육으로 나누어지고, 학교에서의 도덕교육은 도덕과(윤리과) 교과교육, 비도덕과 교과교육, 일반 교과교육 등으로 구분되며, 사회에서의 도덕교육은 시민(민주시민)교육과 사회교육 등으로 분류되고 있는데, 어떠한 도덕교육이든지 한국적 시민성 등을 바탕으로 하여 일관되게 실시되어야 한다. 또한 이와 같은 일관성의 문제는 "단순히 민주시민교육이란 스펙트럼을 넓게만 확장하는 것은 목적과 방향성 없이 내용만을 채우는 우를 범하기 쉬운"15)문제와 동일한 성격의 문제로도 설명할 수 있다.

이러한 점에서 우리나라의 도덕교육의 일차적인 문제는 일관성이 분명하지 못하고, 더욱이 도덕교육으로서의 시민교육이 우리나라 사람들의 시민성에 충분히 부합하지 못하는 데에서 찾아볼 수 있다.

---

15) 이병준, 「민주화운동기념사업회 교육사업 중장기 발전방안 연구」, 『민주화운동기념사업회』, 민주화운동기념사업회, 2007, 127쪽.

이제 도덕교육과 관련해서 "민주시민교육이 일반적으로 안고 있는 중요한 문제점과 이에 따른 과제 및 발전방향"16)에 대해 간략히 소개해 보기로 한다.

먼저 민주시민교육의 문제점들로 인지적 측면(지식·기능)과 정의적 측면(가치·태도)의 불일치, 교육이 정치의 도구로 이용될 위험성으로서의 도구성, 권위(주의)적인 정치문화에 따른 무관심, 가정·학교·사회 수준에서 행해지는 민주시민교육의 유기적 연계성 확보를 위한 제도적 조건의 불충분에 따른 제도적 미비, 민주시민교육에 대한 인식과 의식의 부족으로서의 인식의 결여 등을 들어볼 수 있다. 이어서 각각의 문제점에 대한 과제와 발전방향으로는 체험학습, 자기주도학습, 총체적인 이성을 갖춘 인간의 양성 기대, 교육 담당기관의 다원성·비당파성·독립성 지향, 시민사회와 공론장(公論場)의 활성화, 기존 교육기관과 단체의 활동 지원을 위한 법적·제도적 조건 마련, 사회변동에 적응하고 미래사회에 대비하기 위한 민주시민교육의 중요성과 필요성에 대한 계몽활동 전개 등을 꼽아볼 수 있다.

이러한 민주시민교육의 문제점들과 과제 및 발전방향 등은 일반적으로 도덕교육이 당면하고 있는 문제들과 그에 따른 해결방법 등과 대부분 일치한다.

1.3.2. 학교에서의 도덕교육의 문제

오늘날 우리나라의 학교에서의 도덕교육이 처해 있는 실정은 그 실효성을 발휘하는 데에 작지 않은 지장이 될 수 있는 여건에 머무르고 있다. 다음의 정치학적인 측면에 따른 학교문화에 대한 평가17)를

---

16) 허영식, 앞의 책, 2003, 21~22쪽 요약.

통해서 확인할 수 있다.

그렇다면 우리 사회에는 왜 성인이 되어서 기본법규를 어기거나 비민주적인 행동을 하는 사람들이 많은가? 이것은 학교교육을 통하여 학생들이 규범적인 것을 배우기도 하지만 학교 내에서 이루어지는 비공식적 교육에 비민주적인 요소가 많기 때문이다. 교육내용이나 선생님 조직이 학생의 의사와 무관하게 이미 구성되어 있으며, 학생들 간의 폭력이나 왕따, 시험부정 등 비민주적이고 비이성적인 행위들을 보게 되기 때문에 성인이 되었을 때 학교교육이 원하는 만큼의 인간형이 완성되지 않는 것이다.

물론 이 글에서처럼 성인이 되어서 법규를 어기거나 비민주적 행동을 하는 것이 오랫 동안 관행화한 우리나라 학교에서의 비공식적 교육인 비교과교육에 비민주적인 요소가 많은 데에서 비롯되었다고 단정할 수만은 없음 또한 분명한 사실이다. 왜냐하면 시민사회에서의 '성인(成人)'이라고 함은 통상적으로 "스스로 생각하고, 판단하여 행동에 옮기며, 그에 따른 결과에 대해서 스스로 책임을 지는 시민"을 일컫는 경우에 해당되는 사람이라는 점에서 미성년자였을 때의 학교공동체에서의 비민주적인 경험에 자신의 비민주적 행동의 원인을 돌릴 수만은 없기 때문이다.

그러나 사람에게 있어서 기본적인 도덕성이라든가 시민성이 내면적으로 갖추어지는 연령대에 해당되는 시기가 대체로 초·중등학교 시절임에 유의할 필요가 있다. 이러한 점에서 이 시기의 학교생활에서의 부정적인 도덕성이라든가 시민성의 경험은 자신의 자각적이고

---

17) 21세기정치연구회, 『정치학으로의 산책』, 한울아카데미, 2005, 163쪽.

보편적인 선의지(善意志)에 따르고자 하는 열망이 있지 않는 한 그 사람의 일생에 걸쳐서 비정상적인 도덕성이라든가 시민성으로 고착화할 가능성이 크다. 따라서 학교에서의 도덕교육은 도덕과(윤리과) 교과교육에서만 실시되는 것만으로는 충분할 수 없으며, 사회과 교육과 같은 관련교과교육은 물론 외국어과 교육과 같은 일반교과교육, 그리고 봉사교육과 같은 비교과교육 등에서 도덕과(윤리과)와 연계성을 놓치지 않으며, 일관성을 갖는 도덕교육이 실시되어야 그 교육적 의의를 찾을 수 있다. 다만 도덕과(윤리과) 교육은 "다른 교과·특별활동 등에서 행하여진 도덕가치의 지도에 대해 보충, 심화, 통합하는 것이 기본적인 성격의 하나"[18]라는 점에서 관련교과교육, 일반교과교육, 비교과교육 등과 구별되는 측면은 있다.

그리고 이미 1980년대 초에 제기된 학교를 중심으로 한 시민교육의 취약점인 "민주주의가 구체적인 상황 속에서 어떻게 자라나야 하며, 민주주의를 위해 어떤 현실적인 조건들이 마련되어야 하는 지 등을 소홀히 함"[19]이라는 측면에서 파생된 문제들이 오늘날의 도덕교육에서도 미해결된 상태로 남아 있음을 지적할 수 있다. 한마디로 이러한 시민교육은 경험적·체험적 측면에서 교육이 이루어지지 못하고, 단순히 인지적인 측면에서만 실시되는 경향이 있기 때문에 취약점을 갖게 되는 것이다. 이러한 점에서 한국적 시민성을 활용하는 시민교육이 요청되며, 이는 인지적 측면으로 한정되어 실효성을 갖지 못하는 도덕교육으로서의 시민교육에 의미를 불어넣는 결과를 낳을 수 있다. 왜냐하면 한국적 시민성은 우리나라의 역사, 문화, 종교 등의 연원을 탐구하는 과정에서 학생들로 하여금 시민정신을 왜 가

---

18) 이종호, 『도덕과교육론』, 형설출판사, 1993, 93쪽.
19) 이규호, 『국민윤리교육의 이론과 실제』, 문우사, 1981, 14쪽.

져야 하며, 어떤 정신이 자신들에게 어울리는가에 관해서 느끼고, 생각하게 하는 등의 경험적이고 체험적인 계기를 마련해주는 기능을 발양하는 것이기 때문이다.

1.3.3. 사회에서의 도덕교육의 문제

사회에서의 도덕교육 혹은 민주시민교육도 사실상 학교에서 당면하고 있는 바와 크게 다르지 않는 문제를 안고 있기는 마찬가지이다. 일례를 들면, 청렴한 공직사회를 위한 공직자들을 대상으로 한 도덕교육을 아무리 철저히 실시한다고 하더라도 비위(非違)와 무관하지 않은 업무관행에 익숙해진 공직자들에게는 비현실적인 공허한 이야기에 불과할 가능성이 매우 큼을 부인할 수 없다는 점에서 그러하다. 이런 점에서 예컨대 민주시민교육의 일환으로 노동부에서는 직업윤리의식교육, 통일부에서는 통일교육, 법무부에서는 법교육, 국가인권위원회에서는 인권교육, 대한기독교청년회(YMCA)에서는 시민정치교육 등을 시행하고 있기는 하지만, 이러한 도덕교육이 실효를 거두기 위해서는 교육대상자들이 직면하고 있는 여건의 도덕적인 면에서의 개선이 병행되어야 함이 동시에 요청된다. 특히 우리 사회를 오랜 동안 옥죄고 있다고 볼 수 있는 민주화와 관련된 문제를 지적한 다음의 글[20]을 통해서 살펴보기로 한다.

시민사회와 생활공간의 민주화를 어렵게 하는 것으로 '생활정치'의 부재를 꼽고자 한다. 우리는 한때 대학생들의 일단이 노동현장에 '하방'(下放)하여 우리의 노동운동을 일정수준으로 끌어올리는 데 이바지했음을

---

20) 최갑수, 「한국 민주주의의 위기 진단과 해법」, 『진보평론』 제43호, 메이데이, 2010 봄호, 221~222쪽.

안다. 하지만 생활정치 차원에서 이런 일이 일어난 적이 없다. 그러면 누가 '현장정치'를 장악하고 있는가? 필자는 오랜 군사독재시기에 형성된 지역과 생활기반 차원에서의 어떤 연계망이 존재하여 시민사회의 자기 해방성을 억누르고 있지 않나 생각한다. 그것이 바로 통반장, 부녀회, 새마을운동, 노인회, 반상회, 재향군인회, 해병대모임, 바르게살기운동협의회 등의 동원체제이다. 우리 사회에서 지역정치가 중앙정치에 비해 턱없이 낮은 수준의 청렴도를 보이는 것도 이와 무관치 않으며, 우리 사회의 '욕망의 정치' 역시 이것을 주요한 통로로 활용하고 있다고 보인다. 또 하나 지적할 것은 1960년대 중반에 형성된 것이지만 이제는 우리의 삶의 일부로 구조화되어 있는 지역주의이다. 현재 지역주의는 진보정치의 가능성을, 절차적 민주화가 사회화로 이어지는 것을 차단하고 있는 가장 가시적인 폐쇄회로이다.

넓게 보아서 이 글에서 지적하고 있는 군사독재와 지역주의의 생활정치 차원에서의 폐해는 우리나라 사람들의 도덕의식을 훼손시키는 것으로 연결되기 마련이다. 다시 말하면 본원적으로 우리나라 사람들의 시민성에 내재하고 있는 인간존중, 관용, 평등, 다양성, 정의 등의 정신과 염원 등은 그와 같은 비인간적이며, 파당적이고, 파벌적이며, 불의 앞에서의 침묵을 강요당하는 등의 군사독재체제의 고질적인 폐해로 말미암아 그야말로 속절없이 억눌러져야 했음을 부인할 수 없다. 더군다나 그와 같은 적폐 위에 지역주의라는 비인간적이며, 배타적인 왜곡된 시민성이 부과된 우리 사회의 모습은 도덕교육의 의미를 그야말로 무색케 하기에 충분하다고 할 수 있다. 그러므로 우리 사회에 주어진 이러한 여건에서 도덕교육이 그 교육적 의의를 발휘한다는 것은 극히 부분적일 수밖에 없음은 너무도 자명하다.

그러나 본래적인 우리나라 사람들의 정치의식에 따른 시민성은 군사독재체제라든가 지역의식의 부산물에 오염되고 훼손되어졌다고 하더라도 결코 굴복한다거나, 낙담하며, 포기하는 등의 허약하고 무분별하며, 맹종적이지 않는 특성이 내재되어 있음 또한 지금까지의 논의에서 대체로 분명해졌다고 할 수 있다. 그러므로 거듭 확인하는 바이지만 우리나라 사람들이 그와 같은 비인간적이고 차별적이며, 불의하며, 배타적이고 폐쇄적인 삶의 질곡을 벗어나고자 하는 염원과 열망을 상기한다면, 결코 우리 사회에서의 도덕교육의 의의는 비관적이지만은 않다.

2. 도덕교육의 보완

4장에서 논의한 바 있는 우리나라 사람들의 시민성인 공동체의식과 개방성의 구성요소들을 학교와 사회에서 실시되는 도덕교육에 맞닥트려진 제반 문제의 해결방법에 적극적으로 적용 및 활용하게 된다면 실질적인 도덕교육적 의의를 발휘할 가능성이 크다. 또한 그와 같은 적용 및 활용은 시민교육의 개선과 발전에도 유의미한 작용을 할 수 있다. 특히 우리나라 사람들의 시민성이 발현된 문학과 역사, 종교적인 측면과 관련지어서 한국적 시민성이 도덕교육에 적용되거나 활용된다면, 그만큼 시민교육으로서의 도덕교육은 실효성을 거둘 수 있다.

2.1. 한국적 시민성의 도덕교육적 의의

우리나라 사람들의 시민성의 특성들은 공동체의식과 개방성 등이다. 공동체의식을 구성하는 요소들은 인간존중, 정의, 미래지향성 등이며, 개방성을 구성하는 요소들은 평등, 다양성, 관용 등임을 꼽아볼 수 있다. 이와 같은 우리나라 사람들의 시민성을 구성하는 요소들은 1절에서 지적된 우리나라의 도덕교육이 당면하고 있는 문제점들을 개선하고 나아가서 도덕교육을 발전시킬 수 있는 방향을 제시할 수 있는 잠재적 속성을 지니고 있다. 왜냐하면 21세기의 세계적인 정신적·이념적·제도적 추세인 민주주의를 우리나라에서 정착·발전시키기 위해서는 우리나라 사람들의 본원적인 정치의식과 이에 기초한 시민성에 바탕을 두어 민주주의를 꾸려나가는 것이 요청되며, 이러한 점에서는 도덕교육도 예외가 될 수 없기 때문이다. 물론 넓게 보아서 이와 같은 취지에서 종래의 도덕교육이 실시되지 않은 바는 아니다. 다만 3장과 4장에서 집중적으로 논의되고 구성된 바와 같이 특히 현대사적인 전환기의 상황에서 나타난 자주·통일·민주로 대표되는 우리나라 사람들의 정치의식과 이에 기초한 시민성이 종래의 도덕교육에서 충분히 적용 및 활용되지 못한 측면이 있음과 역사성과 불가분의 관계에 있으며, 한국적 시민성을 대표적으로 나타내고 있는 문학적·민족종교적 요소들을 활용하는 데에 미흡했음 등을 지적할 수는 있다. 이러한 지적이 의의를 지니고 있음은 1절에서 논의된 바와 같이 오늘날의 도덕교육으로서의 시민교육이 아직도 확실한 위치를 차지하고 있지 못한 측면이 있기 때문이기도 하다.

따라서 우리나라 사람들의 시민성의 특성 및 구성요소들을 도덕교육과 관련시키되 경우에 따라서는 문학작품과 일부 민족종교 등에서 나타난 한국적 시민성을 감안하여 논의해 보기로 한다.

2.1.1. 인간존중·관용의 측면

공동체의식의 구성요소인 인간존중과 개방성의 구성요소인 관용

은 그 성격상 오늘날의 도덕교육에서 강조되어지고, 활용되는 측면
이 있는 정신이자 태도이기도 하다. 그러나 이 경우의 '인간존중'이
라든가 '관용'은 외래적인 속성이 강한 민주주의의 체제와 구조, 제
도, 이념 등에서 요청되는 의미를 담고 있다. 따라서 우리나라 사람
들의 시민성의 요인으로써 인간존중 정신과 관용정신의 성격에 얼마
만큼 부합시켜 나가느냐의 여부가 매우 중요한 문제가 될 수 있다.
왜냐하면 보통 운위되는 민주시민으로서 갖추어야 할 자질의 요소들
인 인간존중과 관용의 의미와 우리나라 사람들의 정치의식에 기초한
시민성의 특성인 공동체의식과 개방성의 요소들인 인간존중과 관용
의 의미가 차이가 나는 경우가 있기 때문이다. 이를테면 역사적 사
실21)에 바탕을 두어 씌어졌으며, 우리나라 사람들에게 널리 익혀져
온 고전이자 판소리로도 유명한 『심청전』의 한 장면에서는 심청이를
죽음의 길로 떠나보내며 "늙은이 젊은이 모두 발을 구르며 통곡"22)
하는 광경이 나타나 있는데 이는 우리나라 사람들에게서 나타나는
특유의 인간존중이라든가 관용정신을 반영하고 있음을 들 수 있다.
이런 의미의 인간존중과 관용은 서구적 성격이 강하게 내비추어지는
시민성 혹은 시민의 자질로서의 인간존중 정신이라든가 관용정신과
미묘한 차이점이 있다.

좀 더 부연하면, 4장에서 살펴본 바와 같이 우리나라 사람들에게

---

21) 전남 곡성군에 소재한 관음사 사적기(현재 전남 순천시에 소재하고 있는 송광사 성보박
물관에 소장되어 있음)에 따르면, 심청의 원래 이름은 원홍장이며, 부친은 원량이라고
한다. 중국의 영파지지 등의 문헌에는 심청이 성비(聖妃)로 표현되고, 중국의 정사인 『
진서』에는 부친이 원량이며, 심청은 원희(元姬)로 표기되어 관음사 사적기와 친연성을
보이고 있다. 효녀 심청의 발자취는 "286년 곡성군 출생, 286년~291년 아버지 등에 업
히어 젖동냥으로 성장, 291년~301년 장님인 부친을 극진히 봉양, 고을사람들의 칭송이
자자했으며, 멀리 중국에까지 효심이 알려짐, 301년 중국 회계국(지금의 절강성 보타구
일원)의 국제상인이었던 심국공의 아내로 팔려감. 312년 중국 회계국 심국공의 아내인
성비가 되어 고국에 관음성상을 보내옴" 등으로 요약된다.(http://www.simcheong.com.
"곡성군문화관광"/심청의 원류/심청연대기 참조.)

22) 림호권 외 옮김, 『심청전』, 보리, 2007, 75쪽.

인간존중 정신은 조선의 임금이었던 세종이 지적한 대로 천민(賤民)이지만 노비 역시 "하늘의 법칙을 따르는 사람"이라는 점에서는 천민이 아닌 사람과 어떠한 차별이 있을 수 없다는 정신이라든가, 『심청전』에서 등장하는 마을사람들이 심청이와 심청이의 아버지인 심봉사에 대한 애절한 마음을 눈물로써 표현한 정신 등은 우리나라 사람들에게 있어서 독특하게 나타나는 인간존중 정신을 반영하고 있다. 또한 이 마을사람들의 눈물은 심청이를 인당수로 데리고 가는 뱃꾼과 그러한 상황을 낳은 세상에 대해 안타깝게 받아들여야만 하는 우리나라 사람들에게서 나타나는 특유의 관용정신을 반영하고 있다고 해도 과언이 아니다. 이러한 인간존중 정신과 관용정신은 3장에서 확인된 바와 같이 8·15해방정국에서 나타난 대다수 우리나라 사람들이 정파라든가 이념, 출신 등이 다른 사람들을 모두 받아들이고, 심지어 외국군대 등을 맞이하며 흘린 눈물이라든가 일제강점기에 인기가 있었던 영화 〈아리랑〉을 관람하면서 우리나라 사람들이 흘린 눈물[23]의 의미와 맥락을 같이 하는 것이라고 보아도 크게 지장은 없다.

이러한 점들을 충분히 고려해 본다면 우리나라 사람들의 인간존중 정신과 관용정신은 제도적·법률적·사상적·종교적 성격이 강한 서구적 의미에서의 인간존중 정신과 관용정신[24]에 비해 폭이 넓다고 볼

---

[23] 1960년대에 오늘날의 소년가장에 해당되는 한 초등학교 학생이 부모의 가출과 이탈로 말미암아 껌팔이, 구두닦이 등을 하는 매우 어려운 여건에서 어린 동생들을 돌보며 희망을 잃지 않고 살아간다는 실화를 바탕으로 한 영화 〈저 하늘에도 슬픔이〉(김수용, 1965)는 당시의 전 국민을 울린 영화로 유명하다. 이 경우의 우리나라 사람들의 '눈물' 역시 동일한 의미를 담고 있는 '눈물'이라고 볼 수 있다.

[24] 서구에서의 관용정신의 의미는 2011년 7월 22일에 노르웨이에서 한 극우주의자에 의해서 저질러진 90여 명의 사상자를 낳은 살상행위는 유럽에서의 경제위기와 실업률 증가의 원인을 '이민자' 탓으로 돌리는 분위기가 확산되어 극우정당 지지율이 높아지고 있는 시대적 현상에 편승하여 발생한 것으로 분석되고 있어(《조선일보》 2011. 7. 26, A1면) 그 나름의 맹점이 있음을 강하게 시사해 주고 있다.

수 있다. 따라서 우리나라 사람들에게 있어서 건전한 인격자로서, 훌륭한 시민으로서 요청되는 인간존중 정신과 관용정신의 함양은 제도적·법률적·사상적·종교적 측면을 포함하는 좀 더 넓은 의미에서 찾아보는 도덕교육이 되어야 한다.

다음의 글25)은 인간존중과 관련한 소크라테스의 유명한 교육관에 관한 글이다.

소크라테스는 자신을 일종의 산파라고 여겼다. 말하자면 진리가 잠자고 있으며 단순히 깨쳐지기를 요청하고 있는 각자의 영혼의 저장고로부터 진리를 이끌어내는 그러한 산파로 자신을 여기고자 했던 것이다. 그는 모든 진리는 개개인에게 있어서 이미 태어나기 전부터, 말하자면 지상의 삶에 앞선 그러한 존재와도 같은 것으로 보았다. 게다가 소크라테스는 각자의 그룹에 속해 있으면서 각자의 특성에 따른 요소 혹은 본질이기도 한 기본적인 의미를 밝히는 정의(定義)로서 진리는 구성되어 있다고 인식했다. 진리는 소크라테스식의 변증법, 즉 문제라든가 논쟁점, 혹은 주제와 관련된 모든 가능한 관점들이 대화를 통해서 밝혀지고 모든 각도에서 논의되어지는 그러한 방식을 말하는 것이었다.

이 글에서 설명하고 있는 바와 같이 소크라테스는 사람은 진리를 자각할 수 있는 존재로 인식했다. 다만 자신 혹은 교사가 해야 할 일은 개개의 사람들에게 그러한 진리에의 자각능력을 일깨워주는 역할이라고 소크라테스는 생각했다고 볼 수 있다. 물론 이 글에서 언급된 바 있듯이 사람은 각자의 타고난 역량 혹은 인식능력의 차이는 있기는 하다. 그러나 도덕성을 자각하거나 인식할 수 있는 능력을

---

25) Sahakian, William S., *History of Philosophy*, New York: Barnes & Noble Books, 1968, p. 33.

공통적으로 갖추고 있는 존재가 사람이므로 마땅히 존중되어야 할 존재임을 소크라테스의 인간관은 시사하고 있다. 이러한 점을 감안해 볼 경우, 우리나라 사람들의 본래적인 시민성의 구성요소들인 하늘의 이치를 깨달을 줄 아는 존재로서 인간에 대한 존중이라든가 당사자들은 물론 이를 둘러싸고 있는 환경이라든가 당사자들이 아닌 사람들에게까지 이르는 폭넓은 관용 등의 정신을 발휘하도록 하는 데에 도덕교육의 강조점이 두어져야 할 필요성이 있다.

2.1.2. 정의·미래지향성의 측면

공동체의식의 구성요소인 정의와 미래지향성은 도덕교육상의 인지적·정의적(情意的)·행동적 측면에서 특히 정의적이고 행동적인 측면이 강한 특성을 지니고 있다고 할 수 있다. 따라서 정의와 미래지향성은 대체로 오늘날의 도덕·윤리과 교육에 있어서 정의적이고 행동적 측면에서 보완할 수 있는 특성이 될 수 있다. 이와 관련해서 다음[26]의 글을 살펴보기로 한다.

리코나는 인지적이고 감정적이며 행동적인 차원에서 인격을 발달시키는 것을 목적으로 '인격발달에 대한 포괄적인 접근 혹은 통합적인 접근'을 제시하고 있다. 또한 학생들의 삶의 좋지 못한 영향을 미치는 사회적 풍토 속에서 학생들의 인격을 발달시키고자 하는 학교들은 인격발달을 위하여 학교생활의 모든 측면들을 활용하는 이른바 '인격 교육에 대한 포괄적인 접근'을 취해야만 한다고 강조한다. 그러므로 통합적 인격교육 접근법은 교실 내에서 도덕적 지식이나 추론만이 현대적이고 올바른 접

---

26) 정창우, 「도덕교육이론의 최근 동향과 도덕교육의 역할」, 『교육마당』 21, 교육인적자원부, 2005, 78~79쪽.

근인양 생각하는 우리 도덕 교육의 일부 경향에 대해서 좀 더 정서나 의지 및 행동에 보다 많은 관심을 주어 균형 잡힌 접근을 취해야 한다는 점을 일러주고 있다. 또한 리코나의 통합적 인격교육은 학생들의 인격함양을 위하여 단지 도덕교육 전문가만이 아니라 모든 교과담당 교사들, 학교장, 교직원, 행정관리 더 나아가 가정과 지역사회의 구성원들까지 일심동체가 되어 인격교육의 책임자로 나서야 한다는 방법상의 아이디어를 우리에게 제공하고 있다.

이 글에서 미국의 도덕교육에서 강조하는 인격교육의 필요성과 실시방법에 관해 소개되고 있는 바와 같이, 오늘날의 도덕교육의 추세는 통합적인 방향으로 나아가고 있다. 따라서 우리나라의 도덕교육에 있어서도 인지적인 면에 비해 행동적 측면이 빈약함을 보완하는 것으로 정서·의지·행동적인 영역의 비중을 높이는 것이 중요시되는 추세에 있다. 이러한 점에서 이미 4장에서 논의한 바와 같이 행동, 즉 실천적인 측면이 강하게 나타나 있는 우리나라 사람들의 시민성의 특성인 공동체의식을 구성하는 원리가 되는 정의지향성은 도덕교육에서 보다 강조되고 활용될 필요가 있다.

다음[27]은 우리나라 사람들의 종교라고 할 수 있는 원불교의 정의관과 관련된 내용이다.

원불교 사회참여의 방법은 '강자약자의 진화상 요법'에 이미 예시되어 있다. 강자와 약자가 상부상조하는 입장에서 강자는 영원한 강자가 될 수 있도록 노력하고 약자는 기어이 강자의 위치에 오르도록까지 노력하자는 것이다. 그런데 문제는 강자가 강자 노릇을 아니하고 강자의 횡포

---

27) 김팔곤, 「원불교사회윤리의 기초」, 『원불교사상연구원』 제20집, 원광대학교 불교사상연구소, 1996, 41~43쪽.

를 부릴 때에 어떻게 대처하느냐에 있다. 원불교의 창시자인 소태산은 도덕과 법률을 동남풍과 서북풍에 각각 비유하여 각자의 역할에 대하여 교시하고 있거니와 도덕은 훈훈한 기운을 지닌 동남풍이요, 법률은 매서운 기운을 지닌 서북풍이다. 자고로 종교가에서는 훈훈한 도덕의 동남풍을 주재하여 왔거니와 원불교에 있어서도 천지의 상생상화하는 도를 널리 실행하여야 한다는 것이다. (…중략…) 소태산은 철저하게 상생상화의 기운으로 상극상쟁의 기운을 해소하도록 교시하고 있다. 그러나 그러한 가운데서도 정의이어든 죽기로써 취하고 불의이어든 죽기로써 버리라 하였으니 강자들이 강자의 도를 행하지 못하고 불의를 자행할 때 그 불의를 막을 수 있는 상생상화는 무엇인가? 소태산은 개교의 동기에서 물질의 세력을 항복받을 수 있도록까지 정신의 세력을 확장하라고 교시하였다. 강자들의 횡포를 막기 위해서는 강자들을 일깨울 수 있는 정신세력을 형성하여야 하고 그러기 위해서는 훈훈한 동남풍의 바람으로 정의를 실현하고자 하는 시민단체들이 연대세력을 형성하여야 한다. 이러한 연대운동을 위해서 형성된 대표적인 협력체가 한국의 6대 종단이 참여하고 있는 세계종교인 평화회의 한국위원회(KCRP)이며, 이 협력체는 북한수재민 구호운동, 환경보호운동, 공명선거운동 등 종교간의 이해와 협력을 통해 사회정의 실현을 위한 범국민운동을 전개하고 있다.

소태산 박중빈은 이처럼 "정의이어든 죽기로써 취하고 불의이어든 죽기로써 버리라"고 함으로써 우리나라 사람들의 시민성으로서의 정의지향성의 일단을 명확하게 확인시켜 주고 있다. 또한 이 글에서는 오늘날에도 통용될 수 있는 정의의 실현방법으로 시민단체의 형성 및 연대를 제안하고 있고, 그 실제의 사례로서 몇 가지를 예시하고 있다. 이러한 점에서 우리나라 사람들의 정의지향성은 오늘날에도 도덕교육적 측면에서 충분히 발현될 수 있다면, 오늘날의 세계적인 흐름인 민주주의의 창달에 밑거름이 될 수 있는 시민성으로 삼아도 지장은 없을 것임이 분명하다.

널리 알려진 바와 같이 민주주의 이념은 끊임없이 수정해 나가고, 보완해 나가는 그러한 제도이자 생활방식을 지향하고 있다. 도덕교육에 있어서도 마찬가지이다. 즉, 도덕교육은 완결되거나 고정불변하며, 현실적인 데에만 치중하여 실시되는 교육이 아니며, 언제고 삶의 문제에 있어서 오류와 결함이 있을 경우 개선해 나가는 미래지향성을 추구하는 교육이다. 그러므로 우리나라 사람들의 시민성의 특성으로서 공동체의식의 구성요소인 미래지향성은 도덕교육에 적용 및 활용될 필요가 있다. 다시 말하면, 우리나라 사람들의 공동체의식에서 나타나는 미래지향성은 '초인'[28], '미륵님', '용화세계' 등으로 표현되고 있는데, 우리나라 사람들에게 이 말들이 상징하는 것은 잘못됨이 바로 고쳐지고, 불완전함이 완전함으로 나아가고, 부족한 부분이 채워지는 그러한 앞날에의 바람이라고 볼 수 있으며, 이러한 바람을 이룩해 보겠다는 의지와 용기의 표상이라고 할 수 있다는 점에서 그러하다.

그런데 경우에 따라서는 우리나라 사람들의 그와 같은 미륵신앙적인 의의를 단순히 기복신앙적이고, 신흥종교적인 측면에 한정시키는 부정적인 인식으로 오도될 수 있음에 유의하여 다음의 글[29]을 추가로 음미해 볼 필요는 있다.

---

28) '초인'은 시인 이육사가 일제강점기인 1943년에 지은 시 '광야'(이원록, 『이육사 시문집』, 서문당, 1981, 50~51쪽, 244쪽)에 등장하는 시어(詩語)이기는 하지만 일제강점기의 암울한 현실에서 포기하지 않는 강렬한 우리나라 사람들의 미래에의 의지와 실천을 표상하고 있는 존재적 의의를 지니고 있는 것으로 보아야 할 것으로 여겨지며, 이는 곧 우리나라 사람들의 시민성인 공동체의식을 구성하는 미래지향성과도 상통하는 측면이 있다.
29) 김재영, 『한국 사상의 맥』, 한국학술정보, 2009, 124쪽.

민간의 저변에 확대된 미륵신앙은 대개 사회가 불안하고 어려울 때일수록 대중들에게 더욱 가까워질 수 있는 것으로 득남, 재액의 방지 등 기복신앙의 형태가 그 주종을 이루었다.

이러한 현상은 조선조에 들어와서도 큰 변화가 없었다. 조선조 양반 관료들은 성리학 위주의 사림(士林)들로 배불숭유(排佛崇儒) 사상이 철저한 듯하면서도 다른 한편의 내면에서는, 불교화된 무속신앙 혹은 기복의식이 강하게 잔존하여 있었다. 이러한 기류를 타고 구한말 나라가 혼탁할 때 스스로 미륵을 자처하는 신흥종교가 발생하여 머지않아 우리 앞에 미륵하생의 용화세계가 실현되리라고 호소한 교주가 나타나기도 하였다.

보통 기복신앙이라든가 신흥종교라고 하면, 공동체의 발전이라든가 건실한 공동체의 유지, 존속 등과는 관계없이 지극히 사적이며, 심지어 반사회적인 속성을 지니고 있어 국가·사회적으로 폐해를 일으키는 요인을 낳을 개연성이 높아 인간적으로나 공동체적으로 결코 바람직하지 않은 신앙으로 치부되기 쉽다. 이러한 의미에서 우리나라 사람들에게서 표출되는 미륵신앙적인 특성이라든가 신흥종교적인 경향성은 이 글의 취지가 귀결되어질 수도 있는 공동체의 미래와 존속에 해를 끼치는 그러한 성질을 지니고 있지는 않음에 유의할 필요가 있다.

2.1.3. 평등·다양성의 측면

우리나라 사람들의 시민성의 특성인 개방성을 구성하고 있는 평등과 다양성 등을 나타내 주는 몇 가지 예를 들어 보면 다음과 같다. 먼저 "사람의 본성은 누구나 성인(聖人)의 그것과 다를 바가 없다"

고 본 율곡 이이의 평등한 인간관과 그에 따른 다양성을 수용한다고
볼 수 있는 개성을 긍정하는 다음의 글30)을 살펴보기로 한다.

인간의 본성은 무엇이며 어떻게 성인(聖人)과 중인(衆人)의 본성이 같
다고 하는가? 율곡은 '이통기국(理通氣局)'이라는 그의 독창적인 술어로
서 우주만물의 현상과 인간존재의 특성을 설명하고 있다.

'이(理)'는 초월적, 절대적, 보편적, 항구적이고 '기(氣)'는 제한적, 상대
적, 개별적, 가변적인 것이다. '이'는 시공(時空)을 초월하여 동일성을 가
지고 있으나 '기'와 합하여 나타나게 되는데 여기서 현상은 여러 모습으
로 달리 나타난다. 즉, '이통'임으로 천지만물은 동질성을 가지되 '기국'
임으로 해서 인간은 다른 사물과는 또 다른 특수성을 가지게 된다. 그리
고 인간은 '이통'임으로 만공인통(萬共人通)의 보편성을 가지고 있되 '기
국'임으로 해서 현실적 인간은 개성을 지닌 개인이 된다는 것이다.

물론 율곡 이이가 신분이라든가 계급의 절대적 평등을 주장하지는
않았을 것이지만, 그러한 신분, 계급 등보다는 더 근본적인 의미에서
의 인간은 본성 면에서 동등한 존재이면서 아울러 개개인의 특성도
지니고 있는 존재임을 이 글에서 제시된 이통기국론에서 살펴볼 수
있다. 즉, 율곡 이이의 독특한 인간관은 우리나라 사람들에게 두드러
지게 내재되어 있는 시민성의 특성인 개방성을 이루고 있는 평등과
다양성에 바탕을 두고 있음을 확인해 볼 수 있는 것이기도 하다. 이
러한 율곡 이이의 인간관은 일찍이 최치원이 '진감선사비문'(887)의
첫머리에 남겼다고 하는 '도불원인(道不遠人), 인무이국(人無異國)', 즉
"도는 사람에게서 멀리 있지 않으며, 사람은 나라에 따라 차이가 없

---

30) 이장호, 「율곡의 도덕교육론」, 『논문집』 20, 공주대학교, 1982, 2쪽.

다"[31]는 인간관과 맥을 같이 한다. 따라서 이러한 인간관은 인간의 평등함이라든가 다양성에 대하여 우리나라 사람들에게 본래적으로 갖추어져 있는 정신세계의 소산이라고 해도 크게 지장은 없다. 덧붙여서 말하면, 사람의 성정이라든가 정신은 어떠한 사람이라고 하더라도 예외 없이 공통적으로 지니고 있다는 점에서는 사람은 평등한 존재이지만, 각자의 환경, 환경과의 대응방식, 내적인 성향에 따라 각기 나타나는 지향점이라든가 표출방식은 다양할 수 있다고 봄이 율곡 이이의 평등과 다양성을 아우르는 인간관이라고 할 수 있다. 또한 중국의 문헌인 『주서(周書)』에서는 "고구려에는 관직이 12등급이 있어서 이들이 나라 안팎일을 갈라 맡으며, 또 이것은 자기들의 인격과 실력에 따라서지, 결코 임금의 임명에 따라 됨은 아니라 하였다"[32]고 함은 일종의 직책의 균등한 기회의 추구가 이미 고구려 시대에도 있었음을 의미한다.

그 밖에도 우리나라 사람들의 평등에의 추구는 19세기에 발생한 민족종교의 하나인 동학에서 내세워지는 다음과 같은 평등한 윤리관[33]으로 이어져 나타나고 있다.

경인(敬人)은 시천주(侍天主) 사상에 근거한 사인여천(事人如天), 인내천(人乃天) 사상에서 볼 수 있듯이 인간존중의 극치인 것이다. 사람은 누구나 한울님을 모시고 있다는 데 입각하여 한울님을 공경하는 마음으로 사람을 공경하여 인간의 자유를 구속함이 없고 빈부 귀천 지위 계층 남녀노소의 차별없이 인간 자체를 존중하라는 윤리를 주장한 것이다. 이

---

31) 최영성, 『고운사상의 맥』, 심산출판사, 2008, 57~58쪽에서 재인용.
32) 안호상·김종옥, 『국민윤리학』, 배영출판사, 1975, 104쪽에서 재인용.
33) 최무석, 「동학의 도덕교육 철학」, 『경상대 논문집(사회계편)』, 26(2), 경상대학교, 1987, 314~315쪽.

점이 봉건 계급윤리인 유교와 다른 점일 것이다. 그리고 원시 유교에서는 하느님을 섬기듯이 어버이를 섬기고, 어버이를 섬기듯이 하느님을 섬기라는 말은 있다. 그러나 사인여천이라는 말은 유가에서 볼 수 없는 평등적 윤리관이라 볼 수 있다.

물론 유교라고 해서 인간의 평등함이 간과되었다고는 볼 수 없다. 왜냐하면 보통 말하는 '군자(君子)'라든가 전술한 율곡 이이가 언급한 '성인'은 어떠한 신분·지위·계급 등을 설정하고 논의되는 인간상이 아니기 때문이다. 다시 말하면 사람이라고 하면 누구나 노력하고 단련하며, 성실을 다하면 넓게 보아 훌륭한 인격자가 될 수 있음이 유교에서도 인정되고 있다고 봄이 타당하다. 다만, 유교에서 의론되는 인간관은 이 글에서 거론되는 바와 같이 동학에서의 '사인여천'식의 본원적인 인간의 평등함에까지는 이르지 못했다고 볼 수 있다.

이와 같이 한국적 시민성으로서의 개방성을 구성하는 요소들인 평등과 다양성 등은 특히 오늘날 세계적으로 민주주의와 더불어서 국제화와 다문화체제를 지향하는 흐름 속에서 요청되는 도덕교육에서 강조되는 성질을 지니고 있다는 점에서 매우 고무적인 의의를 지니고 있다. 다시 말하면 우리나라 사람들에게 본래적으로 내재되어 있는 평등과 다양성으로의 지향성은 오늘날의 시각에서 보았을 때, 다른 나라에서 온 사람들을 배척[34]하지 않으며, 이들의 문화와 관습을 역시 인정하면서 더불어 살아갈 수 있는 다문화주의와 부합하는 특성을 함유하고 있음을 결코 부인할 수 없다.

---

34) '다문화 결사반대'를 내세우며 "식당 노가다 내수형 일자리는 외국인 좀 규제 하라. 내수형 일자리 임금 하락 시키는 것 국민 죽이는 짓이다"(이현주, www.twitter.com/3010lys, 2013. 11. 2. 오전 10:01)는 주장도 우리나라 사람들 간에 없는 것은 아니다. 그러나 이러한 견해는 대체로 다문화 정책적인 측면에서 내세워진 것이어서 본질적인 다문화 거부의 견해는 아닌 것이다.

2.1.4. 문학·역사·종교를 통한 보완적 측면

문학은 인간과 사회의 근원적인 문제의식을 언어로 표현하는 것을 특징으로 하고 있는 예술분야이다. 다른 한편으로는 문학은 감정을 바탕으로 삼는 예술적 성격을 나타내고 있다고 할 수 있다. '감정'은 오늘날 "인식, 욕구, 정서성이라는 세 가지 요소가 역동적으로 관련되어 있는 복합체"35)인 것으로도 도덕교육 분야에서 받아들여지고 있는 추세에 있다. 또한 시민교육을 아우르고 있는 도덕교육에 역사적 요소가 포함되는 것 역시 매우 자연스러운 교육과정의 일환이라고 할 수 있다. 이러한 측면에서 역사적 요소라고 볼 수 있는 민족종교적인 속성을 꼽아볼 수 있는데, 이는 "원래 진정한 민족운동에는 그 민족의 양심과 역량과 지혜가 총동원되지 않으면 안 된다. 따라서 민족주의는 종교, 또는 종교적인 것을 바탕으로 하는 경향이 있다. 종교 또는 종교적인 것을 바탕으로 삼지 않으면 생명을 걸고 싸울 수 없기 때문이다"36)는 점에서도 추론할 수 있다. 다음은 도덕교육에서 가치들을 가르치기 위하여 문학이나 역사를 활용함으로써 찾아지는 몇 가지 장점37)이다.

---

35) 이인재, 「도덕교육의 내용으로서 도덕적 감정교육」, 『도덕윤리과교육』 제6호, 한국도덕윤리과교육학회, 1995, 309쪽.

36) 최동희, 「종교와 민족주의」, 『한국사상』 강좌 9, 한국사상연구회, 1968, 129쪽.

37) 추병완, 『도덕교육의 이해』, 백의, 2004, 816쪽에서 재인용. 문학교육의 중요성으로서 "전래 동화의 영향은 일생을 좌우한다"(손동인, 『한국전래동화』, 정음문화사, 1984, 396쪽)는 지적이 있는데, 비록 이러한 지적은 동화에 국한된 것이라고 하더라도 문학은 동화적인 모티브라든가 신화 등이 근원적인 바탕이 되어서 형성되는 예술체계적 특성이 있음을 부인할 수 없기 때문에 소설이라든가 시, 희곡 등을 통해서 인간의 삶의 도덕적 가치는 지속적으로 추구된다고 볼 수 있으며, 더욱이 "신화는 본원적으로 교육적인 기능을 수행하고 있다"(Cusset, Christophe, *La mythologie grecque*, Paris: Mémo Seuil, 1999, 54쪽)는 측면에서도 도덕교육에 있어서 문학적 접근의 의의는 작지 않다.

첫째, 우리가 지니고 있는 훌륭한 문학작품들이나 우리 문화 속에 담겨 있는 연대기들은 도덕적 딜레마, 윤리적 문제들, 경쟁적인 선과 악 사이의 긴장들, 나아가 올바른 것을 실행하기 위해 애쓰고 있는 사람들에 대한 생생한 묘사들로 가득 차 있다. 둘째, 이러한 교육과정들은 현재의 교육과정 속에 이미 존재하고 있으며, 아주 쉽게 다시 부활될 수 있다. 셋째, 대부분의 교사들은 도덕적 이야기들과 역사적 사건들로서 이루어진 문화적 창고에 전혀 낯설지 않은 상태에 있다. 넷째, 많은 교사들이 우리의 도덕적 유산으로부터 그러한 자료들을 조사해 보는 것에 학생들을 연루시켜야만 하는지에 대해 확신을 갖고 있지 못하지만, 그래도 대부분의 교사들은 그러한 일을 하는 것이 바로 교사의 역할을 다하는 것임을 분명하게 알고 있다. 다섯째, 콜즈, 노박, 브루너 등이 지적한 바와 같이, 서사적 사고는 학생들의 정신을 윤리적 문제에 집중케 할 수 있는 가장 효과적인 방식이 될 수 있다.

문학과 역사를 활용한 도덕교육의 이러한 장점들은 비록 외국에서 실시되고 있는 도덕교육에서 도출된 것들이라고 할지라도, 우리나라에서 실시되는 도덕교육에서도 타당성이 있는 교육내용을 갖도록 하는 데에 그 의의를 지니고 있다. 그러므로 이와 같은 장점들을 지니고 있는 문학과 역사, 나아가서 역사적 요소를 지니고 있는 민족종교를 활용하는 도덕교육이 이루어질 필요가 있다. 이러한 측면에서 『심청전』, 『임꺽정』, 민족종교, 〈아리랑〉 등 한국적 시민성이 뚜렷하게 나타난 작품과 민요, 종교의 적용 및 활용은 도덕교육적 차원에서 대단히 의의 있는 일이다.

2.2. 도덕교육의 목표 및 내용의 보완

인격자와 훌륭한 시민을 목표로 하는 도덕교육은 그 의의를 보다 분명하게 하기 위해서는 우리나라의 역사와 문화 속에서 구현된 한 국적 시민성을 감안하는 내용의 보완이 필요하다. 특히 도덕교육의 내용 면에서는 한국적 시민성을 뚜렷하게 구현하고 있는 문학작품들 과 일부의 민족종교의 요소들을 활용하는 것이 요청된다.

2.2.1. 목표적 측면에서의 보완

오늘날의 도덕교육은 건전한 인격 혹은 전인적 인격 등을 형성하는 데에 그 목표를 둔 교육이라고 할 수 있다. 크게 보아 도덕교육에서 상정하고 있는 인간상은 "국민의 한 사람으로서, 가족의 한 사람으로서, 사회인의 한 사람으로서, 마땅히 지켜야 할 기본적인 의무를 다하려고 최선의 노력을 다하였다"[38]고 평가받는 공자(孔子)와 같은 사람됨을 갖춘 사람이라고 해도 무방하다. 또한 도덕교육에서 목표로 하는 사람됨의 바탕에는 "사람으로서는 가장 낮은 자리에서 가장 높은 자리에 계시는 하느님 아버지를 우러르며 산 사람"[39]인 예수처럼 자신을 항상 낮추며, 그렇기 때문에 항시 개방적이며, 사람을 소

---

38) 정홍기, 「공자의 도덕교육론 연구: 논어를 중심으로」, 한국교원대학교 박사논문, 1997, 15쪽. 이러한 평가가 근거로 삼고 있는 『논어』의 원문은 '자한편'에 실려 있는 "出則事 公卿, 入則事父兄, 喪事不敢不勉, 不爲酒困, 何有於我哉"이다.

39) 박영호, 『잃어버린 예수』, 교양인, 2007, 88쪽. 본문에 인용된 『성경』구절은 마태복음 20 장 25절~28절이다. 여기서 20장 28절만을 인용하면 "인자가 온 것은 섬김을 받으려 함 이 아니라 도리어 섬기려 하고 자기 목숨을 많은 사람의 대속물로 주려 함이니라"(민영 진 편, 『성경전서』, 대한성서공회, 2005; 「신약전서」, 33쪽.)이며, 영문 원문은 "like the Son of Man, who did not come to be served, but to serve and to give his life to redeem many people"(*Good News Bible*, New York: United Bible Societies, 1976, p. 29)이다. 이 영어원문에 명기된 'redeem'은 '희생'의 의미가 보다 강함에 유의할 필요가 있다.

중히 여기는 사랑과 옳고 바름을 잃지 않으며 미래를 향해서 나아가는 마음가짐과 몸가짐 등이 있음을 의미한다.

한편 윤리과교육의 목표는 자율적 도덕성을 지닌 전인적 인간을 육성한다는 데에 있다. 이 목표에 명시되어 있는 '전인적 인간'이라고 함은 통상적으로 지(知)·정(情)·의(意) 등이 조화를 이룬 상태에 있는 사람을 지칭한다. 또한 도덕교육의 목표를 "인지적 영역과 정의적 영역의 통합을 통한 도덕적 행동을 유도하는 데에 있다"[40]고 설명할 수 있다. 그리고 윤리과교육의 목표에 나타나 있는 '자율적 도덕성'이라고 함은 민주주의 제도적인 측면에서의 근본정신이며 이념인 자치능력을 갖춘 민주시민에게서 나타나는 자유와 평등에 입각한 도덕성을 의미한다.

지금까지 논의해 온 바와 같이 한국적 시민성은 전인적 인간형에게서 나타나는 시민성을 뜻한다. 이를테면 우리나라 사람들의 본래적인 시민성으로서의 개방성을 대표적으로 표상하고 있는 화랑도의 "화랑에 포함되어 있는 요소들로서 무속적 요소를 지니고 있는 종교적 요소, 심미적 요소에 의한 어울림이 있는 예술적 요소, 그리고 나라를 지키기 위해 목숨을 다하는 군사적 요소 등"[41]을 통해서도 이를 부분적으로 확인할 수 있다. 또한 이른바 동·서이데올로기의 부산

---

40) 오완석, 「공감(empathy)의 도덕교육적 함의」, 『도덕윤리과교육』 제9호, 한국도덕윤리과교육학회, 1998, 361쪽. 지금까지의 학교에서의 도덕교육은 이와 같은 통합적 인격교육이 원활하게 이루어지지 못했다고 할 수 있다. 그러나 그렇다고 해서 통합적 인격교육을 소홀히 하거나 포기하는 방식으로 학교에서의 도덕교육의 방향을 재조정한다면, 도덕교육의 본질에서 벗어나는 방향으로 가는 결과를 낳을 가능성이 크다. 이런 점에서 '2007년 개정 도덕과 교육과정'에서 목표로 삼고 있는 "도덕적 문제에 대한 반성적 성찰을 강조하는 인지적 측면을 부각시키는 것"(교육과학기술부, 『고등학교 교육과정 해설 3: 도덕』, 교육과학기술부, 2008, 16쪽)은 문제의 본질적인 해결방법과는 거리가 있다.

41) 우기정, 『범부 김정설의 국민윤리론』, 예문서원, 2010, 112쪽. 화랑도에 대한 김정설의 이러한 견해는 1960·70년대에 집권하였던 군사정권에 활용되었다는 좋지 않은 인상을 남겼다는 평가(우기정, 위의 책, 126쪽)를 받은 바가 있지만 이 글에서는 그와 같은 평가에서 부여하는 의미와 무관한 측면에서의 화랑도의 특성을 논의함을 밝혀두기로 한다.

물로 말미암았다고 평가되기도 하는 남북한의 분단 상태가 지속된 반세기 이상의 기간 동안에도 지속적으로 추구해온 우리나라 사람들에 의한 남북통합에의 의지와 열망에서도 한국적 시민성에 그와 같은 종합적 의미가 스며 있음을 살펴볼 수가 있다. 그렇다면 다음과 같이 한국적 시민성을 도덕교육의 목표와의 보완적 관계에서 간략하게 논의해 보도록 한다.

대체로 도덕성은 사적(私的)이고, 공적(公的)인 영역에서의 도덕성을 지칭한다고 한다면, 시민성은 주로 공적인 영역에서의 도덕성을 지칭한다. 따라서 도덕교육에서 다루어지는 시민성은 '공적인 영역에서의 도덕성(public morality)'이기도 하다. 이러한 우리나라에서의 시민성과 관련된 도덕교육은 전인적이고 자율적 도덕성이라든가 민주적 이념의 내면화라는 명목으로 인간의 존엄성이라든가 자유, 평등 등에 관한 형식적인 이해, 신념 등을 일깨우고 키우는 식으로는 미흡하다. 왜냐하면 우리나라 사람들의 시민성을 일깨우는 그러한 도덕교육이 되지 않는다고 한다면 실질적 의의를 발휘하기 어렵기 때문이다.

우리나라 사람들의 시민성에서 인간의 존엄성의 의미는 인간 그 자체의 존엄성을 가리키고 있지만, 외래적이고 형식적인 의미에서의 인간의 존엄성은 "그렇게 해야만 한다"는 식의 맹목성을 띠기 쉬운 경향이 있다. 또한 우리나라 사람들의 시민성의 특성인 공동체의식을 구성하고 있는 요소인 정의는 일반적인 시각으로 말하면 배분적이라든가 비례적 측면에서의 정의라기보다는 "올바르지 못한 일체의 어떤 것도 용납하지 않겠다"는 의로움의 온전한 표징이 되고 있다. 역시 공동체의식의 구성요소인 미래지향성은 현실에 자족하거나 반대로 절망하거나 좌절하지 않고 더 나은 앞날과 밝아진 미래를 만들어 나가겠다는 강한 실천성을 수반한 미래지향성이며, 단지 소극적이고 현실회피적인 그러한 미래지향성은 아니다. 그러므로 우리나라 사람들에게 있어서 이러한 점들이 반영된 도덕교육은 실질적인 의의를 지니게 될 수 있다.

우리나라 사람들에게 있어서 '평등'은 보통의 '법 앞의 평등'을 포함하여 사람들과의 관계에 있어서 누구도 예외 없이 평등한 관계에 있음을 선언하는 것과 같은 그러한 평등을 의미한다. 그리고 우리나라 사람들의 시민성의 특성인 개방성을 구성하는 요소인 다양성은 신분, 재산, 종교, 지위, 성별, 외모, 지역, 학벌, 권한, 권력, 피부색 등의 차이와 관계없이 공존한다는 의미를 지니고 있으며, 일종의 조화를 전제로 한 다양성이라고 할 수 있다. 또한 개방성의 구성요소인 관용은 단지 종교·사상·종족 등의 차이를 받아들이는 성질을 지니고 있음을 나타내는 데에 그치지 않고, 적극적으로 그러한 차이를 뛰어 넘어 일체의 것들을 포용하려는 성질을 지니고 있음을 뜻한다.

도덕·윤리교과의 하위목표라고 할 수 있는 시민교육42)과 관련된 덕목43)들 중에는 대체로 우리나라 사람들의 시민성의 특성이라고

---

42) 2007년 개정 도덕과 교육과정에서 제시된 도덕과에서의 민주시민교육의 목표는 "자신과 국가·민족공동체 그리고 지구 공동체와의 관계에 대한 올바른 이해를 바탕으로, 국가의 발전과 민족의 통일 및 인류 공영에 이바지할 수 있는 도덕적 능력과 태도를 지닌다"이며, 역시 2007년 개정 사회과 교육과정에서 제시된 민주시민교육의 목표는 "첫째, 사회생활에 관한 기본적 지식과 정치·경제·문화 현상에 대한 기본적인 원리를 종합적으로 이해하고, 현대사회의 성격 및 민주적 사회생활을 위하여 해결해야 할 여러 문제를 파악하는 능력 함양이다. 둘째, 사회현상과 문제를 파악하는 데 필요한 지식과 정보를 획득, 분석, 조직, 활용하는 능력, 사회생활에 나타나는 여러 문제를 합리적으로 해결하기 위한 탐구능력, 의사결정능력 및 사회참여 능력 함양이다. 셋째, 개인과 사회생활을 민주적으로 운영하고, 우리 사회가 당면한 문제들에 관심을 가지고 민주국가 발전과 세계의 발전에 적극적으로 이바지하려는 태도 함양이다"이다.(김국현, 「도덕과 민주시민교육의 지식의 구조에 대한 연구」, 『교원교육』 제24권 제2호, 한국교원대학교 교육연구원, 2008, 63~66쪽 참조) 이와 같이 시민교육의 목표 면에서 도덕과와 사회과는 불가분의 관련성을 맺고 있다. 그러나 한편으로는 도덕과에서의 시민교육은 한마디로 시민으로서 올바른 가치판단을 최종적으로 내릴 수 있도록 하는 데에 그 의의가 있으며, 사회과는 이와는 달리 그러한 가치판단으로 나아가는 데에 요청되는 인지적이고 정의적이며, 행동적인 측면과 관련된 제반 사항들을 제시하는 성격을 지니고 있는 교과라는 측면에서 도덕과와 사회과는 구별된다고 할 수 있다.

할 수 있는 공동체의식과 관련된다고 볼 수 있는 권리와 책임의식, 질서의식, 준법의식, 국가의식 등을 들 수 있다. 권리와 책임의식과 질서의식, 그리고 준법의식이라고 함은 공동체의식의 구성요소인 인간존중, 정의 등과 밀접하게 연관되어 있는 속성을 지니고 있다. 즉, 민주시민이 자신의 권리를 잃지 않으려 하고 책임을 다하려고 한다는 것은 곧 인간으로서, 시민으로서 존엄성을 지키려는 바와 다름이 없으며, 따라서 인간존중 정신과 상통할 수 있다. 또한 질서를 지키고 법을 따른다는 의미는, 다시 말하면 정의를 지키고, 나아가서는 정의를 세우겠다는 정의지향성과 큰 차이가 없다. 그러므로 이러한 시민교육의 덕목들에 우리나라 사람들의 독특한 시민성의 특성으로 나타나고 있는 공동체의식의 구성요소들의 의미를 폭넓고 깊이 있게 부여하는 것이 도덕교육의 제반 목표에 실질적인 의의를 갖게 하는 바가 될 수 있다. 또한 도덕·윤리교과의 하위목표인 여러 덕목들과 공동체의식은 민주시민들의 참여정신과 그 의미를 공유한다고 볼 수 있으며, 다음44)의 글을 참고할 필요가 있다.

아리스토텔레스로부터 브리스(Bryce)에 이르는 민주주의 이론가들은 민주주의란 시민들의 광범위한 책임의식과 공적인 일들에 관한 정확한 정보, 공적인 일들에 있어서의 적극적인 시민들의 참여에 의해서 이루어지는 것이라고 주장해 왔다. 이러한 교의는 민주시민이란 이 제도의 요청에 따라 행동하는 것처럼 그렇게 살아가야만 한다는 것을 의미하는 것이다.

43) 배한동, 「민주시민의식 함양을 위한 도덕과 교수 학습 방법」, 『도덕윤리과교육』 제13호, 한국도덕윤리과교육학회, 2001, 148쪽.
44) Almond, Gabriel A. and Verba, Sidney, *The Civic Culture*, Princeton: Princeton University Press, 1963, p. 10.

이 글에서 강조된 바와 같이 민주주의가 유지·발전되기 위해서는 민주시민들의 책임의식과 공적인 일에 대한 정확한 정보를 바탕으로 해서 민주시민들에 의한 적극적인 참여가 이루어져야 한다. 여기서 '책임의식'과 "공적인 일들에 관한 정확한 정보와 적극적인 참여"는 곧, 인간존중 정신이라든가 정의지향성과 관련되며, 나아가서는 미래지향성과도 무관하지 않다. 그러므로 앞에서 언급된 도덕·윤리교과에서의 덕목들과 우리나라 사람들의 시민성의 특성으로서의 공동체의식은 이와 같은 시민들의 적극적인 참여와 합치되는 의미를 담고 있다.

한편 학교 밖 사회에서의 도덕교육의 일종인 시민교육의 기본적인 학습요소들인 민주적 이념의 내면화, 기본생활습관, 질서의식의 내면화, 민주적 절차와 과정에의 숙달 등을 다음45)과 같이 간추려 볼 수 있다.

민주적 이념의 내면화는 '인간 존엄성'의 개념과 자유, 평등 등의 개념을 이해하고, 이에 대한 투철한 신념을 가질 뿐만 아니라, 그러한 신념을 일상생활의 과정에서 발현할 수 있어야 함을 의미한다.

'기본생활 습관'과 '질서의식'의 내면화를 통해서는, 사람들은 함께 살아가기 위해서 기본적으로 필요한 생활습관과 질서의식이 있음을 이해하고, 이를 생활 속에서 실천할 수 있어야 한다.

'민주적 절차와 과정'에의 숙달을 통하여 사람들은 민주주의를 과정으로 이해하고, 거기에 필요한 절차와 규칙을 만들기 위한 집단과정에 적극적으로 참여하려는 자세와 능력을 보여 줄 수 있어야 한다.

---

45) 한국교육개발원, 『민주시민교육자료: 민주사회 민주시민』, 대한교과서, 1993, 3~4쪽 요약.

학교 밖에서 실시되는 이와 같은 시민교육의 기본적인 학습요소들은 시민교육의 목표라고 할 수 있는 건전한 인격을 갖춘 시민의 육성을 위해서 요구되어지는 자질을 함양하는 바와 밀접하게 관련되어 있다. 다시 말하면 이러한 학습요소들은 민주주의 이념에 대해서 철저히 인식하기, 민주적 생활방식을 습득하기, 민주적 참여를 생활화하기 등을 목표로 하는 건전한 시민의 육성에 맞추어져 안출되었다. 그러나 학교 밖의 시민교육이라고 해서 학교에서의 시민교육과 근본적인 교육적 의의를 달리하는 것이 아닌 측면에서 본다면 이와 같은 시민교육의 목표는 실질적인 교육적 의의를 이룩하는 데는 미진한 면이 있다. 즉, 우리나라 사람들의 시민성의 저변에 흐르고 있는 공동체의식이라든가 개방성 등과 부합하는 그러한 시민교육의 목표설정으로서는 적합성이 갖추어졌다고 볼 수는 없다.

요컨대 우리나라 사람들에게 있어서의 본원적인 시민성은 도덕교육의 목표에 보다 창조적으로 적용되고 활용되는 등의 보완이 이루어짐으로써 오늘날의 세계사적인 흐름인 민주주의로 나아가는 데에 실질적으로 이바지할 수 있는 측면이 있다. 즉, 종래의 도덕교육에서 그 목표로서 추구하고자 했던 건전한 인격, 자율적인 시민성을 갖춘 시민으로서의 인격 등을 우리나라 사람들의 시민성의 특성들인 공동체의식, 개방성 등에 좀 더 깊고 넓게 뿌리를 두어 보완해 나간다면, 도덕교육의 문제점들은 적지 않게 해결될 수 있다.

2.2.2. 내용적 측면에서의 보완

내용적 측면과 관련해서는 도덕교육에 적용할 수 있는 문학과 역사를 동시에 포괄할 수 있는 사례가 되는 우리나라의 고전으로 꼽히는『임꺽정』을 작가의 말과 본문에서 추출된 일부 내용을 통해서 간략히 논의해 보기로 한다.

역사적 사실에 바탕을 두고 있는 『임꺽정』은 일제강점기인 1920·
30년대에 홍명희에 의해 신문지상에 연재소설로 발표되었으나, 미완
성의 장편소설로 알려져 있다. 홍명희는 이 작품을 구상하고 집필하
게 된 가장 중요한 동기를 "임꺽정만은 남에게서 옷 한 벌 빌어 입지
않은 순조선 것으로 만들려고 했음을 결심했다"[46]고 밝히고 있다.
작가의 이러한 결심대로라고 한다면 『임꺽정』은 우리나라 사람들의
정치관, 혹은 시민성을 있는 그대로 표상하고 있는 성격을 지닌 내용
을 분명히 담고 있다. 『임꺽정』에는 우리나라 사람들에게 인간존중
과 정의(正義)의 원천으로 상징될 수 있는 '하늘'에 대해 기원하는 언
사가 등장하기도 한다. 즉, "장래의 좋은 세상이 올는지 말는지 지금
으로는 모르는 일이거니와 설혹 온다손 잡더라도 그대를 버리고 나
혼자 누릴 생각은 없소. 저기 하늘을 보시오"[47]라는 표현에서 우리
나라 사람들의 바름과 옳음을 실현 내지는 구현하고자 하는 열망을
확인할 수 있다. 천민 신분 출신인 임꺽정은 전제왕조 체제 하에서
신음하는 상민, 천민, 노비 계층의 인간성 회복과 더불어 불의함을
고쳐나가고자 하는 당대의 우리나라 사람들의 여망과 함께 한 '대도
(大盜)'적인 존재로서, 조선시대 역사의 한 장을 장식했던 실존인물[48]

---

46) 홍명희, 「부록 1」, 『임꺽정』 10, 사계절출판사, 2002, 139~140쪽 참조.
47) 홍명희, 앞의 책 1권, 2002, 103쪽. 이러한 우리나라 사람들의 '하늘'을 통한 정의관은 일
  찍이 신라시대의 유명한 사상가이자 문장가로 알려진 최치원이 중국에서 발생한 '황소
  의 난' 때 작성한 문헌으로 알려진 「황소에게 보내는 격문」에 기록되어 있는 "햇빛이 활
  짝 퍼졌으니 어찌 요망한 기운을 그대로 두겠으며, 하늘 그물(天網)이 높이 쳐졌으니,
  나쁜 족속들은 반드시 제거되고 말 것이다"(김승찬 외, 『한국문학사상론』, 세종출판사,
  1994, 38쪽)에서도 나타나고 있다. 단, 유의해야 할 점은 '황소의 난'의 성격 면에서의 정
  치·사회적 의미와는 관계없이 우리나라 사람들의 '하늘'을 통한 정의관의 일면을 이 구
  절은 내포하고 있음에 국한한다는 점이다. 원문은 "日輪闊輾豈縱妖氣天網高懸必除兇
  族"임(송민호 편저, 『국한문학』, 개문사, 1979, 199쪽).
48) 『조선왕조실록』 명종 15년 12월 28일조에 "도적의 괴수 임꺽정을 잡은 황해도 순경사
  이사중의 장계를 내리다"라고 명기되어 있음. 원문은 "己未/以黃海道巡警使李思曾捕賊

로 알려져 있다.

그러므로 『임꺽정』에 등장하는 임꺽정은 우리나라 사람들의 평등 관이라든가 관용적인 세계관 혹은 정치관에서 보았을 경우 비인간적인 행태를 일삼는 관직에 나아간 사람들의 그릇된 직책 수행이라든가 무능력 등을 비판하며, 이들을 처단하는 이른바 '의적'으로 그려져 있다. 특히 『임꺽정』에서는 우리나라 사람들의 개방적인 성향인 다양하고 관용적인 시민성의 일면을 이루는 원래의 모습이 역사적 사실을 바탕으로 다음[49]과 같이 생생하게 나타나 있다.

> … 소격서 일은 어찌하셨습니까?" 하고 중전이 여쭈어 보니 상감은 "귀찮아 견딜 수가 있어야지. 대신에게 수의한다고 말해서 내보냈소. 그렇지만 대신들도 혁파하자는 측이야." 말씀하고 상을 찡그리었다. 중전이 무릎을 도사리고 앉아서 "대체가 모를 일입니다. 소격서가 좌도(左道)라고 말한답니다만 열성조(列聖朝)에서 어련히 알으시고 그대로 두셨겠습니까? 더구나 장헌대왕(莊憲大王: 世宗) 같으신 동방 요순(東方堯舜) 시절에도 혁파하시지 아니하고 강정대왕(康靖大王: 成宗)같이 유학을 숭상하시던 때에도 좌도란 말이 없던 것을 지금 와서 좌도라고, 혁파하잔다니, 조광조·김식 등 일대(一隊)가 유학(儒學)으로 전무후무한 사람들이겠습니까? 대체가 모를 일입니다. (…중략…) 소격서가 혁파되니 뒤에 관원은 없어지고 나라에서 지내던 제사는 없어졌으나, 궐내에서 나오는 치성과 여염에서 들어오는 지성은 그치지 아니하여 태일전(太一殿)과 삼청전(三淸殿)에 삼색실과와 노구메가 떠나는 날이 드물었다.

(賊魁林巨叱正也)"임.(http://sillok.history.go.kr 참조)

49) 홍명희, 앞의 책 2권, 2002, 24~25쪽. 『조선왕조실록』 중종 17년 12월 14일조에 "… 소격서가 비록 정도(正道)는 아니지만 (…중략…) 주상이 지난날에 신진들의 말을 써주어 갑자기 혁파하게 된 것이오"라고 기록되어 있음. 원문은 "昭格署雖非正道 (…중략…) 主上, 往者用新進之言, 一朝卒革"임.(http://sillok.history.go.kr 참조)

이 글은 이른바 조선시대 중종 때인 1500년대 초반에 발생한 소격서 혁파사건을 매우 소상히 비판적으로 중전(왕비)의 의견을 통해서 기술하고 있는 내용을 담고 있다. 이 의견을 통해서 넓게 보아서 우리나라 사람들의 종교관은 다양하고 관용적인 측면이 있음을 다시 한 번 확인할 수 있다. 다시 말하면 소격서를 통하여 우리나라 사람들의 다양한 종교를 궁중에서도 수용할 만큼 당대의 우리나라 사람들의 신앙에 대한 인식은 매우 다양하고 관용적이었음이 분명하다는 점을 들 수 있다. 이는 비단 신앙적인 면에만 한정되지 않았을 것임은 자명하다. 이 점으로 미루어 본다면 조선시대의 경우 이른바 지배적 위치에 있던 사람들 중에서는 이념적·사상적인 면에서 상당히 폐쇄적이고 불관용적인 입장을 고수했던 사람들이 있었음을 알 수 있다. 이러한 포용성이 부족한 정치관은 작위적인 분열과 대립을 낳는 소모적이고 반사회적이고 불의한 정치적 폐단을 가져옴은 불가피한 일이다. 이러한 폐해는 다음의 글50)을 통해서도 확인해 볼 수 있다.

··· 이러한 주자학을 조선조의 통치이념으로 채용함으로써 조선조 정치문화상의 많은 문제점과 모순을 초래하였다. 동질성이 강하고 미래지향적 특성을 지닌 한민족에게 주자학적 차별원리를 적용하여 가(家)와 국(國)의 구성원을 상위자와 하위자로 차별지우게 되니, 여기에 불가불 차별받지 않으려는 데서 갈등과 불신, 부정과 배타의 정치문화가 형성되기에 이르렀다.

예리하게 이 글에서 지적하고 있는 바와 같이 조선시대에 통치이념으로 받아들여진 외래적 성격이 강한 주자학의 인간관, 사회관, 정

---

50) 한국정치외교사학회 편, 『해방의 정치사적 인식』, 대왕사, 1980, 181쪽.

치관, 세계관 등은 우리나라 사람들에게 갖추어져 있던 종래의 개방적이고 포용적인 정치관, 종교관, 사회관 등의 특성에 부합하지 않는 폐쇄적인 측면이 강하다. 이러한 점에서 조선시대의 경우, 소수의 지배세력에 의해서 강제되어진 폐쇄적인 정치관, 사회관 등은 우리나라 사람들에게 혼돈과 시련을 겪게 하는 결과를 낳게 하였음을 부인할 수 없다.

한편 19세기 말엽에 발생한 동학혁명에 참여하였던 사람들이 우리나라의 민족종교운동의 일환인 초기의 증산종교운동을 주도했던 것으로 알려져 있는데, 이러한 증산교의 중심이 되는 사상에도 우리나라 사람들의 관용적이며, 다양성을 지향하는 정신이 반영되어 있음을 다음의 글[51]을 통해서도 살펴볼 수 있다.

증산교 교리의 핵심을 이루는 천지공사란 초월적 권능의 소유자로 신앙되는 강일순이 천지를 개벽함으로써 신명과 인간을 구제하고 무궁한 선경을 열었다는 것을 의미하지만, 그 곳에는 무속을 비롯한 한국의 전통적 신앙이 토대를 이루면서 절대신이나 메시아사상과 같은 외래신앙이 접합되고 있음을 알 수 있다. 이러한 점에서 천지공사는 증산교의 독특한 교리체계이기는 하지만, 기존 민간신앙의 새로운 체계화, 또는 한국적 신앙과 서구신앙의 조화와 통일이라는 측면에서 이해될 수 있을 것이다.

이처럼 증산교의 '천지공사'에는 외래종교적 성격이 짙은 유일하고 절대적인 존재가 설정되어 있기 때문에 경우에 따라서는 혼란을 일으키는 측면이 있기는 하다. 그러나 이 글에서 평가하고 있는 증산

---

51) 민병수 외, 『한국사상』, 우석출판사, 2004, 528쪽.

교 교리의 특징인 "한국적 신앙과 서구신앙의 조화와 통일"은 우리 나라 사람들의 원래적인 시민성인 관용적이며, 다양성을 나타내는 특성에 근거를 두고 있음이 분명하다.

요컨대 한국적 시민성을 구성하는 원리들에 속하는 정의지향성과 관용성 추구 등은 우리나라 사람들에게서 연면히 이어져 온 '하늘'을 통해서 의로움을 이루려는 정의관이라든가 다른 사람들과 서로의 다름을 받아들이며, 더불어 살아가려는 너그러운 마음을 갖는 자세 등을 통해서 우리나라의 역사 속에서 혹은 문학작품과 종교 속에서 찾아볼 수 있으며, 이를 도덕교육의 내용에 보완시키는 것은 좀 더 개선된 도덕교육이 될 수 있다. 다만, 시민성을 구성하는 요인 중에서 빼놓을 수 없는 정신인 관용정신의 경우, 이와 같은 한국적 시민성을 구성하는 원리로서의 관용성의 적극적인 강조와 활용은 시민교육의 과정으로서 요청되는 논의, 토론, 비판 등을 위한 기본적인 태도의 측면에서 강조되어지는 것임에 유의할 필요는 있다. 즉, "시민교육에서는 추상적인 관념으로서의 관용, 대화, 토론 등을 '이름'으로만 가르칠 뿐, 이 민주시민성을 실제 경험으로서, 경험을 통해 가르치지 못한다는 데 문제가 있다"52)는 지적에서 규정하는 관용의 의미는 우리나라 사람들의 시민성의 구성요소로서의 관용의 의미와 다소의 차이가 날 수 있다. 그러나 넓게 본다면 한국적 시민성으로서의 관용정신은 결코 '이름'으로만 가르쳐지는 그러한 성질의 것은 아님은 이미 앞에서 논의한 바와 같다.

---

52) 이종렬, 「시민교육의 정체성의 위기와 딜레마」, 교수학습개발센터(http://www.classroom. re.kr/사회교과교육/사회/사회과교육이론과 실제), 2011, 3쪽.

3. 도덕교육의 발전방향

한국적 시민성은 도덕교육의 개선과 발전에 긴요하게 요청되는 요인에 해당될 수 있다. 그러므로 학교 안팎에 걸친 도덕공동체적 차원과 도덕교육의 목표와 내용의 측면에서 한국적 시민성이 발휘될 수 있도록 하는 도덕교육의 발전방향을 모색하도록 한다.

3.1. 도덕공동체적 측면

도덕공동체 혹은 윤리공동체는 달리 말하면 시민공동체 혹은 민주시민공동체로도 볼 수 있다. 시민공동체가 발전된 우리나라의 민주주의를 가져오도록 하기 위해서는 한국적 시민성을 발양하는 데에 입각하지 않고는 불가능하다고 볼 수 있기 때문에, 도덕공동체로서 학교 밖 사회와 학교사회에서 한국적 시민성을 발휘하게 하는 도덕교육이 요청된다.

3.1.1. 학교 밖 사회의 경우

도덕교육이 실효성을 거두기 위해서는 가정에서부터 시작하여, 이웃, 사회 등에서의 일관된 도덕적 규범이 권장되고 자연스럽게 지켜지며, 습관화되어 있어야 함은 익히 알려진 사실이다. 그리고 도덕규범이 사회 전반에 걸쳐서 지켜지고, 사회구성원 각자가 자발적으로 받아들이며 실천할 수 있다면 그러한 사회를 '도덕공동체' 혹은 '윤리공동체'라고 해도 본뜻에 어긋난 표현은 아니다. 다만 그러한 도덕규범이 무엇이어야 하는가는 사회구성원들 모두에 의해서 합의가 되어져야 한다.

이미 3장과 4장에서 규명한 바와 같이 우리나라 사람들의 본래적인 정치의식과 그에 따른 우리나라 사람들의 시민성은 오늘날 보편적으로 세계 각국에서 받아들여지고 있는 민주주의와 적지 않게 상통하는 특성을 지니고 있다. 그럼에도 이러한 우리나라 사람들의 시민성이 발휘되지 못하고 억눌러져 있어, 오히려 경시되거나 소홀히 됨으로써 도덕교육은 물론 우리나라의 민주주의가 좀 더 확고한 위치를 갖추게 하는 데에 적지 않은 어려움이 가로놓여 있음이 오늘날 우리나라가 직면하고 있는 현실이기도 하다.

거듭 확인하건대 오늘날 인간존중과 관용성, 정의지향성으로 대표되는 우리나라 사람들의 시민성은 민주시민의 역할과 책임을 다하지 못할 만큼 낙후된 모습을 보이고 있지는 않다. 다음은 2007년 4월에 서울 소재 한 호텔 부근에서 당시에 진행되었던 한·미 FTA협정과 관련된 시위를 하던 중 분신하여 입원 치료를 받았으나 유명을 달리하고만 한 시민활동가의 사례53)를 통해서 우리나라 사람들의 시민성의 한 측면을 간략히 살펴보도록 한다.

내가 만난 허세욱54)

남이랑 싸움 한번 못했지. 크면서 싸웠다는 것을 보지도 듣지도 못했어. 소심한 성격이고 너무도 착했어. 어려서 같이 클 때는 뚜렷이 표시나는 행동을 하는 사람이 아니었지. 친구들과 대화하면 여자 같은 행동이 있었고, 남이랑 다투지 않고 베푸는 형이야.

— 중학교 동창 유곡형

---

53) 송기역, 『허세욱 평전』, 삶이보이는창, 2010, 61~62쪽.
54) 1952년 경기도 안성 출생, 안성명덕초등학교와 안청중학교 졸업, 군 제대 후 건설일용직 등 다양한 직업을 전전하였고, 1991년 한독운수에 입사, 1995년 관악주민연대에 가입하여 활동, 1998년 참여연대에 가입하고, 2002년 민주노동당에 입당함(송기역, 위의 책, 284~285쪽 참조).

식물 같은 사람이었어요. 생태계는 먹이사슬이 있어서 다른 존재를 통해 영양을 공급받지만 식물만큼은 태양과 비로부터 영양분을 공급받고 동물들에게 주잖아요. 주는 존재셨죠. 주목받진 못하지만 자연에 가까운, 다른 존재들은 식물을 짓밟지만, 식물은 짓밟히면서도 다른 존재에게 가해하지 않잖아요. 그러면서 다시 일어서는 ….

— 참여연대 공성경

이 글은 택시운전기사이자 시민활동가인 고인의 생전의 모습을 지인들이 증언한 내용 중의 일부분이다. 이 증언에서도 나타난 바와 같이 이 시민활동가는 '베푸는 사람'이라고 평가받는 측면에서 우리나라 사람들에게서 나타나는 시민성의 구성요소인 인간존중 정신이라든가 관용정신을 갖추고 있음이 확인된다. 실제로 이 시민활동가는 평상시에는 "죄송합니다", "고맙습니다", "열심히 할 게요" 등을 입에 달고 산다[55]는 점에서 더욱 이 사실을 입증해 주고 있기도 하다. 왜냐하면 "죄송하다"든가 "고맙다"든가 하는 말을 입버릇처럼 사용했음은 상대방에 대해서 존중하거나 관용하는 마음가짐이 있지 않으면 가능할 수 없기 때문이다.

그리고 이 시민활동가의 시위참여의 동기에는 우리나라 사람들의 삶과 직결되는 경제문제와 관련되어 있기 때문에 우리나라 사람들의 시민성을 이루고 있는 정의지향성이 있음도 이 시민활동가의 의사표현에서 빼놓을 수 없다. 비록 이 시민활동가는 극단적인 방법으로 자신의 의사표현[56]을 했지만 이러한 의사표현에는 대다수 우리

---

[55] 송기역, 위의 책, 260쪽.

[56] 이 활동가가 유명을 달리하기 직전에 기사로 남겨진 지인들의 한결같은 주장을 소개하면 다음과 같다. "(허세욱 씨는) 대학 시절, 읽은 책 몇 권을 들먹이며 진보를 이야기하는 지식인들과 다르다. 중학교를 관두고 서울에 올라와, 힘든 노동 속에서 '더 나은 세상'을 향한 꿈을 다듬어 갔던 그를 이대로 쓰러지게 한다면, 무슨 낯으로 진보의 미래를 말하겠느냐."(「허세욱 씨의 삶」, www.pressian.com, 2007. 4. 8. 14:46)

나라 사람들의 염원과 의지, 정신 등이 반영되어 있다고 해도 과언은 아니다.

이처럼 대다수 우리나라 사람들의 시민으로서의 상황인식이라든가 생활방식 등의 이면에는 크게 보아 공동체의식, 개방성 등이 자리잡고 있어 민주주의의 정착이라든가 발전 등에 우리나라 사람들의 시민성은 장애가 된다고는 볼 수 없을 만큼 수준이 낮지는 않다. 문제는 우리나라의 경우 정치적인 측면에서 우선적으로 정치인들의 자질이 크게 낙후되어 있다는 데에 있다. 이 점은 다음의 글57)을 통해서도 확인할 수 있다.

거의 모든 정치지도자들은 국민의 정치의식과 정치문화의 미숙함에서 현실 정치의 실패의 원인을 찾고 있다. 이는 정치 실패의 책임을 모든―특히 우리의 경우 무소불위의―권한을 장악하고 있는 우리 정치지도자들이 자기들이 아니라 힘없는 국민에게 전가하는 것이라고 생각한다.

서민 대중에게는 법과 제도가 그렇게도 엄격하게 적용되면서도 정치지도자들이나 그들과 이해관계로 얽혀 있는 사회지도층 인사들(소위 뒷돈을 준 친구들)에게는 처벌할 법률조항이 없어서 처벌을 못하거나 아니면 있어도 '떡값'과 같은 변칙적 법률적용으로 어물쩍 넘어가는 경우가 한두 번이 아니다.

이 글에서 거론되는 정치지도자들은 대체로 국민들에 의해서 뽑힌 국민들의 대표들이라고 할 수 있으며, 사회지도층 인사들 역시 국민들의 기대를 받는 국민들의 대표들이나 마찬가지이다. 따라서 정치지도자들이나 사회지도층 인사들은 민주주의 이념에 입각하고 민주

---

57) 이준형, 「한국의 민주화와 시민교육」, 『성신연구논문집』 제36집, 성신여자대학교, 1998, 608쪽.

적 절차와 민주적 행동방식에 의해서 자신들에게 주어진 일들을 모범적으로 처리하고 실천에 옮겨야 할 의무가 있으며, 이는 또한 도덕적 의무이기도 하다. 이 글에서와 같이 이들이 법과 제도의 적용과 운용을 공정하게 처리하지 않거나 정당하지 못한 행태를 일삼는다면, 이들이 이끌어나간다고 하는 나라, 혹은 사회는 도덕공동체가 될 수 없음은 너무도 자명하다. 왜냐하면 도덕적 업무수행과 건전한 행동양식이 갖추어지지 않은 정치 지도자들이나 사회 지도층 인사들이 우리나라 사람들의 본래의 수준 높은 시민성을 발휘할 수 있도록 진력한다는 것은 마치 나무에서 고기를 구하려는 것이나 다름없는 경우가 되기 때문이다. 그러므로 학교 밖 사회에서의 도덕교육이 발전되고, 제자리를 잡아나가기 위해서는 무엇보다도 사회지도층, 정치 지도자들이 비민주적이고, 부도덕한 자신들의 사고방식과 행동방식을 대다수 우리나라 사람들의 본래적인 시민성에 맞추려는 각성과 노력이 우선적으로 요청된다.

3.1.2. 학교사회의 경우

다음[58]은 비교적 최근에 조사된 청소년의 도덕의식에 관한 내용이다.

우리나라 청소년들의 반부패 윤리의식 수준이 인도, 방글라데시, 몽골 등 아시아 4개국 중·고생들의 반부패 인식지수를 보면, 한국은 10점 만점에 6.1점으로 조사대상국 가운데 가장 낮았고, 방글라데시가 8.45점으로 가장 높았다. 인도는 7.55점, 몽골은 6.64점이었다. 우리나라 중·고생들은 '정직하게 사는 것보다 부자가 되는 것이 더 중요하다'는 질문에

---

58) ≪한겨레≫, 2008. 11. 8, 9면.

'그렇다'고 답한 비율이 22.6%로, 방글라데시(3.1%), 인도(8.4%), 몽골(9.1%) 등에 견줘 2~7배 가량 높았다. '경찰이나 지켜보는 사람이 없으면 교통법규를 지키지 않을 수 있다'는 질문에 그렇다고 한 응답도 44.1%로 방글라데시(7.2%), 인도(8.8%), 몽골(12%)보다 훨씬 높았다. 이번 조사에 선 청소년들의 나이가 어릴수록, 남학생보다는 여학생이 각각 반부패윤리의식이 높았으며, 도시보다는 농촌지역 청소년들의 준법의식이 높은 것으로 나타났다.

비록 부분적이기는 하지만 이러한 우리나라의 청소년들의 반부패 윤리의식, 즉 도덕의식은 우리 사회의 도덕의식의 한 단면을 보여주고 있다. 이런 점에서 그와 같은 우리나라 청소년들의 반부패 윤리의식은 전적으로 학교사회 내적인 측면에서 찾아지는 것만은 아닌 성질을 지니고 있다.

그러나 국제적으로 조사된 최근의 우리나라 청소년들의 매우 낮은 사회적 상호작용 역량[59]과 관련해서 보건대 청소년들의 도덕의식은 이들이 대부분 중·고등학교에 재학하고 있는 학생들이라고 볼 때 학교사회에서의 도덕교육의 실효성을 위태롭게 하는 여지를 지니고 있다.

한편 우리나라 중등교육계에서 명망을 얻고 있으며, 40여 년간 초·중등교육에 종사한 바가 있는 한 저명한 교육자가 학교에서의 도덕

---

59) 국제교육협회(IEA)의 국제시민의식 및 시민권 교육연구(ICCS) 등 국제자료를 기초로 '청소년핵심역량지수'를 개발해 비교한 한국청소년정책연구원의 보고서에 따르면 "공동체의 구성원으로서 다른 사람들의 이야기를 경청하고 서로 교류하면서 사회·문화·경제적으로 이질적인 상대와 협조하는 능력을 가리키는 '사회적 상호작용 역량'영역에서 한국 청소년들은 비교 대상 36개국 가운데 35위에 머무른 것으로 나타났으며, 그 반면에 IEA가 2009년 세계 14살 청소년 14만 650명을 설문조사한 결과에 따르면 한국 청소년의 시민의식 관련지식의 수준은 38개국 가운데 3위로 나타나 상위권을 차지한 것으로 조사되었다고 하며, 이 보고서를 작성한 연구진은 이러한 결과를 우리나라의 교육정책이 주로 청소년들의 지적 능력 개발에만 중점을 둬왔음을 보여주는 것"이라고 분석하였다(《한겨레》, 2011. 3. 28, 10면).

교육에 관한 회의적(懷疑的)인 입장에서 쓴 다음의 글60)을 살펴보도록 한다.

학교교육은 어떤 의도하는 문화를 만드는 데 한 몫을 할 수는 있으나, 사람의 인격을 변화시키는 일은 하지 못한다. 학교는 외딴섬이 아니다. 한 사회의 문화와 가치관을 만드는 것은 그 사회에서 무비판적으로 통용되는 '상식'이다. 그 사회적 상식이 한 사회를 지배하는 가치관을 만들고 학교교육도 그 상식의 지배를 받는다.

학교는 사회의 상식에 순응하여 그 사회의 기준에 맞춰 성공하는 개인을 많이 만들어 내는 것이 목표가 되어서는 안 된다. 학교는 보다 자유롭고 평등하며, 모든 사람이 자신의 재능과 관심을 최대한도로 발휘하고 즐기며 살 수 있는 세상을 만드는 곳이어야 한다. 국가는 사회의 상식에 맞서 학교가 그러한 곳이 되도록 돕는 일을 해야 한다.

인류가 지향하는 보편적인 사회적 가치는 정의, 자유, 공존, 주체다. 인간의 행복을 위해 필요한 덕목은 관용과 화해와 용서다. 이러한 가치들이 인류 사회를 평화로 이끈다. 학교교육이 평화를 추구하는 문화적 풍토를 만들어 낼 수는 있으나, 인격의 변화는 만들어 내지 못한다.

그러면 30년 전의 삼청교육대는 그렇다 치고 지금의 학교는 얼마나 달라졌나. 얼마나 좋아졌나. 2011년 봄, 대치동과 목동, 중계동 같은 사교육 특구에서 부모들과 학생들을 붙잡고 학교교육이 평화를 추구하는 풍토를 만드는 데 얼마나 기여하고 있느냐고 물어보자. 나는 학교교육이 30년 전보다 더 경쟁을 부추기고 있으며, 오히려 더 비인간적이라고 생각한다.

---

60) 전성은, 『왜 학교는 불행한가』, 메디치미디어, 2011, 100~101쪽.

물론 인격은 경우에 따라서는 지극히 개인적인 특성을 지닌 인간 고유의 도덕·윤리적인 성향이며, 인간적인 특징이 될 수는 있다. 그러나 "인격이 되어 있다"고 함은 경우에 따라서는 개인적인 측면에 한정되어 있지 않다. 다시 말하면 "인격이 되어 있다"는 평가는 사람들 간의 관계에서 "인간적이다"는 의미를 지니고 있음을 포함하고 있다. 이는 곧 사람들 사이에 함께 지켜야 할 규범을 참되고 올바르게 따름을 뜻한다. 이 글에서 제시하고 있는 바와 같이 궁극적으로 인류 사회를 평화적으로 나아가도록 하기 위해서는 "관용과 화해와 용서" 등의 덕목이 필요하다고 했는데 그와 같은 덕목들은 실질적으로 인격적인 사고와 실천이 뒷받침되어야 그 의의를 발휘할 수 있는 특성을 지니고 있는 덕목들임을 부인할 수 없다.

더군다나 지금까지 논의한 바와 같이 이 글에서 제시되어 있는 정의, 공존, 관용, 화해, 용서 등은 본래적으로 우리나라 사람들의 시민성을 구성하고 있는 인간존중, 정의, 관용 등과 불가분의 관계에 있음은 재론을 요하지 않는다. 그러므로 이러한 우리나라 사람들의 시민성이 학교사회에서 발휘되지 못하는 요인은 무엇인가를 밝혀보는 것이 건전한 학교사회를 만들어나가는 데에 우선적인 일이 된다고 할 수 있다. 이 글에서처럼 오늘날 경쟁체제로 치닫는 학교교육에서 관용적이고 화해지향적인 문화를 찾아보기가 어렵다고 하는 인식은 그 나름대로의 의미를 지니고 있다. 그러나 이러한 인식은 건전한 학교사회로 나아가는 데에서 빼놓을 수 없는 도덕교육을 부정하는 쪽으로 가기 마련이며, 나아가서는 도덕교과교육 역시 부정적으로 평가하는 성향을 갖는다. 문제는 그와 같은 학교 내에서의 도덕교육에 대한 회의와 도덕교과교육에 대한 부정적 견해가 학교에서 교육에 다년간 종사했거나 종사하는 교육자들에 의해서 제기되는 한, 학교사회는 온전한 도덕공동체가 된다는 것은 요원한 일이며, 그와 같은 정의, 공존, 관용, 화해, 용서 등의 보편적 가치이자 덕목이 학교사회에 갖추어진다는 것은 더더욱 불가능에 가깝다는 데에 있다.

그리고 우리나라의 교육발전을 위하여 숱한 고난과 시련을 겪었으며, 교직자단체장을 역임하기도 하여 교사들의 권익과 바른 교육에 평생을 받쳐 이 방면에 크게 이바지한 바 있는 한 존경받는 저명한 교육자가 다음[61]과 같이 신문 지면을 통해서 구술하고 있는 글의 내용을 보기로 한다.

1999년 봄 새 학년이 시작되었다. 내가 사서를 맡고 있는 2층 도서실에서는 교문에서 교실까지 오가는 사람들이나 드나드는 차량들 모습이 훤히 내려다 보였다. 그런데 5월 즈음 하얀 경찰차가 학교에 자주 들어왔다. 마침 상담실장이 도서실을 방문했기에 같이 차를 마시며 이야기를 나누었다.

"선생님, 우리 학교에는 경찰차가 하루에 적어도 한두 번씩은 오는 것 같아요. 왜 그런가요?" (…중략…)

"그래요, 그럼 2학년 기계과 담임선생님은 몇 번이나 고발당했을까요?" 내가 질문한 이유가 있었다. 교무실에서 도서실로 오려면 2학년 기계과 교실을 지나는데, 그때마다 30대 후반쯤인 담임선생님은 회초리를 들고 있었다. 그 선생님이 수업하는 교실 앞에서도 무릎을 꿇고 앉아 있는 학생들 모습을 자주 보았다. "아, 그 선생님을 고발당한 적이 없어요." "왜요?" "그 선생님은 학생들이 존경합니다." 이야기를 나눠보니 기계과 선생님은 비록 회초리를 늘 들고 다녀도 자신의 감정에 의해 학생들을 때려본 적이 없다고 했다. 잘못한 학생이 있으며 반드시 그 학생에게 잘

---

61) 정해숙, 「길을 찾아서(99회)」, ≪한겨레≫, 2011. 10. 4, 27면. 이 글은 구술자가 구술하고 이를 기록자가 정리한 것으로 되어 있어 다소 구술자의 판단과 생각에 어긋날 수 있지만 본뜻에서 크게 벗어난 글은 아니라고 볼 수 있다.

못이 있음을 확인시킨 뒤 벌을 준다고 했다. (…중략…) "우리 애들은 정말 건강하네요." 상담실장의 설명을 듣는 순간 나도 모르게 나오는 말이었다. 어른들은 쉽게 "요즘 애들은… 왜 저 모양인가"하며 아이들 탓을 하지만 실상은 달랐기 때문이다.

사실 나는 10여 년 만에 교단에 돌아온 까닭에 아이들이 즐겨 부르는 노래부터 낯설었다. 노래하는 것, 말하는 것 등 아이들의 호흡이 얼마나 빨라졌는지 따라갈 수가 없었다. 무한 속도경쟁의 시대가 됐음을 아이들의 모습을 보며 확연히 느꼈다. 하지만 나는 학생들의 건강한 모습을 보며 '반성문은 어른이 써야 되겠구나' 하는 생각을 했다.

이 글에서 구술하고 있는 이 교육자는 우선적으로 담임교사가 학생들의 학습권을 침해하는 것으로서 수업 중에 학생들에게 체벌하는 것과 학생들의 인권을 고려하지 않는 공개적이며 신체적인 체벌을 가하는 것 등이 외적으로 드러난 바이기 때문에 학생들의 신고가 당연히 있었을 것으로 짐작하고 있음을 내비치고 있다. 그러나 학생들은 담임교사가 "감정에 의해서 때려본 적이 없다"는 등의 이유로 오히려 존경하고 있으므로 신고는 단 한 번도 없었다는 동료교사의 전언을 듣고 학생들이 건강하다고 생각하였음을 이 교육자는 밝히고 있다. 더 나아가서 이 교육자는 반성을 해야 할 사람은 그러한 건강한 학생들이 아니라 어른이 아니겠는가 하는 반문이 생겼다고 말하고 있다. 여기서 이 교육자는 직접적으로 지목하고 있지 않지만 "반성해야 할 어른"은 누구보다도 당시에 교단에 선 교사들이라는 것을 암시하고 있다.

그러나 학교사회가 도덕공동체가 되기 위해서는 감정 없이 학생들을 체벌하는 교사들을 존경하는 그러한 학생들의 가치관만으로는 불충분하다. 왜냐하면 무엇보다도 도덕공동체는 그와 같이 감정 없는 차가운 기계와 같은 사람들의 집단으로만 이루어질 수 없음은 명백하기 때문이다. 또한 "건강하다"는 말은 정확한 의미를 찾기에 그리 용이한 말은 아니지만 대체로 정상적인 상태라고 했을 경우 과연 그와 같이 교사의 체벌에 대해서 선별적인 고발을 하는 학생들의 권리의식이 정상적인 상태라고 할 수 있겠는가 하는 의문이 없을 수 없다. 왜냐하면 앞에서 지적된 바와 같이 사유야 어찌되었건 그 담임교사에 의한 학생들에 대한 체벌은 학생들의 학습권과 인권의 침해가 될 수 있는 사안이기 때문이다. 더욱이 동료교사로서 학생지도를 함에 있어서 반성문을 써야 할 사람은 어른이라고 함은 곧 동료교사부터 먼저 반성문을 써야 한다는 입장인데 이는 학교사회를 도덕공동체로 만들어 나가는 것과는 거리가 먼 견해가 될 수 있다.

이러한 견해에서는 학교사회에서의 도덕교과교육은 의당 부정적인 교과교육의 일환으로 규정되기 마련이다. 나아가서 이러한 견해는 학교사회를 적어도 도덕교육을 위한 공동체로서의 모습을 갖도록 하는 데에 결코 도움이 될 수 없는 차별적이고, 배타적인 인간관계의 난맥상을 조장하는 쪽으로 향하게 되어 궁극적으로는 자라나는 학생들에게 긴요하게 요청되는 도덕교육으로 나아갈 수 없도록 할 가능성이 크다. 이러한 교육자들 간의 도덕교육적 측면에서의 인식 차이는 넓게 보면 외국의 경우에서도 유사하게 나타나고 있는데, 다음의 글62)을 참고해 볼 필요가 있다.

회의시간의 대부분을 푸커 교수는 학부모들, 교사들과 기업체들의 위선에 대해 초점을 맞추어서 발표했을 뿐 학생들의 도덕적 의무에 관해서는 거의 언급이 없는 것이나 마찬가지였다. 그는 사회·경제적인 "상

---

62) Summers, Christina Hoff, "What happens when we stop teaching the truth?", *The American Enterprise*, 1999. May·June, pp. 53~54.

황"(context)에 대해서 무지한 데에서 세워진 "원칙화된 행위"(pricipled behaviour)에 대해서 경멸적으로 평가하였다. 우리들이 가게에서의 절도에 대해서 논의하게 되면, 푸커는 우리들 역시 그러한 것들로서 기업에서의 12퍼센트의 이윤의 결정이라든가 노동착취 공장 등에 대해서도 고려해야 한다고 지적하였다. 그는 고등학생들에게 자신들의 행복(well-being)에 대한 결정적인 중요성을 가진 행위원칙들과 도덕적 가르침에 대해서 의문을 가져야 한다고 친절히 충고하고 있었다.

이 글에서 나타나 있는 것처럼 대학교에서 학생들을 가르치는 것과 초·중·고등학교에서 학생들을 가르치는 것은 별개의 교육이 되지 않음에도 이 교수는 자신은 해당이 안 되는 것인지 불분명한 채 교사들과 학부모들, 기업체들인 일종의 기성세력의 부도덕적인 기득권의식에 따른 위선적인 도덕교육의 주입에 대해서 비판하고 있다. 따라서 이러한 비판은 학교사회에서의 교육자들 간의 도덕교육에 대한 인식차이를 노정시키는 것이나 다름없다. 이와 같은 의견 차이는 학교사회가 도덕공동체로 나아가는 데에 있어서 결코 도움이 되지 못한다.

넓게 보아서 도덕교육에 관한 교육자들 간의 작지 않은 의견 차이는 학교사회가 그만큼 도덕공동체로서의 위상을 정립하는 데에 장애요인이 된다. 거듭 강조하건대 학교사회가 도덕공동체로서의 역할을 갖추지 못한다면 실질적인 도덕교육이라든가 도덕교과교육이 그 실효성을 거두기는 결코 용이한 일이 아니다. 이것은 곧 도덕교육적 측면에서 우리나라의 경우, 우리나라 사람들에게 내재되어 있는 공동체의식과 개방성의 특성을 지닌 시민성을 학교사회에서 발휘하게 하는 교육적 의의를 살리지 못하고 있음을 뜻한다. 이러한 점에서 앞에서 미국의 도덕교육의 일환인 통합적 인격교육에서 제안된 바 있는 "학생들의 인격함양을 위하여 도덕전문가, 교과담당 교사들, 학교장, 교직원, 행정관리, 가정, 지역사회의 구성원들 간의 일심동체적인 인격교육에의 동참"은 학교사회의 도덕공동체 형성에 타산지석이 될 수 있다. 이와 관련해서 우리나라의 교육적 환경에서의 학교공동체 형성에 관해 언급한 다음과 같은 글[63]을 통해서도 확인할 수 있다.

이제부터라도 학부모들은 자녀들과 함께 학교 교육에 뛰어들어 즐겁고 보람찬 배움의 터전을 만들기 위해 발 벗고 나서야 할 것이다. 한편, 교원들도 오직 학생들을 사랑하고 가르치는 일에 신명을 돋우어야 할 것이며, 학교장은 이를 조화롭게 융화시킬 융통자재한 능력을 갖추어야만 비로소 학교 공동체를 이룩할 수 있을 것이다.

이제 본격적인 교육개혁 시대를 맞이하여, 우리는 교육자치의 꽃을 활짝 피우기 위해서도 학교의 교육목표를 향하여 교원, 학부모, 지역인사들이 한데 뭉쳐 떠나는 협동의 배를 타게 된 것이다. 이 배의 순항을 위해 앞으로 학교 교육과 관계되는 모든 사람들의 관심과 협조가 중요한 과제로 남아 있다.

이 글은 1995년경에 집필된 것으로 나와 있지만 2010년대로 접어든 오늘날의 우리나라 학교교육의 현실에서도 절실하게 요청되는 밝은 미래를 약속하는 학교공동체 형성을 위한 방향을 제시하고 있다. 학교사회의 도덕공동체의 형성도 이러한 학교 공동체 형성과 긴밀한 연관성이 있음은 두말할 것도 없다.

---

63) 김삼랑 교장 정년기념 논문집 구일고 발간회, 『김삼랑 교장선생님 정년기념 논문집』, 구일고, 2003, 288쪽.

3.2. 도덕교육의 목표 및 내용적 측면

자율성을 갖춘 전인적 인격자와 훌륭한 시민을 목표로 하고 있는 도덕교육의 제반 가치와 덕목에 한국적 시민성의 의미를 부여하며, 내용 면에 있어서 뚜렷한 한국적 시민성을 지니고 있는 역사적 사실성에 바탕을 둔 문학작품, 일부의 민족종교, 민속자료 등을 활용함으로써 도덕교육의 발전 방향을 모색하도록 한다.

3.2.1. 목표적 측면

자율적인 도덕성을 바탕으로 한 전인적 인격자, 훌륭한 시민 등을 목표로 하고 있는 현존하는 도덕교육은 그 지향하는 목표가 그릇되게 설정되었다고는 볼 수만은 없다. 다만 1980년대 초에 지적된 학교에서의 도덕교육이 실효를 거두지 못하는 원인으로 "주입식 교육, 입시 위주의 평가제도, 지식편중 교육, 획일주의, 교사중심 교육"[64] 등은 2010년대로 접어든 오늘날에도 내용적으로나 환경적·사회적으로 그동안 적지 않은 시정은 있었지만 일반적으로 교육이 '생각 없는 총잡이'를 양성하는 데 그치고 있다[65]고 지적되는 교육의 한계를 포함해서 우리나라 교육제도 면에서의 입시제도의 큰 틀이 변화되지 않은 측면에서 보자면, 건전한 인격과 시민성을 갖추게 하는 도덕교육으로의 변화가 있도록 하기에는 아직도 갈 길이 멀다. 이러한 점에서 우리나라 사람들의 시민성의 특성인 공동체의식과 개방성을 되새기게 하며, 발휘할 수 있도록 하는 도덕교육의 목표 혹은 이념이 보

---

64) 김익수, 「화가가 본 도덕과교육」, 『경희교육논총』 4, 경희대학교 교육대학원, 1982, 26쪽.
65) 한국인격교육학회, 『인격과 교육 사이의 파열음』, 양서원, 2010, 132쪽에서 재인용.

완된다고 한다면 자연스럽고, 자발적이며, 창의적인 그러한 인격, 시민성 등을 기르는 데에 좀 더 유의미한 도덕교육이 될 수 있다. 다시 말하면 연면히 이어져 오는 우리나라 사람들의 시민성의 바탕 위에서 사회와 국가, 인간 등을 이해하고 인식하며, 받아들이며, 실천해 나가려는 마음가짐의 기본적인 지향성을 현존하는 도덕교육의 목표 설정에 보완함으로써 좀 더 발전된 방향으로 도덕교육이 실시될 수 있는 것이다.

이러한 의미에서 도덕교육의 발전은 21세기의 세계적인 추세이기도 한 민주주의의 보편화 현상이 우리나라에서도 명실공히 정착되는 것을 촉진시킬 수 있다. 또한 이는 "시민과 시민사회 개념이 서구적 뿌리를 갖는 보편성을 전제로 하면서도 각 문화와 역사에 따른 고유한 특수성을 지닐 수밖에 없다는 점을 감안해서 시민의 개념은 그 내포와 외연 모두에서 재구성될 필요가 있다"[66]는 견해와 부분적으로 맥락을 같이하고 있다. 이제 현행 초·중등학교에서의 도덕과 교육의 목표를 간략히 논의해 보기로 한다.

초등학교 단계에서는 일상생활에서 필요한 도덕규범과 기본생활예절을 습득하고 기본적인 도덕적 판단력과 실천능력을 함양하여 공동체 속에서 다른 사람과 더불어 조화롭게 살아갈 수 있는 도덕적 능력과 태도를 지니도록 하는 목표를 설정하고 있다. 그리고 중등 도덕교과와 고등학교 선택 윤리교과에서는 각각 "도덕적 가치규범에 대한 이해와 합리적이고 바람직한 삶의 영위 능력 함양"과 "윤리학의 기초 습득과 반성적 사고능력의 함양" 등에 목표를 두고 있다[67]. 이러한 도덕과 교육의 목표는 크게 보아서 초·중등 과정에 있

---

66) 박병기, 「도덕교육의 목표로서의 군자(君子)와 시민」, 『윤리교육연구』 제15집, 한국윤리교육학회, 2008, 15쪽.
67) 박병기, 『동양 도덕교육론의 현대적 해석』, 인간사랑, 2009, 29쪽에서 재인용. 재인용된

는 학생들의 도덕성 발달 단계를 고려하여 설정되었음을 알 수 있다. 이와 마찬가지로 시민성과 관련된 도덕·윤리교과에서의 도덕교육 역시 이러한 도덕과 교육의 목표에서 크게 벗어나지는 않는다.

그러나 도덕교육의 발전적 측면에서 보건대 우리나라 사람들에게서 내적으로 용솟음치는 공동체의식이라든가 개방적인 정신과 감성, 행위 등을 발양하도록 하는 목표설정이 도덕과 교육의 목표에 부가됨으로써 보다 실질적인 도덕과 교육이 이루어질 수 있다. 왜냐하면 종래의 도덕과 교육의 목표설정만으로는 자라나는 학생들에게 실질적인 시민성을 갖게 하는 데는 한계가 있기 때문이다. 이를테면 자주적이고 독립적인 공동체 구성원으로서의 존재의식을 지켜나가거나 북돋워 나가는 유형의 목표 설정이라든가 분열, 대립, 배척 등보다는 협력, 조화, 화해, 포용 등의 통합적 성향을 부둥켜안고 있다고 할 수 있는 우리나라 사람들의 내면에 자리 잡고 있는 심성과 행위 등을 감안하는 목표 설정이 종래의 도덕과 교육에는 적지 않게 부족함을 지적해 볼 수 있다.

또 다른 예를 들어 보면 우리 사회의 경우로서 학교 밖에서 실시되는 시민교육의 일종인 "자율적으로 판단하고 스스로 책임지는 민주시민의 육성"[68]을 목표로 하고 있는 법교육 역시 넓게 보면 도덕교육적 측면에서 이루어지는 교육이라고 할 수 있다. 그러나 이러한 법교육의 목표는 공동체의식이라는 측면이 강하게 내재되어 있는 우리나라 사람들의 법의식을 발양하고 일깨우는 데에 다소 미흡한 바가 있음은 물론, 보다 개방적인 법의식에 적합한 우리나라 사람들의 내면적인 법에 관한 심성과 의지, 행위 등에 부합되는 바가 많다고는

도덕과 교육의 목표는 '2007개정교육과정'에서 제시된 것임을 밝혀둔다.
68) http://www.moj.go.kr(법무부)의 메뉴 중 '법교육의 필요성'에서 인용.

볼 수 없다. 따라서 우리나라 사람들에게 있어서 적합한 법교육의 목표에는 우리나라 사람들이 본래적으로 지니고 있는 미래지향성에 입각한 법의 정신과 마음가짐을 드러낼 수 있는 성격을 지녀야 함이 요청된다.

한 가지 더 예를 들어보면 어느 시민단체에서 시민교육의 일환으로 실시되는 '20××년 민주시민교육 아카데미' 사업에서 설정한 교육목적[69]은 다음과 같다.

- 우리 사회의 격변기를 겪어온 3040세대가 함께 살아온 시대를 되돌아봄으로써, 오늘날을 살아갈 힘을 얻는다.
- 한 개인의 성장을 넘어서 3040세대가 함께 지향해야 할 정신과 정체성, 그리고 문화를 형성하기 위한 단초를 찾는다.
- 21세기 한국 사회를 이끌어 갈 3040세대가 자신의 삶에서, 시민사회, 경제, 가정에서 행복하고 의미 있는 삶을 이끌어 가기 위한 길을 모색한다.

거듭 강조하는 바이지만 건전하고 건강한 시민으로서 갖추어야 할 정신이라든가, 태도, 자질, 행위 등에는 우리나라 사람들이 본래적으로 추구하는 성향을 지니고 있는 시민성의 특성인 공동체의식과 개방성을 들 수 있으며, 따라서 이를 발휘하도록 하는 시민교육이 되어야 실질적인 교육적 의의를 찾게 될 수 있다. 이러한 점에서 이와 같은 교육목적은 특히 개방적인 성격을 발양하게 하는 성격과는 거리가 있다. 이를테면 3040세대로서 앞과 뒤의 세대와 소통하는 개방적인 문제를 교육목적에 어떠한 식으로든지 곁들여져야 우리나라 사

---

69) 민주화운동기념사업회, 『2008민주시민교육 아카데미 프로그램 백서』, 민주화운동기념 사업회, 2008, 10쪽.

람들에게 어울리는 시민으로서의 삶을 이끌어나갈 수 있는 여지를 찾아나갈 수 있음이 가능해진다. 자칫하면 우리나라 사람들의 시민성의 특성과는 거리를 둔 그와 같은 시민아카데미는 시간적으로나 정신 및 물질적으로 상당한 노력을 기울였다고 볼 수 있는 참여자들에게 원래의 취지와는 달리 지극히 개인적인 일과성을 지닌 행사에 참여하는 수준에 머무르고 마는 결과를 낳게 되어 기대 이하의 실망을 안겨줄 수 있다.

이 밖에도 우리 사회에서 실시되고 있는 시민교육은 크게 "환경교육, 소비자교육, 유권자교육, 인권교육, 평화통일교육 등"[70]으로 나누어진다. 이러한 여러 시민교육 역시 우리나라 사람들의 시민성에 부합하는 교육목적을 설정하고 프로그램이 구성되어 실시되지 않는 한 민주주의의 발전을 가져오는 우리나라 사람들의 시민성의 발양을 기대할 수는 없다. 다음으로 우리나라 사람들의 시민성의 특성이라고 할 수 있는 공동체의식과 개방성을 구성하는 요소들과 연관된 몇 가지 경우와 사례를 논의해 봄으로써 도덕교육의 내용적 측면에 있어서의 보완점들을 찾아보도록 한다.

3.2.2. 내용적 측면

〈아리랑〉은 예로부터 우리나라 사람들에게 널리 전하여져 오면서 불리어 왔으며, 오늘날에는 세계적으로도 알려진 민요[71]이다. 〈아리랑〉의 가사를 간추려서 소개하면 다음[72]과 같다.

---

70) 신두철·허영식, 『민주시민교육의 정석』, 앰-애드, 2007, 48쪽.
71) 2012년 12월에 〈아리랑〉은 유네스코 세계무형유산 대표목록으로 등재된 바 있다.
72) 김흥식 외 편, 『경기민요의 이해』, 경기도·농협중앙회경기지역본부, 2000, 47~48쪽.

※ 아리랑 아리랑 아라리요 아리랑고개로 넘어간다.

① 나를 버리고 가시는 임은 십 리도 못 가서 발병 난다.
② 수수밭 도조(賭租)는 내 물어 줄게 구시월까지만 참아 다오.
③ 쓰라린 가슴을 움켜쥐고 백두산고개로 넘어간다.
④ 청천(靑天) 하늘엔 별도 많고 이내 가슴엔 수심도 많다.
⑤ 서산에 지는 해는 지고 싶어지나, 나를 버리고 가시는 임은 가고 싶어 가나.

이 가사들에서 잘 나타나 있는 것처럼 〈아리랑〉의 특징이라고 하면, 무엇보다도 삶에 있어서의 현실의 문제를 받아들이려고 하거나 현실이 던져주는 짐을 기꺼이 지려는 인간존중 정신과 관용정신이 투영되어 있다. "청천 하늘에 별도 많고 이내 가슴엔 수심도 많다"라든가 "서산에 지는 해는 지고 싶어지나, 나를 버리고 가시는 임은 가고 싶어서 가나"라는 구절에는 스스로 삶이 던져주는 버겁기도 하거나 무게감 있기도 하는 짐들을 감당하며, 그 누구도 원망하지 않으려는 인간존중 정신과 관용정신이 잘 나타나 있다. 설령 "나를 버리고 가시는 임은 십 리도 못 가서 발병난다"고 했지만 떠나가는 사람, 과거가 되어가는 일들을 굳이 탓하고자 하거나 억지로 되돌리고자 하지 않는 것은 다름 아닌 인간존중 정신이요 너그러운 관용정신[73]

---

73) 이와 같은 의미를 지니고 있는 〈아리랑〉을 우리나라 사람들의 '한(恨)'을 응축하여 표현하는 민요로 보려는 고정관념적인 경향이 있으나, 이는 극히 일부분적인 요소를 전부인 것으로 보려는 오류를 범할 가능성이 큰 해석에 바탕을 두고 있다. 이러한 우리나라 사람들의 관용정신과 관련해서 좀 더 덧붙이자면 시인 김소월이 지은 유명한 시(詩)인 "진달래꽃"의 마지막 연이며 구절인 "나 보기가 역겨워 가실 때에는 죽어도 아니 눈물 흘리오리다"는 "슬프지 않아서가 아니라, 너무 슬프지만 저승길 가는 임의 발목을 잡게 될까봐 겉으로 드러내어 눈물을 보이지 않겠다는 화자의 마지막 배려" 라는 해석(김소정, 「김소월 시 연구」, 경상대학교 박사논문, 2008, 46쪽)에서도 언급된 바와 같이 "배려한다"는 의미는 넓게 보아서 역시 우리나라 사람들의 의연한 관용정신을 표현한 경우라고

을 해학적으로 드러내고 있다.

이와 같이 〈아리랑〉의 경우에서처럼 우리나라 사람들의 시민성의 특성으로 나타나는 공동체의식이라든가 개방성 등을 우리나라의 역사·문학·문화 속에서 생명력 있게 발굴하고 발양하도록 하게 된다면 도덕교육 혹은 시민교육은 실질적이며, 발전적인 계기를 마련할 수 있다.

한편 도덕교육의 개선과 관련해서 "역사로서 가르치는" 교과로서의 역사교육에서 탈피해서 "역사를 가르치는" 교과로서의 역사교육으로 나아가고자 하는 다음과 같은 시대변화에 따른 역사교육의 개선노력[74]을 살펴보기로 한다.

즉, 역사는 역사 그 자체를 현재적 삶의 견지에서 이해하는 것을 첫 과제로 생각하고, "과연 그것이 본래 어떠하였던가"에서 일보 전진하여 그것이 그 시대에 어떤 의미를 갖고 있는가를 이해하는 데 충실해야 한다는 것이다. 그뿐 아니라 다른 한쪽에서는 비판의식이 역사공부의 중요한 과제라고 주장한다. 또 베른하임은 역사사실의 참과 거짓을 분별하기 위하여 사료를 면밀하게 검토하여 이를 선택·조직하는 작업이 역사가의 임무라고 하였다. 존 듀이는 이른바 반성적 사고의 모형을 제시하여 문제의식과 가설을 세운 다음, 수집된 자료를 검토하고 선택하는 것이 곧 비판적인 태도라고 주장하였다. 이 몇 가지 견해들은 '역사로서 가르치는 교과'에서 다시 '역사를 가르치는 교과'로서의 복귀를 의미한다. 확실하고 적절한 역사사실의 선택, 발견, 조직만이 역사를 가르칠 수 있으며, 연역적인 논의보다 귀납적인 논의가 중시되어야 한다는 것이다.

해도 큰 지장은 없을 것이다.

74) 강우철, 『역사는 왜 배우는가?』, 교학사, 1992, 155쪽.

이처럼 역사교육이 제자리를 잡기 위해서는 현실적인 문제인식, 현세적인 시대정신 등과 연관되어 역사가 가르쳐져야 하는 것과 마찬가지로 도덕교육 역시 "도덕을 가르치는" 정상적인 도덕교육이 되기 위해서는 현실적인 시야를 잃지 않으며, 도덕적 문제를 풀어헤쳐 나가는 그러한 도덕교육이 되어야 함은 재론을 요하지 않는다. 이와 같은 관점에서의 도덕교육의 개선노력은 1절에서 지적된 바와 같이 구체적인 상황 속에서 민주주의를 이해하고 실천해 보며, 민주주의를 실현하기 위해서 어떻게 해야 하는지를 터득하는 데에 더 가깝게 접근할 수 있다.

그리고 우리나라 사람들의 시민성의 특성들인 공동체의식과 개방성 등을 이루고 있는 구성요소들은, 이를테면 오늘날의 미국의 인격교육에서 구현 내지는 실현하는 데에 제시되는 핵심적인 윤리적 가치들[75]인 배려하기, 정직성, 공정성, 책임성, 자신 및 타인 존중 등의 덕목들과 내용 면에서 공통점과 차이점이 있음을 구별하여 도덕교육에 적용시키는 데에 무리는 없을 것이다. 즉, 공동체의식과 개방성을 구성하고 있는 요소들인 인간존중, 정의, 미래지향성, 평등, 다양성, 관용 등에서 공정성은 정의, 배려하기는 관용, 자신 및 타인 존중과 정직성, 그리고 책임성은 인간존중, 평등, 다양성 등과 관련지어 공통점과 차이점 등을 유별하는 적용과 활용이 이루어지는 도덕교육이 실시될 수 있다. 이는 "민주시민교육의 근본 목적이 민주주의에 관한 이론이나 지식 교육이 아니라 민주적인 태도나 가치관을 통한 실천적인 행동에 있다면 도덕 교과는 민주시민교육의 중핵적 교과로서 타 교과와는 교육방식이 달라야 할 것"[76]이라는 지적에 부합할 수

---

75) Schwartz, Merle J. et. al., *Effective Character Education*, New York: McGraw-Hill, p. 6.
76) 김남근, 「한국 민주시민교육의 활성화 방안에 관한 연구」, 관동대학교 박사논문, 2008, 84쪽.

있는 도덕교육의 내용 면에서의 발전방향과 연관될 수도 있다.

다음으로 역시 도덕교육의 내용 면에서의 보완과 관련된 사례로서 18세기인 조선 후기의 임금이었던 정조(正祖)인 홍재(弘齋)에 의해 추구되었다고 하는 '전통성과 개방성의 조화'와 관련된 글77)을 살펴보도록 한다.

홍재는 우선 철두철미한 주자학자였다. 그는 요·순·우·탕의 도(道)가 공자에 의해 밝혀졌듯이 공자·증자·자사·맹자의 도통은 주자에 의해 계승되었다고 하며, 따라서 경학의 천명은 주자를 통해서만 가능하다는 전통성의 경향을 강하게 지니고 있다. 그러나 당시 주자학의 풍토가 단순한 주자의 맹종 내지 묵수의 상태에 머물러 있음에 비해, 홍재는 그를 고루한 속학(俗學)이라 비난하고 주자학에서 소홀히 하기 쉬운 명물도수학(名物度數學)에도 관심을 가져야 한다는 개방성의 경향을 지니고 있었다. 즉 홍재에 있어서는 전통성과 개방성이 전통성의 토대 위에서 적절히 조화되는 경향이 있었던 것이다. 바로 이러한 철학적 바탕이 단순한 양시양비(兩是兩非)가 아닌 의리(義理)를 중심으로 한 '각취기장(各取其長)'의 탕평책을 가능케 하는 근거가 된다. 그리고 패관잡기에 대한 우문정책(右文政策)도 단순한 개방 지향만이 아닌 전통성의 확립에 의의가 있으며, 명정학(明正學) 입장에서의 서학정책은 전통성의 확립 하에서의 개방의 추구에 그 의의가 있다. 특히 전통과 서학의 갈등을 문화적 다양성의 인정이라는 바탕 위에서 합리적으로 해결했던 것은 높이 평가되어질 만하다.

정조의 이러한 전통성에 입각한 개방적인 정책의 추진은 우리나라

---

77) 안재순, 「한국근세사에 있어서 정조의 통치철학에 관한 연구」, 성균관대학교 박사논문, 1992, 102~103쪽.

사람들이 지니고 있는 본래적인 시민성이기도 한 관용적이고자 하며, 다양성을 받아들이려는 개방성에 따른 것이라고 볼 수 있다. 다시 말하면 우리나라 사람들에게 내재되어 있는 시민성의 요소인 다양성과 관용성을 지향하는 개방적인 특성이 근세사적인 격동의 조짐이 나타나는 환경적 변전의 시기에 직면하여, 정조가 추진하고자 했던 '전통성과 개방성의 조화' 정책에 반영되어 나타나고 있다. 예컨대, 이와 같은 정조의 정책에 담겨져 있는 전통성에 따르는 정신의 경우 오늘날의 도덕교육의 일환이자 시민교육이기도 한 통일교육에서 "학생들에게 민족적 자긍심과 민족 주체성을 합리적 대안으로 모색하게 하는 교육내용을 강구하는 것"78)을 요청하는 정신이자 이념적 지향성과 부합되는 측면이 있다.

또한 이러한 개방적인 우리나라 사람들의 시민성 면에서의 특성은 '대 세계주의'를 표방하고 있는 민족종교의 하나인 원불교의 사상적 특징을 약술하고 있는 다음의 글79)에서도 잘 나타나 있다.

현하 시국의 대운을 촌탁하건대 바야흐로 대 세계주의가 천하의 인심을 지배할 초기에 당하였나니, 이는 곧 대도대덕의 대 문명세계가 건설될 큰 조짐이라, 이 주의는 지극히 원만하고 지극히 공변되어 모든 낡은 국한들을 돈연히 벗어나서 육도 사생이 다 같이 위없는 낙원에서 공존공영하게 하고야 말 것이니라, 그러나 또한 개인주의나 가족주의나 단체주의나 국가주의나 아주 없애자는 것이 아니라, 세계주의를 본위로 하여 그 강령 하에 이 모든 주의를 잘 운영하고 보면 대 세계주의 낙운을 건설하는 데 또한 도움이 있을 것이니 세계는 곧 온 인류를 한 단위로 한 큰

78) 박찬석, 『남남 갈등, 대립으로 끝날 것인가』, 인간사랑, 2001, 197쪽.
79) 임정택, 「원불교 사상과 도덕성 회복」, 『원불교사상』 제25집, 원광대학교 불교사상연구원, 2001, 25~26쪽.

집이니, 인류는 개인, 가정, 사회, 국가에 있어서 그 도를 다하는 동시에 또한 다 같이 한 세계 동포로서의 도를 잘 이행하여야 할 것이니라. 이 세상 모든 일을 접응할 때에 개인의 일이나 사회의 일이나 국가의 일이나 세계의 일이 결국은 한 일임을 철저히 알아서, 어느 경우에든지 항상 대를 저버림 없이 소를 운용하여야 할 것이며, 따라서 세계에 있어서는 온 인류가 한결같이 세계의 평화와 인류의 공동이익을 위하여 염원하고 이해하고 협력해야 할 것이다.

이 글에서 나타나고 있는 '대 세계주의', '공존공영', '한 세계 동포', '세계의 평화', '인류의 공동이익' 등은 넓게 보아 우리나라 사람들의 정신세계에 내재되어 이어져오고 있는 공동체의식과 개방성을 특성으로 하는 시민성과 연관되어 있다. 즉, 인간존중 정신이라든가 정의지향성, 그리고 관용성 등을 바탕으로 하는 '공존공영', '인류의 공동이익' 등과 아울러 평등지향성과 다양성 등을 바탕으로 하는 '한 세계 동포', '세계의 평화' 등을 연관시켜 볼 수 있다.

요컨대 도덕교육의 실질적인 면에서의 개선과 발전이 가능하기 위해서는 무엇보다도 우리나라 사람들의 정신과 심성에 자리 잡고 있으나 발휘되지 못하고 있는 한국적 시민성을 도덕교육에 반영시켜야 한다. 다시 말하면 인간존중 정신, 푸르른 하늘80)과 같은 정의감, 결코 포기하지 않으며, 앞을 내다보고 나아가려는 미래지향성, 누구든

---

80) 일제강점기 말엽의 대표적인 우리나라의 시인이자 독립운동가로 활동하였던 윤동주의 '서시'(序詩)에는 "죽는 날까지 하늘을 우러러 한 점 부끄럼이 없기를, 잎새에 이는 바람에도 나는 괴로워했다"는 서두의 구절 중에서 명시된 "하늘을 우러른다"에서의 '하늘'은 '절대적인 기준'(임도한, 「윤동주 시 연구」, 『공사논문집』 제53집, 공군사관학교, 2003, 74쪽)이 될 수 있음과 동시에 '의로움' 혹은 '정의로움'의 표상이기도 하다. 이러한 '하늘'은 우리나라 사람들에게 연면히 이어져온 마음과 정신, 행위 등의 올바름의 상징성을 지니고 있음을 이 시에서 다시금 확인할 수 있다. 이런 점에서 우리나라 사람들의 정의 지향성을 "푸르른 하늘과 같은 정의감"으로 본서에서는 규정하였다.

무엇이든 똑같이 대하려고 하는 평등의 추구, 어떤 것이든지 어떤 사람들이든지 스스럼없이 받아들이려는 다양성과 관용정신 등을 한껏 드러낸 문학적이며, 예술적이고, 역사적[81]이며, 종교적인 측면들을 도덕교육의 내용에 좀 더 의미 있게 부각시키고 보완시켜야 할 필요성이 있는 것이다.

---

81) 3장에서 구명된 8·15광복, 1970~1980년대 민주화운동 시기, 남북통합 추진에의 부단한 노력 등에서 나타난 우리나라 사람들의 정치의식의 특성에 따른 한국적 시민성을 재발견하고, 발양하도록 하는 것 역시 빼놓을 수 없는 도덕교육의 내용이 되어야 한다.

6장 발휘되어야 할 정치의식과 시민성

1~5장의 논의를 통해 얻어진 결론을 간략하게 요약·정리해 보며, 이를 바탕으로 해서 도덕교육과 이와 관련한 우리나라 민주주의의 미래를 전망해 보도록 한다. 아울러 도덕교육의 발전방향과 관련된 몇 가지 과제를 제시해 본다.

1. 수준 높은 정치의식과 시민성

정치의식은 공동체 구성원으로서 시민에게 요청되는 인식이요 태도이며, 행동 등인 시민성과 불가분의 관계에 있음과 정치의식이라든가 시민성 공히 도덕 혹은 윤리에 바탕을 두고 있다. 다시 말하면 정치의식이라든가 시민성은 상호 간에 연관성이 있으며, 도덕 혹은 윤리에 뿌리를 두고 있지 않으면 존립할 수 없는 개념적 의의를 지니고 있는 것이다.

그리고 본 논의를 통해서 민주화운동이라든가 우리나라의 대표적인 문학작품들과 일부의 민족종교 등에서 본원적인 한국적 시민성이 뚜렷하게 나타나 있음이 확인되었다. 따라서 도덕교육의 시각에서 선정된 『심청전』, 『임꺽정』, 〈아리랑〉, 동학, 증산교, 원불교 등에서 나타난 우리나라 사람들의 대표적인 시민성의 특성들과 요소들은 우리나라의 도덕교육에 의의 있게 적용 및 활용될 수도 있다.

본서에서 우리나라의 역사, 정치, 문화, 종교 등을 통한 제반 정치 의식과 이에 바탕을 둔 시민성의 구성에 의해서 추출된 공동체의식과 개방성의 요소들 중에서 인간존중, 정의, 평등, 관용 등은 사계(斯界)의 많은 학자들에 의해서도 연구되어 왔다. 따라서 그와 같은 요소들은 우리나라 사람들의 정치의식이라든가 정치문화로 개념화된 것들의 일부인 공동체성, 시민적 정향, 저항성, 평등, 관용성 등과 비슷한 의미와 의의를 지니고 있음이 확인된다.

또한 본서를 통해서 입증된 바와 같이 21세기에 전 세계적으로 보편화되어 가고 있는 '민주주의'라는 옷은 다양할 수 있으며, 이에 적합한 우리나라 민주주의의 옷은 우리나라 사람들의 정치의식에 기초한 시민성에 비추어 볼 때 매우 수준이 높은 옷이라는 점이다.

끝으로 본원적인 한국적 시민성에 중점이 두어져 논의가 이루어졌기 때문에 한국적 시민성의 특성들과 이에 따른 요소들의 현존 여부는 낱낱이 확인되지는 못 하였지만, 본서에서 인용된 최신 조사 자료들에 비추어 볼 때 우리나라 사람들에게 실제적으로 충분히 나타나 있지는 않다.

2. 한국적 시민성 추구

본서에서 지적된 바와 같이 우리나라의 민주주의가 정착·발전되는 데에 장애가 되는 사항들 중 한 가지는 우리나라 사람들의 높은 정치의식과 이에 바탕을 둔 시민성을 정치인들이나 사회 지도층 인사들이 올바르게 인식하지 못한 점을 꼽아 볼 수 있다. 다시 말하면, 비민주적이고 부도덕한 정치·사회·경제·문화 현상의 책임과 원인을 대다수 우리나라 사람들의 후진적 정치의식이라든가 시민의식으로 귀착시키려는 정치인들과 지도층 인사들의 무능력과 인식부족 문제를 지적할 수 있다. 이들이 자신들의 무능력과 인식부족을 고치고 보완해 나가지 않는 한, 우리나라 민주주의의 발전으로의 길은 그만큼 험난한 길을 예정하는 것이나 다름없다. 따라서 이들 지도층 인사들과 정치인들이 각성하여 우리나라 사람들의 수준 높은 정치의식이라든가 시민성을 인정하고 이를 발양할 수 있도록 하는 보조적이고 중재적인 역할을 자임하여 수행해 나가지 않는 한 우리 사회에서의 시민교육은 발전적인 방향으로 나아가는 데에 그만큼 장애를 안고 갈 수밖에 없다.

또한 학교사회에서의 도덕교육 내지는 시민교육에 대한 편견과 불신이 민주주의와 관련한 학교교육에서의 문제점들을 인식하고 이를 시정하고자 노력하였던 명망 있는 일부 교육자들에 의해서 조장된 측면도 간과할 수 없다. 이로 말미암아 그러한 편견과 불신이 오늘날에도 여전히 우리 학교사회 내외에 자리 잡고 있는 한, 학교사회에서의 도덕교육은 교육적 의의를 실현하는 데에 그만큼 장애가 될 수 있을 것임이 분명하다.

따라서 넓게 보아서 우리나라의 경우, 학교 밖의 사회와 학교사회에 민주주의가 튼튼하게 자리 잡아 나가기 위해서는 우리나라 사람들의 정치의식과 이에 따른 시민성에 대한 재인식과 도덕교육에 대한 왜곡된 고정관념의 교정이 정치인들과 사회지도층, 그리고 명망 있는 일부 교육자들에게 요청된다.

그리고 학교 내의 도덕교육 종사자들이 우리나라의 역사, 종교, 문화, 예술 등에서 나타나는 수준 높은 시민성의 특성과 요소들을 적극적으로 적용하거나 활용할 필요성이 있음이 본서에서 확인되었다. 이러한 점에서 교과교육 면에서 도덕교육을 담당하는 교사들을 중심으로 해서 관련교과 교사들 간의 협력과 소통이 요청된다. 이러한 교과담당 교사들 간의 협력과 소통이 이루어지지 않는다면, 학교 내에서 도덕교육의 발전과 개선을 크게 기대할 수 없음을 본서에서는 부분적으로 시사하고 있다.

한편 본 논의의 방법 면에서 일관되게 채택되었던 내재적이고 해석학적(현상학적)인 연구방법과 이에 따른 민주화운동과 문화를 중심으로 한 연구의 방향 등은 우리나라 사람들의 본래적인 시민성을 규명하는 데에 의미 있게 작용했다. 그러므로 앞으로 이와 같은 연구방법과 연구방향의 채택과 활용이 시민성 연구를 수행하는 데에 긴요하게 요청됨을 지적해 볼 수 있다.

그리고 본서에서 밝힌 바와 같이 우리나라 사람들은 인간의 문제라든가 사회의 문제, 나라와 세계의 문제 등에 대한 자신들의 간절한 염원과 소망이 실현되지 않은 상황에서도 끝끝내 위축되지도 않았으며, 이를 이루어내기 위해서 앞으로도 부단한 노고를 아끼지 않을 것임이 분명하다. 다만 우리나라 사람들에게도 요청되는 과제로는, 특히 인간존중과 관용 등의 측면보다는 정의와 미래지향성 등의 측면에 주의를 기울이는 데에 더욱 진력하여, 도덕교육과 민주주의의 발전도정에서 생길지도 모르는 인적·물적 손실과 지체됨을 줄여나가야 한다는 것이다.

1. 국내문헌

1) 단행본

『논어』
『도덕경』
『삼국사기』
『삼국유사』
『성경』

강만길, 『역사가의 시간』, 창비, 2010.
강석찬, 『민주주의의 이상과 현실』, 건국대학교출판부, 2008.
강영희, 박다위 그림, 남선호 사진, 『그냥 피는 꽃이 있으랴』, 가디언, 2010.
강우철, 『역사는 왜 배우는가?』, 교학사, 1992.
강재륜, 『서양윤리사상사』, 일신사, 1990.
고명철, 『1970년대의 유신체제를 넘는 민족문학론』, 보고사, 2003.
고영민, 『해방정국의 증언』, 사계절출판사, 1987.
고황 편집위원회, 『민주공화국 40년』, 중원문화, 1985.
교육과학기술부, 『고등학교 교육과정 해설 3: 도덕』, 교육과학기술부, 2008.
권인숙, 『대한민국은 군대다』, 청년사, 2005.
김경동, 『현대의 사회학』, 박영사, 1999.
김동일·박순영, 『사회과학 방법론 비판』, 청람, 1983.
김삼랑 교장 정년기념 논문집 구일고 발간회, 『김삼랑 교장선생님 정년기념 논
　　　문집』, 구일고, 2003.
김성보 외, 『사진과 그림으로 보는 북한현대사』, 웅진싱크빅, 2006.
김세균 외 편, 『정치학의 방법과 대상』, 박영사, 2005.
김소운 외, 『한국정치론』, 박영사, 1994.

김승찬 외, 『한국문학사상론』, 세종출판사, 1994.

김영곤, 『한국 노동사와 미래 II』, 선인, 2005.

김영국 외, 『정치학개론』, 박영사, 2001.

김영철 편, 『소크라테스』, 유풍출판사, 1978.

김영택, 『실록 5·18광주민중항쟁』, 창작시대사, 1996.

김용직, 『사료로 본 한국의 정치와 외교』, 성신여자대학교출판부, 2005.

김운태 외, 『한국정치론』, 박영사, 1994.

김재문, 『한국 전통 민주주의 이론과 법의 정신』, 아세아문화사, 2007.

김재영, 『한국사상의 맥』, 한국학술정보, 2009.

김재영 외, 『정치문화와 정치사회화』, 형설출판사, 1990.

김정설, 『풍류정신』, 영남대학교출판부, 2009.

김지평, 『한국가요정신사』, 아름출판사, 2000.

김철준, 『한국고대사회연구』, 지식산업사, 1976.

김학준, 『반외세의 통일논리』, 형성사, 1979.

김호진, 『한국정치체제론』, 박영사, 1997.

김홍우, 『한국정치의 현상학적 이해』, 인간사랑, 2007.

김홍식 외 편, 『경기민요의 이해』, 농협중앙회경기지역본부, 2000.

나종만 외, 『현대민주주의의 이해』, 세종출판사, 2000.

노무현, 『성공과 좌절』, 학고재, 2009.

문일평, 『한국과 한국인』, 자이언트문고, 1982.

민만식·권문술, 『전환기의 라틴아메리카』, 탐구당, 1995.

민문홍, 『사회학과 도덕과학』, 민영사, 1990.

민병수 외, 『한국사상』, 우석출판사, 2004.

민영진 편, 『성경전서』, 대한성서공회, 2005.

민주화운동기념사업회, 『2008민주시민교육 아카데미 프로그램 백서』, 민주화
　　　　운동기념사업회, 2008.

민준기 외, 『한국의 정치』, 나남, 2008.

박동서·김광웅, 『한국인의 민주정치의식』, 서울대학교출판부, 1987.

박명규, 『국민·인민·시민』, 소화, 2009.

박명림, 『한국 1950: 전쟁과 평화』, 나남, 2009.

박병기, 『동양 도덕교육론의 현대적 해석』, 인간사랑, 2009.

박영호, 『잃어버린 예수』, 교양인, 2007.

박용헌, 『우리의 이념·가치성향과 정치교육』, 교육과학사, 1997.

_____, 『가치교육의 변천과 가치의식』, 서울대학교출판부, 2002.

박종홍, 『한국사상사』, 서문당, 1979.

박찬석, 『남남 갈등, 대립으로 끝날 것인가』, 인간사랑, 2001.

박효종, 『국가와 권위』, 박영사, 2001.

박형규, 신홍범 정리, 『나의 믿음은 길 위에 있다』, 창비, 2010.

배재100년사편찬위원회, 『배재백년사』, 배재학당, 1989.

백철·이병기, 『국문학전사』, 신구문화사, 1957.

서경석 외, 『한국민주주의의 현실과 도전』, 한울, 2008.

서중석, 『한국현대사 60년』, 역사비평사, 2011.

손경애 외, 『한국의 민주시민교육』, 동문사, 2010.

손기웅, 『독일통일 쟁점과 과제』, 늘품플러스, 2009.

_____, 『독일통일 쟁점과 과제』 2, 늘품플러스, 2009.

손동인, 『한국전래동화』, 정음문화사, 1984.

손석춘, 『민주주의 색깔을 묻는다』, 우리교육, 2010.

송기역, 『허세욱 평전』, 삶이보이는창, 2010.

송두율, 『미완의 귀향과 그 이후』, 후마니타스, 2007.

송민호, 『국한문학』, 개문사, 1979.

신두철·허영식, 『민주시민교육의 정석』, 앰-애드, 2007.

신용하 편, 『공동체이론』, 문학과지성사, 1994.

신형식, 『신라사』, 이화여자대학교출판부, 1993.

심성보, 『도덕교육의 담론』, 학지사, 1997.

심지연, 『해방정국 논쟁사』 1, 한울, 1986.

안호상, 『신태양 별책: 내가 걸어온 길 내가 걸어갈 길』(월간), 신태양사, 단기 4290.

_____, 『민족사상의 정통과 역사』, 한뿌리, 1992.

안호상·김종옥, 『국민윤리학』, 배영출판사, 1975.

옛 사람 씀, 림호권 외 고쳐 씀, 『심청전·채봉감별곡·장화홍련전』, 보리, 2007.

원불교 정화사 편, 『원불교전서』, 원불교출판사, 1984.

우기정, 『범부 김정설의 국민윤리론』, 예문서원, 2010.

유시주·이희영, 『우리는 더 많은 민주주의를 원한다』, 창비, 2007.

6월민주항쟁계승사업회 편, 『6월항쟁을 기록하다』 1, 민주화운동기념사업회,

2007.

_____, 『6월항쟁을 기록하다』 3, 민주화운동기념사업회, 2007.

윤사순, 『동양사상과 한국사상』, 을유문화사, 1984.

이규호, 『국민윤리교육의 이론과 실제』, 문우사, 1981.

이도학, 『진훤이라 불러다오』, 푸른역사, 1998.

이동술 현토방점, 『논어 부언해』 1, 학민출판사, 2009.

이만열, 『한국 근현대 역사학의 흐름』, 푸른역사, 2007.

이돈희·권균 엮음, 『도덕성 회복과 교육』, 교육과학사, 2004.

이문영, 『협력형 통치』, 열린책들, 2006.

이병희 외, 『민족의 분단과 통일』, 형설출판사, 1999.

이상식, 『역사의 증언』, 전남대학교출판부, 2001.

이성구·연명모, 『21세기 정치학』, 대경, 2009.

21세기정치연구회 엮음, 『정치학으로의 산책』, 한울아카데미, 2005.

이온죽 외, 『남북한 사회통합론』, 삶과 꿈, 1997.

이완범, 『한국해방 3년사』, 태학사, 2007.

이용필, 『사회과학연구와 새로운 패러다임』, 서울대학교출판부, 2000.

이원록, 『이육사 시문집』, 서문당, 1981.

이정복, 『한국정치의 분석과 이해』, 서울대학교출판부, 2007.

이정환, 『까치방』, 창작과비평사, 1980.

이종승, 『교육·심리·사회 연구방법론』, 교육과학사, 2009.

이종은, 『정치와 윤리』, 책세상, 2010.

이종호, 『도덕과교육론』, 형설출판사, 1993.

이호재, 『한국외교정책의 이상과 현실』, 법문사, 1975.

이홍구, 『이홍구 문집』 4, 나남, 1996.

이희호, 『이희호 자서전 동행』, 웅진지식하우스, 2009.

전득주 외, 『정치문화와 민주시민교육』, 유풍출판사, 1999.

전성은, 『왜 학교는 불행한가』, 메디치미디어, 2011.

정수일, 『한국 속의 세계』 하, 창비, 2005.

정해구 외, 『6월항쟁과 한국의 민주주의』, 민주화운동기념사업회, 2004.

조갑제, 『박정희 12: 부마사태 전후』, 조갑제 닷컴, 2007.

조동일, 『동아시아문명론』, 지식산업사, 2010.

조승옥 외, 『군대윤리』, 봉명, 2003.

진교훈, 『철학적 인간학 연구』 1, 경문사, 1994.

최영성, 『고운사상의 맥』, 심산출판사, 2008.

최장집 외, 『해방전후사의 인식』 4, 한길사, 1997.

최재희, 『서양철학사상』, 박영사, 1984.

최태영, 『한국 고대사를 생각한다』, 눈빛, 2003.

추병완, 『도덕교육의 이해』, 백의, 2004.

통일부, 『통일백서』, 통일부, 2010.

통일부, 『해설자료 국민의 정부 대북정책』, 통일부, 1998. 4.

통일부 정책2담당관실, 『2000년 남북관계, 이렇게 달라졌습니다』, 통일부, 2000.

통일부 통일교육원, 『통일문제의 이해』, 통일부 통일교육원, 2010.

통일열사 조성만 10주기 추모사업위원회, 『누군들 죽음이 두렵지 않으랴』, 공동
　　　　선, 1998.

평화·통일연구소, 『전쟁과 분단을 끝내는 한반도 평화협정』, 한울, 2010.

하경근, 『제3세계 정치론』, 한길사, 1980.

학술단체협의회 편, 『한국민주주의의 현재적 과제』, 창작과비평사, 1993.

　　　　　　　　　　, 『5·18은 끝났는가』, 푸른숲, 1999.

한국갤럽조사연구소, 『한국인의 철학』, 한국갤럽조사연구소, 2011.

한국교육개발원, 『민주시민교육자료: 민주사회민주시민』, 대한 교과서, 1993.

한국동양정치사상사학회, 『한국정치사상사』, 백산서당, 2005.

한국동학학회 편, 『동학의 현대적 이해』, 범학사, 2001.

한국역사연구회·역사문제연구소 편, 『3·1민족해방연구』, 청년사, 1989.

한국인격교육학회, 『인격과 교육 사이의 파열음』, 양서원, 2010.

한국정치연구회 정치사분과, 『한국전쟁의 이해』, 역사비평사, 1993.

한국정치외교사학회 편, 『해방의 정치사적 인식』, 대왕사, 1980.

한국정치학회 편, 『정치과정』, 법문사, 2008.

한배호, 『한국정치문화와 민주정치』, 법문사, 2003.

함병춘, 『한국의 문화전통과 법』, 한국학술연구원, 1993.

한완상, 『민중과 사회』, 종로서적, 1984.

허영식, 『세계화·정보화시대의 민주시민교육, 어떻게 할 것인가?』, 원미사,
　　　　2003.

현대인강좌편찬회, 『한국의 발견』(현대인강좌 별책), 박우사, 1964.

홍명희, 『임꺽정』 1·10, 사계절출판사, 2002.

2) 논문

길승흠, 「한국인의 정치의식구조변화: 1945년과 1985년」, 『사회과학과 정책연구』 제7집 3호, 서울대학교 사회과학연구원, 1985.

김국현, 「도덕과 민주시민교육의 지식의 구조에 대한 연구」, 『교원교육』 제24권 제2호, 한국교원대학교 교육연구원, 2008.

김규환, 「도덕교육에서의 개인주의와 공동체주의」, 한양대학교 박사논문, 1995.

김근식, 「남북정상회담과 6·15 공동선언」, 『북한연구학회보』 제10권 제2호, 북한연구학회, 2006.

김남근, 「한국 민주시민교육의 활성화 방안에 관한 연구」, 관동대학교 박사논문, 2008.

김달용, 「라틴아메리카의 정치문화와 민족주의」, 『조선대 인문과학연구』 제21집, 조선대학교 인문학연구소, 1998.

Kim, Sung-Soo, "The Evolution of Korean Political Culture: Is it compatible with the virtues of democracy?", 『한·독사회과학논총』 제2호, 2003.

김소정, 「김소월 시 연구」, 경상대학교 박사논문, 2008.

김애령, 「현상학과 해석학의 방법론적 적용의 문제」, 『탈경계 인문학』 제2권 1호, 이화여자대학교 이화인문과학원, 2009.

김왕근, 「시민성의 내용과 형식으로서의 덕목과 합리성의 관계에 관한 연구」, 서울대학교 박사논문, 1995.

_____, 「시민의 정치의식과 시민교육의 원리」, 『한국민주시민교육학회보』, 한국민주시민교육학회, 2000.

김용현, 「북한내부정치와 남북관계」, 『통일문제연구』, 평화문제연구소, 2004년 하반기호.

김익수, 「화가가 본 도덕과교육」, 『경희교육논총』 4, 경희대학교 교육대학원, 1982.

김충남, 「한국인의 정치의식과 교육」, 『교육월보』 133호, 교육부, 1993.

김팔곤, 「원불교사회윤리의 기초」, 『원불교사상연구원』 제20집, 원광대학교 불교사상연구소, 1996.

노영란, 「시민성과 시민윤리」, 『철학연구』 83집, 대한철학회, 2002.

노태구, 「동학의 공동체원리와 통일이념」, 『한국정치학회보』 30집 2호, 한국정치학회, 1996.

박동옥, 「인간과 공동체의식에 관한 연구」, 『성심여자대학교 논문집』 제11집, 성심여자대학교, 1980.

박병기, 「도덕교육의 목표로서의 군자(君子)와 시민」, 『윤리교육연구』 제15집, 한국윤리교육학회, 2008.

Park, Sung-Choon, "Anti-Americanism and Structural Violence in North Korea", 『도덕윤리과교육』 제30호, 한국도덕윤리과교육학회, 2010.

박용헌, 「시민성의 의미」, 『국회보』 296, 국회사무처, 1991.

_____, 「한국인의 가치관」, 『현대사회』 창간호, 현대사회연구소, 1981.

박효종, 「병영문화의 개선 발전에 관한 소고」, 『한국군사』 24호, 한국군사문제연구원, 2007.

배병삼, 「유교(동양)문명과 21세기적 전망」, 『사상』(계간) 겨울호, 사회과학원, 1999.

배한동, 「민주시민의식 함양을 위한 도덕과 교수 학습 방법」, 『도덕윤리과교육』 제13호, 한국도덕윤리과교육학회, 2001.

배해수 외, 「한국인의 도덕성 연구」, 『아산재단연구보고서』 제1집, 아산사회복지사업재단, 1994.

손병순, 「한국 정치문화의 민주화와 정치교육」, 『정치·정보연구』 제1권 제1호, 한국정치·정보학회, 1998.

손세일, 「이승만과 김구(손세일의 비교평전 73)」, 『월간조선』, 조선뉴스프레스, 2010. 4.

신경애, 「한국의 정치문화와 정치발전」, 『공안연구』 48, 공안문제연구소, 1997.

신승국, 「한국인의 공동체의식 형성과 제고방안」, 『용인대학교 논문집』 제10집, 용인대학교, 1994.

신 진, 「유신체제의 권위구조 붕괴에 관한 체계론적 분석」, 서울대학교 박사논문, 1991.

심연수, 「남북한관계개선의 원인에 관한 체계론적 분석」, 국민대학교 박사논문, 2000.

Shim, Ik-Sup, "Konzeptionen und Geschichte der koreanischen Demokratischen Buergerbildung", 『한국민주시민교육학회보』 10호, 한국민주시민교육학회, 2005.

안재순, 「한국근세사에 있어서 정조의 통치철학에 관한 연구」, 성균관대학교 박사논문, 1992.

양길현, 「제3세계 민주화의 정치적 동학 비교연구」, 서울대학교 박사논문, 1996.

오석종 외, 「도덕교육의 목표로서의 '도덕적 인격'에 관한 연구」, 『도덕윤리과교육』 제6호, 한국도덕윤리과교육학회, 1995.

오완석, 「공감(empathy)의 도덕교육적 함의」, 『도덕윤리과교육』 제9호, 한국도덕윤리과교육학회, 1998.

유병열, 「민주시민교육에서의 비판적 체계윤리에 관한 연구」, 서울대학교 박사논문, 1991.

_____, 「도덕교육의 목표로서의 '도덕적 인격'에 관한 연구」, 『도덕윤리과교육』 제7호, 한국도덕윤리과교육학회, 1996.

이강빈, 「후삼국시대의 한국인의 정치의식에 관한 연구」, 『한국학연구』 제29집, 고려대학교 한국학연구소, 2008.

_____, 「민주시민의식으로서의 공정성에 관한 도덕교육적 의의」, 『도덕윤리과교육』 제29호, 한국도덕윤리과교육학회, 2009.

이배용, 「중국 상해 대한애국부인회와 여성독립운동」, 『이화사학연구』 제30집, 이화사학연구소, 2003.

이병준, 「민주화운동기념사업회 교육사업 중장기 발전방안 연구」, 『민주화운동기념사업회』, 민주화운동기념사업회, 2007.

이상익, 「정의관의 충돌과 변용: 근대 한국의 정의관」, 『정치사상연구』 제12집 2호, 한국정치사상학회, 2006.

이상화, 「통일로 가는 길」, 『철학과 현실』(계간), 철학과현실사, 1999년 여름호.

이성근, 「해방정국, 한국인의 정치의식 구조」, 『한일저널』 통권 29호. 한일협력위원회, 1996.

이수언, 「부·마사태의 장막을 벗긴다」, 『신동아』 제28권 5호, 동아일보사, 1985.

이인재, 「도덕교육의 내용으로서 도덕적 감정교육」, 『도덕윤리과교육』 제6호, 한국도덕윤리과교육학회, 1995.

이장호, 「율곡의 도덕교육론」, 『논문집』 20, 공주대학교, 1982.

이정복, 「한국의 정치문화: 전통성, 현대성 및 탈현대성」, 『한국정치연구』 제12집 1호, 서울대학교 한국정치연구소, 2003.

이정은, 『유관순』, 유관순열사기념회, 2005.

이종렬, 「시민교육의 정체성의 위기와 딜렘마」, 『교수학습개발센터』, 한국교육과정평가원, 2011.

이준형, 「한국의 민주화와 시민교육」, 『성신연구논문집』 제36집, 성신여자대학교, 1998.

이지훈, 「한국정치문화의 기본요인」, 고려대학교 박사논문, 1982.

임도한, 「윤동주 시 연구」, 『공사논문집』 제53집, 공군사관학교, 2003.

임정택, 「원불교 사상과 도덕성 회복」, 『원불교사상』 제25집, 원광대학교 불교사상연구원, 2001.

장영수, 「대헌법사 회고」, 『국제문제』, 한국국제문제연구원, 2007. 7.

장의관, 「좋은 사람과 좋은 시민의 긴장」, 『한국정치학회보』 45집 2호, 한국정치학회, 2011.

전미영, 「북한사회의 전통문화 인식」, 『한국민족문화』 27, 부산대학교 한국민족문화연구소, 2006.

전숙자, 「민주시민성 구성요소의 두 가지 차원」, 『시민교육연구』 제29집, 한국사회과교육학회, 1999.

전현심, 「능동적 시민성교육의 사회학적 고찰」, 성신여자대학교 박사논문, 2004.

정운종, 「6·15선언 1주년과 향후 남북관계 전망」, 『국방저널』 제330호, 국방홍보원, 2001.

정유경, 「부산지역의 부마항쟁에 관한 고찰」, 『한국민족문화』 39, 부산대학교 한국민족문화연구소, 2011.

정창우, 「도덕과 교육에서 시민교육 영역의 교육내용과 지도 방법」, 『도덕윤리과교육』 제26호, 한국도덕윤리과교육학회, 2008.

_____, 「도덕교육이론의 최근 동향과 도덕교육의 역할」, 『교육마당 21』 275호, 교육인적자원부, 2005.

정홍기, 「공자의 도덕교육론 연구: 논어를 중심으로」, 한국교원대학교 박사논문, 1997.

조일수, 「디지털 민주주의 형성을 위한 민주 시민성 연구」, 서울대학교 박사논문, 2002.

주봉호, 「한반도통일과 민주주의」, 『부산정치학회보』 제7집 2호, 부산정치학회, 1997.

천대승, 「정치의식의 기초로서의 인간성」, 경북대학교 박사논문, 1991.

최갑수, 「한국 민주주의의 위기 진단과 해법」, 『진보평론』 제43호, 메이데이, 2010.

최동희, 「종교와 민족주의」, 『한국사상』 강좌 9, 한국사상연구회, 1968.

최무석, 「동학의 도덕교육 철학」, 『경상대 논문집(사회계편)』 26(2), 경상대학교, 1987.

추병완, 「미국의 도덕교육」, 『도덕윤리과교육』 제6호, 한국도덕윤리과교육학회, 1995.

하형주, 「한국의 정치발전과정에서 발생한 정치폭력에 관한 연구: 1948~1997」, 조선대학교 박사논문, 2007.

한국교육연구소 시민교육분과 편, 「'시민성'의 이념과 시민교육의 과제」, 『한국교육연구』 제3집 1호, 한국교육연구소, 1996.

한국국민윤리학회, 「한국인의 민족정신」, 『한국국민윤리학회』, 한국국민윤리학회, 1993.

한국도덕윤리과교육연구회, 「민주시민교육을 위한 교육 프로그램 개발」, 『교과교육연구회 지정과제 연구결과 보고서』, 한국도덕윤리과교육학회, 2001.

함택영 외, 「남북한 평화체제의 건설과 통일교육」, 『국가전략』 제9권 4호, 세종연구소, 2003.

허문도, 「현해탄을 넘어 세계로 미래로(3)」, 『월간조선』, 조선뉴스프레스, 2010. 3.

황병덕, 「동서독간 정치통합연구」, 『민족통일연구원』, 민족통일연구원, 1996.

2. 국외문헌

1) 단행본 및 번역서

Almond, Gabriel A. and Verba, Sidney, *The Civic Culture*, Princeton: Princeton University Press, 1963.

Aristotle, *Nicomachean Ethics*, trans. Irwin, T., Indianapolis: Hackett Publishing Company, Inc., 1985.

Beauchamp, Tom L., *Philosophical Ethics*, New York: McGraw-Hill, Inc., 1991.

Beetham, David., *Democracy*, Oxford: Oneworld Publications, 2005.

Bookchin, Murray, *From Urbanization to Cities*, London: Cassell Wellington House, 1995.

Burnell, Peter & Rundall, Vicky, *Politics in the Developing World*, New York: Oxford University Press Inc., 2008.

Cusset, Christophe, *La mythologie grecque*, Paris: Mémo Seuil, 1999.

Dahl, Robert A., *Democracy And Its Critics*, New York: Yale University, 1999.

Dwyer, P., *Understanding Social Citizenship*, Bristol: The Policy Press University of Bristol, 2010.

Etzioni, Amitai, *The Spirit of Community*, New York: A Touchstone Book, 1993.

Hall, Robert T., and Davis, John U., *Moral Education in Theory and Practice*, Buffalo: Promethus Books, 1975.

Hamilton, Edith, *The Roman Way*, New York: W.W. Norton & Company, Inc., 1960; 정기문 옮김, 『고대 로마인의 생각과 힘』, 까치글방, 2009.

Hampshire, Stuart(ed.), *Public and Private Morality*, Cambridge: Cambridge University Press, 1980.

Helgesen, Geir, *Democracy in Korea*, Copenhagen: NIAS Publications, 1994.

Hirschberger, J., *Geschichte der Philosophie Band Ⅰ*, Freiburg: Herder, 1991.

Helgesen, Geir, *Democracy in Korea*, Copenhagen: NIAS Publications, 1995.

Höffe, Otfried, (hrsg.), *Der Mensch-ein politisches Tier?*, Suttgart: Philipp Reclam jun. Gmb H & Co., 1992.

Inglehart, Ronald, *Modernation and Postmodernization*, Princeton: Princeton University Press, 1997.

Jacobs, Lesley A., *An Introduction to Modern Political Philosophy: the Democratic Vision of Politics*, New Jersey: Prentice-Hall, Inc., Simon & Schuster, 1997.

Johnson, John J., *Political Change in Latin America*, Stanford: Stanford University Press, 1958.

Landmann, Michael, *Philosophische Anthropologie*, Berlin: Walter de Gruyter co., 1969; 진교훈 옮김, 『철학적 인간학』, 경문사, 1996.

Lao Tzu, *Tao Teh Ching*, trans. Wu, John C. H., Boston & London: Shambhala, 2006.

Manen, Max van, *Researching Lived Experience* Canada: The University of Western Ontario, 1990; 신경림·안규남 옮김, 『체험연구』, 동녘, 1994.

Michels, Robert, *Zur Soziologie des Parteiwesens in der modernen Demokratie*,

Stuttgart: Kröner, 1989; 김학이 옮김, 『정당사회학』, 한길사, 2002.

Offman, Henning, *Geschichte des politischen Denkens*, Stuttgart: J. B. Metzler, 2008,

Paton, Calum R., *Ethics and Politics*, Newcastle upon Tyne: Athenaeum Press Ltd., 1992.

Raphael, D. D., *Problems of Political Philosophy*, New York: Praeger Publishers, Inc., 1970; 김용환 옮김, 『정치철학의 문제들』, 서광사, 1990.

Riesman, David et al., *The Lonely Crowd*, New Haven: Yale University Press, 1969.

Sahakian, William S., *History of Philosophy*, New York: Barnes & Noble Books, 1968.

Schwartz, Merle J. et al., *Effective Character Education*, New York: McGraw-Hill, 2008.

Spaemann, Robert, *Moralishe Grundbegriffe*, München: Verlag C. H. Beck oHG, 1999; 박찬구·류지한 옮김, 『도덕과 윤리에 관한 철학적 사유』, 철학과 현실사, 2002.

Sweet, W., Maritain, J., ed., *Natural Law*, Notre Dame: University of Notre Dame, 2001.

Weber, Max, *The Protestant Ethic and the Spirit of Capitalism*, trans. Parsons, T., New York: George Allen & Unwin Ltd., 1976.

2) 논문

Breen, Michael, "The March 1 Uprising: New Nation, New Leader", *The Korea Times*, 2010. 3. 1.

_____, "Ethics of Sunshine", *The Korea Times*, 2006. 10. 27.

Cho, Jung-Kwan, "From Authoritarianism to Consolidated Democracy in South Korea", Ph. D. Dissertation, Yale University, 2000.

Choi, Jung-Kyoo and Bowles, S., "The Coevolution of Parochial Altruism and War", *Science*, vol. 318, 2007.

Kim, Yong-Jung, "The Study on Korean Politics and Direction of Democracy", Ph. D. Dissertation, Glenford University, 1999.

Lee, Cheun-Heui, "Korea's Historical Amnesia", *The Korea Times*, 2010. 1. 22.

Lee, Jae-Chul, "Deepening and Improving Democracy: Association in South Korea, Ph. D. Dissertation, Missouri University of Missouri, 2005.

Nasoulas, T., "The Concept of Conciousness: The Unitive Meaning", *Journal for the Theory of Social Behaviour*, vol. 24, 1994.

Siegle, J. T., et al., "Why Democracies Excel", *Foreign Affairs*, 2004. 9/10.

Summers, Christina Hoff, "What happens when we stop teaching the truth?", *The American Enterprise*, 1999. May·June.

3. 사전류 및 기타

서울대학교 교육연구소 편, 『교육학대백과사전』 2, 하우, 1998.

정치학사전편찬위원회, 『21세기정치학대사전』 하, 아카데미아 리서치, 2002.

정인홍 외 대표편집, 『정치학대사전』, 박영사, 1980.

한국사사전편찬회, 『한국근현대사전』, 가람기획, 1990.

이병준 편, 『漢韓大字典』, 민중서관, 1969.

「기미독립선언서」

「대한민국헌법」

≪동아일보≫, ≪조선일보≫, ≪한겨레≫, *The Korea Times*

박정기, 「길을 찾아서(13)」, ≪한겨레≫, 2011. 12. 22. 28면.

정해숙, 「길을 찾아서(99)」, ≪한겨레≫, 2011. 10. 4, 27면.

KBS 제1라디오, 〈정관용입니다〉(19:20~21:00), 2007. 7. 18.

〈아리랑〉(조선키네마, 나운규, 1926).

〈저 하늘에도 슬픔이〉 (申필림, 김수용, 1965).

Concise Routledge Encyclopedia of Philosophy, New York: Routledge Publishing co., 2000.

Good News Bible, New York: United Bible Societies, 1976.

Webster's New World Dictionary, New York: The World Publishing Co., 1980.

4. URL

newslibrary.naver.com
sillok.history.go.kr
www.classroom.re.kr
www.kbs.co.kr
www.kdemocracy.or.kr
www.moj.go.kr
www.pressian.com
www.simcheong.com
www.twitter.com
www.unikorea.go.kr